# 中国传统文化研究

## （第二辑）

主　　编　刘怀荣

副主编　韦春喜　熊　明

编　　辑　丁　涵　马　芳　柳卓霞　黄湘金　鞠　岩

中国海洋大学出版社

·青岛·

**图书在版编目(CIP)数据**

中国传统文化研究. 第二辑 / 刘怀荣主编. —青岛：
中国海洋大学出版社，2020.11
ISBN 978-7-5670-2670-4

Ⅰ.①中…　Ⅱ.①刘…　Ⅲ.①中华文化－研究　Ⅳ.
①K203

中国版本图书馆 CIP 数据核字(2020)第 233715 号

| | | | | |
|---|---|---|---|---|
| 出版发行 | 中国海洋大学出版社 | | | |
| 社　　址 | 青岛市香港东路 23 号 | | 邮政编码 | 266071 |
| 出 版 人 | 杨立敏 | | | |
| 网　　址 | http://pub.ouc.edu.cn | | | |
| 电子信箱 | cbsebs@ouc.edu.cn | | | |
| 订购电话 | 0532－82032573(传真) | | | |
| 责任编辑 | 孙宇菲 | | 电　　话 | 0532－85902469 |
| 印　　制 | 青岛国彩印刷股份有限公司 | | | |
| 版　　次 | 2020 年 11 月第 1 版 | | | |
| 印　　次 | 2020 年 11 月第 1 次印刷 | | | |
| 成品尺寸 | 185 mm×260 mm | | | |
| 印　　张 | 13.75 | | | |
| 字　　数 | 310 千 | | | |
| 印　　数 | 1—1100 | | | |
| 定　　价 | 78.00 元 | | | |

发现印装质量问题,请致电 0532—58700168,由印刷厂负责调换。

# 中国传统文化研究

# 目 录

## 经学研究

## 思想史研究

## 诗文研究

## 小说戏曲研究

## 民俗文化研究

## 医疗文化研究

## 海外中国文化研究

## 硕博论坛

经学研究

# 京师大学堂的课程改革与"学堂经学"形态

毛朝晖[*]

**摘　要**：在西方学术的冲击下，晚清经学也曾尝试自我更新，并产生一股比附与融会西学的新风气。这股新风气的形成与晚清学堂密切相关。晚清学堂在课程设置上面对"中学"与"西学"，或"四部之学"与"七科之学"定位的分歧，在教育理念上也曾围绕"中体西用"论发生思想的交锋。本文以京师大学堂作为"学堂经学"的主要个案，以晚清学堂课程改革作为切入点，指出京师大学堂的创办与频繁的课程改革正是因这些内在争议而起，其中分歧与拉锯的焦点则在经学课程的尊卑与存废，因为这在根本上决定了是以经学为体还是以哲学为体，是以"中体西用"论作为课程设置的根本理念还是全盘引进西方课程体系。从教育体制来看，在"四部之学"与"七科之学"斗争与调和的过程中，孕育了一种具有调和色彩的"学堂经学"形态，成为从传统到现代的过渡阶段。

**关键词**：京师大学堂；课程改革；学堂经学

民国元年，大学废除经学科、小学废除读经科，这表征着传统经学在现代教育体制中丧失了其独立的学科地位。但是，这不意味着传统经学未曾尝试以独立学科的姿态融入现代教育体制，以实现现代转型。近年来的经学史研究注意到，晚清经学也曾尝试自我更新，并产生一股比附西学的新风气。[①] 最新的研究表明，这股新风气的形成与晚清学堂密切相关。[②] 然而，长期以来，这种传统经学自我更新的努力在权威的经学史论述中遭到忽略。[③] 本文尝试以晚清学堂课程改革作为切入点，剖析晚清学堂课程改革的内在动力与主要争议，探讨晚清经学课程的自我更新以及在此过程中形成的"学堂经学"形态。

本文对经学课程的考察涉及洋务运动以来兴办的新式学堂，但选择以京师大学堂作为"学堂经学"的主要个案，是基于以下两点考虑：第一，京师大学堂是晚清新式学堂的最高学府，晚清历次课程改革都以京师大学堂作为试点学堂。就这一点而言，京师大学堂

---

　*　毛朝晖，汉学博士，中山大学哲学系（珠海）副研究员。

　①　据葛兆光考察，晚清今古文经学都有吸纳西方知识的现象，见葛兆光《中国思想史》（第二卷），复旦大学出版社 2001 年版，第 477～493 页。叶纯芳也指出晚清经学的一个主要特点是"以西学比附经学""形成这一时期的经学样貌"，例子甚多，见叶纯芳《中国经学史大纲》，北京大学出版社 2016 年版，第 475、483～497 页。

　②　"学堂经学"一词虽为本文提出，但最近已有学者注意到晚清学堂与近代经学改革的关系。例如，朱贞注意到晚清学堂编纂的经学教科书以及"学堂经学教员""学堂经学教科书"等新事物，见朱贞《晚清经学教科书的编写与审定》，《学术研究》2014 年第 3 期，第 109～116 页；陆胤也注意到学堂与书院中经学形态的差异，并将"书院治经"与"学堂读经"并举，见陆胤《从书院治经到学堂读经——孙雄与近代中国学术转型》，《学术月刊》2017 年第 49 卷第 2 期，第 163～178 页。

　③　除了上述叶纯芳的新著《中国经学史大纲》提到晚清经学的这种努力外，就笔者考察所及，其他各种权威经学史著作如皮锡瑞《经学历史》，刘师培《经学教科书》，马宗霍《中国经学史》，吴雁南、秦学颀、李禹阶主编的《中国经学史》等都没有述及晚清民国之际经学的自我更新努力。

可以说是晚清学堂课程改革的晴雨表与实验室,极具代表性。[1] 第二,京师大学堂相较于许多其他新式学堂,由于其官方背景和重要地位,档案保存相对完整,为本文对经学课程的研究提供了较完备的文献资料。本文首先对晚清学堂的教育理念与经学课程进行一般性的考察,其次聚焦京师大学堂经学课程的理念、设置与改革,进行个案研究。最后,再由特殊回到一般,推论"学堂经学"形态的一般特征与经学史意义。

## 一、晚清学堂的教育理念与经学课程

在讨论之前,让我们先厘清"学堂"的概念。对于接受现代新式学校教育的人而言,很容易将"学堂""学校"两个名词混淆。"学校"作为中国固有的教育名词,在《孟子》中就已经出现。[2] 马端临《文献通考》专列"学校考",分为太学、郡国乡党之学。[3] "学校"起源甚早,在周代,"学校"已明确采用国学、乡学双轨制。[4] 可见,"学校"是中国古代公立教育机构的通称,既包括国立学校,也包括地方学校。

"学堂"则是晚清洋务运动以来开办的新式教育机构。晚清的"学堂"是新式教育的通称,名称并非规范划一,有些也叫作"馆"或"学校",如1861年创办的京师同文馆、1904年创办的私立南开学校。不过,最普遍的名称还是"学堂"[5],如福建船政学堂、天津水师学堂、湖南时务学堂、两江师范学堂、京师大学堂,等等。直到1912年1月19日,国民政府颁布《教育部普通教育暂行办法通令》,规定将"学堂"改称"学校",监督、堂长一律改称校长。[6] 在国家教育政策的强制下,"学堂"作为中国近代新式教育的一个过渡形态才从此退出历史。

与传统书院相比,"学堂"具有两个主要特点:第一,教育理念上遵循"中体西用"论。苏云峰指出"中体西用"论奠定了清末新教育的基础;民国成立后,政体变更,思想解放,关心教育的学者才放弃"中体西用"论,提出多种新教育思想。[7] 第二,课程上接纳西方现代教育体制下的学术分科,重视学习西方科学知识。梁秉赋曾为"学堂"提出一个界说:"传授现代学科知识与技术的教育机构,在清代称之为'馆',或曰'学堂'、'学校'。"[8]便强调了上述第二个特点。桑兵指出:"清代教育,前期集唐宋以来学校体制之大成,后期开现代教育体制的先河。前期学校育才教化,贵通不贵专,所重在于养成做人之道和御人之人。后期学堂分科教学,虽有普通学和国民教育取向,总体上贵专不贵通,所重在于培

　① Xiaoqing Diana Lin(林小青)便指出京师大学堂的课程后来成为晚清乃至民国高等学校课程仿效的一个范本,见 Xiaoqing Diana Lin, Peking University: Chinese Scholarship and Intellectuals 1898—1937, New York: State University of New York Press,2005:17.
　② 《孟子·滕文公上》:"设为庠序学校以教之。庠者养也,校者教也,序者射也。夏曰校,殷曰序,周曰庠,学则三代共之,皆所以明人伦也。"见朱熹《四书章句集注》,台大出版中心2016年版,第355页。
　③ (元)马端临《文献通考》,浙江古籍出版社2000年版,第379~434页。
　④ 周予同《中国学校制度》(《民国丛书》第三编第45册),上海书店1991年版,第14~15页。
　⑤ 美国史学家毕乃德(Knight Biggerstaff, 1906—2001)将晚清学堂细分为七类,详见 Knight Biggerstaff, The Earliest Modern Government Schools in China, Ithaca, N.Y. : Cornell University Press, 1961: 31.
　⑥ 《教育部普通教育暂行办法通令》,舒新城编《近代中国教育史料》,中国人民大学出版社2012年版,第209页。
　⑦ 苏云峰著,吴家莹编校《中国新教育的萌芽与成长:1860—1928》,五南图书出版公司2005年版,第9页。
　⑧ 梁秉赋《新、马华教起源的几个相关历史因素的讨论——革命、维新、科举、学堂》,《亚洲文化》2015年8月第39卷,第75页。

育治事之人和办事之才，使人人各得其所。"①此说虽然是针对清代教育前后期所做的区分，但用来区分传统书院教育与新式学堂教育也同样恰当，因为清代前后期教育正是以传统书院与新式学堂为代表。

"中体西用"是"中学为体，西学为用"的省略语，一般被学界公认是洋务运动的指导思想。②其中"体用"概念沿袭明清以来官方学说——程朱理学的"体用"论，强调"'体'不变而'用'可变"③。不过，"中体西用"论的用法有其特殊性。在"中体西用"论述中，"体用"既不是指形体与作用的关系，也不是指本体与功能关系，而是指在文化或教育政策上根本原理（原则）与具体应用的关系。④其所谓"体"，是指文化政策或教育政策中不容改变的根本原理或原则，而"用"则是指可以与时俱进的具体应用。"中西"对举，则是"鸦片战争"以后中国遭遇西方文化冲击的产物。需要指出的是，"中体西用"论的提出不是要用"体用"概念来重新讨论宇宙本体或心性问题，而是用来应对迫在眉睫的西方文化的冲击。其关注的重点在于要不要讲"西学"？讲哪些"西学"？⑤不少学者都注意到，"中体西用"并不是一个哲学概念，而是"文化政策"⑥或"接受西用或改革的蓝图"⑦。事实上，在中日甲午战争以后，"中体西用"论流行的主要领域就是文化教育领域，有关"中体西用"的讨论大多是与"学术"或"学校"相联系，"中学为体，西学为用"作为一个比较明确而普遍的提法也是在这样的语境中才正式出现的。⑧

晚清学堂课程在原则上都奉行"中体西用"的理念。以晚清第一所新式学堂京师同文馆为例，它限定必须具有正途资格即举人、恩拔副岁优等贡生，并由此出身之五品以下京外各官年三十以下者才能入学，入学后再研习西方语言与天文、测算、几何、化学等科学。⑨又如，李鸿章1881年奏设的北洋水师学堂也规定"教之经，俾明大义；课以文，俾知论人。瀹其灵明，即以培其根本。"⑩再如，张之洞1887年奏设的广东水陆师学堂，更是规定："堂中课程限定每日清晨先读四书五经数刻，以端其本。"⑪可见，晚清学堂普遍都奉行"中体西用"的办学理念，而尤以儒家经学作为"中学"课程的根本。

强调以经学作为"中学"课程的根本，主要是出于维护儒家伦理及其政治传统的考虑。张之洞"中学为内学，西学为外学。中学治身心，西学应世事"⑫的说法强调"中学"为

①　桑兵《科举、学校到学堂与中西学之争》，《学术研究》2012年第3期，第82页。
②　夏东元《洋务运动史（修订本）》，华东师范大学出版社2010年版，第303页。
③　薛化元《晚清"中体西用"思想论（1861—1900）》，弘文馆出版社1987年版，第36～38页。
④　葛荣晋《中国哲学范畴通论》，《葛荣晋文集》（第四卷），社会科学文献出版社2014年版，第312页。
⑤　苏云峰著，吴家莹编校《中国新教育的萌芽与成长：1860—1928》，五南图书公司2005年版，第9页。
⑥　谭丕谟《清代思想史纲》，上海古籍出版社2013年版，第76页。
⑦　薛化元《晚清"中体西用"思想论（1861—1900）》，弘文馆出版社1987年版，第231页。
⑧　谢放《中体西用之梦：张之洞传》，四川人民出版社1995年版，第363页。
⑨　文庆等纂辑《筹办夷务始末》卷46，故宫博物院1930年影印版，第46～47页。最初只限招考十三四岁以下的八旗子弟，后多次修订招考办法，才在原则上确定"专取正途人员"，见陈向阳《晚清京师同文馆组织研究》，广东高等教育出版社2004年版，第233～240页。
⑩　李鸿章《水师学堂请奖折》，见李鸿章著，吴汝纶编《李鸿章全集》第三册，海南出版社1997年版，第1552页。
⑪　张之洞《创办水师学堂折》，苑书义、孙华峰、李秉新主编《张之洞全集》第一册，河北人民出版社1998年版，第575页。
⑫　张之洞著，李忠兴评注《劝学篇》，中州古籍出版社1998年版，第161页。

"内学""治身心",实质就是强调经学课程对于塑造伦理道德的功能。他还曾明确指出:
"《四书》《五经》道大义精,炳如日月,讲明五伦,范围万世。圣教之所以为圣,中华之所
以为中,实在于此。"①孙家鼐也说:"储才之道,尤在知其本而后通其用。臣于来堂就学之
人,先课之以经史义理,使晓然于尊亲之义,名教之防,为儒生立身之本;而后博之以兵、
农、工、商之学,以及格致、测算、语言文字各门。务使学堂所成就者,皆明体达用,以仰副
我国家振兴人才之至意。"②张、孙二人都强调经学的基础地位就在于它承载的儒家伦理。
由伦理延伸,则及于政治。孙家鼐认为"中国以礼教为建邦之本"③,这就是说,中国的传
统政治也是建基在儒家伦理的基础上。刘光蒉说得更加明白:"有伦理然后有世道。主
持世道者,君臣也。吾《六经》所言皆是理。"④又说:"伦理为主政治之源,政治即修伦理
之道。"⑤在刘氏看来,经学的根本是其中承载的儒家伦理,其次则是基于儒家伦理而建立
的政治与社会。

晚清学堂的办学初衷固然是试图在"中体西用"理念的指导下兼容儒家伦理与西方
的专门知识。不过,落实在具体的学堂办学中,"西学"教育的成效并不显著。一方面,洋
务运动以来设立的新式学堂数量本来就不多;另一方面,加上教学内容大多流于粗浅,于
是造成所谓"西学"往往仅得皮毛。而且,由于当时科举尚未废除,士习仍以科第出身为
贵,学堂无法招收到好的生源。1892年,郑观应便清楚地指出这些弊端:

> 至如广方言馆、同文馆虽罗致英才,聘请教习,要亦不过只学语言文字,若夫天文、舆
> 地、算学、化学直不过粗习皮毛而已。他如水师武备学堂,仅设于通商口岸,为数无多;且
> 皆未能悉照西洋认真学习,良以不重之故,下亦不好。世家子弟皆不屑就,恒招募窭人子
> 弟及舆台贱役之子弟入充学生。况督理非人,教习充数,专精研习曾无一人,何得有杰出
> 之士,成非常之才耶?⑥

1896年,李端棻在《请推广学校折》中提出了更全面的批评:

> 夫二十年来,都中设同文馆,各省立实学馆、广方言馆、水师武备学堂、自强学堂,皆
> 合中外学术相与讲习,所在而有。而臣顾谓救之之道未尽,何也?诸馆皆徒习西语西文,
> 而于治国之道,富强之原,一切要书,多未肆及,其未尽一也。格致制造诸学,非终身执
> 业,聚众讲求,不能致精。今除湖北学堂外,其余诸馆,学业不分斋院,生徒不重专门,其
> 未尽二也。诸学或非试验测绘不能精,或非游历察勘不能确,今之诸馆,未备图器,未遣
> 游历,则日求之于故纸堆中,终成空谈,无自致用,其未尽三也。利禄之路不出斯途,俊慧
> 子弟,率从事帖括,以取富贵,及既得科第,遂与学绝,终为弃材。今诸馆所教,率自成童

————————————

① 张之洞《妥议科举新章折》,陈景盘、陈学恂主编《清代后期教育论著选》上册,人民教育出版社 1997 年版,第
373 页。

② 孙家鼐《奏陈京师大学堂开办情形折》,陈景盘、陈学恂主编《清代后期教育论著选》上册,人民教育出版社
1997 年版,第 233 页。

③ 孙家鼐《奏陈京师大学堂开办情形折》,陈景盘、陈学恂主编《清代后期教育论著选》上册,人民教育出版社
1997 年版,第 232 页。

④ 刘光蒉著,武占江点校《刘光蒉集》,西北大学出版社 2014 年版,第 236 页。

⑤ 刘光蒉著,武占江点校《刘光蒉集》,西北大学出版社 2014 年版,第 237 页。

⑥ 陈忠倚辑《皇朝经世文三编》卷二,文海出版社 1972 年版,第 35 页。

以下，苟逾弱冠，即已通籍，虽或向学，欲从末由，其未尽四也。巨厦非一木所能支，横流非独柱所能砥。天下之大，事变之亟，必求多士，始济艰难。今十八行省只有数馆，每馆生徒只有数十，士之欲学者，或以地僻而不能达，或以额外而不能容。即使在馆学徒一人有一人之用，尚于治天下之才万不足一，况于功课不精，成就无几，其未尽五也。此诸馆所以设立二十余年，而国家不一收奇才异能之用者，惟此之故。①

李氏所论计有五点，其中三点与郑观应的批评相同：数量不多，内容粗浅，重科第不重学堂。此外，李氏还提出两点重要批评：一是设备不足。"西学"与"中学"不同，"诸学或非试验测绘不能精，或非游历察勘不能确"，因此，如果缺乏试验测绘的设备，或未能实地游历察勘，则无从致用致精。二是分科不专。李氏认为，"学业不分斋院，生徒不重专门"，就无法学好"西学"。在这一点上，"西学"与"中学"也差别很大，"西学"必须区分学科，重视专门知识的训练，否则必然造成学生无法专精。

这种课程专门化的要求在当时并非个别现象。1896年，梁启超在所撰《变法通议》中说："今之同文馆、广方言馆、水师学堂、武备学堂、自强学堂、实学馆之类，其不能得异才何也？言艺之事多，言政与教之事少。其所谓艺者，又不过语言文字之浅，兵学之末，不务其大，不揣其本，即尽其道，所成已无几矣。又其受病之根有三：一曰科举之制不改，就学乏才也。二曰师范学堂不立，教习非人也。三曰专门之业不分，致精无自也。"②同年，孙家鼐也提出："京外同文、方言各馆，西学所教亦有算学、格致诸端，徒以志趣太卑，浅尝辄止，历年既久，成就甚稀，不立专门，终无心得也。"③

上述批评的提出大都发生在中日甲午战争之后。一方面，洋务运动兴办三十余年，而大败于甲午一役，则其所兴办之各类新式学堂的成效自不能不引起世人之质疑；另一方面，甲午战争后，新式学堂迅速推广，由于办学的需要，教育界对于西方和日本的学制接触越来越多，提供了更多批评的参照。左玉河便指出："甲午战争后，随着西书翻译之增多和西学传播规模之增大，西方近代分科观念及分科原则即为越来越多的中国学人所接受。"④若细做区分，则甲午战前中国曾一度瞩意英美学制，而甲午战后中国更重视日本学制。⑤明白这些原委，李端棻、梁启超、孙家鼐等人将批评的矛头指向洋务派创办的新式学堂，纷纷提出专门分科的改革要求，正是抓住了"中学"与"西学"教育区分的一个要害。

就"中学"课程而论，洋务派开办的新式学堂更难令人满意。新式学堂学生忙于学习"西学"科目，往往忽视经学课程而随便应付，甚至视为无用而予以轻视。1896年，梁启超批评道："吾尝见乎今之所论西学者矣，夷其语，夷其服，夷其举动，夷其议论，动曰中国之弱由于教之不善，经之无用也。推其意，直欲举中国文字，悉付之一炬。"⑥1898年，梁启

---

① 麦仲华编《皇朝经世文新编》卷五"学校上"，文海出版社1972年版，第15～17页。
② 梁启超《变法通议》，《梁启超全集》第一册，北京图书馆出版社1999年版，第20页。
③ 孙家鼐《议覆开办京师大学堂折》，《时务报》（三），京华书局1967年影印版，第1326～1327页。
④ 左玉河《从四部之学到七科之学——学术分科与近代中国知识系统之创建》，上海书店2004年版，第152页。
⑤ Chan-Fai Cheung & Guangxin Fan, "The Chinese Idea of University, 1866-1895", in Ricardo K.S. Mak ed., Transmitting the ideal of enlightenment: Chinese universities since the late nineteenth century, Lanham: University Press of America, 2009: 23-34.
⑥ 梁启超《〈西学书目表〉后序》，《梁启超全集》第一册，北京图书馆出版社1999年版，第85页。

超在代拟的《遵筹开办京师大学堂疏》①中再次批评道："今士人学无本原，不通中国政教之故，徒袭西学皮毛，岂能供国家之用？"②并指出：

> 近年各省所设学堂，虽名为中西兼习，实则有西而无中，且有西文而无西学……考东西各国，无论何等学校，断未有尽舍本国之学而能讲他国之学者，亦未有绝不通本国之学而能通他国之学者。中国学人之大弊，治中学者则绝口不言西学，治西学者亦绝口不言中学。此两学所以终不能合，徒互相诟病，若水火不相入也。③

梁启超说学堂课程虽然名义上是"中西兼习"，但其实是"有西而无中"。在这一点上，张之洞与梁启超的看法一样：

> 夫明伦必以忠孝为归，正学必以圣经贤传为本，崇正学明人伦，舍此奚由？乃近来学堂新进之士，蔑先正而喜新奇，急功利而忘道义，种种怪风恶俗，令人不忍睹闻。至有议请废罢《四书》《五经》者，有中小学堂并无读经讲经功课者，甚至有师范学堂改订章程，声明不列读经专科者，人心如是，习尚如是，循是以往，各项学堂于经学一科，虽列其目，亦止视为具文，有名无实。④

张之洞对学堂"中学"课程的批评，主要是针对经学课程的设置。张氏批评学堂的读经课程"有名无实"，甚至"议请废罢《四书》《五经》""声明不列读经专科"。张氏特别重视经学课程，他认为这关系到"正学"的存废。他认为"正学必以圣经贤传为本"，也就是以经学为本；而所谓"正学"，主要就在于"明人伦"。这就是说，经学课程的存废之所以在所必争，就在于它在实质上决定了儒家伦理的存废。

与张之洞一样，王先谦也对学堂经学课程的设置深表不满。王先谦将学堂与书院课

---

① 京师大学堂章程虽然是由梁启超执笔草拟，其方案则出自康有为。《康南海自编年谱》载："自四月杪大学堂议起，枢垣托吾为草章程，吾时召见无暇，命卓如草稿，酌英美日之制为之，甚周密，而以大权归之教习。总署覆奏学堂事，大臣属之章京，章京张元济来请吾撰。吾为定四款：一曰预筹巨款，二曰即拨官舍，三曰精选教习，四曰选刻学书。"见康有为《康南海自编年谱》，文海出版社 1966 年版，第 54 页。梁启超追述当时经过："皇上既毅然定国是，决行改革，深知现时人才未足变法之用，故首注意学校，三令五申。诸大臣奉严旨令速拟章程，咸仓惶不知所出，盖中国向未有学校之举，无成案可稽也。当时军机大臣及总署大臣咸伤人来，属梁启超代草。梁乃略取日本学规，参以本国情形，草定规则八十余条，至是上之，皇上俞允，而学校之举乃粗定。"则未提及康有为，见梁启超《戊戌政变记》，《梁启超全集》第一册，北京图书馆出版社 1999 年版，第 194 页。罗惇曧《京师大学堂成立记》言："迄于戊戌，康有为向用，复力主兴学，迭奉严旨，促拟大学章程，枢廷及总署大臣仓卒不知所措。梁启超时在京师，方倡新学，乃争遣人乞启超属章。启超略取日本学规，参以本国情形，为草章程八十余事，乃据以上之。"亦从梁说。见舒新城编《近代中国教育史料》，中国人民大学出版社 2012 年版，第 87 页。案：梁之见用于康，创设京师大学堂为变法大政，拟撰章程事必曾与康氏商议。合诸说观之，康氏属梁氏者当为大致方案，其中包括"酌英美日之制为之""大权归之教习"。至于所谓"章程八十余事"则出梁氏一人之手，或较近实情。

② 梁启超《遵筹开办京师大学堂疏》，王延熙、王树敏编《皇朝道咸同光奏议》卷七"变法类·学堂"，光绪二十八年（1902）上海久敬斋刊本，第 7～13 页。案：《北京大学史料》据《谕折汇存》引作《总理衙门奏筹办京师大学堂并拟学堂章程折》，时间定为光绪二十四年五月十五日。见北京大学校史研究室编《北京大学史料》（第一卷），北京大学出版社 1993 年版，第 44 页。据前注及《皇朝道咸同光奏议》所引，知《遵筹开办京师大学堂疏》即《总理衙门奏筹办京师大学堂并拟学堂章程折》，虽然是以总理衙门的名义具奏，但实则出于梁启超的手笔。

③ 梁启超《遵筹开办京师大学堂疏》，王延熙、王树敏编《皇朝道咸同光奏议》卷七"变法类·学堂"，光绪二十八年（1902）上海久敬斋刊本，第 7～13 页。

④ 张之洞《创立存古学堂折》，陈景盘、陈学恂主编《清代后期教育论著选》上册，人民教育出版社 1997 年版，第 422 页。

程相比较,提出两点意见:第一,学堂课程太密。"今听讲日数科,上学日数次,闻铃而趋,执策而讽,不能深造,何由自得?"王先谦认为书院以自学为主,而学堂则以讲授为主,大抵都是口耳灌输之学,很难深造自得。第二,经学课程章程不合理。"近日章程愈变,小学堂不读经,诸学堂读经年限,非廿余岁不能毕。群经义理之钥不开,灵明之府皆锢,而欲中学不绝,其道末由。"①王先谦认为,在小学堂废除读经的情形之下,按照中等或高等学堂经学课程的设置"非廿余岁不能毕",由于课程设置不当,其结果不可能真正了解"群经义理",从而导致"中学"断绝。

## 二、京师大学堂的课程改革及其理念分歧

京师大学堂的创议可溯源到中日甲午战争。1895 年,中日议和期间,康有为倡议上书拒绝和议,于 4 月 8 日递呈都察院,是为"公车上书"。同年,康有为在京发起创办京师强学会,附设书局,京中士大夫自尚书、侍郎以至翰林、科道有志维新者,如孙家鼐、李端棻、徐致靖、张荫桓、文廷式、杨深秀等人皆列名会籍②,成为一个维新派的政治团体。其后,书局一度被禁,后以胡孚宸奏请获准解禁,并改为官办。1896 年,刑部左侍郎李端棻建议推广官书局之意以设学堂:

> 臣请推广此意,自京师以及各省府州县皆设学堂。……省学选诸生年二十五以下者入学,其举人以上欲学者听之。学中课程,诵经史子,及国朝掌故诸书,而辅之以天文、舆地、算学、格致、制造、农、商、兵、矿、时事、交涉等学,以三年为期。京师大学选举贡监年三十以下者入学。其京官愿学者听之。学中课程,一如省学,惟益加专精,各执一门,不迁其业,以三年为期。③

李氏构想中的京师大学课程分为中学、西学两部。中、西学课程中以中学为主,西学为辅,属于前述"中体西用"论中"主辅"论的形态。李氏所谓"中学",包括"经史子及国朝掌故诸书",也就是"四部"之学;西学就是天文、地舆、算学、格致、制造、农、商、兵、矿、时事、交涉等学,即前述所谓"专门"之学。不过,李氏未能清楚说明经学课程在"四部"之学中的位置。

同年 7 月,工部尚书、管理书局大臣孙家鼐奏上开办京师大学堂办法:

> 一曰宗旨宜先定也。中国五千年来,圣神相继,政教昌明,决不能如日本之舍己芸人,尽弃其学而学西法。今中国京师创立大学堂,自应以中学为主,西学为辅;中学为体,西学为用。中学有未备者,以西学辅之;中学有失传者,以西学还之。以中学包罗西学,不能以西学凌驾中学。此是立学宗旨。日后分科设教,及推广各省,一切均应抱定此意,千变万化,语不离宗。④

孙家鼐与李端棻一样,都强调中学与西学课程的主辅关系。只不过,孙氏更明确地

---

① 王先谦《学堂论上》,王先谦撰,梅季校点《王先谦诗文集》,岳麓书社 2008 年版,第 15 页。
② 庄吉发《京师大学堂》,"国立"台湾大学文学院 1970 年版,第 9 页。
③ 李端棻《请推广学校折》,陈景磐、陈学恂主编《清代后期教育论著选》上册,人民教育出版社 1997 年版,第 340 页。
④ 孙家鼐《议覆开办京师大学堂折》,《时务报》(三),京华书局 1967 年影印版,第 1327 页。

说出"中学为体，西学为用"是立学宗旨。他强调不能尽弃"中学"而全盘采纳"西学"。他认为中国"政教昌明"，"决不能如日本之舍己芸人，尽弃其学而学西法"，可见孙氏所坚持的是中国"政教"，这与张之洞、刘光蕡等人坚持儒家伦理及其政治传统的观点是一致的。同时也可以看到，李端棻、孙家鼐与张之洞、刘光蕡等人在"中体西用"的办学理念上具有共识。

此外，孙家鼐在该奏折中还构拟了一份京师大学堂课程，课程设置如表1所示。

表 1　孙家鼐所拟京师大学堂分科课程

| 分科 | 课程 |
| --- | --- |
| 天学科 | 天学，附算学 |
| 地学科 | 地学，附矿学 |
| 道学科 | 道学，附各教源流 |
| 政学科 | 政学，附西国政治及律例 |
| 文学科 | 文学，附各国语言文字 |
| 武学科 | 武学，附水师 |
| 农学科 | 农学，附种植、水利 |
| 工学科 | 工学，附制造、格致各学 |
| 商学科 | 商学，附轮舟、铁路、电报 |
| 医学科 | 医学，附地产、植物、化学 |

这份课程贯彻了孙氏"中体西用"的办学理念。表1中，孙氏构拟的京师大学堂课程分为十个学科：天、地、道、政、文、武、农、工、商、医。在孙氏看来，这些都是"中学"固有的内容，只不过天、地、工、商等学科原来并非传统书院课程的重点，现在则从边缘学科升格为重点学科。十科都以"中学"为主，而以西学为"附"，这个设想是按照"自应以中学为主，西学为辅"的观念来设置课程的。前文指出，孙氏坚持的是中国的"政教昌明"，在课程中就落实为"道学科"和"政学科"，分别代表了中国的伦理道德与政治之学。以中国的道学、政学居首，分别附以各教源流和西国政治及律令。这样的配置表示，孙氏似乎认为中国的"政教"大致可与西方政治、法律和宗教的内容对应。只不过，应以中国的"政教"为主为体，而以西方政法和宗教为辅为用。

1898年正月，王鹏运重申建立京师大学堂之议。[①] 二十五日获上谕："御史王鹏运奏请开办京师大学堂等语。京师大学堂，迭经臣工奏请，准其建立。现在亟须开办，其详细

---

① 正月初七，康有为也曾奏上《请大誓臣工，开制度新政局折》言："学校局，掌于京师。各直省即书院、佛寺为学堂。"康氏建议由"学校局"掌管各省学堂，此即后来京师大学堂的地位。不过，总理衙门却拖了四十天，至二月二十九日才递呈该折。该折即《上清帝第六书》，与王鹏运折及上谕并观，可见戊戌变法前创办京师大学堂的呼声并非个别意见。康折见孔祥吉《康有为变法奏章辑考》，北京图书馆出版社2008年版，第139页；此折的相关考证见茅海建《从甲午到戊戌：康有为〈我史〉鉴注》，三联书店2009年版，第295～302页。

章程着军机大臣会同总理各国事务衙门王大臣妥筹具奏。"①四月二十三日（6月11日）颁布《定国是诏》，提出"以圣贤义理之学植其根本"，此诏延续了孙家鼐折对"中体"的强调，并明确认定"圣贤义理之学"是"中学"的根本。不过，对于"圣贤义理之学"具体存在何种学术中，此诏则未有说明。

五月初八（6月26日），光绪帝"诏立京师大学堂，命孙家鼐管理。赏举人梁启超六品衔，办理译书局。"②十五日（7月3日），军机大臣、总理衙门联署呈奏《遵筹开办京师大学堂疏》，称"今士人学无本原，不通中国政教之故"③。该奏疏强调维持"中国政教"，这与两年前孙家鼐奏上的《议覆开办京师大学堂折子》表面相同。在课程设置方面，该奏疏是由梁启超"略取日本学规，参以本国情形"代为拟订，后附《章程清单》，课程如表2所示。

**表2　梁启超代拟京师大学堂课程**

| 学级 | 课程 | 性质 |
|---|---|---|
| 溥通学 | 经学、理学、中外掌故学、诸子学、初级算学、初级格致学、初级政治学、初级地理学、文学、体操学 | 必修 |
| 外国语言文字学 | 英国语言文字学、法国语言文字学、俄国语言文字学、德国语言文字学、日本语言文字学 | 选修一科 |
| 专门学 | 高等算学、高等格致学、高等政治、高等地理学、农学、矿学、工程学、商学、兵学、卫生学 | 溥通学卒业后各选修一门或两门 |

梁氏虽然名义上也承认"中学体也，西学用也，二者相需，缺一不可"④，但课程设置并不遵循"中体西用"。表2中，章程将经学、理学、中外掌故学、诸子学等"中学"课程与初级算学、初级格致学、初级政治学、初级地理学等"西学"课程混合在一起，共同作为全体学生所必修的"溥通学"课程。这种课程设置一方面没有真实贯彻"中学"与"西学"的体用主辅关系，另一方面也没有说明经学在"中学"课程中的地位。问题的根源在于，今文经学对于梁氏而言只是推动变法的理论工具，并非旨在提倡儒家伦理与政治。实际上，戊戌变法失败后，梁启超即对过去乃师提倡的今文经学表示否定，转而宣传西学。⑤可以推知，他戊戌期间的学术宗旨在于推动政治改革，因而中学、西学的价值都以此为准绳，今文经学与民权论、进化论就其工具价值而言，并无一定的体用主辅关系。而孙家鼐、张之洞等人则旨在维护儒家伦理，宗旨不同，课程设置自然各异。

这引起孙家鼐的不满。六月二十二日（8月9日），孙家鼐递呈《奏陈筹办京师大学堂大概情形疏》，对梁氏所拟课程批评道：

---

①　《清实录》第57册，中华书局1986年版，第422页。

②　赵尔巽等撰《清史稿》第4册，中华书局1977年版，第923页。

③　王延熙、王树敏编《皇朝道咸同光奏议》，卷七"变法类·学堂"，光绪二十八年上海久敬斋刊本。案：《北京大学史料》据《谕折汇存》节引，题作《总理衙门奏筹办京师大学堂并拟学堂章程折》，时间定为五月十五日。见北京大学校史研究室编《北京大学史料》（第一卷），北京大学出版社1993年版，第46页。

④　军机大臣、总理衙门《遵筹开办京师大学堂折》，舒新城编《近代中国教育史料》，中国人民大学出版社2012年版，第76页。

⑤　郑师渠《梁启超与今文经学》，《中州学刊》1994年第4期，第100～106页。

查原奏溥通学凡十门，按日分课。然门类太多，中材以下，断难兼顾。拟每门各立子目，仿专经之例，多寡听人自认。至理学可并入经学为一门，诸子文学皆不必专立一门，子书有关政治经学者，附入专门，听其择读。①

孙氏批评的重点是溥通学门类太多，希望予以裁并。孙氏对于溥通学中的"西学"并无异议，裁并的对象只是针对"中学"。在梁氏所拟的溥通学课程中，涉及"中学"者共有五门：经学、理学、中外掌故学、诸子学、文学。孙氏认为理学可并入经学，诸子学、文学不必独立，诸子有关政治、经学者附入。裁并之后，就只剩下经学、中外掌故学两门。② 可见，孙氏提出裁并梁氏溥通学中"中学"课程，目的是突出经学、掌故学的地位。这与孙氏之前提呈的《议覆开办京师大学堂折子》重视道、政二科用意无别。

1902 年，京师大学堂经过短暂的停顿又获得恢复。③ 张百熙受命为京师大学堂管学大臣，奏上《进呈全学章程折》④，并拟定《钦定学堂章程》。《钦定学堂章程》将京师大学堂分为三级：一、大学院；二、大学专门分科；三、大学预备科，并附设仕学馆、师范馆。其中，大学院为学问极则，主研究不主讲授，不立课程。⑤ 我们先看张百熙所拟京师大学堂大学专门分科课程（表3）。

表3　张百熙所拟京师大学堂大学专门分科课程

| 大学专门分科 | 课程 |
| --- | --- |
| 政治科 | ①政治学；②法律学 |
| 文学科 | ①经学；②史学；③理学；④诸子学；⑤掌故学；⑥词章学；⑦外国语言文字学 |
| 格致科 | ①天文学；②地质学；③高等算学；④化学；⑤物理学；⑥动植物学 |
| 农业科 | ①农艺学；②农业化学；③林学；④兽医学 |
| 工艺科 | ①土木公学；②机器工学；③造船学；④造兵器学；⑤电气工学；⑥建筑学；⑦应用化学；⑧采矿冶金学 |
| 商务科 | ①簿计学；②产业制造学；③商业语言学；④商法学；⑤商业史学；⑥商业地理学 |
| 医术科 | ①医学；②药学 |

① 孙家鼐《奏陈筹办京师大学堂大概情形疏》，舒新城编《近代中国教育史料》，中国人民大学出版社 2012 年版，第 82 页。

② 掌故之学为史学旁支，主要内容是当代政治与制度，当即属于孙氏所谓中国之政学。此学的发达与嘉道以降经世思潮的兴起有关。例如，龚自珍即闻"国朝掌故"，其掌故学的内容主要包括内阁掌故、礼部掌故等。参见黄长义《龚自珍的掌故学述略》，《江汉论坛》1994 年第 4 期，第 65～68 页。

③ 戊戌政变以后，大学堂虽蒙朝旨准予保留，但维新人才因新政株连，或被杀戮、革职，或被迫流亡，新式课程名存实亡。后又经庚子拳乱，清政府被迫再次实行变法，故京师大学堂于 1902 年重新开学。参看庄吉发《京师大学堂》，"国立"台湾大学文学院 1970 年版，第 19～22 页。有关京师大学堂为何在戊戌变法后仍得以延续以及如何在 1902 年重开，Renville Clifton Lund (1923—1988)的梳理颇为详尽，见 Renville Clifton Lund, The Imperial University of Peking. Ann Arbor, Mich.: University Microfilms, 1969: 129-135, 146-154.

④ 张百熙《钦定学堂章程》，附录《张百熙进呈全学章程折》，载沈云龙主编《近代中国史料丛刊》三编第 10 辑第 91 种，文海出版社 1986 年版；亦载《中国近代教育史料汇编·晚清卷 1》，全国图书馆文献微缩复制中心 2006 年版。

⑤ 张百熙《钦定学堂章程》，载《中国近代教育史料汇编·晚清卷 1》，全国图书馆文献微缩复制中心 2006 年版，第 49 页。

再看预备科课程（表 4）。

**表 4　张百熙所拟京师大学堂大学预备科课程**

| 大学预备科 | 课程 | 升入大学专门分科 |
| --- | --- | --- |
| 政科 | ①伦理学；②经学；③诸子；④词章学；⑤算学；⑥中外史学；⑦中外舆地；⑧外国文；⑨物理；⑩名学；⑪法学；⑫理财学；⑬体操学 | 政治、文学、商务分科 |
| 艺科 | ①伦理学；②中外史学；③外国文；④算学；⑤物理；⑥化学；⑦动植物学；⑧地质及矿产学；⑨图画；⑩体操 | 农业、格致、工艺、艺术分科 |

　　与梁启超一样，张百熙也并未遵循"中体西用"的课程理念。如表 3 所示，京师大学堂大学专门分科依张百熙自言，其课程设计"略仿日本例"①，采取"七科设学"的方案。②经学、史学、诸子、掌故、词章与外国语言文字学并列，共同组成"文学科"，其余六科尽为西学，属下二级学科的设置也完全照搬西方。如此，"四部"之学整个被压缩成大学课程一科中的一部分，经学课程也就变成"文学科"的一门二级学科，地位未被突出。

　　预备科课程的设置理念则与专门分科课程有所出入。无论是政科还是艺科，都规定以"伦理学"为基础课。其中原委，第一章《全学纲领》第二节说："中国圣经垂训，以伦常道德为先。外国学堂于知育、体育之外，尤重德育。中外立教本有相同之理。今无论京外大小学堂，于修身伦理一门，视他学科更宜注意，为培植人才之始基。"③从表面看，张百熙与孙家鼐、张之洞等一样，也强调以儒家伦理作为教育的基础。然而，"伦理学"课程规定"考求三代汉唐以来诸贤名理，宋、元、明、国朝学案及外国名人言行，务以周知实践为主"④。则所谓"伦理学"的学术根据不是经学，而是历代名贤的语录，且不限于中国。换言之，张百熙所说的"伦理学"是杂采中西的伦理说教，并非单纯的儒家伦理。

　　此外，"政科"课程中列有"经学"一课。这是否意味着对经学的特别尊重呢？该课程分三年依次讲授十三经，课程内容为"自汉以来注家大义"⑤。经学仅是"政科"八门课中的一门，却要在三年内通十三经"注家大义"，单就课时而言，是否能真正深入经学原典已

---

　　①　张百熙《钦定学堂章程》，载《中国近代教育史料汇编·晚清卷 1》，全国图书馆文献微缩复制中心 2006 年版，第 50 页。

　　②　所谓"七科设学"或"七科之学"，是指民国教育部设立文、理、法、商、医、农、工七科的大学学制。其来源主要是日本文、法、医、格致、农、工"六科分立"的大学学制，张百熙的《钦定学堂章程》中的政治科包含政治学和法律学，相当于日本大学的法科，实际上只是在日本"六科分立"学制的基础上增加商科。张之洞《奏定学堂章程》采纳"八科分学"学制，是在张百熙"七科设学"的基础上增设经学科。民国成立后，教育部规定大学取消经学科，于是又回到张百熙"七科设学"的学制，只是将格致科改名为理科而已。具体讨论详见下文。民国"七科设学"与日本大学学制的关系，见左玉河《从四部之学到七科之学——学术分科与近代中国知识系统之创建》，上海书店 2004 年版，第 185 页。

　　③　张百熙《钦定学堂章程》，载《中国近代教育史料汇编·晚清卷 1》，全国图书馆文献微缩复制中心 2006 年版，第 43 页。

　　④　张百熙《钦定学堂章程》，载《中国近代教育史料汇编·晚清卷 1》，全国图书馆文献微缩复制中心 2006 年版，第 56 页。

　　⑤　张百熙《钦定学堂章程》，载《中国近代教育史料汇编·晚清卷 1》，全国图书馆文献微缩复制中心 2006 年版，第 56 页。

经颇属可疑。更加可疑的是,他所谓"注家大义"既不是政、农、工、商、医、格致的"大义"(分科大学诸科不习经学),也不是"伦理学"的"大义"(伦理学"大义"采自汉唐以来诸贤名理、历代学案及外国名人言行),则其所谓"大义"的具体指涉实际上是完全落空了。由此可知,张氏既不认为经学可以作为文化政策或教育政策上的根本原理(原则),甚至也不认为可以作为伦理学的学术根据,尽管形式上依然给经学单独保留一席,但实则已经初步偏离儒家伦理(伦理学课程规定不只学儒家语录,也学外国名人言行),也放弃了"中体西用"的办学理念。

1903 年,张之洞奉命会同张百熙及荣庆重定京师大学堂章程,十一月二十六日(1904年 1 月 13 日)《奏定学堂章程》奉旨颁布,实则此章程都是张氏"一手包办"①。此章程规定高等教育为高等学堂或大学预备科、分科大学及通儒院三级。其中,"通儒院为研究各科学精深义蕴,以备著书制器之所。通儒院生但在斋舍研究,随时请业请教,无讲堂功课"②。因此,并无具体课程。分科大学共分为八科,课程设置如表 5 所示。

表 5　张之洞所拟京师大学堂分科大学课程

| 分科大学 | 课程 |
|---|---|
| 经学科 | ①周易学门;②尚书学门;③毛诗学门;④春秋左传学门;⑤春秋三传学门;⑥周礼学门;⑦仪礼学门;⑧礼记学门;⑨论语学门;⑩孟子学门;⑪理学门 |
| 政法科 | ①政治门;②法律门 |
| 文学科 | ①中国史学门;②万国史学门;③中外地理学门;④中国文学门③;⑤英国文学门;⑥法国文学门;⑦俄国文学门;⑧德国文学门;⑨日本文学门 |
| 格致科 | ①算学门;②星学门;③物理学门;④化学门;⑤动植物学门;⑥地质学门 |
| 医科 | ①医学门;②药学门 |
| 农科 | ①农学门;②农艺化学门;③林学门;④兽医学门 |
| 工科 | ①土木工学门;②机器工学门;③造船学门;④造兵器学门;⑤电气工学门;⑥建筑学门;⑦应用化学门;⑧火药学门;⑨采矿及冶金学门 |
| 商科 | ①银行及保险学门;②贸易及贩运学门;③关税学门 |

表 5 上的课程设置体现了张之洞一贯的尊经主张。早在 1901 年,张之洞就在综合英、法、德、日各国大学分科设置的基础上以日本"六科分立"学制为蓝本,特增经学科,提

---

① 陈青之《中国教育史》,东方出版社 2008 年版,第 481 页。案:张之洞于光绪二十九年曾与张百熙频繁通信讨论《章程》事宜,有云"现在,各学堂章程草创之稿粗具,请将前送台览《进士馆章程》《初等师范学堂章程》各册饬检付下,以便详加校正,再行汇呈察阅,面晤谈商"。可知《章程》粗稿与校正本都出张之洞之手,可证陈青之所说不诬。参见张之洞《致张野秋》,苑书义、孙华峰、李秉新主编《张之洞全集》第十二册,河北人民出版社 1998 年版,第 10310 页。

② 张之洞等《奏定学堂章程·大学堂章程》,载《中国近代教育史料汇编·晚清卷 1》,全国图书馆文献微缩复制中心 2006 年版,第 454 页。

③ 据《奏派满蒙文高等学堂监督折附奏大学堂增设满蒙文学一门片》,1907 年版,文学科大学增设满蒙文学一门,列于中国文学之前,见《学部官报》第 23 期"学部章奏",台北"国立"故宫博物院 1980 年影印版,第 195 页。

出大学分设经学、史学、格致、政治、兵、农、工的"七科分学"方案。① 《奏定学堂章程》延续了 1901 年尊经的教育宗旨，单立经学科，居于各科之至尊地位。不仅大学分科中首列经学科，而且各级中小学也要"注重读经"。经学的地位为什么这么重要？ 张之洞的解释是：

> 若学堂不读经书，则是尧、舜、禹、汤、文、武、周公、孔子之道，所谓三纲五常者尽行废绝，中国必不能立国矣。学失其本则无学，政失其本则无政。其本既失，则爱国爱类之心以随之改易矣，安有富强之望乎？ 故无论学生将来所执何业，在学堂时经书必宜诵读讲解。……方足以定其心性，正其本原。②

张氏认为，经学是中国的立国基础。他认为经学的核心是"三纲五常"，如果废除经学，则"中学"就会失其本，政治也会失其本，其结果将造成"爱国爱类之心以随之改易"，中国将不再是"中国"，更不用说富强了。张之洞认为中国之所以成为"中国"、中国人心性的安顿、学术与政治的本原，都是立根于经学。Min Tu-ki (1932—2000) 认为张之洞所说的"中学"与"西学"的关系其实不能顾名思义解读为"体/用"（principle/utility）关系，而是各有其"用"，不过，二者的"用"具有"内/外"之分。③ 张之洞的上述观点与 Min 的解读颇可相通，二人均强调了经学绝非仅仅是"体"（根本原理），而且有它的"用"（具体应用）。

不过，《奏定学堂章程》颁布后并未立即获得实施，而是直到 1909 年才开始试办。④ 与此同时，也有人提出不同的课程改革主张。例如，1902 年梁启超在《教育政策私议》中提出：大学院下设实科与文科，实科包括理科、工科、农科、商科四科大学；文科包括文科、法科、医科大学。⑤ 梁氏与张百熙一样，都采取日本的"七科分学"，他与张之洞分科方案的最大差别就是不设经学科。这与梁氏 1898 年《代总理衙门奏拟京师大学堂章程》所拟课程类似，经学只保存于溥通学中，大学专门分科中则没有经学的独立位置。

王国维的反对意见更加激烈。1904 年，王氏在《教育偶感》中对张之洞的分科方案提出批评。⑥ 1906 年，他在《奏定经学科大学文学科大学章程书后》中进一步提出批评，并提出一份他心目中的文学科大学课程，具体见表 6。

表 6  王国维所拟文学科大学课程

| 学科 | 课程 |
| --- | --- |
| 经学科 | ①哲学概论；②中国哲学史；③西洋哲学史；④心理学；⑤伦理学；⑥名学；⑦美学；⑧社会学；⑨教育学；⑩外国文 |

---

① 张之洞《变通政治人才为先遵旨筹议折》，苑书义、孙华峰、李秉新主编《张之洞全集》第二册，河北人民出版社 1998 年版，第 1393～1406 页。

② 张之洞等《奏定学堂章程·学务纲要》，载《中国近代教育史料汇编·晚清卷 1》，全国图书馆文献微缩复制中心 2006 年版，第 395～396 页。

③ Min Tu-ki, National Polity and Local Power: the Transformation of Late Imperial China, Council on East Asian Studies, Cambridge, Mass.: Harvard University, 1989: 76.

④ 王应宪利用报章数据、讲义笔记，对 1909 年京师大学堂经学科建置、筹建招生、师资教学的具体情况进行了细致的爬梳，参见王应宪《旧学新制：京师大学堂经科大学史事考》，《史林》2018 年第 1 期，第 96～107 页。

⑤ 梁启超《教育政策私议》，《梁启超全集》第二册，北京图书馆出版社 1999 年版，第 756 页。

⑥ 王国维《教育偶感·大学及优级师范学校之削除哲学科》，《王观堂先生全集》第五册，文华出版社 1968 年版，第 1758～1760 页。

（续表）

| 学科 | 课程 |
|------|------|
| 理学科 | ①哲学概论；②中国哲学史；③印度哲学史；④西洋哲学史；⑤心理学；⑥伦理学；⑦名学；⑧美学；⑨社会学；⑩教育学；⑪外国文 |
| 史学科 | ①中国史；②东洋史；③西洋史；④哲学概论；⑤历史哲学；⑥年代学；⑦比较语言学；⑧比较神话学；⑨社会学；⑩人类学；⑪教育学；⑫外国文 |
| 中国文学科 | ①哲学概论；②中国哲学史；③西洋哲学史；④中国文学史；⑤西洋文学史；⑥心理学；⑦名学；⑧美学；⑨中国史；⑩教育学；⑪外国文 |
| 外国文学科 | ①哲学概论；②中国哲学史；③西洋哲学史；④中国文学史；⑤西洋文学史；⑥英国文学史（或德国文学史、法国文学史）；⑦心理学；⑧名学；⑨美学；⑩教育学；⑪外国文 |

王国维认为《奏定学堂章程》根本之误"在缺一哲学科"而已。他认为："夫欧洲各国大学，无不以神、哲、医、法四学为分科之基本。日本大学，虽易哲学科以文科之名，然其文科之九科中，则哲学衰然居首，而余八科无不以哲学概论、哲学史为其基本学科者。"[①]为什么要将哲学居首呢？王氏说："人于生活之欲外，有知识焉，有感情焉。感情之最高之满足，必求之文学美术；知识之最高之满足，必求之哲学。叔本华所以称人为形而上学的动物，而有形而上学的需要者为此故也。"[②]王氏似乎预设了文科也与工、商等科一样是以求知识为目标，由于哲学是"知识之最高之满足"，自然文科各门都应以哲学为基础。显而易见，王氏立论的依据是"西学"。具体说，他特别借重的是叔本华的哲学；他参照的体制则是日本大学的学制。可知，王氏的批评实质是以"西学"为"体"（根本原理），而并无"中体"的要求。王氏之所以要与张之洞针锋相对，就是因为他们各自认同的教育理念存在根本的对立。

基于"尊哲学"的办学理念，王国维提出了对经、文两科改造的分科意见。在他看来，经学与理学都是儒家哲学，而儒家哲学与诸子学等则都可以统合在"中国哲学史"一门中，以与西洋、印度哲学并列研究。也就是说，经学、理学、诸子学都是平等的。而且，要研究中国、西洋、印度的哲学史，必须对哲学有基本的知识，因此必须以西方的哲学概论为基础。这意味着，经学只是哲学在中国的一种特殊形态。他认为张之洞将经学独立分科，则有似西方的神学，而孔孟学说"固非宗教而学说也，与一切他学均以研究而益明"[③]，因此不宜独立分科。反之，他相信经学科若与文学科合并，则能与中西文、史、哲诸学参照研究，其价值反而会更加昌明光大。有趣的是，王国维完全接受了西方的学术分科，也接受了用西方哲学作为学术基础来研究包括经学在内的一切"中国哲学"，但他认为这才是真正的"尊经"。这里不拟深入检讨此说的逻辑与意义，而只想指出一点，他已经完全

---

① 王国维《奏定经学科大学文学科大学章程书后》，舒新城编《近代中国教育史料》，中国人民大学出版社2012年版，第205页。

② 王国维《奏定经学科大学文学科大学章程书后》，舒新城编《近代中国教育史料》，中国人民大学出版社2012年版，第206页。

③ 王国维《奏定经学科大学文学科大学章程书后》，舒新城编《近代中国教育史料》，中国人民大学出版社2012年版，第208页。

放弃"中体西用"的办学理念。

与王国维持类似见解的还有蔡元培。1912 年 10 月，蔡元培出任中华民国教育部总长，上任伊始即颁布《大学令》，第一条规定："大学以教授高深学术，养成硕学闳材，应国家需要为宗旨。"①第二条规定大学分为文、理、法、商、医、农、工七科。第三条则规定七科之中以文、理二科为主。这实际即是张百熙、王国维所主张以日本为蓝本的"七科分学"，而取消了张之洞增加的经学科。蔡氏在草拟《大学令》之初，曾招致英、美、德、法、俄、日等国留学生讨论，"原拟将各国之学制译出，舍短取长，以造成适于我国之学制。结果所译出之条文，与我国多枘凿不相容。而起草委员会，屡经讨论，仍趋重于采取日本制"②。因此，最终仍采取了日本的"七科分学"，结果与张百熙"略仿日本例"相近。

蔡元培主张大学以文、理二科为主，这与其对于"高深学术"的理解有关。蔡氏认为：

学与术可分为二个名词，学为学理，术为应用。各国大学中所有科目，如工商，如法律，如医学，非但研求学理，并且讲求适用，都是术。纯粹的科学与哲学，就是学。学必借术以应用，术必以学为基本，两者并进始可。③

又说：

学与术虽关系至为密切，而习之者旨趣不同。文、理学也。虽亦有间接之应用，而治此者以研究真理为目的，终身以之。所兼管者，不过教授著述之业，不出学理范围。法、商、医、农、工，术也。直接应用，治此者虽亦可有永久研究之兴趣，而及一程度，不可不服务于社会，转以服务时之所经验促其术之进步，与治学者之极深研几不相侔也。鄙人初意以学为基本，术为技干，不可不求其相应。故民国元年修改学制时，主张设法、商等科者，不可不兼设文科。设医、农、工各科者，不可不兼设理科。④

蔡元培认为文、理二科是"学"，其他五科是"术"。文科与法、商二科，理科与医、农、工三科，是"学"与"术"，基本与支末，理论与应用的关系。基于这一论述，蔡元培实际上是厘定了以文、理二科作为"西学"的"体"（根本原理），其他五科则是"西学"的"用"（具体应用）。

那么，"中学"与"西学"（即"七科之学"）是什么关系？"中学"在"七科之学"中居于什么样的地位呢？请看 1913 年由蔡元培主持、中华民国教育部颁布的《大学规程》，其大学课程如表 7 所示。

蔡元培也采取"尊哲学"的办学理念。不过，《大学规程》并没有像王国维那样要求以"哲学概论"作为所有文科学门共同的基础课，而是只要求哲学、文学两个学门必修"哲学概论"课程而已。其所谓"哲学门"，则是直接合并王国维的经学、理学二科而成。十三经在《大学规程》里被分散在中国哲学、中国文学、中国史及东洋史学三个二级学科中。《周易》《毛诗》《仪礼》《礼记》《春秋公羊传》《春秋谷梁传》《论语》《孟子》八种经典被划入中国

① 《教育部公布大学令》，《教育杂志》第 4 卷第 10 号（1913 年 10 月）。
② 蒋维乔《民国教育部初设时之状况》，舒新城编《近代中国教育史料》，第 599 页。
③ 蔡元培《在爱丁堡中国学生会及学术研究会欢迎会演说词》，《北京大学日刊》1921 年 8 月 30 日。
④ 蔡元培《读周春岳君〈大学改制之商榷〉》，舒新城编《近代中国教育史料》，中国人民大学出版社 2012 年版，第 345 页。

哲学系,《尔雅》被划入中国文学系,《尚书》《春秋左氏传》被划入中国史及东洋史学系。此外,《周礼》与《孝经》未被提及,不知划入何系。这样,经学到底是什么呢? 它显然不再是一门独立的"学",连张百熙所保留的二级学科的地位也谈不上。至此,中国以经、史、子、集为骨架的"四部之学"就完全消融在以"七科之学"为主干的西方学术中;至于"中体"是什么,"经学"是什么性质的"学",对于绝大部分的经学学者和教育学家而言,这时已经不再是他们的重要关怀和争论焦点所在。

表 7　中华民国教育部《大学规程》所拟大学课程①

| 分科 | 分门 | 分类 | 课程 |
|---|---|---|---|
| 文科 | 哲学门 | 中国哲学类 | ①中国哲学(周易、毛诗、仪礼、礼记、春秋公谷传、论语、孟子、周秦诸子、宋理学);②中国哲学史;③宗教学;④心理学;⑤伦理学;⑥论理学;⑦认识论;⑧社会学;⑨西洋哲学概论;⑩印度哲学概论;⑪教育学;⑫美学及美术史;⑬生物学;⑭人类及人种学;⑮精神病学;⑯言语学概论 |
| | | 西洋哲学类 | 略 |
| | 文学门 | 国文学类 | ①文学研究法;②说文解字及音韵学;③尔雅学;④词章学;⑤中国文学史;⑥中国史;⑦希腊罗马文学史;⑧近世欧洲文学史;⑨言语学概论;⑩哲学概论;⑪美学概论;⑫论理学概论;⑬世界史 |
| | | 梵文学类 | 略 |
| | | 英文学类 | |
| | | 法文学类 | |
| | | 德文学类 | |
| | | 俄文学类 | |
| | | 意大利文学类 | |
| | | 言语学类 | |
| | 历史学门 | 中国史及东洋史学类 | ①史学研究法;②中国史(尚书、春秋左氏传、秦汉以后各史);③塞外民族史;④东方各国史;⑤南洋各岛史;⑥西洋史概论;⑦历史地理学;⑧考古学;⑨年代学;⑩经济史;⑪法制史(周礼、各史志通典通考通志等);⑫外交史;⑬宗教史;⑭美术史;⑮人类及人种学 |
| | | 西洋史学类 | 略 |

---

① 《教育部公布大学规程令》,《教育杂志》第 5 卷第 1 号(1913 年 1 月)。

（续表）

| 分科 | 分门 | 分类 | 课程 |
|---|---|---|---|
| 理科 | 数学、星学、理论物理学、实验物理学、化学、动物学、植物学、地质学、矿物学九门 | 略 | 略 |
| 法科 | 法律学、政治学、经济学三门 | 略 | 略 |
| 商科 | 银行学、保险学、外国贸易学、领事学、税关仓库学、交通学六门 | 略 | 略 |
| 医科 | 医学、药学二门 | 略 | 略 |
| 农科 | 农学、农艺化学、林学、兽医学四门 | 略 | 略 |
| 工科 | 土木工学、机械工学、船用机关学、造船学、造兵学、电气工学、建筑学、应用化学、火药学、采矿学、冶金学十一门 | 略 | 略 |

说明：本文专论经学，"文史哲"之外的其他门类的"分类"或"课程"不再一一列出。

### 三、"学堂经学"形态

透过本文对晚清学堂特别是京师大学堂经学课程改革的研究，我们可以看到晚清经学跟西方学术持续的冲突、调和与自我更新。然而，这场历经数十年的经学自我更新运动长期遭到经学史研究者的忽略。实际上，它对于我们当前开展国学教育与经学研究，仍不乏借鉴与启示意义。表现在教育领域，很值得关注的一点就是晚清时代涌现的"学堂经学"形态。

所谓"学堂经学"形态，是与传统经学教育相比之下而彰显的。它表现为以下两个显著的新特征。

第一，晚清学堂经学是在"中体西用"的理念下确立经学的学术定位。而教育领域的"中体西用"论，则是在西方文化的冲击下，中国文化尝试在西方教育的知识架构中重新寻求自我定位的一种理论努力。在这个努力的过程中，经学的学科定位被尖锐地提出来。这既是传统经学所不曾遭遇的问题，也是民国以后现代中国教育所淡忘的问题。

事实上，洋务运动以来创办的新式学堂都奉行"中体西用"的理念，一般都以经学课程作为"中学"教学的重点，以贯彻"中体"的教育理念。遗憾的是，正如本文指出的，"中体"与"西用"的教学目标在实践中都未能达到。就"西用"一面讲，最遭人诟病的是课程内容浮浅，而且课程设置不够专门化，这成为晚清学堂教育改革的一个普遍诉求。就"中体"一面讲,新式学堂在实际教学中往往只重视"西学"课程,"急功利而忘道义",造成"中学"课程有名无实、形同虚设。对此,张之洞、梁启超等晚清洋务派、维新派都十分关切,他们担心这在实质上将导致对儒家伦理和政治传统的疏离。

　　尽管如此,洋务派、维新派人士对于经学的学科定位并无共识①。充其量,我们只能说他们都认同经学对于维护儒家"政教"的重要性。但是,落实到具体的教育实践中,他们的经学观念则颇有出入。有人强调经学的核心是儒家伦理,如孙家鼐主张"先课以经史义理,使晓然于尊亲之义,名教之防",即是偏重于伦理;有人认为经学的本质不仅在伦理道德,也是一种政治思想,如张之洞所谓"若学堂不读经书,则是尧、舜、禹、汤、文、武、周公、孔子之道,所谓三纲五常者尽行废绝,中国必不能立国矣。学失其本则无学,政失其本则无政",则是政教并重;有人虽然在形式上也尊崇经学,但既不将经学视为一门立国的政治学,也不将其视为一门修身的伦理学,如张百熙"考求三代汉唐以来诸贤名理、宋、元、明、国朝学案及外国名人言行"的伦理课程,便反映了此种倾向。总之,经学的本质内涵是什么? 甚至经学是否就是"中学"之体? 这些根本问题对于这些提倡经学教育的晚清洋务派、维新派而言,始终未能形成明确共识。于是,当晚清民国之际的新派教育家明确提出"尊哲学"的西化教育理念,再加上辛亥革命的冲击,晚清学堂的"中体西用"论便迅速宣告破产了。

　　第二,晚清学堂经学始终力图维持"经学"科在课程上的独立性。尽管要求取消经学科的激进声音一直存在,但从孙家鼐、张之洞,到康有为、梁启超,甚至直到辛亥革命前夕,力图维护经学科独立性的保守主张始终十分顽强。即便是王国维、蔡元培提出"尊哲学"的教育新理念,要不是因为辛亥革命的成功,经学科的存废之争恐怕不会这么快戛然停息。在这个意义上,我们可以说是政治革命强行中止了一场未决的学术争论。

　　然而,我们必须指出,晚清洋务派、维新派在维护经学科独立性的同时,并不反对采纳西方的教育体制与学术分科。恰恰相反,他们的教育方针是试图对"四部之学"与"七科之学"进行结合。我们不应遗忘,他们中间很多都曾大力提倡新式学堂教育,例如孙家鼐、李端棻便是创办京师大学堂的重要推手。当然,他们是基于"西用"的考量来兴办学堂教育,为了充分发挥"西学"的功用,他们都意识到必须吸取早期学堂的失败教训,其中重要的一点就是加强课程的专门化。在这个观念下,他们并不反对以"七科之学"为主干的西方学术分科,他们所顾虑的只是如何在西方学术分科的架构中维持"四部之学"尤其是经学的学科独立性,从而确保"中体西用"的教育理念不被偏离。令人惋惜的是,直到晚清覆灭,他们调和中西教育的目标并未实现,"四部之学"与"七科之学"的鸿沟未能弭平,经学在现代教育体制中的新定位也并未找到。

　　进入民国后,这种依托于晚清学堂教育体制的"学堂经学"形态尚未发展充分,便遽然中断。其中,最根本的一个原因是在教育理念上,民国以来的大学教育完全抛弃了晚清学堂"中体西用"的理念。对此,后来出任民国首任教育总长的蔡元培有明确的意识:

　　满清时代,有所谓钦定教育宗旨者:曰忠君,曰尊孔,曰尚公,曰尚武,曰尚实。忠君

――――――――――

　　① 不但以康有为、梁启超为代表的维新派与张之洞、张百熙等洋务派的经学观念存在差异,而且,正如上文梳理的,张之洞主持的《奏定学堂章程》与张百熙主持的《钦定学堂章程》对于经学的认识与定位也颇不相同。

与共和政体不合,尊孔与信教自由相违(孔子之学术,与后世所谓儒教、孔教当分别论之。嗣后教育界何以处孔子及何以处孔教,当特别讨论之,兹不赘),可以不论。尚武,即军国民主义也。尚实,即实利主义也。尚公,与吾所谓公民道德,其范围或不免有广狭之异,而要为同意。惟世界观及美育,则为彼所不道,而鄙人尤所注意,故特疏通而证明之,以质于当代教育家,幸教育家平心而讨论焉。①

　　蔡元培针对晚清"钦定教育宗旨"的批评包括两个要点:第一,"钦定教育宗旨"所理解的"中体"即忠君和尊孔,根本就不足以为"体",因为"忠君与共和政体不合,尊孔与信教自由相违"。在同一篇文章中,蔡氏还声称:"何为公民道德? 曰法兰西之革命也所标揭者曰自由、平等、亲爱,道德之要旨,尽于是矣。"②这是明确以近代西方价值作为公民道德的基础,也就是要求以西学为"体"。第二,"钦定教育宗旨"所理解的"西用"即尚公、尚武、尚实三点,已经超出洋务运动和维新变法时期学习西艺和西政的范畴,而进入了学习西方文化核心价值的阶段,这实质上恰恰就是蔡氏所理解的"西体"。换言之,"西用"就其深层价值而言本身即是"西体"。既然清朝的"中体"不足以为"体",那么,自然的逻辑结论是,中国现代学术应以"西体"为"体"。质言之,蔡元培的教育理念实质上即是主张"西体西用"。

　　与此同时,上文也反映了蔡元培批评"钦定教育宗旨"的依据。那就是,在政治上,蔡氏主张西方的民主共和政体;在道德上,蔡氏主张西方自启蒙运动以来自由、平等、博爱的价值观。这便是他用来批评"中体"的"西体"。然而,西方文化的这些价值观是如何产生的? 为什么这些价值观就比"中学"特别是儒家经学中承载的传统价值观更应该被接受呢? 在《新教育意见》中,蔡元培实际上并未给出充分的论证。正如上文指出的,中学与西学之争实际上是一场晚期以来未决的学术争论。孙家鼐、张之洞、康有为、梁启超未能阐明其旧学理于前,王国维、蔡元培同样也没能论证其新理念于后。③ 但是,无可否认的是,晚清学堂教育所谓的"中体",即儒家伦理与政治传统在民国肇建尤其是五四新文化运动以后显然已被竭力抛弃。正如汤志钧指出的,儒家经学的批判其实质涉及的是一整套文化传统的全方位革命:

　　五四运动,是彻底地反对封建文化的运动,自有中国历史以来,还没有过这样伟大而彻底的文化革命。它对封建的社会制度和意识形态进行了全面的破坏,涤荡了污泥河水,统治了二千多年思想界的儒家经学也从此一蹶不振,退出了历史舞台。④

　　基于民国现代大学的教育新理念,晚清学堂崇尚的儒家伦理代表着一种"封建文化",相应地,与辛亥革命以来追求的民主制度相比,儒家的政治体制也代表着封建时代的专制政治。顺着这一逻辑,晚清学堂的"中体"理念便成为"封建的社会制度和意识形态",而作为这种理念思想基础的儒家经学自然也必须退出历史舞台。在这个意义上,五

---

① 舒新城编《近代中国教育史料》,中国人民大学出版社 2012 年版,第 504 页。
② 舒新城编《近代中国教育史料》,中国人民大学出版社 2012 年版,第 504 页。
③ 这场未决的争议实际上一直延续到民初中西文化之争,参见郑师渠《论辛亥革命后的中西文化论战》,《北京师范大学学报》1985 年第 5 期,第 30 页。
④ 汤志钧《近代经学与政治》,中华书局 2000 年版,第 348 页。

四新文化运动完成了王国维、蔡元培以来对经学教育的理论批判及其制度层面的瓦解。

在课程设置上,民国现代大学完全采纳了西方的学术体制,抛弃了晚清学堂调和"四部之学"与"七科之学"的努力。仍以蔡元培为例,他主张将经学纳入西方大学教育体制下的专门学科中,因此可以"为大学国文系的学生讲一点《诗经》,为历史系的学生讲一点《书经》与《春秋》,为哲学系的学生讲一点《论语》、《孟子》、《易传》与《礼记》,是可以赞成的"①。显然,在这种课程设置中,经学已经丧失独立学科的资格。

胡适的主张更加激进。他提出:

> 尊经一点,我终深以为疑。儒家经典之中,除《论》、《孟》及《礼记》之一部分之外,皆系古史料而已,有何精义可作做人模范?我们在今日尽可挑出《论》、《孟》诸书,或整理成新式读本,或译成今日语言,使今人与后人知道儒家典型的来源,这是我很赞成的。其他《诗》则以文学眼光读之;《左传》与《书》与《仪礼》,则以历史材料读之,皆宜与其他文学历史同等齐观,方可容易了解。②

胡适对于经学的教育价值与学术地位从根本上表示怀疑,他质疑儒家经典承载的伦理道德"有何精义可作做人模范?"即便要读,也必须有选择地将其拆分到各个学科去选读。例如,《诗经》以文学眼光读之,则应归入文学专业;《左传》《尚书》与《仪礼》,以历史材料读之,则应归入史学专业。其他可以类推,总之,经学作为一门学科绝不应有独立之价值与地位。这不啻是正式宣告"经学"作为一个独立学术门类的彻底瓦解。陈壁生特别强调胡适在这个过程中的中心位置:

> 民元之后,经学科废,经学作为一个独立门类,至此消失。随之发生的中国学术的现代转型,事实上是以章太炎为先导,以胡适之为中心。……章氏"国故"之论,本为发扬国史之光辉,转化为胡适之的"国学",则变成已死之历史。在胡适之等西化论者眼中,"中国"成为"历史",中国一切典籍,成为死去的史料,于是倡导"整理国故",以西方学科的眼光来看待中国典籍,建立起中国现代学科。至此,中国学术的现代转型完成,而经学终至全面瓦解。③

根据陈壁生的研究,晚清民国之际的国学研究先后经历了"史学化"④、"史料化"两个过程,从而完成了中国学术的现代转型,同时也造成了经学的全面瓦解。他所谓"史料化",就是取消经学作为独立学科的地位,将其拆散归入西方现代学术各门学科。而从本文选取的经学教育视角看,这一过程实质就是放弃晚清学堂课程改革的路线,放弃调和"四部之学"与"七科之学"的努力,而径直选择全盘西化。不过,陈先生只说出了事实的一半。实际上,这一经学瓦解的过程与经学自我更新的过程是相伴进行的,这个过程从一方面看固然是传统经学的瓦解,而从另一方面看则是传统经学的自我更新。"学堂经

---

① 龚鹏程主编《读经有什么用:现代七十二位名家论学生读经之是与非》,上海人民出版社 2008 年版,第 136～137 页。

② 欧阳哲生编《胡适文集5》,北京大学出版社 1998 年版,第 419 页。

③ 陈壁生《经学的瓦解》"导言",华东师范大学出版社 2014 年版,第 9 页。

④ 路新生指出,经学"史学化"的趋势在 19 世纪七八十年代便已非常显著,参见〔日〕盛邦和主编《现代化进程中的中国人文学科·史学卷》,第二章《经学在近代中国的蜕变》,上海人民出版社 2005 年版,第 31～46 页。

学"形态的衍生便是晚清经学自我更新的一个明证，而且在民国之后依然在体制外得以延续。[1]

## 四、结语

透过本文的研究，我们清楚地看到，晚清学堂经学无论在教育理念还是课程设置方面，都表现出与传统书院教育和现代大学教育中经学教育的显著差异，呈现出一种半新半旧、亦新亦旧的新形态。由于这种新形态衍生并依托于晚清学堂教育体制，是洋务运动以来学堂教育改革的时代产物，具有鲜明的学堂特征，正是在这个意义上，本文将其称为"学堂经学"，以凸显这一时期经学的新特征与新形态。晚清学堂尽管只存在短短几十年，但它在中国经学史上留下了不该被遗忘的一笔，因为它充分表征了晚清经学自我更新的努力。

这种自我更新的努力十分突出地反映在京师大学堂的课程改革中。从 1896 年李端棻在《请推广学校折》中提出构想，到民国改元为止，京师大学堂的课程改革争议不断，成为当时教育思想交锋拉锯的前线。大致而言，改革朝着两个派别展开：一派强调在课程中加强"中学"课程，张之洞是这一派的代表；另一派则在形式上对"中学"课程予以保存，但着眼点则是加强"西学"课程，极力模仿西方或日本的大学学制，张百熙是这一派的代表。梁启超等人则依违于两派之间，既不明确要求加强"中学"课程，也不明确袭用西方或日本学制。因而，庄吉发所谓"京师大学堂历次确立学科，订定课程，皆以'中体西用'为思想基础"[2]的说法失之笼统，遮蔽了晚清教育思想的复杂分歧，也抹杀了各方交锋拉锯的过程。

其中，分歧与拉锯的焦点则在经学课程的尊卑与存废。经学课程之所以成为晚清京师大学堂课程改革中各方交锋拉锯的焦点，是因为洋务运动以来的晚清士大夫普遍看到"中国政教"正是与"西学"相区分的根本所在，而这些儒家伦理与政治传统主要承载于经学之中。孙家鼐、张之洞捍卫"中体西用"理念，坚持以经学作为大学课程的基础。张百熙虽然完全袭用日本"七科分学"的课程设计，但毕竟还只将经学降格为"文学科"的二级学科，尚在形式上承认其独立性。到王国维、蔡元培，则更进一步，不但完全袭用西方学制，更完全接受了西方有关"高等学术"的理念。王国维已率先强调以"哲学"作为大学文科各学门共同的基础与归宿，理由是哲学是"知识之最高之满足"；蔡元培继承了王国维"尊哲学"的看法，认为文、理二科是西方学术的基础，而哲学又是文科的基础。至此，在教育理念方面，作为"中体"的经学被作为"西体"的哲学消融，洋务运动以来的"中体西用"论最终遭到摒弃；在课程设置方面，晚清学堂调和"四部之学"与"七科之学"的努力最终也完全朝向"七科之学"倾斜，而与西方学制趋同。

诚如左玉河指出的，从"四部之学"向"七科之学"的转变是中国传统学术向现代学术

---

[1]    例如民国时期在江南地区颇有影响力的教育家、经学家唐文治，便还在继续探索经学在现代教育中的学科定位，参见毛朝晖《经学在现代学术中的艰难定位——唐文治与无锡国专的课程改革》，载杨朝明主编《孔子学刊》第十辑，青岛出版社 2019 年版，第 200～223 页。

[2]    庄吉发《京师大学堂》，"国立"台湾大学文学院 1970 年版，第 43 页。

转变的一个重要标志。① 然而，这个过程并非一蹴而就，而是经过一个不断斗争与调和的阶段。就经学教育而言，"学堂经学"新形态便是这种彼此斗争和调和的产物。

学堂经学已经走入历史，却为我们留下愈久弥新的启迪。

首先，学堂经学的改革其实并未完成，只是由于辛亥革命的政治鼎革，才为这场改革画上了一个强制的休止符。从学理上讲，学堂经学"中体西用"论的表述也许不无可商，但他们寻求中学之"体"的努力事实上具有广泛的思想基础，他们试图调和"四部之学"与"七科之学"的努力尽管并未实现，但在中国大学不断反思现代大学教育体制，纷纷重建国学与经学教育的今天，晚清学堂在调和"四部之学"与"七科之学"的努力足资借鉴。

其次，即便在晚清国势极衰、西方冲击急剧之际，中国学术界与教育界也一直未曾放弃"中体"的学术追问、经学的自我更新和中西学术教育体制会通的努力。有人声称经学已经终结或瓦解，其实这只是就传统经学、学堂经学作为一种教育形态而言。实际上，就如本文提出的，尽管由于政治原因，学堂经学的改革无疾而终，现代大学教育采取了全盘西化的学术体制，但西化派事实上在学理上始终未能证明"四部之学"不具有学科的独立性，也未能证明西方伦理道德与政治体制必然优于或高于儒家伦理道德与政治体制。② 换言之，经学在现代教育中的学科定位及其现代价值在学理上依然是未决的。

最后，必须交代本文研究的局限性。本文在第一部分尽管也粗略论及洋务运动以来创办的几间新式学堂，但限于篇幅与材料，全文的重心则是围绕京师大学堂这一主要个案。尽管京师大学堂极具代表性，而且无疑是晚清学堂课程改革最好的见证，但毕竟不足以完全代表晚清"学堂经学"形态的全貌。另外，本文选取晚清学堂课程改革作为切入点来剖析晚清学堂的经学改革，而课程改革的文献主要是依靠奏疏、章程，缺乏课程实施的相关史料，因而无法充分反映课程改革的实况。因此，本文对于晚清经学自我更新的表彰，对于"学堂经学"形态的勾画，主要还都只涉及课程设置的表层，至于深层的课程实践则未能挖掘。尽管如此，本文的研究或许能够提供一个新视角，初步窥豹晚清学堂改革的一个线索，弥补中国经学史研究长期忽略的一个盲点，并为晚清"学堂经学"的深入研究导夫先路。

① 左玉河《从四部之学到七科之学——学术分科与近代中国知识系统之创建》"导论"，上海书店 2004 年版，第2页。

② 近年来，儒家伦理与儒家政治哲学再次引起中西方学界的广泛讨论。例如，安乐哲（Roger T. Ames）的"角色伦理学"、贝淡宁（Daniel A. Bell）的"贤能政治"等，都被认为是对西方伦理学和政治哲学的一种有力批判，同时也表明"中体"即儒家伦理及其政治智慧的学理之争迄今仍未解决。

# 北宋庆历之际士人的"道"之"统"系追求及诗歌书写

王培友　朱　珊<sup>*</sup>

**摘　要:**唐代韩、柳之所以倡导古文革新,其目的可能在于以探寻作文与儒家之道关系为契机,把文统、道统、政统放置于相统一的地位,试图以改革"文"来对彼时的"道统""政统"施加影响。受其启发,北宋庆历之际士人展开了以匡复道统、文统、政统、学统为目的的文化实践。他们或试图通过建构文统、道统、学统来影响政统的确立,或试图通过对文道关系的探讨来改变时文以影响科举选育人才,进而实现对文统的匡正以培育士节,以此实现恢复儒家之政统的政治理想。与之相应,庆历之际士人的诗歌创作,较之以往更加重视对儒家之"道"的书写;重视对道统、政统、文统、学统及其关系问题的探讨;重视对儒家心性存养、天地之性、名教乐地等范畴与命题的表达等。庆历之际士人的这一诗歌创作风尚,影响到彼时及其后的诗歌发展走向,从而具有了重要的诗歌史价值。

**关键词:**宋代;道统;文统;政统;诗歌

当今学界对于唐宋"古文运动"①之认识,大致停留在民国时期柯敦伯、钱基博等人的认识上,亦即认为宋代欧阳修等人重新推动"古文运动"之目的乃是"改变文风""复兴儒学"。② 如果此说尚属合理的话,那么,文史专家就应该顺此而探讨如下问题:其一,为何唐宋时期"改变文风"与"复兴儒学"发生联系? 在中国文学发展进程中,因崇尚老庄、佛学等学说而导致文风发生变化,可谓不胜枚举。何以唐宋时期韩愈、柳宗元、欧阳修等汲汲于以"复兴儒学"为手段来"改变文风"? 其二,唐宋"古文运动"核心人物在倡导以儒家经典来匡正、指导时代文学风尚之际,为何屡屡标识于"为学""古人之学""学统"? 这与"改变文风""复兴儒学"有何学理关联? 其三,唐宋"古文运动"之发起,于唐乃因应着为"安史之乱"破坏了的政治制度、政治秩序与道德伦理,于宋则是与北宋王朝七八十年政治管理制度的弊端,尤其是真宗朝后期天书迷信、郊祀推恩、官员贪腐等社会痼疾紧密相关。于此而做进一步思考,则问题随之而来:"古文运动"于唐宋时期此种社会生态而得以生成和发育,其内在的文化思想因缘何在?

认真思考上述问题,当对我们深化认识唐宋"古文运动"有所裨益。就宋代"古文运

---

　　* 　王培友,北京语言大学人文社会科学部教授,研究方向为中国儒家诗学、中国古代学术史等;朱珊,长江大学城市建设学院土木国际专业学生。

　　① 　近来有学者认为,唐宋韩愈、柳宗元、欧阳修等人并未倡导"古文运动",其依据乃是以西方文学运动之观念而言。我们认为,从唐宋时期文学思潮和文学风尚而言,在韩愈、柳宗元、欧阳修等人的倡导下,彼时不少士人较好地实践了韩、柳、欧阳等人的文学主张。从这个角度而言,文学之"运动"说有一定合理之处。目前,尚无比唐宋"古文运动"更为合适的描述唐宋文学史上的这一文学事件和文学进程,因此,"古文运动"说有其存在的合理性。

　　② 　关于唐宋"古文运动"研究,代表性的研究成果有:曾枣庄《北宋古文运动的曲折历程》,《文学评论》1982年第5期,第83页;孙昌武《唐代古文运动通论》,百花文艺出版社1984年版;陈平原《唐宋古文运动述略》,《浙江社会科学》1996年第2期,第81页;祝尚书《北宋古文运动发展史》,北京大学出版社2012年版等。

动"而言,其重要标志应为嘉祐二年(1057)欧阳修知贡举禁抑险怪奇涩之文,史称由此而"科场之习、文坛之风"[①]遂变。而要对宋代"古文运动"有深刻认识,就必须从范仲淹等人所参与的"庆历新政"入手。[②] 这是因为,"庆历新政"设立的培育士风、革除政治弊端等政治改革目标及举措,对包括欧阳修等在内的晚进士人,产生了重大影响。本文所讲的"庆历之际",指的是从"庆历新政"酝酿时期的庆历元年(1041)至熙宁五年(1072,是年欧阳修去世)这一段时间。之所以用"庆历"代指这一时期,其原因主要是考虑到,庆历之后包括皇祐、至和至嘉祐八年(1063),共 23 年均为仁宗朝,其朝政等具有连贯性。而英宗治平元年(1064)至神宗熙宁五年(1072)才共九年,朝政变化较大且时间相对较短。更为重要的是,史学界公认,王安石主持的"熙宁变法"可视作"庆历新政"的必然政治延续。另外,黄宗羲等《宋元学案》序录所言"庆历之际,学统四起"[③]之中所列的儒家代表人物士建中、刘颜、杜五子、吴存仁等,其生活时代亦在本文界定的这一历史时段。因此,以"庆历之际"来作为这一历史时期的概称,具备合理性。

## 一、北宋庆历前后士人"通经学古"之目的

北宋庆历之际儒学变革的重要契机,来自范仲淹等人所推行的"庆历新政"。"新政"虽然很快失败,但其对宋代学风、士风之转变的作用,为世所公认。实际上,"新政"目标之一即为端正士风。南宋陈傅良认为:"宋兴,士大夫之学亡虑三变。起建隆至天圣明道间,一洗五季之陋,知乡方矣,而守故蹈常之习未化。范子始与其徒抗之以名节,天下靡然从之,人人耻无以自见也。欧阳子出,而议论文章粹然尔雅,轶乎魏晋之上。"[④]陈傅良以范仲淹倡导"名节"而变革士风,为形成欧阳修"议论文章粹然尔雅"之先导,确为不易之论。苏轼则看到了欧阳修重振"斯文"之功:"宋兴七十余年……斯文终有愧于古。士亦因陋守旧,论卑而气弱。自欧阳子出,天下争自濯磨,以通经学古为高,以救时行道为贤,以犯颜纳说为忠,长育成就,至嘉祐末,号称多士。"[⑤]显然,苏轼之"斯文"认同,绝不是简单的文学或者文化建设事业,而是包括"通经"以接续儒学传统,以"救时"而自觉的政治担当,以"行道"为目的的儒家纲常实践,所共同组成的士人人生理想图式。如果说,"'通经学古'、'救时行道'、'犯颜纳说'三者是庆历之际儒士们的时代责任和担当,亦是其时学风和士风的主流"[⑥]的话,那么,"通经学古"的目的自然是探讨"道"之所在,而"救时行道""犯颜纳说"都是践道的具体方式而已。可以说,对"道"之体用及其践行方式的探讨,贯穿于北宋中期士人的社会实践与学风追求中,亦是变革"斯文"的重要内容。由此,以欧阳修为领袖的、以接续唐代韩愈、柳宗元之"古文"的文化改良活动,实际上也是倡导儒家之道的文化变革运动。

---

① 虞云国《中国文化史年表》,上海辞书出版社 1990 年版,第 374 页。
② 我们不赞成曾枣庄等人把宋代"古文运动"扩展至宋初的考察。据宋代诗文发展的实际情况来看,宋初虽有高锡、梁周翰、柳开、范杲等人抨击"文体卑弱",但尚未成为社会共识,遑论引领文化思潮、文学创作实践之"运动"。
③ 黄宗羲等《宋元学案》"序录",中华书局 1986 年版,第 2 页。
④ 陈傅良《陈傅良先生文集》,浙江大学出版社 1999 年版,第 501 页。
⑤ 苏轼《苏东坡全集》,中国书店 1986 年版,第 315 页。
⑥ 张立文、祁润兴《中国学术通史》(宋元明卷),人民出版社 2004 年版,第 40 页。

　　唐代韩、柳之所以倡导古文革新，其深层的学理逻辑，绝不仅在于倡导"因文明道""文道合一"，而是借由探寻作文与儒家之道的关系，从而把文统、道统、政统放置于相统一的地位，试图以改革"文"来对彼时的"道统""政统"施加影响。韩愈在《原道》中就指出："夫所谓先王之教者，何也？……其文《诗》《书》《易》《春秋》，其法礼乐刑政，其民士农工贾，其位君臣、父子、师友、宾主、昆弟、夫妇……其为道易明，而其为教易行也。"[①]这里的"文""法""位"等，是统合了"道统""文统"与"政统"而言的。而柳宗元提出的"大中之道"，"吾之所云者，其道自尧舜禹、高宗、文王、武王、周公、孔子皆由之"[②]，已然指出了道统与文统的一致性。

　　韩愈等试图以变革"文"来影响彼时之道统、政统，是有久远的文化传统的。《论语》中，孔子提到了"吾道一以贯之"的话头，但没有展开。对于此中之"道"，儒家后学对此有不同的理解，从颜回的"忠恕"、曾子的"孝悌"等开始，对于这个一以贯之的"道"的探讨，一直是儒学史上的核心问题之一。与之相应，大概从孔子时代开始，不同的学派虽然对"道统"的认识有所不同，但并不妨碍其把对"道"之"统"的申述与重构作为构建学说的前提。考察可见，从"道"之"统"的萌芽阶段开始，它就与"政"之"统"紧密结合。如庄子强调："道术为天下裂"，其逻辑前提自然是在天下一统时，存在一个一统的"道术"。汉代的《淮南子·原道训》中也强调："夫执道理以耦变，先亦制后，后亦制先。是何则？不失其所以制人，人不能制也。"[③]可见，《原道训》虽然尊崇道家的"道"，但其出发点亦仍然讲究"政"之"统"。而《文心雕龙·原道》指出："观天文以极变，察人文以成化；然后能经纬区宇，弥纶彝宪，发挥事业，彪炳辞义。道沿圣以垂文，圣因文而明道，旁通而无滞，日用而不匮。易曰：鼓天下之动者存乎辞。辞之所以能鼓天下者，乃道之文也。"[④]按照刘勰的表述来看，他把"文"之"统"变成了"道"之"统"的外显形式。通过上述论证，如果遵奉"道"之"统"，就能实现"政"之"统"与"文"之"统"。可以说，传统儒家代表人物普遍认为，道统、文统、政统，在本体层面上，是合一性的存在。"道"之"统""政"之"统"与"文"之"统"，是合目的性的统一。

　　由此而言，韩、柳提倡古文运动，其背景是中唐时期藩镇割据所造成的政统紊乱、道统不明、学统不彰，其内在的学理逻辑，在很大程度上乃在于"以文明道"，也就是恢复道统、文统，进而影响政统建设。这与"庆历新政"之前北宋王朝面临的情况相类似。真宗朝后期，由于迷信天书、郊祀、荫补等，朝廷政纲紊乱，财政崩溃，国家的文化一统尚未完成。如庞籍（988—1063）作于天圣七年的《上仁宗答诏论时政》就指出其时时政朝令夕改："十七日内，为一小事四降宣旨，三令借马二疋，一令赐马一疋。"[⑤]而赵师民作于庆历三年的《陈政事疏》，仍然把"久官政"作为其上陈的"十五事"之一，对其时"屡变而起浮伪，数徙而无根据；浮伪生则易淆乱，根据浅则轻动摇，官不及事，民不安教"[⑥]的政治举措

---

① 马其昶注、马茂元整理《韩昌黎文集校注》，上海古籍出版社1987年版，第19～20页。
② 柳宗元《柳宗元集》，中华书局1979年版，第852页。
③ 刘文典撰、冯逸等点校《淮南鸿烈集解》，中华书局1989年版，第26页。
④ 范文澜注《文心雕龙注》，人民文学出版社1958年版，第3页。
⑤ 曾枣庄、刘琳主编《全宋文》第17册，上海辞书出版社2006年版，第398页。
⑥ 曾枣庄、刘琳主编《全宋文》第17册，上海辞书出版社2006年版，第276页。

深感忧虑。上述之《论》《疏》,其间距离十四年。这说明,十四年间虽有不少重臣上疏痛陈政纲紊乱之危害,但朝政无常已如痼疾附体,其他如彼时的学统、文统、道统等,亦存在类似问题。对此,范仲淹、胡瑗、孙复、石介、欧阳修等人,对彼时政统、文统、学统等有大量的批评。

庆历之际的士人群体正是看到了这一点,他们才选择性地接续了韩、柳"古文运动",重新展开了以匡复道统、文统、政统、学统为核心的儒家之道的探讨。实际上,在庆历诸人自觉接续韩、柳试图恢复儒家之道时,他们的一些前辈儒者如穆修(979—1032)、范雍(976—1046)、赵师民、孔道辅(986—1039)等人,都认识到了儒家之"道"的重要性,开始探讨道统、政统、文统的一致性问题。如穆修在《答乔适书》中,先是历述彼时的"文"之弊:"盖古道息绝,不行于时已久,今世士子,习尚浅近,非章句声偶之辞不置耳目。"接着,他强调:"夫学于古者,所以为道;学夫今者,所以为名。道者仁义之谓也,名者爵禄之谓也。……行乎道者,虽固有穷达云尔,然而达于上者,则为贤公卿,穷于下也,则为令君子。"这里,穆修指明"学"之目的是为"求道",已有探求"学统"与"道统"关系之用意。而从此文整体来看,穆修强调的"文",是与"学""道"密切相关的,所谓"学之正伪有分,则文之指用自得"①。穆修在《唐柳先生集后序》中,亦明言其推崇韩、柳的原因,乃是"至韩、柳氏起,然后能大吐古人之风。其言与仁义相华实而不杂……皆辞严义密,制述如经。"②在穆修看来,"文"以"学"为本,而学以"求道"为目的,"文"只不过是"学"及"道"的"用"而已。尽管穆修尚未探讨"学统""道统""政统""文统"之关系问题,但此一路径,已然有所涉及。这一逻辑关系,基本上也就是庆历之际儒者对于"文""学""道"三者关系的认识,亦为后来大多数理学家所赞同。于此之际,学者孔道辅(986—1039)亦云:"诸子虽博,非五贤之文不能成正道。……圣人与天地并,高卑设位,道在其中矣。所以尊君德,安国纪,治天物,立人极,皆斯道也。"③文中提及"五贤之文"乃是承载了以圣人为代表的儒家之"正道"。这里,"五贤之文"、圣人之"道"与君王治国之"政",在其根本上应是统一的,都是基于圣人对于天地之"道"的把握和总结。同样,在这一时期重要的儒家代表人物赵师民的相关论述中,已然涉及了儒家之道兼有"学统""文统""道统""政统"等含义。赵师民强调:"若帝之元,于稽古先。将以其道,格于皇天。格天如何,谨徽旧典。……将以其文,化成天下。化成如何,顺考正道。……非先圣之遗法,不足以举大义而正国常。"④文中虽然没有提及"学统""道统""政统""文统",但这里的"道",已然兼有上述诸义。

总的来看,上述诸人从具体的"道""学""文"及"政"之关系问题认识入手,初步涉及更高层次的"道统""文统""政统""学统"等问题。尽管其认识尚属粗浅,但是,这些具有时代先觉意识的士人,对于促成庆历之际推扬士节而探寻儒学之道的社会风尚的生成,具有重要作用。如苏舜钦、苏舜元兄弟曾从学于穆修,而范雍、孔道辅与范仲淹有密切交往。就内容来看,赵师民在庆历三年(1043)写成的《陈政事疏》,与苏舜钦庆历四年的"诣目七事"、范仲淹庆历四年"庆历新政"施政纲领等颇有相近之处。此外,孔道辅、范仲淹

---

① 曾枣庄、刘琳主编《全宋文》第 16 册,上海辞书出版社 2006 年版,第 20 页。
② 曾枣庄、刘琳主编《全宋文》第 16 册,上海辞书出版社 2006 年版,第 31 页。
③ 曾枣庄、刘琳主编《全宋文》第 17 册,上海辞书出版社 2006 年版,第 291 页。
④ 曾枣庄、刘琳主编《全宋文》第 17 册,上海辞书出版社 2006 年版,第 282 页。

都曾是谏官的领袖人物,甚至于被政敌攻击为"朋党",亦可想见其相关主张之关系。这说明,"庆历"之前诸儒对于儒家之道的探讨,对于范仲淹、欧阳修等人有重要影响。不过,由于穆修、范雍、赵师民等人或由于政治地位较低,或缺少师友相呼应,而且这些士人大多数尚未能把"文""道""学"等提升到"道统""学统""文统""政统"等形而上的体系建构层面,因此,这些士人的社会影响尚不明显。

### 二、庆历之际士人对于文统、道统、政统、学统之统一性的探讨

北宋庆历之际,因应着社会政治、文化等方面的需求,有识之士向传统儒家思想寻求解决对策。他们或从儒家之道中的道统、政统、文统、学统的统一性逻辑出发,试图通过建构文统、道统、学统来影响政统的确立,或试图通过对文道关系的探讨来改变时文以影响科举选育人才,进而实现对文统的匡正以培育士节,企图以此为契机,左右国家政治,实现恢复儒家之政统的政治理想。这一时期,一些士林领袖人物如范仲淹、陈襄、胡瑗、孙复、石介、徐积、欧阳修、苏舜钦、梅尧臣等人,不约而同地展开了对儒家之"道"的多方探讨。

范仲淹(989—1052),在其《上执政书》中写道:"今士材之间,患不稽古。委先王之典,宗叔世之文,词多纤秽,士惟偷浅,言不及道,心无存诚。"①这里,他提及与"先王之典"有关的"政统",与"存诚"有关的"仁道"之"道统",与"词"有关的"文统"问题,说明了"新政"实施的必要性。在范仲淹看来,政统、道统、文统,是统一性的历史存在。他又从体用角度论及文、道、政之关联:"诗之为意也,范围乎一气,出入乎万物,卷舒变化,其体甚大。故夫喜焉如春,悲焉如秋,徘徊如云,峥嵘如山,高乎如日星,远乎如神仙,森如武库,铿如乐府,羽翰乎教化之声,献酬乎仁义之醇,上以德于君,下以风于民,不然,何以动天地而感鬼神哉!"②这是论及"诗"之体亦即本质问题,他认为诗歌的功用在于"羽翰乎教化之声,献酬乎仁义之醇,上以德于君,下以风于民"时才能实现"动天地而感鬼神"。由此,范仲淹就从"政统""文统"与"道统"相统一的角度,论及了"诗"的功用和价值。他又在《蒙以养正赋》中提及:"处下韬光,允谓含章之士;居上弃智,斯为抱一之君。"又说"蒙正相养,圣贤是崇。……圣人执之而行化,赤子焉知。乃有修辞立诚,穷理尽性。常默默以存志,将乾乾而希圣。"③范仲淹认为,作为君、士,莫不以圣人之"蒙正相养"为遵循的正道,在此意义上,"文""道""政"都以"立诚""存志""穷理尽性"等道德追求而得到统一。此外,范仲淹还在《礼义为器赋》中论及了政统、道统的统一性问题,在《唐异诗序》中论及了诗与政统的关系问题,在《四德说》中,论及了道统、政统均为儒家之"道"所统摄,由此道统、政统应具有统一性等。可见,他对儒家之道的探讨,含有鲜明的对于道统、政统、文统、学统的统一性问题的自觉追寻在内。作为庆历之际士人领袖人物,范仲淹的这一义理探求,说明彼时士人具备统摄道、政、文、学为一体的理论自觉意识。

胡瑗(993—1059),为宋初"三先生"之一,其学说在庆历之际广有影响。他在《论语说》中有言:"古之取人以德,不取其言,言与德两得之。今之人两失之。"自注:"有德者必

---

① 曾枣庄、刘琳主编《全宋文》第18册,上海辞书出版社2006年版,第280页。
② 曾枣庄、刘琳主编《全宋文》第18册,上海辞书出版社2006年版,第394页。
③ 曾枣庄、刘琳主编《全宋文》第18册,上海辞书出版社2006年版,第10页。

有言,有言者不必有德。"①显示出其以"德"统"文"的基本观点。胡瑗关于儒家之道及道统、政统等问题的认识,因其文献记录多有散佚,唯从其弟子的言论中可见一二。熙宁二年,宋神宗询问其弟子刘彝,让他比较胡瑗、王安石经术孰优孰劣。刘彝回答说:"圣人之道,有体,有用,有文。君臣父子,仁义礼乐,历世不可变者,其体也。诗书史传子集,垂法后世者,其文也。举而措之天下,能润泽斯民,归于皇极者,其用也。"②这里的"体",是事物的本质特性,亦可理解为与道统相关的"道"之根本属性。这里的"用",是事物的功用、价值等,为圣人之道在政治等方面的具体展开。这里的"文",则是"道"之承载物。作为文学艺术之"文",自然也是与道统、政统相关的"物"之表现。显然,依刘彝看来,政统、道统、文统,只不过是儒家之道的不同层面,这三者说到底是儒家之道在"体、用、文"三个层面的表现。

孙复(992—1057),在《与张洞书》中亦言:"文者,道之用也;道者,教之本也。故必得之于心而后成之于言。"③这里的"道",据孙复后文所称,即为"仁义"。在孙复看来,"文""教"是"道"的不同层面的表现形式,可见,孙复认为"文""教""道"具有统一性。又孙复《春秋尊王发微》释"元年春王正月"做如此表述:"夫欲治其末者,必先端其本;严其终者,必先正其始。元年书王,所以端本也;正月,所以正始也。其本既端,其始既正,然后以大中之法,从而诛赏之。"④这里,孙复解释《春秋》之文,是从"道统""政统"而言的,基于以上文献可知,孙复注意到了"道统""政统""文统"的统一性问题。

孙复高弟石介(1005—1045)亦云:"夫尧、舜、禹、汤、文王、武王、周、孔之道,万世常行不可易之道也。佛、老以妖妄怪诞之教坏乱之,杨亿以淫巧浮伪之言破碎之,吾以攻乎坏乱破碎我圣人之道者,吾非攻佛、老与杨亿也。"⑤石介指出,其攻佛、老之道与杨亿之言论,是为了捍卫、张扬儒家之道统,而不是攻乎佛、老与杨亿本身。这说明,作为"庆历新政"干将的石介,其卫道担当具有强烈的自觉性。石介又从儒学传承与道德修养的角度论及了文道关系。他依据《易》说以比附阐释"文"与"道"之关系,在《与张秀才书》中石介亦强调"足下为文,始宗于圣人,终要于圣人。如日行有道,月行有次,星行有躔,水出有源,亦归于海,尽为文之道矣"⑥。这种观点,尽管与后来程颢的"文以载道"等文道观有所不同,但其思维路径表现出高度的一致性,即把"文"看作服从和服务于"道"的工具或手段。所不同的是,石介干脆以"文"为"道德、礼仪、教化"等,"道"与"文"成为同一物。

上述诸人对于儒家学统、政统、道统、文统具备统一性问题的探讨,可能对彼时精英文化阶层产生了重要影响。欧阳修(1011—1075)就对"文"与"道"的"体用"问题给予了密切关注,并对两者关系进行了研究。他在《与张秀才棐第二书》中提及:"君子之于学也务为道,为道必求知古,知古明道,而后履之以身,施之于事,而又见于文章而发之,以信

---

① 黄宗羲等《宋元学案》,中华书局 1986 年版,第 27 页。
② 黄宗羲等《宋元学案》,中华书局 1986 年版,第 25 页。
③ 黄宗羲等《宋元学案》,中华书局 1986 年版,第 99 页.
④ 孙复《春秋尊王发微》,《景印文渊阁四库全书》第 147 册,台湾商务印书馆 1986 年版,第 3 页。
⑤ 石介《徂徕石先生文集》,中华书局 1984 年版,第 63 页。
⑥ 黄宗羲等《宋元学案》,中华书局 1986 年版,第 109 页。

后世。"①欧阳修认为"文"是"道"的外显形式，从他的相关论述来看，欧阳修认为文统、道统是一致的。他又讲："闻古人之于学也，讲之深而言之笃，其充于中者足，而后发乎外者大以光。"②这里的"充于中"之物，欧阳修认为是"道"。如"充于中"不足，则"必屈曲变态以随时俗之所好，鲜克自立"③。显然，欧阳修认为学统、道统是紧密相连的。他在《答祖择之书》中又论及："学者当师经。师经必先求其意，意得则心定，心定则道纯，道纯则充于中者实，中充实则发为文者辉光。"④此中所见，欧阳修在既重视道统又重视文统的表象下，还是推崇以道统为本。否则，如果道统不立，则文统将"不知其守"："今之学者或不然，不务深讲而笃信之，徒巧其词以为华，张其言以为大。……又其为辞不规模于前人，则必屈曲变态以随时俗之所好，鲜克自立。此其充于中者不足，而莫自知其所守也。"⑤由此看出，欧阳修认为时文出现的"巧其词""张其言""规模于前人""曲变其态"等问题，都是由于创作者不明道统而导致的。

　　彼时重要的文学领袖人物之一苏舜钦（1008—1049），同样表现出对儒家之"道统"及"道"的自觉追求精神。他把道、德、文、词、辩糅合为一个逻辑演进的次序，以为"道"弊生"文"。在《上孙冲谏议书》中，他认为"德"之用在于"复性"，又以"文"为"性情之正"的外在表现形式。他从"道"的产生根源来推及与文的关系，得出了"道弊"而后生"文"的结论。苏舜钦关于文道关系的推断以及把道、德、文、词、辨排定次序的方式，具有先验的性质。这种把不同事物强做统一的思维模式，正是北宋中期士人热衷于求道、努力构建其哲学体系的共同特征。苏舜钦通过这一先验性的逻辑架构，把文统、道统、政统、学统相统一，显示出庆历之际士人探索儒家之道的可贵努力。

　　由上可见，在庆历之际，包括儒学之士、文学之士在内的不同的儒者群体，纷纷探求道统、政统、文统、学统的统一性问题。在这之中，有的是试图通过对道统、政统的关系探讨来为政统建设服务，有的则重在探讨道统、文统之间的关系，试图以道统来支配文统。不管怎样，都说明了这样一个历史事实：庆历之际儒者群体对于文统、道统、政统的统一性问题给予了充分关注，他们试图通过对道统的重建来影响政统、文统、学统，进而为时代政治服务。正是在这一意义上，庆历之际的"学统"，才为后人所关注。由此可知，穆修、范仲淹、胡瑗、孙复、石介、谢绛、孙奭、杨安国、李觏、欧阳修等人对于"儒学之道"的探寻，绝不是一个单纯的文学问题或者儒学问题。

### 三、庆历之际士人对于儒家"道"之"统"系问题的诗歌书写

　　与庆历之际士人重视探索儒家之道及其统摄下的文统、道统、政统、学统等问题相一致，庆历之际士人的诗歌创作，也出现了一些值得注意的变化。这些变化，与庆历之前的诗歌相比，已经形成崭新的诗歌风貌，并对彼时诗歌的发展起到了重要的导向作用。以欧阳修、梅尧臣、苏舜钦等为代表的诗歌求新、求变之新风，乃至王安石、苏、黄等为代表

---

① 李逸安点校《欧阳修全集》，中华书局 2001 年版，第 978 页。
② 李逸安点校《欧阳修全集》，中华书局 2001 年版，第 978 页。
③ 李逸安点校《欧阳修全集》，中华书局 2001 年版，第 1024 页。
④ 李逸安点校《欧阳修全集》，中华书局 2001 年版，第 1010 页。
⑤ 李逸安点校《欧阳修全集》，中华书局 2001 年版，第 1024 页。

的"元祐典型"以及北宋理学"五子"之邵雍、周敦颐、"二程"、张载等人的理学诗书写,都可能与庆历之际士人对于儒家之道及其各"统"系的统一性探询密切相关。

1. 庆历之际的诗歌内容,较之以往更加重视对儒家之"道"的书写。

庆历之际的诗歌,开始重视"尧舜之道""圣人之道"等话语的探讨,对儒家之仁义、忠恕、中和、雅正等内容给予了相当重视。于此之际,范仲淹起到了重要的导向和引领作用,其诗歌经常表达出对"儒家之道""尧舜之道""圣人之道"的推崇。他在《谢黄总太傅见示文集》诗中,强调要以《诗经》的周南、召南的雅正为旨归,以实现尧舜之治为目的。诗篇同时强调诗歌的政治讽谏功能,倡导文以载道,"教化辞""帝皇道""人臣规"①等应作为诗歌的重要内容。由上述可见范仲淹诗歌对儒家之道的重视。他在诗歌中提及"传此尧舜曲","千古如天日,巍巍与善功。禹终平浼水,舜亦致薰风","尧舜岂遗人","薰风省舜城"等赞美尧、舜、禹的圣人功业,表达了实现政治清明、天下致治的政治愿望。他又极为推崇儒家之仁义礼知等道德品格,言及"仁与智可尚,忠与义可钦""前王诏多士,咸以德为先。道从仁义广,名由忠孝全。"此外,范仲淹诗歌又提及"学者忽其本""内乐则有余",反映出他对儒家性命精义的努力探讨。

几乎与范仲淹同时,石介在其诗歌实践中,也大力倡导儒家之道。在《寄弟会等》诗中,石介历数其弟六人的学业成就,提及"志古道""其气典以和""道德切磋""通典籍"以及学以变化气质、勤勉就学等,这些都是儒家之道的内容。在《过潼关》等诗中,石介又从政治策略的角度,言及"上策以仁义,天下无能敌",强调"始知资形势,不如修道德",满怀豪情地提出"舜与吾俱人,学之则舜也","孔孟信可蹈,圣贤良自勖"等,这些都与儒家之"道"紧密相关。此外,石介亦言及"古道于时疏""斯文日已衰""道病非一日"等,表达出其对于儒家之"道"沦丧已久的焦虑。

庆历之际,苏舜钦亦大声疾呼恢复"古道":"正声今遁矣,古道此焉存",痛感于"风雅久零落,江山应寂寥",表达出自己希望"笔下驱古风,直趣圣所存"以复兴"风雅"为志的热望。天圣七年(1029),苏舜钦又与其兄苏舜元作《地动联句》,其中有诗句:"愿进小臣语,兼为丹宸规。伟哉聪明主,勿遗地动诗。"上述文献说明,苏舜钦具有自觉的以诗歌"载道"及干预社会的文学思想。同苏舜钦等人一样,梅尧臣(1002—1060)也比较重视诗歌与儒家之道之间的关系。他有诗句"因事有所激,因物兴以通",强调了诗歌的产生是由于外在的"事"与"物"的激发与诱导。他希望以诗歌为手段,来"下而磨上"影响政治,引导世道人心向着儒学"仁义礼知信"回归。他又强调"诗本道性情""我于诗言岂徒尔,因事激风成小篇",表达出对性情、政道等问题的认知。

庆历之际的很多士人,在诗歌实践中亦表现出重视儒家之道的诗歌主题取向。在这种时代文化思潮的推扬下,一度为士人推崇的以蔑视礼法、放浪形骸而结为"逸党"的山东士人群体,被时人颜太初所猛烈抨击:"家国尽为逸,礼法何从施。"正是认识到蔑视礼法、紊乱儒家之"道"的巨大破坏力,因此颜太初希望最高当局捕捉其"逸党"诸人,"杀一以戒万",杜绝类似"永嘉"之"清谈""放荡"之风对于社会的侵蚀。颜太初对"东州逸党"

---

① 傅璇琮等主编《全宋诗》,北京大学出版社 1998 年版,第 1857 页。按:本文引诗除特别标出外,均引自《全宋诗》,下不出注。

之深刻认识，与其说是儒家正统派学者对于异端认识的鸣鼓相攻，倒不如说是时代风尚使然。于此之际，李觏、章望之、黄晞、陈襄、杜衍、蔡襄、孔道辅、欧阳修等人，都写有推崇仁义、仁政等主题的诗歌。可以说，推扬尧舜之道，突出社会道义担当等思想，与这一时期普遍重视的士人气节风尚往往相互呼应，成为彼时诗歌值得注意的诗歌动向。

2. 庆历之际的儒者诗歌作品，已经开始重视道统、政统、文统、学统及其关系问题的探讨，显示出士人开始关注这一问题。

庆历之际士人对于道统、政统、文统、学统及其关系问题的关注，也在彼时诗歌作品中得到体现。范仲淹已经注意强调"道统""学统""文统""政统"等问题的关联性。如在《鄱阳酬泉州曹使君见寄》诗中，他写道："志意苟天命，富贵非我望。立谭万乘前，肝竭喉无浆"，表达自己"事君以忠"的儒家之"政道"。他又在诗中推崇梅尧臣、曹使君之诗，强调他们"诗源万里长"，以至于自己"疑登君子堂"，表达出对友人之诗文承继"文统"的赞美。其诗中又有："相期养心气，弥天浩无疆。铺之被万物，照之谐三光"，强调存养德性而至"德""义"之光明阔大境界。至此，诗篇涉及了"政统""文统""道统"问题，而这一切又通过对"士节"的强调相统一起来。又如范仲淹的《四民诗》其一为《士》，提及"道德""士节"与"道"之关系。诗篇首先点明前代先王取士推重"德为先"，强调士人应推广"仁义"而不是只图外在的华丽，这是强调"政统"与"道统"的合一性。接着，诗篇批判了当下学人"忽其本""浮于职""轻节义""苟功名"的错误做法，指出"学统"存在严重问题。诗篇之末书写作者期待儒家"道统"的复兴，表达了对"竞驰骋"、多"浇风"的批判。由此，道统、政统、文统、学统等成为一个有机的整体而得到了统一。

孙复的诗歌中，除了提及"政统""士节"之外，亦提及了文统、道统、学统的合一性问题。其《论学》一诗，从提倡"力学"以"求道"出发，认为"苟非道义充其腹，何异鸟兽安须眉"，强调"求道"的必要性。接着，诗篇推崇孟轲、荀卿、扬雄等先贤勤苦力学，认为"因其钻仰久不已，遂入圣域争先驰"，强调"学"之重要性，点明"既学便当穷远大，勿事声病淫哇辞"，强调"学"之目的在于恢复"斯文"："击暗驰声明大道，身与姬孔为藩篱。"至此，道统、文统、学统三者得到了有机的统一。蔡襄（1012—1067）诗歌中，亦提及"道统""文统""政统"问题。他在景祐三年（1036）写有《四贤一不肖诗》，称赞范仲淹"慷慨大体""起家用儒业"，赞美其"矢身受责"的政治品格，足见对其符合儒家"政统"素养的赞美。诗篇称赞尹洙"章章节义""伤躬佩道"，见出对其身备"道统"的肯定。称赞欧阳修"藻翰高文场""有儒术"，见出对其身备"文统""道统"的推扬。从蔡襄诗作全篇而言，他肯定了范仲淹等人在"道统""政统""文统"等方面的品格，在蔡襄看来，这些包括政统、道统、文统等在内的"统"系，正是被他视作正派、力行的政治家所应具备的优良品性。石介的诗歌往往把"文统""道统"相联系。如其《寄明复熙道》中有："四五十年来，斯文何屯蹇。雅正遂凋缺，浮薄竞相扇。在上无宗主，淫哇千万变。后生益纂组，少年事雕篆。仁义近消亡，圣经亦离散。"说明彼时"斯文"缺失了"文统"。接着，诗篇赞美熙道、明复之才华："剧谈露胸臆，胸臆无畔岸。高文见事业，事业著编简。一一皇霸略，纵横小管晏。磊磊王相才，上下包周汉。"这里的"高文"当然与"文统"相关，而"王霸略"则于"政统"联系密切。他认为此二人"二贤信命世，实为有道见"，显然，石介以为士熙道、孙明复之"文统""政统"，与"有道"亦即"道统"是统一的整体。在石介的其他一些诗歌中，他经常把"斯文"与"道"

"文道""圣人"等相联系,也表现为把"文统""道统""政统"等相联系的文化自觉担当意识。

这一时期,士人对于儒家之"道统""文统""学统""政统"关系的探讨,亦见于其诗歌作品中。如刘敞(1019—1068,一说 1008—1069)的《杂诗二十二首》《咏古诗十二首》《蒙示容斋诗辄为五言仰续逸唱》,叶清臣(1000—1049)的《累日前伏蒙袖书……伏惟采览》、谢伯初的《寄欧阳永叔谪夷陵》等,对儒学之道所统摄的各"统"系,都有若干表述。如叶清臣答李觏诗篇,开头就指斥时文弊端:"进士不读书,明经不根义。诟病君子儒,于今作文弊。"认为彼时"文统"出了问题。接着,诗篇赞美李觏"力学务逊志""深湛刺经艺",表达出对其兼有"学统""道统"品格的赞美。

需要指出的是,除了引领时代文化风尚的范仲淹、孙复、石介、欧阳修等人外,彼时大多数诗人更为推崇"西昆体"或者"晚唐体",如晏殊、宋祁、宋庠、蔡襄等人的诗作,鲜有针砭时政、推扬儒学的作品。可以说,庆历之际绝大多数的诗篇,要以应酬交际、咏怀写景等主题为主。因此,这一时期士人探讨道统、政统、文统、学统及其关系问题的诗歌文献遗存,正如吹响黎明的号角一样,值得珍视。

3. 庆历之际的诗歌,开始书写儒家心性存养、天地之性、名教乐地等范畴与命题。

庆历之际,自汉代开始形成的"疏不破注"、尊奉"五经"等经学传统,逐渐被充满独立精神的舍注疏而解经,乃至怀疑"六经"等经学新风尚所代替。传统儒家思、孟一派重心性、崇仁义、明善恶为特征的儒学学风,为此期儒者所承继和发扬。于是,传统儒学之重礼崇仁、重事功而修道德等,逐渐被愈来愈注重内向化的心性存养、明德性等所取代。

与之相应,庆历之际的一些具有深厚学养的士人,开始抒写代表着宋代儒学发展新方向的心性存养、性命等儒学重要范畴与命题。其中,最应注意的是陈襄(1017—1080)。他在诗歌中表达出了对于性命、仁、诚、几等重要儒学范畴的重视,如"天无私覆心,地无私载德"言及天地之本性。接着,诗篇反观人类自身,强调应该重视心性存养:"天道不可跻,以其高且危。地道不可寻,以其幽且深。土圭测日影,可以分照临。桐鱼击石鼓,可以求声音。嗟乎世之人,不知方寸心。"这首诗以"格物"而实现对道德主体之本性"理"的认知,与后来朱熹等人的"格物致知"诗歌表达方式基本一致。他又在诗歌中推崇作为儒学最重要德性品质之一的"诚":"诚心虽照物,政体昧循环",认为"诚"是实现把握事物本质,落实政治治理的必要条件。在心性存养方面,陈襄强调:"宽心便是无声乐,省事还同不系舟",以"宽心""省事"为存养心性的妙方。在嘉祐六年(1061)前后,陈襄居官常州时写有《常州郡斋六首》其一:"近来无事学攖宁,聊得斋居养性灵。卧著麻衣穿草履,谁知参鲁解忘形。"明确提及"养性灵"亦是孔门之德性存养的方式。除此之外,陈襄诗歌中,多处言及儒家传统德性、存养、政统等命题,如他讲"为邑莫如仁""德政是吾师""心生浩然气"等,咏及"仁""德政""养气",都涉及传统儒学的核心命题。

石延年(994—1041)的诗歌作品,亦表现出同一倾向。石延年字曼卿,一字安仁,家于宋城。他的诗虽然不多,但涉及后世理学家非常重视的"生生不已"主题:"一气回元运,恩含万物深。阴阳造端数,天地发生心。有信来还逝,无私古到今。和风激遗畅,南转入熏琴。"咏及天地以"生生不已"为性,此之谓天地之"仁"。在理学家看来,这一天地之性降临到社会实践主体——人之身上,就成为人之所以具备"仁"亦即"仁义礼智信"五德的客观性基础,亦即《易·乾》云之"元亨利贞"之所描述的天地性体。其《金乡张氏园亭》有句"乐意相关禽对语,生香不断树交花",因为抒写的物象具备了"乐意""生意"特性,而被程颢称为"此语形容得浩然之气"①。程颐在对答弟子问时,亦曾对此诗语表示肯定。石延年诗句得到程颢如此之高的评价,其中含有深邃的儒家意蕴。"浩然之气"来自孟子。而孟子论"浩然之气",是"配义与道"而言的,此"义"按朱熹所云即为"人心之裁制"②。在《论语集注》中,朱熹解释"信近于义"时又把"义"释为"事之宜也"③。统合而言,"义"在儒家传统中,可作"当然之理""本质""道"之用等理解。程颢以"浩然之气"来称许石延年的诗句,显然是注意到了此中所蕴含的天地运化不已的特性以及天、地、人、物的和合交融。

除此之外,庆历之际,一些士人亦在对儒家"道统""学统""文统"等进行探讨的过程中,往往以诗歌的形式表达自己对儒学奥义的探讨心得。比如,为后世理学家广泛注意一些话语,在庆历之际诗歌中已经得到初步展开。范仲淹诗云"自可优优乐名教""外矜则不足,内乐则有余",言及"名教乐地""乐意"。而胡瑗、刘敞、石介、陈襄、欧阳修、苏舜钦、梅尧臣等人,在其诗歌中亦提及了"尊德性"等儒学重要命题。而庆历之际士人诗歌所书写的与之相近的话语,如"德性""气象""明理"等,均为后世理学家所承继而反复抒写,成为两宋时期理学范畴与命题的重要诗学表达形态。

可见,北宋庆历之际,儒者关注传统儒学进而探讨道统、政统、文统、学统及其统一性,这一儒学研究新风尚逐渐形成气候,直接催生出了唐宋"古文运动"的一体化呈现形式。需要强调的是,这一影响中国文化至为深远的新儒学风尚,绝不是历史偶然性的被动抉择或来自某高端人物的喜好或者推扬,而是彼时历史的必然选择。这是因为,从北宋建国到庆历时期,七八十年政治管理制度的探索,尤其是真宗朝后期大搞天书迷信、郊祀,连带而产生的无节制推恩荫补以及官员贪污腐化等与专制统治相孪生的痼疾,给北宋王朝带来了前所未有的政治和经济困境。因此,自真宗朝后期开始,如何巩固政权、兴利革弊,这一朝廷必须要面对和解决的政治课题,就摆在了士人面前。这对以儒学为基本知识构成的官僚和士人提出了严峻挑战。由此,如何深探儒学精义,使之能够立定根基而不为佛教摇动,并进而为笼系人心、激扬士大夫气节为政权服务,就成为庆历之际王朝政治生态对儒学之士提出的严肃课题。于此而言,仁宗朝前期的历史境遇,为庆历之际士人的儒学探索提供了历史需求。而儒家体系的内在学理逻辑,尤其是道统、政统、文统、学统及其相关性问题,就成为引导士人探求儒学精义,并进而解决现实政治问题的时代文化新方向。庆历之际儒者或执着于政治治平境界的文化抱负,或躬求于性命道德的义理发挥,或追求文道相合的诗文实践,他们的这一可贵努力和艰辛探索,为绵延数百年之久的宋明理学诗的产生,做好了理论和思想的充分准备。

①  吴文治主编《宋诗话全编》第 1 册,江苏古籍出版社 1998 年版,第 517 页。
②  (宋)朱熹《四书章句集注·孟子集注》,中华书局 1983 年版,第 231 页。
③  (宋)朱熹《四书章句集注·论语集注》,中华书局 1983 年版,第 52 页。

# 焦循《毛诗草木鸟兽虫鱼释》著录补正与清稿本校读

秦跃宇　黄　睿*

**摘　要**：以往研究者从不同角度梳理并著录了焦循《毛诗草木鸟兽虫鱼释》，但现存各类书目文献和研究著作在该书版本著录方面尚存一定讹误和疏漏。该书现存四种稿本，即上海图书馆藏一卷本、台北"中央研究院"傅斯年图书馆藏二十卷本、上海图书馆藏三十卷本和上海图书馆藏十一卷本。其中，上海图书馆藏三十卷清稿本是焦循编纂十一卷定本的主要依据，因此三十卷本对于该书具有重要校勘价值。通过比勘三十卷本和十一卷定本，可辑得三十卷本校勘问题共有三十四例。通过复核其他史料对这些问题予以辨证，能够为正确理解与利用三十卷本提供参考启示。

**关键词**：焦循；《毛诗草木鸟兽虫鱼释》；著录补正；清稿本校读

《毛诗草木鸟兽虫鱼释》不仅是焦循最早撰写的一部《诗经》学著述，也是其整个《毛诗》名物研究历程的缩影。该书初名"毛诗多识"，后改为"毛诗物名释"，最终定名为"毛诗草木鸟兽虫鱼释"。今所见是书稿本共四种，即题为"毛诗物名释"的上海图书馆藏一卷本和台北"中央研究院"傅斯年图书馆藏二十卷本以及题为"毛诗草木鸟兽虫鱼释"的上海图书馆藏三十卷本和上海图书馆藏十一卷本。以往研究者从不同角度梳理并著录了焦循的《毛诗草木鸟兽虫鱼释》，但现存各类书目文献和研究著作在该书版本著录方面尚存一定讹误和疏漏，亟须补正。

## 一、《毛诗草木鸟兽虫鱼释》著录补正

1. 莫友芝撰，傅增湘订补《藏园订补郘亭知见传本书目》，傅增湘撰《藏园群书经眼录》，王绍曾、沙嘉孙合撰《山东藏书家史略》，杜泽逊、程远芬合撰《山东著名藏书家》，曹月堂主编《中国文化世家·齐鲁卷》，皆著录有清代徐坊（1864—1916）藏焦循《毛诗名物解》的手稿本。[①]《藏园群书经眼录》谓该本"存邶风柏舟至商颂那之什，共一百八十七叶，行间及眉上涂改烂然。每卷有跋语"[②]。

按，《藏园群书经眼录》对徐坊藏本内容和跋语之著录，皆与台北"中央研究院"傅斯年图书馆藏二十卷本《毛诗物名释》吻合，赖贵三《台海两岸焦循文献考察与学术研究》亦

*　秦跃宇，江苏仪征人，文学博士，湖州学院人文学院教授，硕士生导师，主要从事古籍整理与研究；黄睿，山东济南人，扬州大学文学院中国古典文献学博士研究生。本文为教育部哲学社会科学研究重大课题攻关项目"清代扬州学派文献整理"（批准号：14JZD035）的阶段性成果。

[①]　参阅（清）莫友芝撰，傅增湘订补《藏园订补郘亭知见传本书目》，中华书局2009年版，第68页。傅增湘《藏园群书经眼录》，中华书局1983年版，第42页。王绍曾、沙嘉孙《山东藏书家史略》，山东大学出版社1992年版，第310页。杜泽逊、程远芬《山东著名藏书家》，山东文艺出版社2004年版，第176页。曹月堂主编《中国文化世家·齐鲁卷》，湖北教育出版社2004年版，第543页。

[②]　傅增湘《藏园群书经眼录》，中华书局1983年版，第42页。

认为傅增湘著录之本即傅斯年图书馆藏二十卷本《毛诗物名释》。① 然而，今所见傅斯年图书馆藏二十卷本题作"毛诗物名释"，并非"毛诗名物解"。且比对中国国家图书馆藏焦循手录《里堂道听录》及其信札，可确定傅斯年图书馆藏二十卷本正文非焦循笔迹，唯天头、地脚和文中空白处的补写文字为焦循所书。因此，傅斯年图书馆藏二十卷本确切来说应属清稿本。

2.《中国古籍总目·经部》著录有清焦循《毛诗物名释》稿本，不分卷，藏于国家图书馆和上海图书馆。②

按，经目验，该本内容为第一卷，今度藏于上海图书馆。另外，比对国家图书馆藏焦循手录《里堂道听录》及焦循信札，可确认上海图书馆藏一卷本正文皆非焦循笔迹，唯修改文字为焦循所书。由此可知，该本应为清稿本。上海图书馆藏《毛诗物名释》一卷，凡一册二十三页，索书号为"线善-843551"。原书尺寸约高 32.7 厘米，宽 20 厘米；版框约高21.7 厘米，宽 14.6 厘米。版式为四周单边，白口，无鱼尾。半页十行，行二十二字，无框格。首页钤有两枚藏印，分别为"曹斌之印"和"宪章"，藏印后写有"甲子年四月十二日得之于文英书坊"字样。卷首钤有"上海图书馆藏""文选楼""扬州阮氏琅嬛仙馆藏书印"三枚印记，另有一枚藏印已漫漶不可辨认。正文首行原题"毛诗物名释卷弟一"，后圈改为"周南关雎第一"，并于首行最底端补写"毛诗物名释"，即改为小题在上、大题在下。次行原题"江都焦循学"，"江都"二字后被修改为"扬州"。

3. 赖贵三《台海两岸焦循文献考察与学术研究》著录上海图书馆藏一卷本为"稿本"，"书题作:《毛诗物名考》"③。

按，上海图书馆藏一卷本为清稿本，书名题作"毛诗物名释"，而非"毛诗物名考"。

4.《中国古籍总目·经部》著录有焦循《毛诗草木鸟兽虫鱼释》十二卷抄本，今存一卷，藏于南京图书馆。④

按，经目验，该本为《毛诗草木鸟兽虫鱼释》书末所附《陆玑疏考证》。

5.《中国古籍总目·经部》著录有《毛诗草木鸟兽虫鱼释》十卷手稿本，今藏上海图书馆。

按，经目验，该本与上海图书馆藏十二卷《毛诗草木鸟兽虫鱼释》手稿本是同一版本⑤，属重复著录。赖贵三《台海两岸焦循文献考察与学术研究》、林柏丞《焦循研究〈毛诗〉学记——以〈毛诗物名释〉为考察对象》、刘建臻《焦循学术论略》未能仔细核对，误认十卷本和十二卷本为两种不同版本。⑥

---

① 赖贵三《台海两岸焦循文献考察与学术研究》，文津出版社 2008 年版，第 256 页。

② 中国古籍总目编纂委员会《中国古籍总目·经部》，上海古籍出版社 2010 年版，第 364 页。

③ 赖贵三《台海两岸焦循文献考察与学术研究》，文津出版社 2008 年版，第 76 页。

④ 中国古籍总目编纂委员会《中国古籍总目·经部》，上海古籍出版社 2010 年版，第 364 页。

⑤ 上海图书馆藏十二卷《毛诗草木鸟兽虫鱼释》手稿本，即前文所谓"上海图书馆藏十一卷本"，因为第十二卷是后期附入的《陆玑疏考证》。《陆玑疏考证》是陆玑《毛诗草木鸟兽虫鱼疏》的辑本，内容与焦循《毛诗草木鸟兽虫鱼释》无关。

⑥ 赖贵三《台海两岸焦循文献考察与学术研究》，文津出版社 2008 年版，第 86 页；林柏丞《焦循研究〈毛诗〉学记——以〈毛诗物名释〉为考察对象》，台湾师范大学 2015 年硕士学位论文，第 9 页；刘建臻《焦循学术论略》，社会科学文献出版社 2012 年版，第 140 页。

6. 上海图书馆古籍书目数据库将三十卷本《毛诗草木鸟兽虫鱼释》著录为焦循手稿本，刘建臻《焦循著述新证》亦认为该本"为焦循手迹"①。

按，比对国家图书馆藏焦循手录《里堂道听录》及焦循信札，可确认上海图书馆藏三十卷本正文实际是由他人誊清，故该本应为清稿本。另外，上海图书馆藏三十卷本可补《中国古籍总目》、陈居渊《焦循阮元评传·焦循现存著述新考》《焦循儒学思想与易学研究·焦循著述考》著录之阙。该本索书号为"线善-802252-54"，凡三册，无框格，无藏印。原书尺寸约高 21.5 厘米，宽 13.5 厘米。半页十行，行二十一字，双行小字三十一字不等。正文前有乾隆五十四年(1789)焦循自序，主要叙述作书缘由和考证方法。该本先后存在两种分卷体系，原分三十卷，后圈改合并为十一卷。

7. 刘建臻《清代扬州学派经学研究》将《毛诗草木鸟兽虫鱼释》列入焦循已刊经学著述。②

按，今所见上海图书馆藏十一卷手稿本《毛诗草木鸟兽虫鱼释》即该书定本，并未付梓。

8. 刘建臻《焦循著述新证》著录上海图书馆藏三十卷本《毛诗草木鸟兽虫鱼释》行款为"每半页 10 行 20 字"③。

按，经目验，该本行款实际为半页十行，行二十一字。

9. 孙向召《乾嘉〈诗经〉学研究》："《毛诗物名释》现合订本一卷，为稿本。藏上海图书馆善本室，本书共二十六卷，六册，原题《毛诗多识》，用朱笔改为《毛诗物名释》。稿本为线装，有朱墨圈点批校，并有'焦循学'，署款中研院史语所傅斯年图书收藏印记三方。"④

按，孙向召既著录该本庋藏于上海图书馆，又谓钤有"中研院"史语所傅斯年图书馆藏印；先云一卷，后又言六册二十六卷，其著录显然有误。上海图书馆藏有三种《毛诗草木鸟兽虫鱼释》，一是题为"毛诗物名释"的一卷清稿本，二是题为"毛诗草木鸟兽虫鱼释"的三十卷清稿本，三是题为"毛诗草木鸟兽虫鱼释"的十一卷焦循手稿本。孙向召《乾嘉〈诗经〉学研究》著录情形不符合以上任何一种版本。另外，台北"中央研究院"傅斯年图书馆藏《毛诗物名释》，凡六册二十卷。原书尺寸约高 26 厘米，宽 16.4 厘米，无版框，半叶十行，行二十字。每卷原题名作"毛诗多识"，后被圈改为"毛诗物名释"。卷首钤有"东方文化事业总委员会所藏图书印"。正文首行题"毛诗物名释弟一"，次行题"焦循学"，不载序文，正文内容是《邶风·柏舟》至《商颂·那之什》的词目考释。

总而言之，部分文献对焦循《毛诗草木鸟兽虫鱼释》版本之著录尚存一定讹误与缺失，尤其是以往研究因忽视笔迹对勘，多将四种版本笼统著录为"稿本"。事实上，在《毛诗草木鸟兽虫鱼释》四种版本中，只有上海图书馆藏十一卷定本为焦循手稿本，上海图书馆藏一卷本、傅斯年图书馆藏二十卷本、上海图书馆藏三十卷本均属清稿本。辨析版本性质，不仅有利于辑补和匡正早先书目著录之失，对于进一步考察各本成稿时间也具有重要意义。上海图书馆藏一卷本所载录毕时间为乾隆五十四年(1789)正月初四，傅斯年图书馆藏二十卷本所载删订时间为乾隆五十八年(1793)二月十三日。据此，似可确认一

① 刘建臻《焦循著述新证》，社会科学文献出版社 2005 年版，第 43 页。
② 参阅刘建臻《清代扬州学派经学研究》，江苏人民出版社 2004 年版，第 113 页。
③ 刘建臻《焦循著述新证》，社会科学文献出版社 2005 年版，第 43 页。
④ 孙向召《乾嘉〈诗经〉学研究》，扬州大学 2011 年博士学位论文，第 141 页。

卷本先于二十卷本成稿。然而，一卷本却存在诸多后出痕迹。首先，相比一卷本，二十卷本保留了焦循对此书更早的题名，即"毛诗多识"，而一卷本则径题"毛诗物名释"。其次，就书名、篇目和卷次的著录位置来看，一卷本与三十卷本格式完全相同，却迥异于二十卷本。三十卷本已使用定名"毛诗草木鸟兽虫鱼释"，可知其成稿时间较晚，一卷本著录格式同于三十卷本，说明一卷本成稿时间应晚于二十卷本。再次，二十卷本之修改程度远大于一卷本，更具早期稿本之特征。在此情况下，明白一卷本的清稿本性质，即可推知一卷本卷末所载录毕时间之所以早于二十卷本，是因为抄录者照抄了原稿本的卷末题识。换言之，一卷本卷末所记之"己酉（乾隆五十四年）正月初四日"，是其过录底本的录毕时间，而非一卷本本身的成稿时间。

此外，目前关于上海图书馆藏三十卷本之记载皆是雪泥鸿爪，当下研究者亦不甚留意。首先，除刘建臻《焦循著述新证》《焦循学术论略》，赖贵三《台海两岸焦循文献考察与学术研究》以及林柏丞《焦循研究〈毛诗〉学记——以〈毛诗物名释〉为考察对象》，有意识地将该本纳入著录和研究范围外，其他书目大都避而不谈。然而，三十卷本实际是现存《毛诗草木鸟兽虫鱼释》诸本中成稿时间最早的全本，成于此前的傅斯年图书馆藏二十卷本和上海图书馆藏一卷本在内容上皆有残缺。其次，三十卷本内含三十卷和十一卷两种分卷体系，完整保存了该书卷帙合并的痕迹，是研究《毛诗草木鸟兽虫鱼释》版本演变的重要一环。再次，三十卷本为该书十一卷定本之底本，具有较高的校勘价值，理应引起足够重视。

## 二、上海图书馆藏三十卷清稿本《毛诗草木鸟兽虫鱼释》校读

以傅斯年图书馆藏二十卷本和上海图书馆藏一卷本为代表的早期清稿本，内容与《毛诗草木鸟兽虫鱼释》十一卷定本存在较大差距，已无法逐句比勘。相较而言，上海图书馆藏三十卷清稿本不仅是目前所见考证内容完整、编次完善的最早版本，也是《毛诗草木鸟兽虫鱼释》十一卷定本之底本，对于该书具有重要校勘价值。例如《邶风》"荼"条，十一卷定本作"释《尔雅音义》云：'《埤苍》作檴，蜀人以为饮，此茗耳。'""释《尔雅音义》"令人颇为费解，但比对三十卷本，即可知道"释"下脱"文"字，此处当作"《释文·尔雅音义》"。又如十一卷定本《卫风》"莢"条引《春官·司几筵职》云"凡丧事，设苇度"，"度"字，三十卷本作"席"。核《周礼·春官·司几筵职》，可知"度"乃形讹。此类情况，不可枚举。上海图书馆藏三十卷本由他人誊清，尽管抄录者应为熟悉焦循笔法之人，但该书多有僻字，故三十卷本难免有误抄之处。因此，有必要对该本所存脱讹衍误等问题进行校勘说明，为正确理解文字内容提供参考启示，庶可减省同道翻检之劳。

1. 尝以此问于段君玉裁，段君以为然，且推之曰："黄鸟即黄雀。《国策》黄雀食粟，是可以证。"（卷一《周南》"黄鸟"）

按，"黄雀食粟"，十一卷本作"黄雀俯啄白粒"。十一卷本所做改动乃焦循复核《战国策·楚策》之结果，可供参考。

2. 云鮤鱴，今本阙。（卷一《周南》"鲂鱼"）

按，此句信息缺损，十一卷本补作"《释文·尔雅音义》引《广雅》云：'鮤，鱴。'今《广雅》本阙此"，可供参考。

3. 戴东原云：“注莫先《毛诗》，其为书又出《尔雅》后。”（卷二《召南》“甘棠”）

按，“注”上，十一卷本有“传”字。戴震《答江慎修先生论小学》：“然今所有传注，莫先毛诗，其为书又出《尔雅》后。”[1]三十卷本此处有脱文。

4.《汉书·司马相如传》载《封禅文》云：“囿驺虞之珍群。颂云：般般之兽，乐我君囿。黑质白章，其仪可喜。”（卷二《召南》“驺虞”）

按，“黑质白章”，十一卷本作“白质黑章”。《汉书》：“般般之兽，乐我君囿。白质黑章，其仪可喜。”[2]《史记》：“般般之兽，乐我君囿。白质黑章，其仪可喜。”[3]三十卷本误。

5. 或又变其说，谓驺虞为驺牙之兽，虞为官名，以兽无单名虞者。《逸斋诗传补》。（卷二《召南》“驺虞”）

按，“逸斋诗传补”，十一卷本作“逸斋诗补传”。《诗补传》三十卷，宋范处义撰。三十卷本误作“传补”。

6. 用雁为贽者，见于《周礼·大宗伯》《仪礼·士相见》《礼聘·记》《礼记·曲礼》。（卷三《邶风》“雁”）

按，“礼聘”，十一卷本作“聘礼”。《聘礼》是《仪礼》之篇名。《仪礼·聘礼》：“大夫奠雁再拜，上介受。”[4]三十卷本误作“礼聘”

7. 陶隐居云：“荠类多。此是今人可食者，作菹羹，亦佳。”（卷三《邶风》“荠”）

按，“作”上，十一卷本有“叶”字。《本草纲目》：“弘景曰：荠类甚多，此是今人所食者。叶作菹、羹亦佳。”[5]三十卷本脱“叶”字。

8. 铁。

《传》：“驖，骊。”

《释文》：“驖，田结反，又吐结反。驖，骊马也。骊，力知反。”（卷六《秦风》“驖”）

按，“铁”，十一卷本作“驖”。《驷驖》：“驷驖孔阜，六辔在手。”三十卷本误。

9.《淮南论训》云：“牛蹄不能生鳣鲔。”（卷三《卫风》“鳣”）

按，十一卷本作《淮南子·氾论训》云：‘牛涔之涔，不能生鳣鲔。’”今本《淮南子·氾论训》：“夫牛蹄之涔不能生鳣鲔。”[6]三十卷本“南”字下脱“氾”字。另，“涔”为雨水，“牛蹄之涔”为牛蹄印中的积水，形容水量极少。三十卷本“蹄”下脱“之涔”二字，十一卷本“牛涔”应作“牛蹄”。

10.《传》：“葭，雅也，芦之初生者也。”（卷四《王风》“葭”）

按，“雅”，十一卷本作“雏”。《毛传》：“葭，雏也，芦之初生者也。”[7]三十卷本误作“雅”。

11.《梁榖传》云：“因无麦及无禾，自夏言之曰苗，自冬言之曰禾。”（卷七《豳风》“禾”）

按，“梁榖”，十一卷本作“榖梁”，是。

① （清）戴震著，张岱年主编《戴震全书》第三册《声韵考》卷四，黄山书社1994年版，第331页。
② （汉）班固著，（唐）颜师古注《汉书》卷五十七《司马相如传》，中华书局2013年版，第2607页。
③ （汉）司马迁著《史记》卷一百一十七《司马相如列传》，中华书局2013年版，第3071页。
④ （汉）郑玄注，（唐）贾公彦疏，彭林点校《仪礼注疏》卷十九《聘礼第八》，北京大学出版社1999年版，第407页。
⑤ （明）李时珍《本草纲目》卷二十七《荠》，万历十八年（1590）金陵刻本，第18册，第47页。
⑥ 刘文典《淮南鸿烈集解》卷十三《氾论训》，中华书局1989年版，第448页。
⑦ （汉）毛亨传，（汉）郑玄笺，（唐）孔颖达疏，龚抗云、李传书、胡渐逵整理《毛诗正义》卷四《大车》，北京大学出版社1999年版，第268页。

12.《春秋》："庄公七年，无禾苗。"（卷七《豳风》"禾"）

按，"禾"，十一卷本作"麦"。《春秋·庄公七年》："秋，大水。无麦苗。"①三十卷本误。

13.《公羊传》云："一灾不书，待无麦，然后书无苗。"何休云："苗者，禾也。生曰苗，秀曰秀。"（卷七《豳风》"禾"）

按，下"秀"，十一卷本作"禾"。《春秋公羊传注疏》："苗者，禾也。生曰苗，秀曰禾。据是时苗微麦强，俱遇水灾，苗当先亡。"②三十卷本误。

14.《淮南子》言"麦、稻、黍、尗、禾五者，各有所宜"，又云"汾水宜麻，济水宜麦，河水宜尗，雒水宜禾，渭水宜黍，江水宜稻"，又言"东方宜稻，西方宜黍，北方宜尗，中央宜禾"。（卷七《豳风》"禾"）

按，"东方宜稻"，十一卷本作"东方宜麦"。"西"上，十一卷本有"南方宜稻"四字。《淮南子·地形训》："东方川谷之所注，日月之所出，其人兑形小头，隆鼻大口，鸢肩企行，窍通于目，筋气属焉，苍色主肝，长大早知而不寿；其地宜麦，多虎豹。南方阳气之所积，暑湿居之，其人修形兑上，大口决眦，窍通于耳，血脉属焉，赤色主心，早壮而夭；其地宜稻，多兕象。"③知三十卷本误作"稻"，又遗阙"南方宜稻"四字。

15.《说文·米部》云："粟，嘉谷实也。孔子曰：'粟之为言粟也。'"（卷七《豳风》"禾"）

按，末"粟"字，十一卷本作"续"。《说文》："桌，嘉谷实也。从卤，从米。孔子曰：'桌之为言续也。'"④三十卷本误。

16.今《毛诗》作"戚施"，云："戚施，不能仰视者。"（卷七《豳风》"熠燿"）

按，"视"，十一卷本无此字。《毛传》："戚施，不能仰者。"⑤三十卷本衍"视"字。

17.凡以班鸠训鹘鸠者，皆拘于《方言》《尔雅》。（卷八《小雅·鹿鸣之什》"雏"）

按，"雅"，十一卷本无此字。焦循前谓"惟《方言》误以鹘鸠羼入"，可知"凡以班鸠训鹘鸠者"，皆袭《方言》之误，与《尔雅》无关。三十卷本衍一"雅"字。

18.刘向《封事》引作"贻我厘谋"。（卷八《小雅·南有嘉鱼之什》"莱"）

按，"谋"，十一卷本作"牟"。刘向《条灾异封事》引《诗》作："饴我厘麰。"⑥《周颂·思文》："贻我来牟，帝命率育。"牟，通"麰"，指大麦。三十卷本误作"谋"。

19.《管子·君臣篇》云："丈尺一缚制。"房玄龄注云："缚，古淮字。"（卷八《小雅·南有嘉鱼之什》"隼"）

按，"淮"，十一卷本作"准"。《管子·君臣上》："丈尺一缚制。"尹知章注："缚，古准字。准节律度量也，谓丈尺各有准限也。"⑦三十卷本误。

---

① （周）左丘明传，（晋）杜预注，（唐）孔颖达正义，浦卫忠、龚抗云、于振波等整理《春秋左传正义》卷八《庄公七年》，北京大学出版社1999年版，第230页。

② （汉）公羊寿传，（汉）何休解诂，（唐）徐彦疏，浦卫忠整理《春秋公羊传注疏》卷六《庄公七年》，北京大学出版社1999年版，第132页。

③ 刘文典《淮南鸿烈集解》卷四《地形训》，中华书局1989年版，第145页。

④ （汉）许慎著，（清）段玉裁注，许惟贤整理《说文解字注》卷七《米部》，凤凰出版社2015年版，第556页。

⑤ （汉）毛亨传，（汉）郑玄笺，（唐）孔颖达疏，龚抗云、李传书、胡渐逵整理《毛诗正义》卷二《新台》，北京大学出版社1999年版，第177页。

⑥ （汉）班固著，（唐）颜师古注《汉书》卷三十六《楚元王传》，中华书局2013年版，第1933页。

⑦ 黎翔凤《管子校注》卷十《君臣上》，中华书局2004年版，第559页。

20.《山海经·南山经》云:"猨翼之山多蝮虫。"郭氏注云:"蝮虫,古虺字。"(卷八《小雅·鸿雁之什》"虺")

按,下"蝮",十一卷本无此字。"虫"为"虺"之本字,毒蛇名。三十卷本衍"蝮"字。

21. 棘扈窃丹,为果驱鸟者也;行扈唶唶,画昼为民驱鸟者也。(卷九《小雅·节南山之什》"桑扈")

按,"画",十一卷本无此字。《春秋左传正义》:"行扈唶唶,昼为民驱鸟者也。"①三十卷本衍一"画"字。

22.《传》:"鶺,卑居也。卑居,雅鸟也。"(卷九《小雅·节南山之什》"鶺斯")

按,"鸟",十一卷本作"乌"。《毛传》:"鶺,卑居也。卑居,雅乌也。"②鶺又名"雅乌",即寒鸦。三十卷本误。

23.《玄子记》言其背上有甲,或以此谓之。(卷九《小雅·节南山之什》"蜮")

按,"子",十一卷本作"中"。《玄中记》是东晋郭璞所撰地理博物志怪类作品。三十卷本误。

24.《方言》:"螣,宋、魏之间谓之蟓。"(卷九《小雅·甫田之什》"螟螣蟊贼")

按,"蟓",十一卷本作"蚑"。《方言》:"蟒,宋魏之间谓之蚑,南楚之外谓之蟅蟒,或谓之蟒,或谓之螣。"③三十卷本误。

25. 色白有辨之义,故皆从"分";色黑有不辨之义,故皆从"俞"。(卷九《小雅·甫田之什》"童羖")

按,"榆",十一卷本作"俞"。此处是指作为义符的"俞",三十卷本误。

26.《广雅》云:"杜伯,蠚,蚤,蝎也。"(卷九《小雅·鱼藻之什》"蚤")

按,"蠚","上图十一卷本"作"蠚"。《广雅》:"杜伯、蠚、蚤、蟸、蚔、蚕,蝎也。"④三十卷本误。

27. 以堇名苦堇、荼名苦菜。

又以堇美荼恶而为甘苦齐实之说。

《七月》言食农夫以荼,则荼非美菜也。

所生堇、荼皆甘如饴。

荼味之苦,宁以周原而成饴。

然但举荼而不及堇,亦可以见堇为美菜,不与荼苦类也。

若荼味苦,瀹之则甘也。(卷十《大雅·文王之什》"堇")

按,以上"荼"字,十一卷本皆作"荼"。"荼"为苦菜,三十卷本误。

28.《本草图经》云:"青者为荆,赤者为楛,嫩条皆可为筥。古者贫妇以荆为钗,即此二物木也。"(卷十《大雅·文王之什》"楛")

① (周)左丘明传,(晋)杜预注,(唐)孔颖达正义,浦卫忠、龚抗云、于振波等整理《春秋左传正义》卷四十八《昭公十七年》,北京大学出版社 1999 年版,第 1365 页。

② (汉)毛亨传,(汉)郑玄笺,(唐)孔颖达疏,龚抗云、李传书、胡渐逵整理《毛诗正义》卷十二《小弁》,北京大学出版社 1999 年版,第 747 页。

③ (汉)扬雄著,(晋)郭璞注《方言》卷十一,中华书局 1985 年版,第 99 页。

④ (清)王念孙著,钟宇讯点校《广雅疏证》卷十下《释虫》,中华书局 1983 年版,第 359 页。

按，"物"，十一卷本无此字。《本草纲目》引苏颂语云："青者为荆，赤者为楛。嫩条皆可为莒篑。古者贫妇以荆为钗，即此二木也。"①三十卷本衍一"物"字。又，"筥"下，《本草纲目》多一"篑"字。

29.《说文》"栵，枥也"，"栭，枅小标也"，又"而，颊毛也"。《周礼》曰："作其麟之而。"即毛与鳞以推而，则栭之义可见。……有如鳞与颊毛者。（卷十《大雅·文王之什》"栵"）

按，"麟"字，十一卷本作"鳞"。《周礼·考工记·梓人》："出其目，作其鳞之而。"②可知当作"鳞"，三十卷本误。

30.《鲁灵光殿赋》云："芝栭欑罗以戢香，枝掌权枒而叙据。"（卷十《大雅·文王之什》"栵"）

按，"叙"，十一卷本作"斜"。《鲁灵光殿赋》："层栌礧以岌峨，曲枅要绍而环句。芝栭欑罗以戢香，枝掌权枒而斜据。"③三十卷本误。

31.《唐木草》谓之"赤柽木生河西沙地，皮赤色，叶色，叶细"。（卷十《大雅·文王之什》"柽"）

按，三十卷本误作"唐木草"，十一卷本改作"唐本草"。

32."雒"与"骆"异字，不当两言"雒"。或作"雒"，非也。（卷十一《鲁颂·駉之什》"雒"）

按，第二与第三个"雒"字，十一卷本皆作"骆"。《鲁颂·駉》："溥言駉者，有骊有骆，有骝有雒，以车绎绎。""有骊有骆"已言"骆"，则"两言'雒'"与"或作'雒'"之"雒"，皆应为"骆"。且该条目题为"雒"，则焦循应以"骆"字为讹。三十卷本误。

33.故玉之有斑者为瑕，鹿之牡者斑文亦名麚，霞以云气在天斑驳而名。推之于騢，亦犹是也。赤白斑文有如霞者，"霞"字见《玉篇》。此霞之所以名与？（卷十一《鲁颂·駉之什》"騢"）

按，末"霞"字，十一卷本作"騢"。据上下文及本条目考释对象，此处当作"騢"。三十卷本误。

34.《天官·醢人》"茆菹"，注云："郑大夫读'茆'为'茅'。茅，茅初生。或曰茆，水草。杜子春读'茆'为'卯'。玄谓茆，凫葵也。"（卷十一《鲁颂·駉之什》"茆"）

按，第二个"茅"字下，十一卷本有"菹"字。《周礼注疏》卷六："郑大夫读茆为茅。茅菹，茅初生。或曰茆，水草。杜子春读茆为卯。玄谓菁，蔓菁也。茆，凫葵也。"④三十卷本此处脱"菹"字。

尽管三十卷本对于《毛诗草木鸟兽虫鱼释》具有重要校勘价值，但由于抄写、审定之疏漏，仍然存在若干瑕疵。因此，在利用三十卷本时，需要进一步核对其他稿本与史料，详考明辨。

---

① （明）李时珍《本草纲目》卷三十六《牡荆》，万历十八年（1590）金陵刻本，第 22 册，第 38 页。
② （汉）郑玄注，（唐）贾公彦疏，赵伯雄整理《周礼注疏》卷四十一《梓人》，北京大学出版社 1999 年版，第 1138 页。
③ （南朝梁）萧统《文选》卷十一《鲁灵光殿赋》，中华书局 1977 年版，第 170 页。
④ （汉）郑玄注，（唐）贾公彦疏，赵伯雄整理《周礼注疏》卷六《醢人》，北京大学出版社 1999 年版，第 138 页。

思想史研究

# 《庄子·齐物论》疏义

邓小军*

**摘　要:**《〈庄子·齐物论〉疏义》以清郭庆藩《庄子集释》王孝鱼点校本为底本,注释以晋郭象注、唐成玄英疏及唐陆德明《经典释文》为主,间采他注,酌加注文。章后、篇后疏义,系该章、该篇内容提要。《齐物论》是庄子的政治哲学,出之以庄重之言和寓言华辞参半。"齐物论"的两大意义,是"齐一万物"和"齐一物论"。"齐物"是就全部自然、人类社会而言,重心是人类社会。"齐物"的依据是所有个体生命天赋之性来自道,从而主张人类平等,即人的尊严、天赋生命权利、生存权利人人平等("齐一万物")。"齐一物论"是就思想言论而言,其依据是人类平等,和人类认识能力的有限性、局限性,从而主张言论自由平等,对各种言论持批判态度,反对霸权话语,对一家言论独大成为意识形态持高度警惕的态度。

**关键词:**齐物论;齐一万物;齐一物论

**例言**

疏义底本,为清郭庆藩《庄子集释》(王孝鱼点校,中华书局排印本)。《集释》系以晋郭象注、唐成玄英疏以及唐陆德明《经典释文·庄子音义》为主,亦间采他说。

分章注解。

各章题目,为疏义用庄子原文关键词所加,或据内容酌拟。章题后括注,系说明本章主题为齐一万物或齐一物论,或兼而有之。

正文大字,为庄子原文。括号内小字,为简要注疏。注为郭注,疏为成疏,《释文》为陆德明《释文》。注疏为读庄必经之正途,而较多发挥,或有失当,节取其贴切庄子正文之解释,省略处不加省略号,以免繁琐。间采他注,标明出处。疏义对难字注音,径用拼音;酌加注文,前加案字。

章后、篇后疏义,系该章、该篇内容之钩玄提要。

讹脱衍字,从王孝鱼校正。异体字一般径出正字,必要者,仍出异体字,括注正字。

正文用楷体字,正文中关键词句用黑体字,注疏用宋体字。

## 庄子　内篇　齐物论第二

注:夫自是而非彼,美己而恶人,物莫不皆然。然,故是非虽异而彼我均也。

---

*　邓小军,首都师范大学文学院教授,安徽师范大学中国诗学研究中心特聘教授,研究方向为魏晋南北朝隋唐五代文学、陶渊明研究、诗歌思想与艺术研究。

### 疏义

郭注解释"齐物论"之义,"自是而非彼",指物论。"彼我均",指齐一万物,亦是指齐一物论。依庄子,物论与其齐之,莫如置之。

齐,齐一、平等。《谷梁传》襄公二十九年:"阍,门者也,寺人也,不称名姓。阍不得齐于人。"汉桓宽《盐铁论·地广》:"今俱是民也,俱是臣也,安危劳佚不齐,独不当调邪?"

物,指自然万物,《老子》:"万物并作。"

物,亦是指人、人类。《齐物论》题下郭注"美己而恶人,物莫不皆然",表明物指人。《齐物论》正文"与物相刃相靡",言与人相互砍杀、相互追杀,物指人。"以隶相尊",表示对待奴仆亦相互尊敬,人的尊严人人平等,深刻地表明齐物是指人类平等。唐魏徵辑《群书治要》卷三十九《吕氏春秋》:"亡国之主必骄,必自智,必轻物。"注:"物,人也。"宋程颐《伊川易传》卷一《周易·乾》:"圣人作而万物皆睹。"《传》:"物,人也。古语云'人物'、'物论',谓人也。"

物论,人之言论。此指庄子时代战国诸子学说。

历来对"齐物论"之义的解释:

(1)论齐一万物。《文选》卷六晋左思《魏都赋》:"万物可齐于一朝。"晋刘逵注:"庄子有齐物之论。"

(2)论齐一物论。宋王应麟《困学纪闻》卷十《诸子》:"《齐物论》,非欲齐物也,盖谓物论之难齐也。"

(3)论齐物、齐论。清末王先谦《庄子集解》:"天下之物、之言,皆可齐一视之,不必致辩守道而已。"

(4)明万物之本然。民国刘咸炘《庄子释滞》:"此篇初明万物之然,因明彼我之皆是,故曰齐物。"

根据《齐物论》的实际内容,"齐物论"之义,包括齐一万物、齐一物论。

依庄子,齐一万物,即万物平等、人类平等,落实到人类社会,即人的尊严、生命权利、生存权利人人平等。齐一物论,即言论自由平等、言论平等。齐物是齐论的逻辑前提,齐论是齐物在言论、思想文化上的落实。在《齐物论》各章中,或分别讨论齐物、齐论,或兼而有之。有时,齐物、齐论具体化为一段话题,亦难截然划分,不必过于拘泥,例如讨论"天籁"。

《齐物论》在讲齐一万物、齐一物论时,讲明了所依据的道。这才是《齐物论》最重要的内容。

依庄子,万物"赅(案:齐,平等)而存焉"(《老子》:"万物并作"、《礼记·中庸》:"万物并育而不相害"意同),就是道。齐一万物、齐一物论,是依据"赅而存焉"的道。

### 总论部分

**1. 天籁:出自自己的、自然的、无作意的声音(齐一万物、齐一物论)**

南郭子綦(疏:楚昭王之庶弟,楚庄王之司马,字子綦。居于南郭,故号南郭。其人怀道抱德,虚心忘淡,故庄子羡其清高而托为论首。)隐机(疏:凭几)而坐,仰天而嘘,荅(tà。疏:解释貌)焉似丧其耦。(《释文》:司马云:耦,身也,身与神为耦。《集释》:俞樾曰:丧其耦,即下文所谓吾丧我也。)颜成子游(《释文》:李云:子綦弟子也,姓颜,名偃,谥成,字子游。)立侍乎前,曰:"何居乎(疏:如何安处)? 形固可使如槁木,而心固可使如死灰乎? 今之隐机者,非昔之隐机者也?"

子綦曰:"偃,不亦善乎,而问之也! **今者吾丧我**,(注:吾丧我,我自忘矣。疏:丧,犹忘也。)汝知之乎? 女(汝)闻人籁而未闻地籁,女闻地籁而不闻天籁夫!(注:籁,箫也。况之风物,异音同是,而咸自取焉,则天地之籁见矣。疏:咸禀自然。案:天籁,喻指出自自己自然的、合理的声音,既不是出自损人利己的作意,也不是出自被役使。)"

子游曰:"敢问其方?"(疏:方,道术也。)

子綦曰:"夫大块噫气,其名为风,是唯无作,作则万窍怒呺,而独不闻之翏翏(liù。注:长风之声)乎? 山林之畏佳(注:大风之所扇动也),大木百围之窍穴(疏:树孔),似鼻,似口,似耳,似枅(jī。柱子上的支承大梁的方木,即科),似圈(juàn),似臼,似洼者,似污(疏:污下)者;激者,謞(hè)者,叱者,吸者,叫者,譹(háo)者,宎(yǎo)者,咬者,(疏:激者,如水湍激声也。謞者,如箭镞头孔声也。叱者,咄声也。吸者,如呼吸声也。叫者,如叫呼声也。譹者,哭声也。宎者,深也,若深谷然。咬者,哀切声也。)前者唱于而随者唱喁。泠风则小和,飘风则大和,厉风济则众窍为虚。(注:济,止也。烈风作则众窍实,及其止则众窍虚。虚实虽异,其于各得则同。疏:泠,小风也。飘,大风也。于喁,皆是风吹树动前后相随之声也。案:晋孙绰《秋日》:"疏林积凉风。"状风吹树林之声,似又不同于风吹树孔之声。)而独不见之调调、之刁刁(刀刀)乎?(注:调调、刁刁(刀刀),动摇貌也。言物声既异,而形之动摇亦又不同。动虽不同,其得齐一耳,岂调调独是而刁刁(刀刀)独非乎!《释文》:向(秀)云:调调、刀刀,皆动摇貌。)"

子游曰:"地籁则众窍是已,人籁则比竹是已,敢问**天籁**。(疏:地籁则窍穴之徒,人籁则箫管之类,并皆眼见,此则可知。惟天籁深玄,卒难顿悟,敢陈庸昧,请决所疑。)"

子綦曰:"**夫吹万不同,而使其自己也**。(注:此天籁也。自己而然,则谓之天然。天然耳,非为也,故以天言之。所以明其自然也,岂苍苍之谓哉。而或者谓天籁役物使从己也。夫天且不能自有,况能有物哉! 故天者,万物之总名也,莫适为天,谁主役物乎? 故物各自生而无所出焉,此天道也。疏:使其自己,当分各足,率性而动,不由心智,此天籁之大意者也。案:庄曰自己,动宾结构,发自自己、自己而然,自然。郭注言非为也,成疏言不由心智,指无为、非有作意、算计。)**咸其自取,怒者其谁邪**?(注:物皆自得之耳,谁主怒之使然哉! 此重明天籁也。疏:自取,犹自得也。言风窍不同,形声乃异,至于各自取足,未始不齐,而怒动为声,谁使之然也! 案:庄曰怒者其谁耶,指不是出自受役使。)"

**疏义**

"吾丧我":我,指有作意的、有算计的自我。根据下文,我,亦可以指受役使之非我。

"天籁":庄子言"夫吹万不同,而使其自己也"(郭注"天然耳,非为也",成疏"不由心智");庄子言"咸其自取,怒者其谁邪"(郭注"物皆自得之耳,谁主怒之使然哉",成疏"自取,犹自得也","未始不齐","谁使之然也"),乃是表示,天籁就是万物与人类自然的、非作意和非算计的、非役使的和非受役使的声音。声音如是,万物与人类的发育、发展和活动亦复如是。这就是天籁之喻的全幅意义。

在自然的、非作意的、非役使的意义上,万物、人类是平等的。此是齐一万物。

肯定出自自己的、自然的、非作意的、非役使的和非受役使的声音。此是齐一物论。

**2. 赅而存焉；崇尚斗争即蒙昧（齐一万物）**

大知闲闲（疏：宽裕也），小知间间（jiàn。疏：分别也）。大言炎炎（疏：猛烈也），小言詹詹（疏：词费也）。其寐也魂交，其觉也形开（疏：凡鄙之人，心灵驰躁），与接为构（案：交接即为构陷），日以心斗（案：日日用心于斗争）。缦者、窖者、密者，（注：此盖交接之异。疏：构，合也。窖，深也，今穴地藏谷是也。密，隐也。《释文》：缦，简文云：宽心也。窖，简文云：深心也。）小恐惴惴，大恐缦缦。（疏：惴惴，怵惕也。缦缦，沮丧也。）其发若机栝（guā），其司是非之谓也。（疏：机，弩牙也。栝，箭栝也。司，主也。言发心逐境，速如箭栝；役情拒害，猛若弩牙。唯主意是非，更无他谓也。）其留（案：不发）如诅盟，其守胜之谓也。（疏：诅，祝也。盟，誓也。不异誓盟，坚守确乎，情在胜物。）其杀如秋冬，以言其日消也。（注：其衰杀日消有如此者。疏：唯争虚妄是非，讵知日新消毁，人之衰老，其状例然。）其溺之所为之，不可使复之也。（疏：滞溺于境，其来已久，所为之事，背道乖真。欲使复命还源，无由可致。）其厌也如缄，以言其老洫（xù）也。（注：其厌没于欲，老而愈洫，有如此者。案：洫，昏惑，迷乱。）近死之心，莫使复阳也。（注：其利患轻祸，阴结遂志，有如此者。疏：阳，生也。耽滞之心，邻乎死地，欲使反于生道，无由得之。）喜怒哀乐，虑叹变慹（慹：zhí，恐惧。疏：虑则抑度未来，叹则咨嗟已往，变则改易旧事，慹则屈服不伸），姚佚启态。（疏：姚则轻浮躁动，佚则奢华纵放，启则开张情欲，态则娇淫妖冶。案：以上刻画钩心斗角、姚佚启态之丑态，讽刺辛辣，是嵇康《与山巨源绝交书》"七不堪"一段刻画官场丑态之蓝本，嵇康尚不及庄子刻画之深刻也。）乐出虚，蒸成菌。（疏：夫箫管内虚，故能出于雅乐；湿暑气蒸，故能生成朝菌。虚假不真，从无生有，例如菌乐。案：此与下文"未成乎心而有是非"，皆言争斗之虚妄。）日夜相代乎前，而莫知其所萌。（案：言钩心斗角日夜层出不穷，不可预料。）已乎，已乎！旦暮得此，**其所由以生乎**！（案：言残酷斗争，不分朝夕，没完没了，难道是人生所应遵循的道路吗？）

**非彼无我，非我无所取，是亦近矣。**（注：彼，自然也。自然生我，我自然生。故自然者，即我之自然，岂远之哉。疏：取，禀受也。若非自然，谁能生我？若无有我，谁禀自然乎？然我则自然，自然则我，其理非远，故曰是亦近矣。案：取，禀受、禀赋，指天赋人性。《论语·述而》："子曰：仁远乎哉，我欲仁，斯仁至矣。"义相近。）而不知其所为使。（注：凡物云云，皆自尔耳，非相为使也，故任之而理自至矣。）若有真宰，而特不得其朕。（朕：zhèn，通朕，朕兆、迹象。注：起索真宰之朕迹，而亦终不得，则明物皆自然，无使物然也。）可行己信（注：今夫行者，信己可得行也），而不见其形（注：不见所以得行之形），有情而无形。（注：情当其物，故形不别见。案：情，实也。）**百骸、九窍、六藏，赅而存焉**，（注：付之自然，而莫不皆存也。疏：赅，备也。案：赅，齐、全、全部；含平等义。存，生存。）**吾谁与为亲**？（注：直自存耳。）**汝皆说之乎**？（《释文》：说音悦。）**其有私焉**？（注：皆说之，则是有所私也。有私则不能赅而存矣，故不说而自存，不为而自生也。案：悦、私，偏爱。有偏爱，即非平等。）如是皆有为臣妾乎？（疏：臣妾者，士女之贱职也。且人之一身，亦有君臣之别，至如见色则目为君而耳为臣，行步则足为君手为臣也。斯乃出自天理，岂人之所为乎！非关系意亲疏，故为君臣也。）其臣妾不足以相治乎？（疏：夫臣妾御用，各有职司，如手执脚行，当分自足，岂为手之不足而脚为行乎？盖天机自张，无心相为而治理之也。举此手足，诸事可知也。）其递相为君臣乎？其有真君存焉？（疏：以明无有真君也。）如求得其情与不得，无益损乎其真。（疏：是以求得称情，即谓之为益；如其不得，即谓之为损。道智观之，无损益于其真性者也。案：情者，实也，指合理的、应该实现的愿望。此言每一生命无论求得其愿望之实现与不得实现，皆不会增加或减损其真正之本性，即其价值与尊严。）**一受其成形，不忘（亡）以待尽。**（注：言性各有分，岂有能中易其性者也！疏：夫禀受形性，各有涯量，是故形性一成，终不中途亡失，适可守其分内，待尽天年矣。案：《易传》"乾道变化，各正性命"，言天道的体现和作用，是每一生命自己使自己生命得到正当的发育发展。"一受其成形，不亡以待尽"，与"各正性命"相通。"各正性命"是从生命发展言个体生命权利，"一受其成形，不亡以待尽"，是从生命自然结束言个体生命权利。）**与物相刃相靡，**（案：与人相互砍杀，相互追杀。刃，刀刃，用作动词。《说文》：靡，披靡也。在此，以一方之披靡即败逃，指另一方之追杀。）**其行尽如驰，而莫之能止，不亦悲乎！**（疏：行有终年，速如驰骤，唯知贪竞，曾无止息。格量物理，深可悲伤。）**终身役役而不见其成功，**（注：疲役终身，未厌其志，死而后已。故其成功者无时可见也。）**苶**（ér，疲困貌）**然疲役而不知其所归，可不哀邪！人谓之不死，奚益！**（注：言其实与死同。疏：虽生之日犹死之年也。）**其形化**（疏：其化而为老），**其心与之然，可不谓大哀乎？**（注：言其心形并驰，困而不反，比于凡人所哀，则此真哀之大也。）**人之生也，固若是芒乎？**（疏：芒，闇昧也。言凡人在生，芒昧如是，举世皆惑，岂有一人不昧者。《释文》：芒，芒昧也。案：芒昧，即蒙昧、野蛮、愚昧。）**其我独芒，而人亦有不芒者乎！**

夫随其成心而师之，（案：成心，成见、偏见。）**谁独且无师乎？奚必知代而心自取者有之？愚者与有焉。**（疏：何必知他理长、代己之短，唯欲斥他为短、自取为长。如此之人，处处皆有，愚痴之辈，先豫其中。）**（何况）未成乎心而有是非，是今日适越而昔至也，**（注：今日适越，昨日何由至哉？未成乎心，是非何由生哉？疏：今朝发途，昨日何由至哉？欲明是非彼我，生自妄心。言心必也未生，是非从何而有？故先分别而后是非，先造途而后至越。《集释》：家世父（郭嵩焘）曰：是非因人心而生，物论之所以不齐也。）**是以无有为有。**（注：理无是非，而惑者为有，此以无有为有也。）**无有为有，虽有神禹，且不能知，吾独且奈何哉！**

**疏义**

齐物、万物平等的两个意义。

**1. 崇尚斗争即蒙昧，崇尚斗争不是人生的道理**

"日以心斗"，"其所由以生乎"：日日用心于斗争、崇尚斗争，违背了人生的道理。

"与物相刃相靡"，"人之生也，固若是芒乎"：日日与人相互砍杀、相互追杀，人生难道就如此蒙昧吗？崇尚斗争就是蒙昧。

**2. 人生的道理，应当是"赅而存焉"，也就是齐物、平等**

（1）齐物的终极依据是万物赋性平等

"非彼（自然、天道）无我，非我无所取（禀受、禀赋）"：非天道则无我之性命，非我则无所见天道之赋予性命。我，个体生命。有天道（"彼"）然后有个体生命（"我"）；有个体生命然后有天赋之性（"取"、禀受、禀赋），及由此而来的天赋生命权利（"取"，并参下文"一受其成形，不亡以待尽"）。

所有个体生命具有天赋之性（"取"、禀受、禀赋），这就是道的体现。并不是离开所有个体生命具有天赋之性，可以见道。

所有个体生命天赋之性平等，乃是齐物的终极依据。

《周易·乾·彖辞》："乾道变化,各正性命。"《中庸》："天命之谓性。"意义相同。

(2)齐物的落实是天赋生命权利平等、天赋生存权利平等,不可剥夺

"赅而存焉":所有生命皆获得生存、发育发展。此即是"万物并作"(《老子》)、"万物并育而不相害"(《中庸》);亦即是天赋之性平等、天赋生命权利平等、天赋生存权利平等。赅而存焉即是道,天赋生命权利平等、天赋生存权利平等即是道。道何在? 道即在此。并不是离开了天赋生命权利平等、天赋生存权利平等,而可以见道。

"一受其成形,不亡以待尽"(成疏"形性一成,终不中途亡失,适可守其分内,待尽天年"):生命一旦诞生,就不应该被丧失、被剥夺,直至享尽天年。这即是天赋生命权利、天赋生存权利不可剥夺。一受其成形、不亡以待尽,即是道;天赋生命权利不可剥夺,即是道。并不是离开所有个体生命天赋生命权利及其不可剥夺,可以见道。

所有个体天赋生命权利、生存权利平等,天赋生命权利、生存权利不可剥夺,乃是齐物的落实。

要之,"非我无所取","赅而存焉","不亡以待尽",即所有个体生命天赋之性平等、天赋生命权利和生存权利平等、天赋生命权利和生存权利不可剥夺,是齐物论的核心意义、第一义。

齐物论可说是天赋生命权利、生存权利平等的宣言。虽无生命权利、生存权利之名词,却具有生命权利、生存权利之意义。

人与人之间,相互尊重权利,就不再有斗争。

**3. 反对霸权话语:言特未定;以明、照之于天(齐一物论)**

夫言非吹也,(案:吹无作意,言有作意。作意,偏见、私心、统治欲等。)言者有言,其所言者**特未定**也。(注:未定也者,由彼我之情偏。)果有言邪? 其**未尝有言**邪? 其以为异于鷇(kòu)音,(疏:鸟子欲出卵中而鸣,谓之鷇音也,言亦带壳曰鷇。夫彼此偏执,亦何异鷇鸟之音。案:《尔雅·释鸟》:"生哺鷇,生噣(zhòu)雏。"宋郑樵注:"鸟子生,须母哺而食之,名鷇,谓燕雀之属也。鸟生子而能自哺食者名雏,谓鸡雉之属也。"鷇音,指言特未定,如幼鸟音。)亦有辩乎? (疏:辩,别也。)其无辩乎? **道恶乎隐而有真伪?** (疏:恶乎,谓于何也。虚通至道,非真非伪,于何逃匿而真伪生焉? 案:庄言道隐藏在何处? 道明明白白,难道还需要争论真伪?)**言恶乎隐而有是非?** (疏:至教至言,非非非是,于何隐蔽,有是有非者哉? 案:此"言"与"道"并举互文,不是指物论、人们的言说,而是指道、道的言说、道的体现,如《知北游》"天地有大美而不言"之"言"、《论语·阳货》"何言哉? 四时行焉,百物生焉。天何言哉"之"言"。天地、天,是指道。"言恶乎隐而有是非",表示道隐藏在何处? 道明明白白,难道还需要争论是非?)**道恶乎往而不存?** (案:道无往而不在。)**言恶乎存而不可?** (案:道存在于哪里不可以? 难道非要存在于某一派学说不可? 换言之,作为一家之言存在可以,何必作为绝对真理?)**道隐于小成,**(案:小道理遮蔽了道。)**言隐于荣华。**(疏:荣华者,谓浮辩之辞,华美之言也。只为滞于华辩,所以蔽隐至言。所以《老君经》云:信言不美,美言不信。案:言隐于荣华,犹华辞遮蔽了道。)**故有儒墨之是非,以是其所非而非其所是**(疏:各用己是是彼非,各用己非非彼是)。**欲是其所非而非其所是,则莫若以明。**(注:反复相明。疏:还用彼我,反复相明。《集释》:家世父曰:莫若以明者,还以彼是之所明,互取以相证也。郭注误。案:以明,即下文之"照之于天",疏曰"照以自然之智"。"照之于天",于,即以、用。天,即人的天赋理性、自然之智。照之于天,即使用自己的天赋理性、自然之智照明之。"以明",以,用;明,天赋理性、自然之智。以明,即用明,使用

自己的天赋理性、自然之智。依庄子，欲不为大言、谎言、孟浪之言所迷惑，需要以明，亦即是使用人自己的理性，独立思考。）

**物无非彼，物无非是。**（注：物皆自是，故无非是。物皆相彼，故无非彼。）**自彼则不见，自知则知之。**（疏：自为彼所彼，此则不自见。自知己为是，便则知之。物之有偏也。）**故曰彼出于是，是亦因彼。**（注：自知其所知，则自以为是。自以为是，则以彼为非矣。）**彼是方生之说也。**（疏：方，方将也。）**虽然，方生方死，方死方生。方可方不可，方不可方可。因是因非，因非因是。**（疏：彼此是非，无异生死之说也。夫生死交谢，犹寒暑之递迁。而生者以生为生，而死者将生为死，亦如是者以是为是，而非者以是为非。故知因是而非，因非而是。因非而是，则无是矣；因是而非，则无非矣。是以无是无非，非生无死，无可无不可，何彼此之论乎。）**是以圣人不由，而照之于天，**亦因是也。（注：夫怀豁者，因天下之是非而自无是非也。故不由是非之涂而是非无患不当者，直明其天然而无所夺故也。疏：天，自然也。圣人达悟，不由是得非，直置虚凝，照以自然之智。只因此是非而得无非无是，终不夺有而别证无。案："照之于天"，即是使用自己的天赋理性，独立思考，照察各种学说。）**是亦彼也，彼亦是也。彼亦一是非，此亦一是非，果且有彼是乎哉？果且无彼是乎哉？**（注：今欲谓彼为彼，而彼复自是；欲谓是为是，而是复为彼所彼；故彼是有无，未果定也。）**彼是莫得其偶，谓之道枢。**（注：偶，对也。彼是相对，而圣人两顺之。故无心者与物冥，而未尝有对于天下也。枢，要也。此居其枢要而会其玄极，以应夫无方也。案：道枢超越于彼是之外、之上。）**枢始得其环中，以应无穷。**（注：夫是非反复，相寻无穷，故谓之环。环中，空矣。今以是非为环而得其中者，无是无非也。无是无非，故能应夫是非。是非无穷，故应亦无穷。）**是亦一无穷，非亦一无穷也。**（疏：夫物莫不自是，故是亦一无穷；莫不相非，故非亦一无穷。）**故曰莫若以明。**（案：以明，即用明，使用天赋理性、自然之智。已详于上文"以明""照之于天"注疏及疏义。）

　　**以指喻指之非指，不若以非指喻指之非指也。**（疏：指，手指也。案：以我指说明汝指非我指，不如以我指喻汝指说明汝指非我指。人皆以我的标准为标准，则是非永无了时。）**以马喻马之非马，不若以非马喻马之非马也。**（疏：马，戏筹也。指义既尔，马亦如之。）**天地一指也，万物一马也。**（案：无穷是非，皆起于同一我执。）

**疏义**

庄子反对霸权话语：言特未定（齐一物论）

"其所言者特未定也"：庄子深知人类认识能力的有限性、局限性，因此指出任何学说未经时间检验，只能是未定之论。此实际是指出，要全体社会成员接受未经时间检验的未定之论，岂不是荒唐？岂不是可能造成不可知的灾难？

"道恶乎隐而有真伪？言恶乎隐而有是非"：道明明白白，难道还需要争论是非？这是针对当时学说自称唯一发现真理、相互排斥攻击之现象的批判。

"道恶乎往而不存？言恶乎存而不可"：道存在于哪里不可以？难道非要存在于某一派学说不可？这是针对当时学说自称唯一代表真理之现象的批判。

"道隐于小成，言隐于荣华"：小道理遮蔽了道，这是对当时学说自以为是绝对真理之现象的批判。

"方生方死，方死方生；方可方不可，方不可方可；因是因非，因非因是"：此言齐一生死、是非、可不可,喻指齐一物论。齐一生死,是就那自然的生、死言;若相害之死,即非自然的生、死。此不在庄子所言之应有之义之内。

齐一物论的核心思想,是反对任何一种学说自称唯一代表真理而强迫全体社会成员接受之。

庄子(约前369—前286)指出"言特未定也""言(道)恶乎存而不可",批判当时学说自称唯一代表真理,实即批判霸权话语,可以说是洞烛机先。战国诸子政治学说,往往具有自以为是的性格,推行于天下的目标,要求全体社会成员接受之的意志,或多或少迹近霸权话语,其中法家学说是典型的霸权话语。战国秦之间,法家学说(韩非子,约前280—前233)从自称唯一代表真理,通过成为秦朝的官方意识形态强迫全体社会成员接受之,发展到专制主义暴政,造成巨大的社会灾难。

自是、排他、权力意志,是霸权话语、专制主义的特点。庄子反对之、解构之、拆卸之,体现了庄子深刻的怀疑精神、批判精神和独立品格。

庄子的人性论:以明、照之于天、知止其所不知

"道恶乎隐","言恶乎隐","言恶乎存":表示道当下即是,几乎等于儒家说天地良心。

"以明":用明,使用自己的天赋理性、自然之智,独立思考。依庄子,欲不为大言、谎言、孟浪之言所迷惑,需要以明。

"照之于天":"照之于天"的"天"(天赋理性、自然之智)、"知止其所不知"(庄子下文语)的第一个"知",即天赋理性、自然之智,是认知的本体。此是庄子的认识论的人性论的核心。"照之于天"的"照"、"以明"(用明),即自然之智的照明作用,是此本体的发用于认知。"照之于天",即是使用自己的理性,独立思考,照察各种学说。

"照之于天"的"天"、"知止其所不知"的第一个"知",作为庄子的认识论的人性论,近于儒家的良知、佛家的般若。但庄子不愿显言人性论,当是有鉴于此一线"天"、"知"、天机,太多被汩没。在人性论上,庄子重视人类认识能力的有限性,可能不像孟子那样乐观。但是,人之认识,舍此理性,毕竟别无二途。

**4. 恢恑憰怪,道通为一:万物性命皆来自道(齐一万物);两行:宽容物论(齐一物论)**

可乎可(注:可于己者,即谓之可),不可乎不可(注:不可于己者,即谓之不可)。道行之而成(注:无不成也),物谓之而然。(注:无不然也。案:前二句言自以为是的人之常情,后二句是言齐一是非。)恶乎然? 然于然。恶乎不然? 不然于不然。物固有所然,物固有所可。(注:各然其所然,各可其所可。)**无物不然,无物不可**。(案:前四句言自以为是的人之常情,后四句言齐一是非。)

故为是举莛(tíng,梁)与楹(柱),厉与西施,恢恑(guǐ)憰怪,道通为一。(注:夫莛横而楹纵,厉丑而西施好。所谓齐者,岂必齐形状,同规矩哉! 故举纵横好丑,恢恑憰怪,各然其所然,各可其所可,则理虽万殊而性同,故曰道通为一也。疏:厉,病丑人也。西施,吴王美姬也。恢者,宽大之名。恑者,奇变之称。憰者,矫诈之心。怪者,妖异之物。)其分(注:散)也,成也。其成也,毁也。凡物无成与毁,复通为一。唯达者知通为一,为是不用而寓诸庸。(案:"不用",指不用心智。参读下文:"是故滑(gǔ)疑之耀,圣人之所图也。为是不用而寓诸庸,此之谓以明。"《庄子·天道》:"知谋不用,必归其天。"《诗·大雅·皇矣》:"不识不知,顺帝之则。"郑笺:"顺天之法。""寓",寄托、顺应。"庸",平常日用,指自然状态。参读《周易·系辞上》:"百姓日用而不知。")庸也

者,用也。用也者,通也。通也者,得也。适得而几矣。(案:几,近,指近于道。)因是已,(案:是,指寓诸庸、顺应自然。)已而不知其然,谓之道。劳神明为一而不知其同也,(案:劳心焦思弥缝成毁为一,而不知成毁本来为一。)谓之"朝三"(案:喻指偏见。)。何谓"朝三"？ 狙(jū)公赋芧(xù),(疏:狙,猕猴也。赋,付与也。芧,橡子也。)曰:"朝三而暮四。"众狙皆怒。曰:"然则朝四而暮三。"众狙皆悦。名实未亏而喜怒为用,(疏:朝三暮四,朝四暮三,其于七数,并皆是一。名既不亏,实亦无损,而一喜一怒,为用愚迷。)亦因是也。**是以圣人和之以是非而休乎天钧,**(注:莫之偏任,故付之自均而止也。疏:天均者,自然均平之理也。)**是之谓两行。**(注:任天下之是非。疏:不离是非而得无是非,故谓之两行。案:"两行",即《中庸》"万物并育而不相害,道并行而不悖"之"并行"。"并行""两行",以"不悖"为前提。庄子此或受到《中庸》影响。子思生卒年:前483—前402。庄子生卒年:约前369—前286。)

**疏义**

"恢恑憰怪,道通为一":无论怪怪奇奇,万物性命皆来自道,万物并存体现道。这是讲齐一万物、万物平等及其终极依据。

"其分也,成也。其成也,毁也。凡物无成与毁,复通为一":是就自然的成毁言。自然的成毁,复通为一,如生态平衡。若相害的成毁,即非自然的成毁,此不在庄子应有之义之内。

"是以圣人和之以是非而休乎天钧,是之谓两行":和之以是非的是非、两行,非就相害者言。两行,是宽容物论,宽容各种言论。此是讲齐一物论。

**5. 滑疑之耀,圣人之所图(齐一物论)**

　　古之人,其知有所至(注:造极)矣。恶乎至？ **有以为未始有物者,至矣,尽矣,不可以加矣！**(注:忘天地,遗万物,外不察乎宇宙,内不觉其一身,故能旷然无累,与物俱往,而无所不应也。疏:未始,犹未曾。)**其次以为有物矣,而未始有封也。**(疏:封执。)**其次以为有封焉,而未始有是非也。**(注:虽未能忘彼此,犹能忘彼此之是非也。)**是非之彰也,道之所以亏也。**(疏:彼我彰而至道隐。)**道之所以亏,爱之所以成。**(注:道亏则情有所偏而爱有所成,未能忘爱释私。案:爱,指偏见私欲。)**果且有成与亏乎哉？ 果且无成与亏乎哉？**(注:有之与无,斯不能知,乃至。)**有成与亏,故昭氏之鼓琴也;无成与亏,故昭氏之不鼓琴也。**(疏:姓昭,名文,古之善鼓琴者也。夫昭氏鼓琴,虽云巧妙,而鼓商则丧角,挥宫则失徵,未若置而不鼓,则五音自全。亦犹有成有亏,存情所以乖道;无成无亏,忘智所以合真者也。)**昭文之鼓琴也,师旷之枝策也,**(疏:师旷,字子野,晋平公乐师,甚知音律。支,柱也。策,打鼓杖也,亦言击节杖也。)**惠子之据梧也,**(疏:梧,琴也。况检典籍,无惠子善琴之文。而言据梧者,只是以梧几而据之谈说,犹隐几者也。昭文善能鼓琴,师旷妙知音律,惠施好谈名理。)**三子之知几**(注:几,尽也)**乎,皆其盛者也,故载之末年。**(注:赖其盛,故能久,不尔早困也。疏:惠施之徒,皆少年盛壮,故能运载形智。至于衰末之年,是非少盛,久当困苦也。《释文》:故载之末年:崔云:书之于今也。)**唯其好之也,以异于彼。**(注:言此三子,唯独好其所明,自以殊于众人。)**其好之也,欲以明之。**(注:明示众人,欲使同乎我之所好。)**彼非所明而明之,故以坚白之昧终。**(注:是犹对牛鼓簧耳。彼竟不明,故己之道术终于昧然也。疏:彼,众人也。所明,道术也。案:战国公孙龙《坚白论》："'坚、白、石、三，可乎？'曰：'不可。'视不得其所坚，而得其所白者，无坚也。拊不得其所白，而得其所坚，得其坚也，无白。"公孙龙《白马论》："'白马非马，可乎？'曰：'可。'曰：'何哉？'曰：'马者，所以命形也。白者，所以命色也。命色者，非命形也，故曰白马非马。'"）**而其子又以文之纶终，终身无成。**（疏：纶，绪也。言昭文之子亦乃荷其父业，终其纶绪，卒其年命，竟无所成。况在它人。）**若是而可谓成乎？虽我亦成也。**（注：此三子虽求明于彼，彼竟不明，所以终身无成。若三子而可谓成，则虽我之不成亦可成也。疏：我，众人也。）**若是而不可谓成乎？物与我无成也。**（疏：故知众人之与三子，彼此共无成矣。）**是故滑**（gǔ）**疑之耀，**（疏：晦迹同凡，韬光接物，终不眩耀群品。《释文》："滑疑，司马云：乱也。"案：滑疑之耀，和光同尘。）**圣人之所图也。为是不用而寓诸庸，此之谓"以明"。**（注：使群异各安其所安，众人不失其所是，则己不用于物，而万物之用用矣。物皆自用，则孰是孰非哉？故虽放荡之变，屈奇之异，曲而从之，寄之自用，则用虽万殊，历然自明。疏：寄用于群才。案：以明，即用明，使用天赋理性、自然之智。已详于上文"以明"、"照之于天"注疏及疏义。郭注云"寄之自用，则用虽万殊，历然自明"，亦通。）

**疏义**

"未始有物者，至矣，尽矣，不可以加矣"：此言物我两忘。是认知的最高境界。

"未始有封"：此言没有界限。是第二境界。

"其次以为有封焉，而未始有是非也"：此言虽有界限，犹能忘彼此之是非。是第三境界。

"是非之彰也，道之所以亏也。道之所以亏，爱之所以成"：此言争执是非，遮掩道理，是出于自私，自以为是。是最低境界，不入流。

"滑疑之耀，圣人之所图。为是不用而寓诸庸，此之谓'以明'"：此言圣人之目标，是和光同尘。不使用己见，而己见体现在使用众见之中，这就是用明、明智、智慧。此是最高境界的具体体现。

相反，"彼非所明而明之，故以坚白之昧终"，对别人强迫灌输自己主张，终究是白费力气。

总之，齐一物论的办法，是言论平等、言论自由。

"以明"：用明，使用自己的理性、智慧。"欲是其所非而非其所是，则莫若以明"，"是亦一无穷，非亦一无穷也。故曰莫若以明"，"滑疑之耀，圣人之所图也。为是不用而寓诸庸，此之谓以明"，庄子言以明，可谓一篇之中三致意焉。

**6. 天地与我并生，而万物与我为一（齐一万物）；是非无穷、无适焉（齐一物论）**

　　**今且有言于此，不知其与是类乎？其与是不类乎？类与不类，相与为类，则与彼无以异矣。**（注：今以言无是非，则不知其与言有者类乎不类乎？欲谓之类，则我以无为是，而彼以无为非，斯不类矣。然此虽是非不同，亦固未免于有是非也，则与彼类矣。）**虽然，请尝言之：**（注：至理无言，言则与类。疏：尝，试也。）**有始也者，**（注：有始则有终。案：指有是非者。）**有未始**（疏：未曾）**有始也者**（案：无始则无终。指无是非者），**有未始有夫未始有始也者，**（案：未曾有过未曾有始，指未曾有过未曾有是非者。参读《般若波罗蜜多心经》："无无明，亦无无明尽。"）**有有也者，**（案：此下"有""无"指有言无言。）**有无也者，有未始有无也者，有未始有夫未始有无也者。俄而有无矣，而未知有无之果孰有孰无也。今我则已有谓矣，**（注：谓无是非，即复有谓。疏：谓，言也。）而未知吾所谓之其果有谓乎？**其果无谓乎？**（注：又不知谓之有无，尔乃荡然无纤芥于胸中也。）

**夫天下莫大于秋豪之末，而大（太）山为小。**（注：夫以形相对，则大山大于秋豪也。若各据其性分，物冥其极，则形大未为有馀，形小不为不足。苟各足于其性，则秋豪不独小其小而大山不独大其大矣。若以性足为大，则天下之足未有过于秋豪也；若性足者非大，则虽大山亦可称小矣。故曰天下莫大于秋豪之末而大山为小。大山为小，则天下无大矣；秋豪为大，则天下无小也。疏：秋时兽生豪毛，其末至微，故谓秋豪之末也。太，大也。案：秋毫太山之喻，含两义，一，言万物大小差别是相对的。自其小者视之，秋豪为大也；自其大者视之，太山为小也。二，万物赋性是平等的，而无论物形大小。）**莫寿于殇子，而彭祖为夭。**（疏：人生在于襁褓而亡，谓之殇子。夫物之生也，形气不同，有小有大，有夭有寿。若以性分言之，无不自足。是故以性足为大，天下莫大于豪末；无馀为小，天下莫小于大山。大山为小，则天下无大；豪末为大，则天下无小。案：以上四句，言万物差别是相对的，万物赋性是平等的。参《庄子·德充符》："自其异者视之，肝胆楚越也；自其同者视之，万物皆一也。"）**天地与我并生，而万物与我为一。**（注：无小无大，无寿无夭，苟足于天然而安其性命，故虽天地未足为寿而与我并生，万物未足为异而与我同得。则天地之生又何并，万物之得又何不一哉！疏：是以两仪虽大，各足之性乃均；万物虽多，自得之义唯一。案：当我有之生年，天地与我并生；同具赋性，万物与我为一。并生，言万物平等生存发育；为一，言万物息息相关而为一体；均含赋性平等之义。参《尚书·泰誓》："惟天地，万物父母，惟人，万物之灵。"《老子》："道生一，一生二，二生三，三生万物。"河上公注："道始所生者一也，一生阴与阳也，阴阳生和清浊三气，分为天地人也。"）

**既已为一矣，且得有言乎？**（注：万物万形，同于自得，其得一也。）**既已谓之一矣，且得无言乎？**（注：既谓之一，即是有言矣。）**一与言为二，**（疏：有一有言，二名斯起。）**二与一为三。自此以往，巧历不能得，而况其凡乎！**（疏：从三以往，假有善巧算历之人，亦不能纪得其数，而况凡夫之类乎。）**故自无适有以至于三，而况自有适有乎！**（疏：从有言往有言，枝流分派，其可穷乎。案：自"既已为一矣"，至"而况自有适有乎"，言是非无穷。）**无适焉，因是已。**（注：各止于其所能，乃最是也。疏：既不从无以适有，岂复自有以适有耶！故无所措意于往来，因循物性而已矣。案：适，去、往。无适焉，因是已，指是非争论无穷无尽，不要进入是非争论，只能遵循万物平等之理，所有言论互相尊重。）

**疏义**

"天地与我并生，而万物与我为一"：言万物赋性平等，共同生存发育，所有生命息息相关，而为一体。"并生"，平等生存发育。与《老子》"万物并作"、《易传》"各正性命"、《中庸》"万物并育而不相害"，意同。

"万物并作"，是就群体言万物并育。"天地与我并生"，是就个体（我）言万物并育。皆涵"各正性命"义，即每一生命自己使自己得到正当的发育发展。庄子特色在就个体说话，非就群体说话。亲切生动，真正落实到个体生命心灵、个体权利。

既然万物平等，就不能一家之言独尊。

"无适焉，因是已"：是非争论无穷无尽，不要进入是非争论，只能遵循万物平等之理，尊重所有言论，所有言论互相尊重。

**7. 葆光；存而不论，知止其所不知（齐一物论）**

**夫道未始有封**（疏：封域），**言未始有常**（案：即言特未定也），**为是而有畛**（zhěn，疏：界畔)也。请言其畛:有左有右,有伦有义,有分有辩,有竞有争,此之谓八德(疏:八种)。六合(疏:天地四方)之外,圣人存而不论;(案:任其存在,不加议论。)六合之内,圣人论而不议(疏:无可详议);春秋经世先王之志,圣人议而不辩(疏:终不执是辩非)。

故分(注:分别)也者,有不分(注:事事自别)也;辩也者,有不辩也。曰:何也?圣人怀(案:包容)之,众人辩之以相示也。故曰:辩也者,有不见也。(注:不见彼之自辩,故辩己所知以示之。疏:凡庸迷执,未解虚妄,故辩所知,示见于物,岂唯不见彼之自别,亦乃不鉴己之妙道。)夫大道不称,(注:付之自称,无所称谓。)大辩不言,大仁不仁,大廉不嗛,(嗛,qiàn,谦虚。疏:物我俱空,何所逊让。)大勇不忮,(忮,zhì。疏:逆也。内蕴慈悲,外弘接物,故能俯顺尘俗,惠救苍生,虚己逗机,终无连逆。)道昭而不道,言辩而不及,仁常而不成,(注:物无常爱,而常爱必不周。)廉清而不信,(注:皭然廉清,贪名者耳,非真廉也。)勇忮而不成。(注:忮逆之勇,天下共疾之,无敢举足之地也。)五者园(圆)而几向方矣!(疏:几,近也。案:方,道也。)**故知止其所不知,至矣。**(注:所不知者,皆性分之外也。故止于所知之内而至也。)孰知不言之辩,不道之道? 若有能知,此之谓天府(疏:自然之府藏)。注焉而不满,酌焉而不竭,而不知其所由来,(注:至理之来,自然无迹。)**此之谓葆光。**(注:任其自明,故其光不弊也。疏:葆,蔽也。韬蔽其光,其光弥朗。)

**疏义**

"葆光":任其自明,不自炫、不自辩。

"存而不论","知止其所不知":对于自己认知范围以外的事物,任其存在,不加议论。自知认知的局限性。

依庄子,"葆光","存而不论","知止其所不知",是齐一物论的最佳操作方式。做到"葆光","存而不论","知止其所不知",从而一切言论自然不争论,自然平等。同时,这也就是让所有言论自然地接受时间检验,从而不致于造成某种言论被强制推行于社会所可能发生的恶果。

## 寓言部分

### 寓言1　尧问于舜:非伐、非暴力;万物皆照(齐一万物)

故昔者尧问于舜曰:"我欲伐宗、脍(kuài)、胥敖,南面而不释然。其故何也?(疏:释然,怡悦貌也。宗、脍、胥敖,是尧时小蕃三国号也。南面,君位也。案:伐,征伐。)"舜曰:"夫三子者,犹存乎蓬艾之间。(注:夫物之所安无陋也,则蓬艾乃三子之妙处也。)若不释然,何哉! 昔者十日并出,万物皆照,(注:夫重明登天,六合俱照,无有蓬艾而不光被也。)而况德之进乎日者乎!(注:夫日月虽无私于照,犹有所不及,德则无不得也。而今欲夺蓬艾之愿而伐使从己,于至道岂弘哉! 故不释然神解耳。若乃物畅其性,各安其所安,无远迩幽深,付之自若,皆得其极,则彼无不当而我无不怡也。)"

**疏义**

"我欲伐宗、脍、胥敖,南面而不释然","若不释然何哉":这强调非伐、非战、非暴力。此是绝对的非、绝对的否定。孰谓庄子绝对地遣是非? 孰谓庄子无是非?

"夫物之所安无陋也，则蓬艾乃三子之妙处也"：各安所安，互不侵犯。此即齐物、非我无所取、赅而存焉、不亡以待尽、万物并育而不相害、天赋生存权利平等在国家族群关系上之体现。

"万物皆照"：在道面前万物平等。这是齐物的终极依据。

**寓言2　啮缺问于王倪：孰知天下之正色哉（齐一物论）**

啮缺问乎王倪曰："子知物之所同是乎？（疏：啮缺，许由之师，王倪弟子，并尧时贤人也。托此二人，明其齐一。）"

曰："吾恶乎知之！（注：所同未必是，所异不独非，故彼我莫能相正，故无所用其知。）"

"子知子之所不知邪？"

曰："吾恶乎知之！（注：若自知其所不知，即为有知。疏：还以不知答也。）"

"然则物无知邪？（疏：汝既自无知，物岂无知者邪？）"

曰："吾恶乎知之！（注：都不知，乃旷然无不任矣。）"

虽然，尝试言之。（注：以其不知，故未敢正言，试言之耳。）庸讵（案：何以）知吾所谓知之非不知邪？（注：鱼游于水，水物所同，咸谓之知。然自鸟观之，则向所谓知者，复为不知矣。案：《庄子·秋水》："庄子与惠子游于濠梁之上。庄子曰：鯈鱼出游从容，是鱼之乐也。"杜甫《过津口》诗："白鱼困密网，黄鸟喧嘉音。物微限通塞，恻隐仁者心。"或可参较。）庸讵知吾所谓不知之非知邪？（注：所谓不知者，直是不同耳，亦自一家之知。）

且吾尝试问乎女（汝）：民（案：人类）湿寝则腰疾偏死（疏：偏枯），鳅然乎哉？木处则惴慄恂（xún）惧，猿猴然乎哉？三者孰知正处？民食刍豢，（疏：刍，草也，是牛羊之类；豢，养也，是犬豕之徒；皆以所食为名也。）麋鹿食荐（《释文》：司马云：美草也），蝍蛆（jíjū，蜈蚣）甘带（《释文》：带，崔云：蛇也。司马云：小蛇也，蝍蛆好食其眼），鸱鸦耆（嗜）鼠，四者孰知正味？猿、猵（biān）狙以为雌，（《释文》：司马云：狙，一名獦牂，似猿而狗头，喜与雌猿交也。崔云：猵狙，一名獦牂，其雄喜与猿雌为牝牡。）麋与鹿交，鳅与鱼游。毛嫱丽姬，人之所美也；鱼见之深入，鸟见之高飞，麋鹿见之决骤，（疏：决，卒疾貌也。）**四者孰知天下之正色哉**？（注：此略举四者，以明天下所好之不同。不同者而非之，则无以知所同之必。疏：谁知宇内定是美色耶？）自我观之，仁义之端，是非之涂，樊然淆乱，吾恶能知其辩！

啮缺曰："子不知利害，则至人固不知利害乎？（注：未能妙其不知，故犹嫌至人当知之。斯悬之未解也。）"

王倪曰："至人神矣！（疏：至者，妙极之体；神者，不测之用。）大泽焚而不能热，河汉冱（hù，疏：冻）而不能寒，疾雷破山、飘风振海而不能惊。若然者，乘云气，骑日月，而游乎四海之外，死生无变于己，（注：与变为体，故死生若一。）而况利害之端乎！（注：况利害于死生，愈不足以介意。）"

**疏义**

"其所言者特未定也"，"知止其所不知"，"孰知天下之正色哉"，"生死可喜可悲不可知"，"俱不能相知也"：此皆指出人类认识能力的有限性、局限性。

"至人固不知利害乎"？"至人神矣"，"而况利害之端乎"：对于至人来说，利害不足以介意,此是就至人之超越是非生死之话题的随机之言。庄子本意,当然讲利害。庄子最讲利害。

《齐物论》:"一受其成形,不忘(亡)以待尽。"死于非命,是人生最大的利害关系。此是由于对人们死于非命的深刻的忧患意识,而提出人的生命权利不可剥夺。

《逍遥游》:"今子有大树,患其无用,何不树之于无何有之乡,广莫之野,彷徨乎无为其侧,逍遥乎寝卧其下。不夭斤斧,物无害者,无所可用,安所困苦哉!"

《人间世》:"此果不材之木也,以至于此其大也","山木,自寇也;膏火,自煎也。桂可食,故伐之;漆可用,故割之。人皆知有用之用,而莫知无用之用也。"

《德充符》:"游于羿之彀中。中央者,中地也。然而不中者,命也。"

此皆是比喻生命权利能否保全之利害。

赖高翔师言:儒家讲是非,道家讲利害。

庄子所讲利害,往往是就生命权利讲的。

**寓言3   瞿鹊子问乎长梧子(齐一万物、齐一物论)**

(1)瞿鹊子问乎长梧子之一:孟浪之言(齐一物论)

瞿鹊子问乎长梧子,(《集释》引俞樾曰:瞿鹊必七十子之后人,所称闻之夫子,谓闻之孔子也。下文长梧子曰:是黄帝之所听荧也,而丘也何足以知之? 丘即是孔子名,因瞿鹊子述孔子之言,故曰丘也何足以知之也。)曰:"**吾闻诸夫子**:(疏:瞿鹊是长梧弟子,故谓师为夫子。)**圣人不从事于务,不就利,不违害,不喜求,不缘道,**(疏:不以攀缘之心行乎虚通至道者也。)**无谓有谓,有谓无谓**(疏:谓,言教也),**而游乎尘垢之外**。——夫子以为孟浪(案:草率)之言,而我以为妙道之行也。吾子以为奚若?"

长梧子曰:"是皇(黄)帝之所听荧也,(疏:听荧,疑惑不明之貌也。)而丘也何足以知之! 且女亦大早计,(疏:今瞿鹊才闻言说,将为妙道,此计用之太早。)见卵而求时夜,(《释文》:崔云:时夜,司夜,谓鸡也。)见弹而求鸮(xiāo)炙。(注:无异见卵而责司晨之功,见弹而求鸮炙之实。疏:鸮似斑鸠,青绿色,其肉甚美,堪作羹炙。)"

**疏义**

"夫子以为孟浪之言,而我以为妙道之行也",长梧子曰"是黄帝之所听荧也":瞿鹊子以为是妙道之言,长梧子以为是孟浪之言,使闻之者迷惑。寓意认知之局限性及其由此而来的言论学说之有害。当以齐一物论视之,即以平常心视之,而不可尊奉之、奉行之。

(2)瞿鹊子问乎长梧子之二:以隶相尊,圣人愚芚(齐一万物)

予尝为女妄言之,女以妄听之。奚(疏:何也)旁日月,挟宇宙?(注:以死生为昼夜,旁日月之喻也;以万物为一体,挟宇宙之譬也。疏:旁,依附也。挟,怀藏也。)**为其脗(吻)合,置其滑涽(hūn),以隶相尊**。(注:以有所贱,故尊卑生焉,而滑涽纷乱,莫之能正,各自是于一方矣。故为脗然自合之道,莫若置之勿言,委之自尔也。疏:脗,无分别之貌也。置,任也。滑,乱也。涽,闇也。隶,皂仆之类也,盖贱称也。夫物情颠倒,妄执尊卑。今圣人欲袪此惑,为脗然合同之道者,莫若滑乱昏杂,随而任之,以隶相尊,一于贵贱也。案:隶,奴仆,卑贱者。)**众人役役**(注:驰鹜于是非之境也),**圣人愚芚**,(芚:tún。注:芚然无知而直往之貌也。疏:役役,驰动之容也。愚芚,无知之貌也。凡俗之人,驰逐前境,劳役而不息;体道之士,忘知废照,芚然而若愚也。《释文》:司马云:芚,浑沌不分察也。

崔云:文厚貌也。)**参万岁而一成纯**。(注:唯大圣无执,故苶然直往而与变化为一,一变化而常游于独者也。故虽参糅亿载,千殊万异,道行之而成,则古今一成也。物谓之而然,则万物一然也。无物不然,无时不成,斯可谓纯也。)**万物尽然**,(注:无物不然。)**而以是相蕴**。(疏:是非蕴积,未有休时。圣人顺世污隆,动而常寂,参糅亿载而纯一凝然也。)

**疏义**

"圣人愚芚":圣人气象,其貌若愚。盖异于精明算计者之类。曹慕樊师言:貌愚笨者,较易闻道。或可参考。

"以隶相尊"("以隶相尊,一于贵贱也"):对待奴仆亦相互尊敬。表示人的尊严人人平等。

"以隶相尊"是齐一万物思想在人的尊严从平等上的深刻体现。就像"赅而存焉"是齐一万物思想在生命权利人人平等上的深刻体现。

(3)瞿鹊子问乎长梧子之三:生死可喜可悲不可知(齐一万物)

**予恶**(《释文》:音乌)**乎知说**(《释文》:音悦)**生之非惑邪!**(注:死生一也,而独说生,欲与变化相背,故未知其非惑也。)**予恶乎知恶死之非弱丧而不知归者邪!**(疏:弱者弱龄,丧之言失。谓少年遭乱,丧失桑梓,遂安他土而不知归,谓之弱失。)**丽之姬,艾封人之子也**。(疏:昔秦穆公与晋献共伐丽戎之国,得美女一,玉环二。秦取环而晋取女,即丽戎国艾地守封疆人之女也。)**晋国之始得之也,涕泣沾襟。及其至于王所,与王同筐床,**(《释文》:崔云:筐,方也。一云:正床也。)**食刍豢,而后悔其泣也。予恶乎知夫死者不悔其始之蕲生乎?**(《释文》:蕲音祈,求也。)

**疏义**

"予恶乎知说生之非惑邪":包含两个意思。

第一,齐一生死。此是齐一万物之一方面。

第二,生死可喜可悲不可知。此言认知的局限性。

(4)瞿鹊子问乎长梧子之四:人生如梦而不知其梦也,故其言吊诡(齐一物论)

**梦饮酒者,旦而哭泣。梦哭泣者,旦而田猎。**(注:此寤寐之事变也。事苟变,情亦异,则死生之愿不得同矣。故生时乐生,则死时乐死矣,死生虽异,其于各得所愿一也。)**方其梦也,不知其梦也。梦之中又占其梦焉,觉而后知其梦也。**(疏:夫人在睡梦之中,谓是真实,亦复占候梦想,思度吉凶,既觉以后,方知是梦。)**且有大觉而后知此其大梦也,**(注:夫大觉者,圣人也。大觉者乃知夫患虑在怀者皆未寤也。)**而愚者自以为觉,窃窃然知之。**(《释文》:窃窃,司马云:犹察察也。)**君乎!牧乎!固哉!**(注:夫愚者大梦而自以为寤,故窃窃然以所好为君上而所恶为牧圉,欣然信一家之偏见,可谓固陋矣。疏:夫物情愚惑,暗若夜游,昏在梦中,自以为觉,窃窃然议专所知。情之好者为君上,情之恶者同牧圉,以此为情怀,可谓固陋。牛曰牧,马曰圉。)**丘也与女(汝),皆梦也。**(注:未能忘言而神解,故非大觉也。)**予谓女梦,亦梦也。**(注:即复梦中之占梦。夫自以为梦,犹未寤也,况窃窃然自以为觉哉!)**是其言也,其名为吊诡。**(注:夫非常之谈,故非常人之所知,故谓之吊当卓诡,而不识其悬解。疏:夫举世皆梦,此乃玄谈。非常之言,不顾于俗,吊当卓诡,骇异物情,自非清通,岂识深远哉?《释文》:吊,至也。《集释》:卢文弨曰:诡,异也。案:吊诡,至为诡异、荒唐。)**万世之后而一遇大圣,知其解者,是旦暮遇之也。**(注:言能蜕然无系而玄同死生者至希也。疏:彼我言说,皆在梦中。如此解人,其为希遇,论其赊促,是旦暮逢之。三十年为一世也。)

**疏义**

"方其梦也,不知其梦也","而愚者自以为觉,窃窃然知之","是其言也,其名为吊诡":人生如梦而不知其是梦,故其言实为梦呓,吊诡、荒唐。此是从个体角度揭示认知的局限性,无有自知之明(齐一物论)。

(5)瞿鹊子问乎长梧子之五:俱不能相知也(齐一物论)

既使我与若辩矣,若胜我,我不若胜,若果是也? 我果非也邪? 我胜若,若不吾胜,我果是也? 而果非也邪?(疏:若、而,皆汝也。)其或是也? 其或非也邪?(疏:或,不定也。)其俱是也? 其俱非也邪? 我与若不能相知也。则人固受其黮(dǎn)暗,(疏:黮暗,不明之谓也。)**吾谁使正之?** 使同乎若者正之? 既与若同矣,恶能正之! 使同乎我者正之? 既同乎我矣,恶能正之! 使异乎我与若者正之? 既异乎我与若矣,恶能正之! 使同乎我与若者正之? 既同乎我与若矣,恶能正之! 然则我与若与人**俱不能相知也**,而待彼也邪?(注:各自正耳。待彼不足以正此,则天下莫能相正也,故付之自正而至矣。)

**疏义**

"其或是也,其或非也邪? 其俱是也,其俱非也邪":此对言论或是或非、俱是俱非表示怀疑之态度,即是理性、审慎之态度,乃主观臆断之良药。

"吾谁使正之(故付之自正、各自正耳)":此表示各自判断自己之是非,与《易传》"各正性命"相通。各正性命,即各个个体生命自己决定自己生命的正当发展,是自由之真义。吾谁使正之、各自正耳、各正性命,应是对正常状态之言论而言,表示对正常状态之言论者之理性的信任,当有各自正之之日也。

这说明:

第一,吾谁使正之、故付之自正、各自正耳的终极依据,是道,各正性命的道。

第二,有不齐之是非。有非是、非非,有不定之是、不定之非,有非尽是之是、有非尽非之非。

第三,其实就是有是非标准:合于齐物、非我无所取、赅而存焉、不亡以待尽、万物并育而不相害、天赋权利平等,为是。否则为非。各正性命为是,否则为非。

"俱不能相知也":此是从群体角度揭示认知的局限性,各家之争论,有如聋子的对话(齐一物论)。

(6)瞿鹊子问乎长梧子之六:和之以天倪;化声之相待,若其不相待;忘年忘义(齐一物论)

"何谓和之以天倪?"(注:天倪者,自然之分也。疏:和以自然之分,令归无是无非。天倪之义,次列于下文。)曰:"是不是,然不然。是若果是也,则是之异乎不是也亦无辩;然若果然也,则然之异乎不然也亦无辩。(注:是非然否,彼我更对,故无辩。无辩,故和之以天倪,安其自然之分而已,不待彼以正之。)**化声之相待,若其不相待。**(注:是非之辩为化声。夫化声之相待,俱不足以相正,故若不相待也。《集释》:家世父曰:言随物而变,谓之化声。是与不是,然与不然,在人者也。待人之为是为然而是之然之,与其无待于人而自是自然,一皆无与于其心,是谓和之以天倪。)**和之以天倪,因之以曼衍,所以穷年也。**(注:和之以自然之分,任其无极之化,寻斯以往,则是非之境自泯,而性命之致自穷也。疏:曼衍,犹变化也。因,任也。穷,尽也。和以自然之分,则无是无非;任其无极之化,故能不滞不着。既而处顺安时,尽天年之性命也。)**忘年忘义,振于无竟,故寓诸无竟。**(注:夫忘年故玄同死生,忘义故弥贯是非。是非死生荡而为一,斯至理也。至理畅于无极,故寄之者不得有穷。疏:振,畅也。竟,穷也。寓,寄也。夫年者,生之所禀也,既同于生死,所以忘年也;义者,裁于是非也,既一于是非,所以忘义也。)"

**疏义**

"和之以天倪":和以自然之分,令归无是无非,就是不争论。

"化声之相待,若其不相待":化声为是非之辩,相待为争论,不相待就是不争论。

"忘年忘义":不相待、不争论的出发点,是忘记生死、是非。

**寓言4　罔两问景:无待、顺应物化(齐一万物)**

**罔两问景曰:**(注:罔两,景外之微阴。《释文》:郭云:景外之微阴也。向(秀)云:景之景也。案:景,影。)**"曩子行,今子止;曩子坐,今子起。何其无特操与?"**(疏:罔两问景云:"汝向行今止,昔坐今起。然则子行止坐起,制在于形,唯欲随逐于他,都无独立志操者,何耶?"案:寓言幽默。)

**景曰:"吾有待而然者邪?**(注:言天机自尔,坐起无待。无待而独得者,孰知其故,而责其所以哉?)**吾所待又有待而然者邪?**(注:若责其所待而寻其所由,则寻责无极,卒至于无待,而独化之理明矣。疏:影之所待,即是形也。若使影待于形,形待造物,请问造物复何待乎? 斯则待与无穷,卒乎无待也。)**吾待蛇蚹(fù)蜩(tiáo,蝉)翼邪?**(疏:蛇蜕旧皮,蜩新出甲,不知所以,莫辩其然,独化而生,盖无待也。)**恶识所以然! 恶识所以不然!"**(疏:夫待与不待,然与不然,天机自张,莫知其宰。)

**疏义**

"吾有待而然者邪? 吾所待又有待而然者邪":意即无待。无待,即天机自然。

"吾待蛇蚹蜩翼邪? 恶识所以然! 恶识所以不然":意即顺应物化,顺应自然。其实际意指,是反对算计、争论、斗争。

**寓言5　庄周梦蝶:物化:不知周也、忘我、顺化、适志;齐同生死(齐物)**

**昔者庄周梦为胡蝶,栩栩然胡蝶也,自喻适志与!**(注:自快得意,悦豫而行。疏:栩栩,忻畅貌。喻,晓也。夫生灭交谢,寒暑递迁,盖天地之常,万物之理也。而庄生晖明镜以照烛,泛上善以遨游,故能托梦觉于死生,寄自他于物化。是以梦为胡蝶,栩栩而适其心。案:适志,自由、快乐。)**不知周也。**(注:方其梦为胡蝶而不知周,则与殊死不异。然所在无不适志,则当生而系生者,必当死而恋死矣。由此观之,知夫在生而哀死者误也。疏:方为胡蝶,晓了分明,快意适情,悦豫之甚,只言是蝶,不识庄周。死不知生,其义亦尔。案:不知周也,忘我。)——**俄然觉,则蘧蘧然周也。**(疏:蘧蘧,惊动之貌也。俄顷之间,梦罢而觉,惊怪思省,方是庄周。)——**不知周之梦为胡蝶与? 胡蝶之梦为周与?**(注:今之不知胡蝶,无异于梦之不知周也。清末王先谦《庄子集解》:周、蝶必有分,而其入梦方觉,不知周、蝶之分也,谓周为蝶可,谓蝶为周亦可。此则一而化矣。齐物极境。)——**周与胡蝶,则必有分矣。**(注:夫觉梦之分,无异于死生之辩也。)——**此之谓物化。**(注:而愚者窃窃然自以为知生之可乐,死之可苦,未闻物化之谓也。疏:故知生死往来,物理之变化也。)

**疏义**

梦蝶喻(蝴蝶的特征及其可能有的隐喻):①能飞。象征自由。②无声。象征无言。

"昔者庄周梦为胡蝶,栩栩然胡蝶也,自喻适志与! 不知周也","不知周之梦为胡蝶与,胡蝶之梦为周与":乃是表示忘我、无分界、齐生死、物化、顺化,所在无不适志、自由、快乐。

"俄然觉,则蘧蘧然周也","周与胡蝶,则必有分矣":这是两处插入语、补充语,在全文言物化自喻适志境界中,插入、补充非物化境界。故其前后皆用破折号以表示之。

"周与胡蝶,则必有分矣":乃是表示有我、有分界,即注曰"觉梦之分"、"死生之辩"。有我、有分界,即不能忘我、齐生死、物化、顺化,所在无不适志。

"物化":即顺万物之化、顺自然之化,与万物为一、以生死为一。其实是与道为一。

物化、顺化即所在无不适志。故自以为知生之可乐,死之可苦,未闻物化之谓也。

在庄子书中,物化全部意义,是指:①顺万物之化,与万物齐同。②顺自然之化,以生死为一。③外化而内不化,与物化者一不化,安化安不化,内在澹泊不变。④与道为一。

## 全篇疏义

### 一、齐物论的两大意义:齐一万物,齐一物论

齐一万物,齐一物论。齐物是第一义,齐论是第二义。

#### 1. 齐一万物:赅而存焉

齐物是就全部自然、人类社会而言,重心是人类社会。故齐物论是庄子的政治哲学。

齐物的依据是"非彼无我,非我无所取"(禀受、禀赋),所有个体生命的天赋之性来自道。道是齐物的终极依据。

齐物的核心意义是"百骸、九窍、六藏,赅而存焉",所有生命皆获得生存、获得发育发展,这即是由天赋之性而来的天赋生命权利、生存权利平等。老子"万物并作"、《中庸》"万物并育"、《易传》"各正性命",意同。

"一受其成形,不亡以待尽",生命一旦诞生,就不应该被丧失、被剥夺,直至享尽天年,这即是天赋生命权利、天赋生存权利不可剥夺。

相反,"日以心斗,其所由以生乎",日日用心于斗争、崇尚斗争违背了人生的道理。"与物相刃相靡","人之生也,固若是芒乎",日日与人相互砍杀、相互追杀,人生难道就如此蒙昧吗? 崇尚斗争就是蒙昧。

齐物论是天赋生命权利、生存权利平等的宣言。虽无生命权利、生存权利之名词,却具有生命权利、生存权利之意义。

"赅而存焉",是平等。

"吾谁使正之"(疏:付之自正),是自由。即"各正性命",自己决定自己的正当性。

"赅而存焉","一受其成形,不亡以待尽",是齐物在人类社会实践的落实。

"以隶相尊",对待奴仆亦相互尊敬,人的尊严人人平等。

"物化",顺万物之化、顺自然之化,则是齐物的个人哲学之实践境界,是齐物的极致和化境。

齐一万物的全幅意义,可以回顾庄子关键语:

天籁;吾丧我、无作意;非彼无我,非我无所取;百骸、九窍、六藏,赅而存焉,人生的道理是齐物、平等;一受其成形,不亡以待尽;日以心斗,其所由以生乎;崇尚斗争违背了人生的道理;与物相刃相靡,人之生也,固若是芒乎;崇尚斗争即蒙昧;恢诡憰怪,道通为一;天地与我并生,而万物与我为一;非伐、非暴力;万物皆照;以隶相尊,圣人愚芚;生死可喜可悲不可知;无待、顺应物化;不知周也、忘我、顺化、适志;齐同生死。

### 2. 齐一物论:言特未定

齐一物论是就思想言论而言。齐一物论,就是言论自由平等、言论平等。

齐一物论的终极依据,是人类平等和人类认识能力的有限性、局限性。

齐一物论的重心,是"言特未定",宽容言论和反对霸权话语、专制主义,反对以任何一种学说强迫全体社会成员接受之。

齐一物论的内在依据,是"以明"、"照之于天",人使用自己的天赋理性,独立思考,照察各种学说,而不致于为大言、谎言、孟浪之言所迷惑。

庄子不愿显言人性论之认识论,当是有鉴于此一线"天"、"知"、天机,太多被汩没。在人性论上,庄子强调人类认识能力的有限性,可能不像孟子那样乐观。但是,人之认识,舍此理性,毕竟别无二途。不为大言、谎言、孟浪之言所惑,终究还是得依靠人的理性。

齐一物论的全幅意义,可以回顾庄子关键语:

天籁;是亦一无穷,非亦一无穷也,故曰莫若以明;照之于天;言特未定,未尝有言,无是无非;言恶乎存而不可,道隐于小成;圣人和之以是非而休乎天钧,是之谓两行;未始有物,未始有封、未始有是非;是非之彰也,道之所以亏;滑疑之耀,圣人之所图;言无穷、无适焉;葆光,存而不论、知止其所不知;孰知天下之正色哉;孟浪之言;人生如梦而不知其梦也,故其言吊诡;俱不能相知也;和之以天倪;化声之相待,若其不相待;忘年忘义。

### 3. 齐物论是庄子的政治哲学

齐物论是庄子的政治哲学,庄重之言和寓言华辞参半。庄子政治哲学的根本特征,是主张人类平等,即人的尊严、天赋生命权利、生存权利人人平等,主张言论自由平等,对各种言论持批判态度,反对霸权话语,对一家言论独大、成为意识形态持高度警惕的态度。

## 二、齐物论乃专制主义之天敌

齐物论实际是以可以齐之物、可以齐之论为逻辑前提。可以齐者,自然者也,或不甚违背自然者也。齐物论的范围,当不包括灭绝物类、灭绝物论的暴政及其专制主义理论,因为暴政及其专制主义理论与齐物论精神格格不入,完全对立。

庄子是战国时期人,齐物论看似是就战国时期百家争鸣而言,非就不久以后的秦朝时期而言。战国时期,百家争鸣,或希唯我独尊,但并无秦朝全国独尊一家学说,灭绝百家学说之局面;春秋战国,诸侯之国,或有钳制言论,但并无秦朝的焚书坑儒、偶语《诗》《书》者弃市、以古非今者族之暴政。而齐物论对于不久以后的暴秦政治及其法家专制主义的意识形态,恰恰是针锋相对,是对症下药。因此,庄子实际上是天才地预见到了暴秦政治及其法家专制主义的意识形态,可谓先识远量、洞烛机先。

齐物论主张齐物、非暴力、宽容物论,专制主义则是灭绝物类、灭绝言论,故齐物论乃专制主义之天敌。

三、庄子对中国哲学的贡献或不下于儒家

庄子揭示道的本质与作用是"百骸、九窍、六藏、赅而存焉","一受其成形,不亡以待尽",其意义并不亚于儒家揭示"万物并育而不相害","各正性命"。

庄子揭示人性的阴暗面,"日以心斗,其所由以生乎","相刃相靡","人之生也,固若是芒乎",指出崇尚斗争违背了人生的道理,崇尚斗争就是蒙昧,其主张则是胜于儒家。

庄子揭示"言特未定",指出人的认识能力的有限性、局限性,亦是不下于儒家。

兹不备举。

庄子哲学与儒家哲学在本体论上具有一致性,共同形成中国固有哲学的大传统。同时,庄子哲学具有儒学哲学所未有或有所不足的内容与价值,在这些地方,对中国哲学的贡献不下于儒家。齐物论是其重要的代表作。

# 法办与宽宥:古代中国血亲复仇的
# 法律处置及其礼法冲突

董　燕　贾伟康*

**摘　要:**血亲复仇是古代中国独特的文化现象。基于维护社会秩序的考虑,自秦汉以来几乎所有王朝均立法禁止私自复仇,法办也由此成为办案者的重要选择,但通过移乡避仇、禁止私和等法律制度,又可看到统治者对血亲复仇的态度颇为纠结与矛盾。形成鲜明对比的是,宽宥处理成为统治者与民间的法外选择。法办与宽宥是古代社会面对血亲复仇时的两个主要选择。在这两个相互矛盾的选择背后,凸显的是礼与法之间的冲突较量。从法律处置的角度探讨这一现象,并探究其背后的道德理念与社会基础,将有助于认识传统中国社会特质之所在,并可从中获得对当代中国法治建设的启示。

**关键词:**血亲复仇;法办;宽宥;礼法冲突;法治文化

血亲复仇是古代中国独特的文化现象。古人有言:“杀父之仇,不共戴天。”即子女应承担为血亲复仇的义务。不仅是为父报仇,传统社会对各种血亲复仇均格外重视,只是受儒家伦理影响,血亲复仇的责任轻重会随亲疏等级的不同而作相应调整。[①] 在伦理思想驱动下,虽然国法严令禁止,但历朝历代均发生过不少血亲复仇的案件,而官方的宽宥处理及社会上的广泛同情更在无形中助长了血亲复仇之风。这一文化现象十分值得关注,从法律处置的角度探讨这一现象,并探究其背后的道德理念与社会基础,将有助于认识传统中国社会特质之所在,并可获得对当代中国法治建设的启示。

## 一、法办:立法态度及其内在纠结

基于维护社会秩序的考虑,自秦汉以来,绝大多数王朝均立法禁止包括血亲复仇在内的私人复仇,有的朝代甚至以“灭族”的刑罚,极力禁绝民间复仇。古代中国关于复仇的法令可见表1。

---

* 董燕,中国政法大学人文学院教授,主要研究方向为法治文化、文学与法律;贾伟康,中国政法大学人文学院2019级研究生,主要研究方向为法治文化。本文为北京市社会科学基金项目“二十世纪中国文学中法律叙事的内在矛盾研究”(批准号:16WXB012)的阶段性成果。

① 如《礼记·檀弓上》对此有详细说明,对父母之仇,应当“寝苦,枕干,不仕,弗与共天下也。遇诸市朝,不反兵而斗。”对兄弟之仇,应当“仕弗与共国。衔君命而使,虽遇之不斗”。见杨天宇《礼记译注》上册,上海古籍出版社2004年版,第75页。

表 1　古代中国关于复仇的法令①

| 朝代 | | 对复仇之态度 | 具体内容 | 文献出处 |
|---|---|---|---|---|
| 先秦 | | 允许 | 凡报仇雠者，书于士，杀之无罪 | 《周礼·秋官司寇·朝士》 |
| 秦 | | 禁止 | 为私斗者，各以轻重被刑大小 | 《史记》卷六十八《商君列传》 |
| 汉② | | 禁止 | 杀人者死 | 《史记》卷八《高祖刘邦》 |
| 魏 | | 禁止 | 令民不得复私仇，禁厚葬，皆一之于法 | 《三国志》卷一《魏志一》 |
| | | 禁止 | 敢有私复仇者皆族之 | 《三国志》卷二《魏志二》 |
| 晋 | | 禁止 | 贼斗杀人，以劾而亡，许依古义，听子弟得追杀之。会赦及过误相杀，不得报仇，所以止杀害也 | 《晋书》卷三十《志第二十·刑法》 |
| 南北朝 | 南梁 | 禁止 | 不得挟以私仇而相报复。若有犯者，严加裁问 | 《梁书》卷三《武帝（下）》 |
| | 北魏 | 禁止 | 民相杀害，牧守依法平决，不听私辄报复，敢有报者，诛及宗族；邻伍相助，与同罪 | 《魏书》卷四（上）《世祖纪（上）》 |
| | 北周 | 禁止 | 初禁天下报仇，犯者以杀人论 | 《周书》卷五《武帝（上）》 |
| 隋 | | 禁止 | 又初除复仇之法，犯者以杀论 | 《隋书》卷二十五《刑法》 |
| 唐 | | 禁止 | 祖父母、父母为人所殴击，子孙即殴击之，非折伤者，勿论；折伤者，减凡斗折伤三等；至死者，依常律 | 《唐律疏议》卷二十三《斗讼三》 |
| 宋 | | 禁止 | 诸祖父母、父母为人所殴击，子孙即殴击之，非折伤勿论，折伤者减凡斗折伤三等，至死者依常律 | 《重详定刑统》卷第二十三《斗讼律》 |
| 元 | | 允许 | 诸人杀死其父，子殴之死者，不坐，仍于杀父者之家，征烧埋银五十两 | 《元史》卷一百五《刑法（四）》 |
| 明 | | 禁止 | 若祖父母、父母，为人所杀，而子孙擅杀行凶人者，杖六十。其即时杀死者，勿论 | 《大明律》卷第二十《刑律三·斗殴》 |
| 清 | | 禁止 | 若祖父母、父母为人所杀而子、孙不告官，擅杀行凶人者，杖六十。其即时杀死者，勿论。少迟，即以擅杀论 | 《大清律例》卷二十八《刑律·斗殴下》 |

　　可见，在古代中国，国家对复仇的态度总体上是由"许"转"禁"。夏、商、周时期中央对地方的控制相对松弛，允许民间复仇。《竹书纪年》《公羊传》《左传》等先秦典籍中均不乏对复仇事件的记载。据《周礼》，复仇者只要事先书面报告司法官，则杀死仇人无罪。③

　　① 《周礼》引自杨天宇《周礼译注》，上海古籍出版社 2004 年版；《唐律疏议》引自长孙无忌等《唐律疏议》，中国政法大学出版社 2013 年版；《重详定刑统》引自窦仪等撰，吴翊如点校《宋刑统》，中华书局 1984 年版；《大明律》引自怀效锋点校《大明律》，法律出版社 1999 年版；《大清律例》引自张荣铮、刘勇强、金懋初点校《大清律例》，天津古籍出版社 1993 年版；其他均引自许嘉璐主编《二十四史全译》，汉语大词典出版社 2004 年版。
　　② 虽有《轻侮法》宥免血亲复仇者，但后来被汉和帝废止。汉代法律允许血亲复仇，只发生于特定时期。
　　③ 杨天宇《周礼译注·朝士》，上海古籍出版社 2004 年版，第 532 页。

自秦朝开始，统一的多民族国家建立起来，中央对地方的控制力度逐渐加强，并将生杀予夺之权逐步收回，开始有意识地抑制复仇，"自秦以来私仇皆不许报复"①。此后历朝历代，虽然对复仇的制裁力度或强或弱，但除元朝外都禁止私自复仇。

通过梳理还可发现，乱世初定，国家对复仇的禁止力度往往更强。如三国的曹魏政权曾颁布诏书，以"灭族"的刑罚禁止民间复仇。魏文帝于黄初四年（233）颁布诏令："丧乱以来，兵革未戢，天下之人，互相残杀。今海内初定，敢有私复仇者皆族之。"②这表达了统治者希望稳定社会秩序的迫切愿望。北魏对于复仇的处罚也极重，不仅报仇者要遭受"灭族"的极刑，就连帮助者也要按相同罪名处理。唐宋或明清这些大一统的朝代，对复仇的制裁反而没有那么严苛，若是即时报仇的，还可有所宽缓。这是儒家伦理思想影响的结果，也有统治者出于稳定局势、维持人口方面的考虑。

有了法律规制，法办为血亲复仇者便成为办案者的重要选择。表 2 为清代编纂的《刑案汇览》中法办血系复仇案案例。

表 2　《刑案汇览》中法办血亲复仇案的案例③

| 案件 | 量刑情节 | 司法处理 | 态度 | 文献出处 |
|---|---|---|---|---|
| 沈万良案 | 被杀者是沈万良的杀父仇人，但早已服罪，在国法已伸的情况下，被沈万良逞凶故杀 | 依故杀律拟斩 | 法办 | 《刑案汇览》卷四十五《父祖被殴》 |
| 黄志学案 | 被杀者是黄志学的杀父仇人，但已经拟抵，在援例留养的情况下，被黄志学故杀殒命 | 依故杀律拟斩，声明入于缓决，永远监禁 | 法办 | 《刑案汇览》卷四十五《父祖被殴》 |
| 李江案 | 李江为父报仇而杀人 | 照谋故杀律拟斩 | 法办 | 《刑案汇览》卷四十五《父祖被殴》 |
| 李伦案 | 李伦为父报仇而杀人 | 照谋故杀律拟斩 | 法办 | 《刑案汇览》卷四十五《父祖被殴》 |
| 徐氏案 | 子被殴死，其母徐氏带人将凶犯殴打成废 | 依律勿论 | 依法勿论 | 《刑案汇览》卷四十五《父祖被殴》 |
| 舒才贵案 | 被杀者是舒才贵之父被杀案的从犯，不是正凶，舒才贵将其杀害 | 依擅杀律拟绞 | 法办 | 《刑案汇览》卷四十五《父祖被殴》 |

上述案例无论判斩、绞或勿论，均是依律做出。因为复仇仅仅是行为动机，案件具体适用哪一条文，是"故杀律""擅杀律"，还是"父祖被殴律"，仍需结合相应情节来确定。如沈万良案中，其父是因行窃拒捕而被殴死，属有罪之人；而行凶者王廷修已服罪，国法已

---

① 丘濬《大学衍义补》（下册）卷一百十《明复仇之义》，上海书店出版社 2012 年版，第 217 页。
② 许嘉璐主编《二十四史全译·三国志》（第一册）卷二《魏志二·文帝曹丕》，汉语大词典出版社 2004 年版，第 35 页。
③ 案例均引自祝庆琪等编撰，尤韶华等点校《〈刑案汇览〉全编》（卷三十九至卷四十六）卷四十五《父祖被殴》，法律出版社 2007 年版。

伸,王即属无罪之人。十余年后沈万良为父复仇,属于故杀无罪之人,因此依"故杀律"问拟斩监候。① 假若对其适用"父祖被殴律",则刑罚会轻得多。

国家立法对血亲复仇在整体上持否定态度,但若结合法律制度进行综合分析,又会发现这个问题在现实中比较复杂,统治者对复仇的态度颇为纠结与矛盾,如移乡避仇制度和禁止私和制度的制定。

移乡避仇制度属于对血亲复仇的消极防范措施。在《周礼》对调人的描述中,有一项工作便是避仇:"凡和难,父之仇辟诸海外,兄弟之仇辟诸千里之外,从父兄弟之仇不同国;⋯⋯弗辟,则与之瑞节而以执之。"②表现出对子孙复仇心理的理解态度。后世也多效仿这种办法,如《史记·项羽本纪》中有"项梁杀人,与籍避仇于吴中"③的记载。此外很多朝代有"移乡避仇"的制度规定,如《唐律疏议》载:"诸杀人应死会赦免者,移乡千里外。其工、乐、杂户及官户、奴,并太常音声人,虽移乡,各从本色。"④虽有法律制约,但由于在伦理道德层面占据优势,血亲复仇实难避免,统治者只好通过移乡避仇制度,尽可能减少复仇行为。

禁止私和制度最能反映出立法者对复仇问题的复杂态度。一方面,国家为稳定社会秩序而禁止民间私自复仇;另一方面,受儒家伦理影响,国家又禁止子孙私自与仇人和解,并对"私和"者予以严厉制裁。如《唐律疏议》规定:"诸祖父母、父母及夫为人所杀,私和者,流二千里;期亲,徒二年半;大功以下,递减一等。"⑤不仅禁止亲属私和,而且依照亲疏等级设置相应刑罚。此外《大清律例》规定:"凡祖父母、父母及夫,若家长为人所杀,而子、孙、妻、妾、奴、婢、雇工人私和者,杖一百,徒三年。⋯⋯受财者,计赃,准窃盗论,从重科断。"⑥显然法律既不希望民众因擅自仇杀而扰乱社会秩序,又不希望民众因私下和解而忘记为人子孙的本分(必须记仇),足见立法者对复仇的复杂态度。

## 二、宽宥:统治者与民间的法外选择

与立法层面严禁私人复仇,并法办复仇者形成鲜明对比的是,司法层面屡见不鲜的宽宥处理。对血亲复仇案,统治者若"不以为害",便往往"特令减免"。这是很有意思的现象。统治者十分清楚姑息纵容民间复仇所带来的恶果:"国家设法,事在经久,盖以济人,期于止杀。各申为子之志,谁非徇孝之夫,展转相继,相杀何限。"⑦但以"仁孝"治天下的统治者对此问题往往犯难,在法办与宥免之间难以抉择。这种矛盾在古代中国一直无

　　① 祝庆琪等编撰,尤韶华等点校《〈刑案汇览〉全编》(卷三十九至卷四十六)卷四十五《父祖被殴》,法律出版社2007年版,第2316页。
　　② 杨天宇《周礼译注·调人》,上海古籍出版社2004年版,第204页。
　　③ 许嘉璐主编《二十四史全译·史记》(第一册)卷七《本纪第七·项羽本纪》,汉语大词典出版社2004年版,第101页。
　　④ 长孙无忌等《唐律疏议》卷第十八《贼盗二》,中国政法大学出版社2013年版,第236页。
　　⑤ 长孙无忌等《唐律疏议》卷第十七《贼盗一》,中国政法大学出版社2013年版,第231页。
　　⑥ 张荣铮、刘勇强、金懋初点校《大清律例》卷二十六《刑律·人命》,天津古籍出版社1993年版,第470页。
　　⑦ 许嘉璐主编《二十四史全译·旧唐书》(第六册)卷一百八十八《列传第一百三十八·孝友》,汉语大词典出版社2004年版,第4242页。

法化解，直至民国仍有施剑翘复仇案的发生。① 更极端的是，统治者不但赦免复仇者，甚至还会封田赐爵、加以优待，如唐代卫无忌为父报仇，太宗赏以田宅，简直是将复仇杀人行为当作一项功绩来对待。从表 3 可知，从先秦到清朝，对血亲复仇者的宽宥处理始终存在。

表 3　古代中国对血亲复仇案的宽宥处理②

| 时代 | 复仇者 | 复仇对象 | 复仇类型 | 具体内容 | 司法处理 | 文献出处 |
|---|---|---|---|---|---|---|
| 先秦 | 伍子胥 | 楚平王 | 父兄之仇 | 掘楚平王墓，鞭尸三百 | 未受刑责 | 《史记》卷六十六《列传第六》 |
| 秦 | 秦王 | 与母家有仇怨者 | 母之仇 | 坑之 | 未受刑责 | 《史记》卷六《本纪第六》 |
| 汉 | 防广 | 不详 | 父之仇 | 不详 | 被赦免死罪 | 《后汉书》卷七十一《列传第三十一·钟离意》 |
| 魏 | 赵娥 | 李寿 | 父之仇 | 手刃仇人，诣县自首 | 得以免罪，州郡为之刊石表闾 | 《三国志》卷十八《魏志十八》 |
| 晋 | 王谈 | 窦度 | 父之仇 | 以锸斩之 | 太守义其孝勇，列上宥之 | 《晋书》卷八十八《列传第五十八》 |
| 北魏 | 孙男玉 | 灵县某人 | 夫之仇 | 以杖殴杀之 | 显祖皇帝下诏特恕之 | 《魏书》卷九十二《列传第八十》 |
| 南齐 | 朱选之 | 朱恽 | 弟之仇 | 刺杀 | 赦之 | 《南齐书》卷五十五《列传第三十六·朱谦之》 |
| 南梁 | 张景仁 | 韦法 | 父之仇 | 斩其首以祭父墓 | 简文帝褒美之，原其罪 | 《南史》卷七十四《列传第六十四》 |
| 隋 | 王舜姐妹 | 王长忻夫妇 | 父之仇 | 手杀仇人，诣县请罪 | 高祖闻而嘉叹，特原其罪 | 《隋书》卷八十《列传第四十五》 |
| 唐 | 卫无忌 | 卫长则 | 父之仇 | 以砖击杀之，诣吏请就刑戮 | 太宗嘉其孝烈，特令免罪，并给田宅 | 《旧唐书》卷一百九十三《列传第一百四十三》 |
| 唐 | 赵师举 | 不详 | 父之仇 | 手杀仇人，诣官自陈 | 帝原之 | 《新唐书》卷一百九十五《列传第一百二十》 |
| 宋 | 刘玉 | 王德 | 父之仇 | 私杀以复父仇 | 帝义之，决杖、编管 | 《宋史》卷二百《志第一百五十三》 |
| 宋 | 王赟 | 不详 | 父之仇 | 刺仇，断支首祭父墓，自首 | 帝诏贷死，刺配邻州 | 《宋史》卷二百《志第一百五十三》 |

① 施剑翘刺杀孙传芳被捕判刑后，次年便获得赦免。
② 清代案例引自赵尔巽等撰《清史稿》第 45 册，中华书局 1977 年版；其他案例均引自许嘉璐主编《二十四史全译》，汉语大词典出版社 2004 年版。

（续表）

| 时代 | 复仇者 | 复仇对象 | 复仇类型 | 具体内容 | 司法处理 | 文献出处 |
|---|---|---|---|---|---|---|
| 元 | 刘健 | 张破四 | 父之仇 | 亲手斩杀 | 朝廷授健古田县尹 | 《元史》卷一百九十五《列传第八十二》 |
| 明 | 何竞 | 邹鲁 | 父之仇 | 重伤邹鲁,欲杀之 | 遣戍,后赦归 | 《明史》卷二百九十七《列传第一百八十五》 |
| | 王世名 | 王俊 | 父之仇 | 挺刃击毙,诣吏请死 | 知县欲减其罪,然世名绝食而死 | 《明史》卷二百九十七《列传第一百八十五》 |
| 清 | 李复新 | 贾成伦 | 父之仇 | 举大石击毙,诣县请就刑 | 贳以无罪,表其门曰"孝烈" | 《清史稿》卷四百九十八《列传二百八十五》 |
| | 黄洪元 | 虞庠 | 父之仇 | 斧杀庠,诣县自陈状 | 有司义之,下洪元狱,次年赦出 | 《清史稿》卷四百九十八《列传二百八十五》 |

　　较之统治者的宥免更进一步的是,对于血亲复仇,民间社会"不以为恶",反"以为义举",对复仇杀人行为倾注了更多的同情或赞扬。如晋朝的桓温在为父复仇后,名重当时,"时人称焉"[1]。这说明了儒家伦理在整个社会的强大影响和控制力。

　　而复仇者,更是在"取情舍法"的同时追求"忠孝两全"。当现实的司法效力与理想的正义观念(如杀人偿命)存在严重脱节时,凭借自己的力量去追求"正义"便是难以避免的事情了。但在国法律例与孝义人伦相冲突的情况下,复仇者的选择都很类似,那便是先报血仇以尽孝,继而请罪以尽忠——在报复血仇时,复仇者对仇人深恶痛绝,恨不得食肉寝皮;在血仇得报后,他又明白自己触犯了王法,因此会主动请罪,慷慨赴死。这种在情法冲突中的抉择让人联想到《安提戈涅》中自然法与国家法之争,但传统中国社会的血亲复仇问题比索福克勒斯的戏剧内涵更加丰富,因为史料中的孝子烈女们不仅仅是"取情舍法",而且是在"忠君"与"孝父"的两端寻求完满,既按照孝义伦理复仇,又按照国法律令请罪自首,求取"忠孝两全"。也正因此,这些复仇案例才能被翔实记载在历朝正史的孝义列传中,供后世敬仰。

　　但有一点要注意,血亲复仇的对象不包括君主。如果君主枉杀了父亲,孝子能否向君主复仇? 这又是一个"忠君"与"孝父"之间的矛盾问题。伍子胥为报父兄之仇,掘楚平王墓并鞭尸三百,显然后世的君主并不希望这种遭遇发生在自己身上,因此血亲复仇的对象并不包括君主,如《大学衍义补》云:"人君诛其臣民无报复之理。"[2]也正因此,血亲复仇总是在民间社会这一层面展开。

　　忠孝伦理的教化深刻影响了中国的复仇传统。所谓"礼开报仇之典"[3],儒家的孝悌伦理将为父母、兄弟以及亲友复仇的行为视作神圣义务,如《礼记·曲礼上》云:"父之雠,

　　① 许嘉璐主编《二十四史全译·晋书》(第四册)卷九十八《列传第六十八·桓温》,汉语大词典出版社 2004 年版,第 2203 页。
　　② 丘濬《大学衍义补》(下册)卷一百十《明复仇之义》,上海书店出版社 2012 年版,第 218 页。
　　③ 萧子显《南齐书》(第二册)卷五十五《列传第三十六·孝义》,中华书局 1972 年版,第 962 页。

弗与共戴天。兄弟之雠，不反兵。交游之雠，不同国。"①这就为血亲复仇提供了理论依据。《春秋公羊传·隐公十一年》也有类似思想："臣不讨贼，非臣也；子不复雠，非子也。"②报复血仇的行为是忠孝人格的体现，若是甘愿忍受血仇大恨，那便是不忠不孝。正是在这样的伦理思想指导下，传统中国社会形成了独特的血亲复仇现象。一方面，国家层面严令禁止私自复仇；另一方面，受儒家伦理教化影响，为亲属复仇的思维早已根深蒂固，不仅民间社会普遍对复仇者抱支持与同情态度，就连司法官员和统治者也屡屡对复仇者予以宽大处理，甚至予以特殊嘉奖，展现了法治与礼治间的明确冲突。

### 三、古代处理血亲复仇案中的礼法冲突

律法与伦理，究竟何者应当成为治国的根本？历朝的统治者、学者并没有统一的答案。在处理血亲复仇的问题上，也存在着不少的纷争。支持法律者提出必须禁止血亲复仇，他们多从国家统治的角度说明禁止复仇的必要性。如桓谭曾上疏曰："今人相杀伤，虽已伏法，而私结怨仇，子孙相报，后忿深前，至于灭户殄业。"③又如东汉尚书张敏，上书汉和帝驳议《轻侮法》，认为颁布允许复仇的法令是有危害的，"今托义者得减，妄杀者有差，使执宪之吏得设巧诈，非所以导'在丑不争'之义"④。此外元代学者吴澄认为："凡杀人有反杀者……果如是，殆将使天下以力相陵，交相屠戮，往来报复，无有已时。"⑤也有学者从礼法的相互关系展开讨论，如柳宗元在《驳复雠议》中云："臣闻礼之大本，以防乱也，若曰无为贼虐，凡为子者杀无赦。刑之大本，亦以防乱也，若曰无为贼虐，凡为理者杀无赦。……诛其可旌，兹谓滥，黩刑甚矣。旌其可诛，兹谓僭，坏礼甚矣。"⑥他认为，若是支持血亲复仇，最终将损害礼乐制度本身。

支持血亲复仇的"礼教派"则持相反意见。这一派历史人物众多，毕竟儒家思想是传统中国的正统思想，在此不予赘述。事实上，正史将为父报仇的事迹列入孝义列传这一情况本身，便已表明了官方的意识形态导向。不过也有部分学者试图对此进行一定的限制，如东汉思想家荀悦云："或问复雠。'古义也。'曰：'纵复雠，可乎？'曰：'不可。'曰：'然则如何？'曰：'有纵有禁，有生有杀。制之以义，断之以法，是谓义法并立。'"⑦此外，陈子昂、韩愈等人也做过类似努力，如韩愈在元和六年（811）献议："凡有复父仇者，事发，具其事由，下尚书省集议奏闻，酌其宜而处之。"⑧实际上他也没给出具体裁量标准，不足以解决现实问题。

---

① 杨天宇《礼记译注》上册《曲礼上》，上海古籍出版社 2004 年版，第 29 页。

② 刘尚慈《春秋公羊传译注》上册《隐公十一年》，中华书局 2010 年版，第 50 页。

③ 许嘉璐主编《二十四史全译·后汉书》（第二册）卷五十八《列传第十八·桓谭》，汉语大词典出版社 2004 年版，第 719 页。

④ 许嘉璐主编《二十四史全译·后汉书》（第二册）卷七十四《列传第三十四·张敏》，汉语大词典出版社 2004 年版，第 993 页。

⑤ 丘濬《大学衍义补》（下册）卷一百十《明复仇之义》，上海书店出版社 2012 年版，第 216 页。

⑥ 柳宗元撰，尹占华、韩文奇校注《柳宗元集校注》（第一册）卷四《驳复雠议》，中华书局 2013 年版，第 291～292 页。

⑦ 荀悦撰，黄省曾注，孙启治校补《申鉴注校补·时事》，中华书局 2012 年版，第 72 页。

⑧ 许嘉璐主编《二十四史全译·旧唐书》（第三册）卷五十《志第三十·刑法》，汉语大词典出版社 2004 年版，第 1693 页。

在关于血亲复仇的思想论争中,法治思想与礼治思想是争议的核心与焦点。尽管自汉武帝"罢黜百家,独尊儒术"后,儒家学说逐渐成为传统中国正统思想,但这并不影响法家"以法治国"的思想继续存在,因为庞大帝国的治理需要颁行律法政令。在稳定社会秩序与维护宗法伦理之间,仍存在一些不可调和的矛盾,如韩非子曰,"夫父之孝子,君之背臣也"①。而血亲复仇也是一个礼法冲突问题,两者的争议焦点从根本上说,仍是礼治与法治对社会治理体系的设计思路不同,前者是金字塔形的等级制社会治理体系,而后者追求相对平等的社会状态和相应的治理体系。

礼治思想虽表露出对人伦私情的强调,但这只是表层,实则它要维护的是一整套有关亲疏、尊卑、贵贱、长幼的社会等级秩序,即差别性行为规范。君臣之间君为尊,因此要忠君;父子之间父为尊,因此要孝父;夫妻之间夫为尊,因此要从夫。这个体系中,社会等级分明,越是处于权力上端,人员便越少,显然这是一个金字塔形的社会治理体系,不同等级的人在各自的位置上安分守己,儒家认为这样才是理想社会。日常中的礼乐制度,强调等级差别,也是为这套体系服务的。② 对逾越等级、破坏礼乐的行为,儒家极为反对,故孔子谓季氏:"八佾舞于庭,是可忍也,孰不可忍也?"③难道扩大舞者的规模比允许人民的相互仇杀带来的社会危害更严重吗? 不少儒者确实是这样认为的。因此对于违反法令但本质上维护人伦的行为,自然只能曲法伸情了。

与礼治思想不同,法治思想④强调规范适用的平等性与普遍性,即法律是"平之如水"的,对社会成员应一律平等适用。《管子》云:"有功而不能赏,有罪而不能诛,若是而能治民者,未之有也。"⑤因此对血亲复仇这种扰乱社会秩序的行为,应在立法中严令禁止。同时法律的普遍适用意味着不能徇私枉法,因此在对血亲复仇的司法处理上绝不能宽恕,而应一律法办。法家认为任何人不得凭借身份、地位、官职等而享受司法特权,如商鞅对公子虔施以劓刑便是一个极好的例子,体现了王子犯法与庶民同罪的道理。而作为对比,自汉代尊崇儒学始,古代法律便逐渐儒家化,对封建等级秩序的重视程度不断加强,"八议"在曹魏时期首次入律,《魏书》中也有"官当"的相关记载,二者都允许特定身份的人员享受相应的司法特权;又如依"五服"制定的刑罚制度,自晋代开创后,后世不断加以补充和细化。⑥ 可以说,传统社会对等级秩序的强调是随儒家学说的兴盛而同步发展的,也正是由于法家与儒家之间这一核心冲突,使得传统社会中的血亲复仇问题呈现出矛盾的局面。

### 四、血亲复仇的当代法辩与现实启示

复仇的文化心理在当代社会仍以某种形式存在着,诸如"杀人偿命""一报还一报"

① 高华平、王齐洲、张三夕译注《韩非子·五蠹》,中华书局 2015 年版,第 709 页。
② 参见瞿同祖《中国法律与中国社会》,中华书局 2003 年版,第 300~304 页。
③ 杨伯峻《论语译注·八佾篇》,中华书局 1980 年版,第 23 页。
④ 中国古代法治思想的最终目的是维护集权专制统治,与现代意义上的法治思想有本质不同。但其中蕴含的平等精神、法律的权威性等内容,也有进步意义。
⑤ 李山译注《管子·七法》,中华书局 2016 年版,第 60 页。
⑥ 参见瞿同祖《中国法律与中国社会》,中华书局 2003 年版,第 363~367 页。

"不共戴天之仇"等日常俗语，其深层次的逻辑观念仍广泛地影响着国人。因此，研究血亲复仇及其处置的目的，既不是要否定传统文化，也不是为了批判现实社会，而是希望以此为当代中国的法治建设提供启示。

首先，可从血亲复仇文化看死刑废存问题。当前国际社会的去死刑化运动已形成压倒性态势，越来越多的国家对死刑执行采取了十分慎重的态度，关于死刑废存问题的讨论正逐渐与人权问题相关联，法学界有不少学者从人权保护的角度支持去死刑化运动，认为废除死刑是尊重与保障人权的体现，这给仍保留死刑制度的国家带来了一定的舆论压力和国际压力。

然而，国家司法改革不仅要引进先进理论，同时更要植根于本土文化与传统，否则法条设计得再好，也只能成为"空中楼阁"，无法与本国实际相适应。血亲复仇问题是一种特殊的法律文化，与当代的死刑废存问题也有一定的现实关联。当代社会法治进步、科学昌明，但"杀人偿命""以牙还牙"的同态复仇观念仍顽固地潜藏在国人思维中，尤其是当社会发生恶性案件时，这种复仇观念便以舆论形式呈现出来，给法院的案件审判带来一定压力。因此，在死刑废存问题上必须慎之又慎，因为这不仅关系到国家的法律制度，更关系到民众对司法公正的信任问题。如果一国的法律制度、司法裁判无法形成公正、平等、正义的形象，那便无法在民众心目中树立法律信仰，这将直接影响到国家法治建设的根基。

由于复仇观念的文化残留以及一定程度的法治缺憾，使得去死刑化运动至今主要停留在学术层面，民间对此回应寥寥。改革开放以来，我国死刑制度已得到极大完善，对死刑复核权的收回、死刑罪名的限缩、执行方式的人性化乃至无罪推定等司法原则的引入等，都是国家在死刑问题上做出的努力。

其次，可从血亲复仇视角看量刑情节问题。在当代法治社会背景下讨论血亲复仇现象，必然会让人联想到刑法中的定罪量刑问题。无论如何，血亲复仇行为都是扰乱社会秩序的暴力犯罪，必须加以制裁。但是，对于子女在父母受辱时即时将侵害人杀伤的，是否需要将亲属受辱作为量刑情节予以认定，是值得分析研究的。

若子女与父母同处于受他人不法侵害状态时，则可适用正当防卫；若在人身财产安全并未受威胁的情况下，仅出于保护亲属的目的对他人的侵害行为进行制止，从而造成他人损害的，法律规定尚不明确。

当代中国要建成具有自身特色的法治文化体系，需要从传统文化中汲取精华。然而，目前对传统文化的辨别方式仍较为简单粗暴。以"忠孝"为例，当代人认可晚辈应尊敬长辈，因此将"孝顺"作为优秀传统文化加以弘扬，而"忠君"则更多被指认为带有封建色彩。但"忠"与"孝"在儒家伦理思想中高度统一，其内在逻辑结构也是一致的，即在家族里表现为孝父，便在社会上表现为忠君，一个不孝之人如何会忠诚于君主呢？当代国人将这对概念进行割裂处理，显然不利于对传统文化的理解。更进一步说，如果深入探究传统文化的"孝"这一概念，便会发现血亲复仇（故意杀人）、亲亲相隐（包庇罪）、存留养亲（缓刑）等问题均根源于对孝悌伦理的强调，以至于传统社会在立法上也会偏向于维护这种宗法秩序。或许当代国人已不再受这些问题困扰，但在学理上研究这些问题仍是必要的，因为这有助于更好地化解当前法治建设面临的部分现实困境。只有重新梳理与认识儒家学说的思想体系与思维结构,才能科学地分析中华传统文化,并在此基础上为当代中国的法治文化体系做出应有贡献。

因此,当前的法治建设不仅要学习国外先进经验,也应重视对本民族传统法律文化的研究。中华法系、儒家学说这些文化遗产,在当代社会有不同程度的存留与渗透,在部分领域甚至有重要影响,故而我们需要关注、梳理这些文化遗产,总结文化经验,以便更好地发现当代法治思想的矛盾,进而对症下药,推动法治事业发展。

## 五、结语

作为私力救济的表现形式之一,为亲属复仇的行为本应在国家公权力日益增强的过程中逐步被公力救济所取代,然而在高度重视家族伦理的古代中国,血亲复仇现象并未随着历史发展而逐渐销声匿迹,反而在漫长的传统社会中屡见不鲜。在法办还是宥免复仇者这个问题上,历代统治者、各级官员、学者多面临着难解的思想困境。这是值得关注的文化现象,对此问题进行深入探讨,将有助于更好地认识传统文化、建设法治中国。

诗文研究

# 诗家名望与元稹的无嗣之忧

田恩铭*

**摘　要**：元稹的无嗣之忧经历了发生—消解—再发生—再消解的过程，此一过程与他的三段婚姻生活息息相关，无嗣之忧如影随形地伴随着元稹的婚姻生活。无嗣之忧是婚姻生活带来的烦恼，而得以接续的婚姻生活又对元稹的无嗣之忧有所缓解。元稹一生屡经贬谪，对待人生的态度自然会发生变化，事业之低谷与家庭无嗣之不幸始终相伴，仕宦之迁转加速了无嗣之忧的程度，甚至影响到其极为看重的家族文化之承传。元稹颇以诗名自负，自身极为看重诗家之名望；再以诗家之名望观照现实生活，对无子可传承家学极为遗憾，屡屡蕴于字句间。元稹书写无嗣之忧的作品游走于文学生活与日常生活之间，将生活负重寓于文学书写之中，形成无嗣之忧的书写主题。中唐时期，元稹、白居易、柳宗元均有根植于家庭生活现状的此类作品：一方面基于被贬的迁谪仕宦生活，另一方面基于文学名望与治世理想的延续。家庭生活滋生之，仕宦迁转强化之，诗家名望压迫之，创作心理与文本样态也就此建立了密不可分的联系。

**关键词**：元稹；唐代文学；无嗣之忧；诗家名望

中唐时期是士族身份变化的关键阶段，仕宦进路对于士族身份虽然依旧看重，但也随着科举制度的定型而呈现出新的特征。而在婚姻方面却依旧看重双方的士族身份，尤其是关中士族出身的士大夫，如柳宗元、裴度等人。陈寅恪《元白诗笺证稿》认为婚姻、仕宦对于中古士人非常重要。对于传宗接代来说，如果陷入无子困境，则必然产生无嗣之忧。笔者曾经专门探讨柳宗元的士族身份与无嗣之忧的关系，与柳宗元相比，元稹、白居易的无嗣之忧则是另一种情形，虽然都因传宗接代而起，元稹、白居易的文学名望与无嗣之忧却具有了直接的关联。关于"元、白"的无嗣之忧与文化心理的关系，肖伟韬曾经发表《"元、白"的无嗣之忧及其文化心理意蕴》一文加以探讨，认为："元稹、白居易之所以执著沉迷于没有子孙的苦痛当中，很明显，是由当时的社会文化心理结构决定的。"[①]读毕该文受益匪浅，却仍觉似有未发之覆，故而本文即以元稹为研究对象，探讨诗家名望与其所滋生的无嗣之忧的关系。

## 一、婚姻生活：无嗣之忧的"滋生源"

元稹无嗣之忧产生的时间节点与其婚姻的关系是需要厘清的，元稹与白居易、柳宗元的区别正在于，他的无嗣之忧经历了发生—消解—再发生—再消解的过程，此一过程与他的三段婚姻生活息息相关，子女之成长状况更是决定性因素。元稹一生共有七子六

---

* 　田恩铭，文学博士，黑龙江八一农垦大学教授，从事中国古代文学研究。本文为国家社会科学基金一般项目"唐代胡姓士族与文学研究"（批准号：14BZW047）的阶段性成果。

①　肖伟韬《"元、白"的无嗣之忧及其文化心理意蕴》，《兰州学刊》2009 年第 4 期。

女,夭亡八个,何其不幸! 可以说,无嗣之忧如影随形地伴随着元稹的婚姻生活,这也是他过早离世的一个原因。

如果以元稹的婚姻生活为界限,无嗣之忧的滋生与消长则自然地分为三个时间段:第一个时间段是元和四年(809)至元和五年(810),韦丛去世为其起因。贞元十九年(803),元稹与韦丛结婚,婚后韦丛生下五子一女,只有一个女儿存活下来,其女儿保子后来嫁给韦绚。元和四年,元稹任监察御史,同年六月,因获罪权贵,分务东台。七月,韦丛卒。元和五年,元稹分务东台,因房式事件被罚俸,返回途中住敷水驿而发生争厅事件。因唐宪宗包庇宦官,被贬为江陵士曹参军。丧妻与贬谪先后而至,对元稹的打击之大可想而知。此一时期,元稹所滋生出的无嗣之忧,乃是因为韦丛去世而引发的,因贬谪而倍增其痛。无嗣之忧成为元稹悼亡诗作中反复思及的一个关注点,诗歌内容上的侧重点还是怀念亡妻。元稹因与韦氏结婚无儿,在《谕子蒙》《遣悲怀》《阳城驿》等作品中多生感慨,如《谕子蒙》:"抚稚君休感,无儿我不伤。"卢子蒙即卢贞,与元稹友好,韦丛去世,元稹与之酬唱的诗作存有五首,如蜀刻本题注云"子蒙近亦丧妻",他们经历相近,故而有共同的话语。《初寒夜寄卢子蒙》:"闻君亦同病,中夜还相悲。"从元稹的诗作内容来看,集中书写丧妻之痛,悼亡之意。如《城外回谢子蒙见谕》:"稚女凭人问,病夫空自哀。潘安寄新咏,仍是夜深来。"《卢十九子蒙吟卢七员外洛川怀古六韵命余和》:"子蒙将此曲,吟似独眠人。"《六年春遣怀八首》:"百事无心值寒食,身将稚女帐前啼。"此种情绪在《遣悲怀三首》中达到顶点,前两首写夫妻患难与共的生活细节及妻去夫存的悲凉感,第三首则引出无嗣之忧,诗云:"邓攸无子寻知命,潘岳悼亡犹费辞。"概括言之,此一时段尽管元稹滋生无嗣之忧,乃是因韦丛离世而附带引发的,并不如后来情感之强烈。第二年,元稹被贬为江陵士曹参军,元和六年(811)春夏之交,在李景俭的建议下,元稹在江陵纳妾安氏,侧室安氏生有一子二女,后均夭折,其中子荆于长庆元年(821)夭亡。安氏于元和九年(814)之前于江陵辞世,安氏之辞世对于元稹的影响自然不若韦丛,其原因之一便是安氏乃为所买之侍妾,但安氏有子,元稹《葬安氏志》云:"稚子荆方四岁,望其能念母亦何时? 幸而立,则不能使不知其卒葬,故为志且铭。"铭文云:"且曰有子,异日庸知其无求墓之哀焉。"[1]细读全文,元稹因子及母,遂为安氏撰文立碑。自元和六年(811)至元和十年(815),元稹的生活并不如意,身体多病,宦途不顺,无嗣之忧则因有子而略有所解。

第二个时间段是元和十三年(818)至长庆二年(822),期间又可分为两段:一段是裴淑所引发的无嗣之忧,一段是元稹与安氏所生孩子夭亡而导致的无嗣之忧。元和十年(815)三月,元稹被贬为通州司马,本年,元稹与裴淑结婚,裴淑字柔之,出自河东裴氏。关于元稹与裴淑结婚的时间、地点,学界分歧较多,如陈寅恪认为是元和十二年在通州成婚,卞孝萱认为元和十一年五月在涪州结婚,周相录认为元和十年赴通州途经涪州时与裴淑结婚,而吴伟斌则认为元稹是在元和十年冬天到兴元后在兴元续娶裴淑的。[2] 我们暂取元和十年之说,因此说较为合理。用元稹的诗句,韦丛与元稹算是"贫贱夫妻",安氏归元稹之后,在江陵亦受苦颇多。裴淑最初亦与元稹共患难,境况好不了多少,后来元稹

---

① （唐）元稹著,周相录校注《元稹集校注》,上海古籍出版社 2011 年版,第 1384～1385 页。
② 参见陈寅恪《元白诗笺证稿》,生活·读书·新知三联书店 2011 年版;卞孝萱《元稹年谱》,齐鲁书社 1980 年版;周相录《元稹年谱新编》,上海古籍出版社 2004 年版;吴伟斌《元稹考论》,河南人民出版社 2008 年版。

仕宦通达倒是不假，但期间浮浮沉沉也如过山车一般。倍感惋惜的是，两人婚后无子，虽然有安氏所生之子，可对于裴淑来说，这段无子的婚姻生活却远不能称得上完满。元和十四年(819)，元稹自通州赶往虢州，任虢州长史，绕道涪州，随裴淑探望亲属。在涪期间，元稹作有《黄草峡听柔之琴二首》，第一首诗云："胡笳夜奏塞声寒，是我乡音听渐难。料得小来辛苦学，又因知向峡中弹。"诗作夸赞妻子琴艺之高，以自己之听音难反衬妻子之技艺高。第二首则切中主题，诗云："别鹤凄清觉露寒，离声渐咽命雏难。怜君伴我涪州宿，犹有心情彻夜弹。"这首诗所写正是盼望子嗣之情。"别鹤"即指《别鹤操》，据崔豹《古今注》："《别鹤操》，商陵牧子所作也。娶妻五年而无子，父兄将为之改娶，妻闻之，仲夜起，倚户而悲啸。牧子闻之，怆然而悲，乃歌曰：'将乖比翼隔天端，山川悠远路漫漫，揽衣不寝食忘餐。'后人因以为乐章焉。"则《别鹤操》是专写无嗣之忧的曲子。《酬乐天江楼夜吟稹诗因成三十韵》："阮籍惊长啸，商陵怨别弦。猿羞啼月峡，鹤让警秋天。"当是同样意思，元稹为白居易叹惋并自伤。裴淑无子所以滋生无嗣之忧，此忧情波及元稹，故而此意绵连不断。

元和十四年(819)，安氏所生的两个女儿降真、樊夭亡，元稹有《哭小女降真》《哭女樊》，仅剩一子荆。长庆元年(820)，子荆夭亡，二女一子皆无，这对于元稹可以称得上是沉重的打击，从他所作的《哭子十首》中即可见他深切的悲痛。此时的元稹在官场上可谓春风得意，深得穆宗的器重，凡事多有商议。而家庭之不幸却是飞来横祸，来得猝不及防。元稹的第一个想法是"九重泉路托何人"。独子夭亡，谁来为之处理后事呢？由此出发，追溯境况变化之过程，如："尔母溺情连夜哭，我身因事有时悲。钟声欲绝东方动，便是寻常上学时。"裴淑之伤情乃在养母至亲，又在自己无子。元稹亦由此发出"不知还得见儿无"的悲叹。再如："鞭扑校多怜校少，又缘遗恨哭三声。深嗟尔更无兄弟，自叹予应绝子孙。"又如"寂寞讲堂基址在，何人车马入高门。往年鬓已同潘岳，垂老年教作邓攸。"再如："烦恼数中除一事，自兹无复子孙忧。长年苦境知何限，岂得因儿独丧明。"不仅如此，元稹复思及安氏，本以为有子念想，如今亦如断线之风筝，毫无指望，故云："消遣又来缘尔母，夜深和泪有经声。"转自悲来，"乌生八子今无七，猿叫三声月正孤。寂寞空堂天欲曙，拂帘双燕引新雏。"这是实写，元稹共有八个孩子，失去其七，仅有一女长大，嫁入韦氏。因之，元稹的无嗣之忧愈加强烈，丧妻、丧妾、丧子、丧女，来自家庭之不幸愈加沉重，不亚于仕宦之苦难波折。从情绪之表达及写作之水准而言，《哭子十首》并不亚于《遣悲怀三首》，只是一为绝句、一为律体，一为悼亡、一为哭子，仅仅是诗体上的差异而已。

第三个时间段是大和二年(828)。元稹已入人生之暮年，无嗣之忧愈加强烈。所作《感逝》："头白夫妻分无子，谁令兰梦感衰翁？三声啼妇卧床上，一寸断肠埋土中。蜩甲暗枯秋叶坠，燕雏新去旧巢空。情知此恨人皆有，应与暮年心不同。"①这与《遣悲怀》"诚知此恨人人有"可为"互文"，以旧日之诗句来传达此际之情思。裴淑又弹《别鹤操》，此时的元稹已经在浙东观察使任上。元稹作《听妻弹别鹤操》，白居易有和诗《和微之听妻弹别鹤操因为揭示其义依韵加四句》。元稹《听妻弹别鹤操》："《别鹤》声声怨夜弦，闻君此

---

①　(唐)元稹著，周相录校注《元稹集校注》，上海古籍出版社 2011 年版，第 271～272 页。

奏欲潸然。商瞿五十知无子,便付琴书与仲宣。"①这首诗乃因听妻子弹琴而引发的无嗣之忧,前两句因听弹琴而引发怨情。第三句用典出自《史记·仲尼弟子列传》:"商瞿年长无子,其母为取室。孔子使之齐,瞿母请之,孔子曰:'无忧,瞿年四十,后当有五丈夫子。'已而累然。"第四句据《三国志·王粲传》:"(蔡邕)闻粲在门,倒屣迎之。粲至,年既幼弱,容状短小,一座尽惊。邕云:'此王公孙也,有异才,吾不如也。吾家书籍文章,尽当与之。'"两句诗连起来,意思是如果我也能有儿子的话,就把书籍文章托付给他,以流传下去。元稹以商瞿自比,担忧年过五十尚无子。读此诗当结合元稹给白居易叹共生无嗣之忧的"天遣两家无嗣子,欲将文集与它谁?"(《郡务稍简因得整比旧诗并连缀焚削封章繁委箧笥仅逾百轴偶成自叹因寄乐天》)白居易读元稹的这首诗,有和诗《和微之听妻弹别鹤操因为揭示其义依韵加四句》,云:"一闻无儿叹,相念两如此。无儿虽薄命,有妻偕老矣。"以夫妻相依解无儿之痛。元稹号称"元才子",当时即已扬名海内外,元、白忧无嗣既是基于家庭生活之和谐,亦因彼此才华由于无子而传承难矣。第二年,裴淑生子道护,元稹《妻满月日相唁》一诗,诗云:"十月辛勤一月悲,今朝相见泪淋漓。狂花落尽莫惆怅,犹胜因花压折枝。"从诗句里能看出元稹对妻子生育的"辛勤"多有体谅,无嗣之忧遂得自然消解之。

元稹所创作的这些写及无嗣之忧的作品是其心路历程之呈现,部分作品在不同的阶段为元稹带来了诗家名望,这也是不容置疑的。如《遣悲怀》等作品,或因悼亡,或因次韵,一部分列入感伤,另一部分则是"元和体"的组成内容。反过来,正是因为有诗家名望而更为渴望有子嗣传其衣钵。综而观之,一方面,无嗣之忧正是婚姻生活带来的烦恼;另一方面,得以接续的婚姻生活也对元稹的无嗣之忧有所缓解。

## 二、宦途迁转:无嗣之忧的"加速器"

元稹无嗣之忧的滋生与婚姻家庭生活有关系,更与仕宦之迁转有着密不可分的关联,至少增加了无嗣之忧的强度。元稹所经历的贬谪生活,对其身心产生严重的损伤,长期生活在瘴疠之地,几乎命丧江陵,诗歌创作成为人生的一个重要支撑点,让他的人际交往因此能有与共鸣者的交结处,尤其是与白居易的唱和让他体味到友情的重要性。无嗣虽然是延续宗族的障碍,亦是家庭生活之缺憾,而士人之被贬使得家庭受到的影响更大。家人与之共同颠沛流离,一直无法过上安定的生活,必然导致身心疲惫而心灰意懒,甚至绝望或者心理崩溃。

元和元年(800)至元和六年(811),元稹两遭贬谪,韦丛离世是一大打击,因敷水驿事件贬谪江陵是又一大打击。自洛阳至长安,长安至江陵,迁转的过程中无嗣之忧滋生。元和元年四月,元稹登才识兼茂明于体用科,授官左拾遗,进入谏官行列。有抱负的人一旦有了说话的机会,自然要秉公直说,元稹为此得罪了不少人,为执政所嫉,出为河南尉。从京都到地方,元稹仕宦生涯的第一次低谷很快就来了。元稹和被贬的裴度一起赶赴洛阳,刚到洛阳便传来了母亲去世的消息。他只能"泣血西归",同年,其岳父韦夏卿去世。白居易和元稹的感情进一步深化应该就在这段时间,两人的无嗣之忧生发也在这段时

---

① （唐)元稹著,周相录校注《元稹集校注》,上海古籍出版社 2011 年版,第 645 页。

间。白居易为元母撰墓志铭，并在元稹困顿之际给予经济支援，两人本就兴趣相投，由此一来，交情更深。元和四年（809）二月，元稹除监察御史。三月，充剑南东川详覆使。元稹与李建、白居易、白行简等人交游，上任途中不断回忆往事，心境大好。他不改直正的为官宗旨，弹劾严砺等官员，再度获罪权贵，六月被分务东台。七月，妻子韦丛去世，这对元稹是个沉重的打击，读《祭亡妻韦氏文》即可知。再读《遣悲怀》三首则更觉凄怆，因韦丛离去而生发无嗣之忧。十月韦丛归葬，元稹请韩愈为其身后撰墓志铭。元稹在东台仅不满一年，却弹奏数十事之多。元和五年（810）三月，因事从洛阳返长安，宿敷水驿，与宦官因争厅发生冲突，被"以马鞭击稹伤面"。结果到长安，因为唐宪宗包庇宦官而被贬为江陵士曹参军。白居易、李绛、崔群上书谏止，却没能改变结果。元稹离京赴任之前，有《诲侄等书》，其中有述家庭贫苦，有述其兄持家之难，有述自己苦学成才之路，有述为官直正之行，有嘱诸侄努力之言。所谓诲侄正因无嗣，此刻的元稹赴瘴疠之地而前途未卜，回顾以往"效职无避祸之心，临事有致命之志"，故而"尝誓效死君前，扬名后代"。元稹妥当地安排好家事，便走上赴任之途。白居易让弟弟白行简送元稹，并送诗一轴。赴任途中，元稹给白居易寄诗作十七首，居易和答之，"元白唱和"自此拉开序幕。第二年，窦巩两次途经江陵，均与元稹唱和。吕温卒于贬所，元稹有诗哭之，刘禹锡亦有诗哭之，柳宗元和刘诗，并寄元稹。至此，元和五位文学家彼此俱有往来。上述事迹，正是元稹丧妻及遭贬前后之经历，简而言之，元和五年，韦丛去世，随后发生敷水驿事件，元稹被贬为江陵士曹参军，无嗣之忧在诗文中间接表现出来，亦可从宦途之思考印证出来，最为重要的作品即是白居易所唱和的十首诗。这组诗作于赴任的途中，其中《阳城驿》叙及阳城的暮年云："有鸟哭杨震，无儿悲邓攸。唯馀门弟子，列树松与楸。"白居易解读为："终言阳公命，左迁天一涯。道州炎瘴地，身不得生归。"这些正是元稹所担忧的，此外自是无嗣之忧，所到之处难以获得再娶的机会，无嗣之忧怕是此生相随。到了江陵，身处瘴疠之地，元稹身体极为不好，情绪殊恶，怀念亡妻的同时滋生无嗣之忧。李景俭为之纳妾安氏，照顾其起居，安氏生一子二女，元稹的无嗣之忧遂暂得消解，只是厄运还没有结束。

元稹再次陷入无嗣之忧是在通州任上。元和九年（814），安氏去世，元稹与裴淑成婚后一直无子，宦途曲折，这让元稹陷入焦虑之中。元和十年（815），元稹返京，此时返京的还有刘禹锡、柳宗元等人。正是因为与永贞党人交往较多，元稹被出为通州司马，赴任途中，与裴淑结婚。八月，白居易被贬为江州司马。这一年，元白的文学观念渐趋成熟，元稹有《叙诗寄乐天书》，白居易有《与元九书》，元稹赠答白居易诗过百篇，"元和体"风靡一时。这时的元稹堕入低谷，献诗于郑余庆、权德舆、李逢吉等人，献诗乃是一种求得赏识的方式，属于别种干谒之方式，以这种方式追求速进，元稹并非个案，柳宗元、白居易、刘禹锡、韩愈等人均用此法，可谓一时之风气。元和十三年（818），元稹致书裴度以求任用，四月权知州务，十二月移虢州长史。第二年年初，赴任途中元白相遇，相话三宿而别。女樊殇，兄元秬卒。年底，元稹入京为膳部员外郎。元和十三年，元稹有《酬乐天东南行诗一百韵》，此诗为酬答之作，白居易在《东南行》中追忆友朋故事，元稹亦在此语境中忆及自身，"士元名位屈，伯道子孙无"。不止为自己叫屈，而是为彼此歌哭。无嗣之忧的情绪加深正是在仕宦迁转中滋生的。裴淑随元稹经历仕宦之迁转，面对地域、职位之变化自然也会产生感情的波动。长庆三年（823），元稹任浙东观察使。从长安到浙东去，裴淑并不愿意，而是"有阻色"。元稹《初除浙东妻有阻色因以四韵晓之》："嫁时五月归巴地，今日双旌上越州。兴庆首行千命妇，会稽旁带六诸侯。海楼翡翠闲相逐，镜水鸳鸯暖共游。我有主恩羞未报，君于此外更何求。"细读此诗，今昔对比中元稹认为当下的境况自是已经好转许多，当初裴淑嫁给元稹，元稹出为通州司马，而今越州比通州好多了，职位亦重要得多。况且越州山水清音甲天下，有让人惬意之处。穆宗赏识元稹，臣子需报主恩，又何怨之有呢？家庭生活之不稳定对于生儿育女自然有极大的影响。

元和十五年（820）是元稹人生的转折点，本年他向令狐楚献诗，得到令狐楚的赏识，令狐楚为宪宗山陵使，元稹为判官。二月，迁"祠曹员外试知制诰"；五月，迁祠部郎中、知制诰、赐绯鱼袋。不过，元稹很快就把令狐楚得罪了，因为令狐楚被贬，元稹起草《令狐楚再贬衡州刺史制》，史家云："楚深恨稹。"元稹得到唐穆宗的器重，常召见他并与之密商国事。唐穆宗改元长庆，元稹升任中书舍人、翰林承旨学士，赐紫金鱼袋，与李绅、李德裕并称翰林"三俊"。三月三人弹劾钱徽取士不公，导致李宗闵等人远贬，从元稹的态度可见其人品并非低劣。正如他自序所说："一日之中，三加新命"，元稹开始改革制诰之写法，以自身实践加以倡导①，又奉旨进呈杂诗十卷，可谓志得意满，前景光明。而长庆元年（821），与安氏所生子荆夭亡，仕宦高峰期遭此家庭生活之变故让元稹痛不欲生，前文已分析过《哭子十首》。盛极必衰，穆宗与元稹的来往更为密切，"访以密谋"。一系列的恩宠给元稹带来诸多的负面影响，主要源于他得宠的方式不被认为是正途，裴度连上三表弹劾元稹结交宦官，否则不发兵征讨，结局是元稹罢学士，出为工部侍郎。这一年元稹四十三岁，正当盛年，盛年丧子，仕途遇阻，一时难以接受。

长庆二年（822），藩镇用兵，王庭凑等人围冀州，官军救之，财力均耗，元稹劝穆宗罢兵。韩愈冒险去宣慰王庭凑，元稹极为担忧，此事记载于李翱所撰的《韩公行状》。二月，元稹同平章事，得入宰相之列。五月，有人受指使诬告元稹要派人刺杀裴度。六月，元稹与裴度俱罢相，出为同州刺史兼长春宫使，谏官觉得对元稹处罚太轻，于是削去其长春宫使一职。元稹在同州刺史任上多有作为。第二年八月，改越州刺史兼谏议大夫、浙东观察使，与李德裕、白居易相聚，编好自己的文集。元稹与友朋多有唱和，并为白居易编《白氏长庆集》，作序。长庆四年（824），穆宗去世，元稹感伤且灰心。至此，元稹仕宦生涯的黄金时代来得快去得也快，想要速进的他经历了冰火两重天之境界，人生的又一个重要阶段结束了。

大和时代，因帝位之变化，元稹失去了往日的地位，他对穆宗深深怀念，却也"流水落花春去也"。唐敬宗宝应年间，元稹与白居易、李德裕的交往频繁，李德裕作《述梦诗四十韵》，元、白和之，李德裕、元稹、刘禹锡的《吴越唱和集》《元白酬唱集》编成。大和二年（828），元稹仍然在浙东观察使任上，因裴淑未能生子，其无嗣之忧更为强烈。白居易作诗贺元稹加检校礼部尚书，并作诗颂扬他的政绩。大和三年（829），诏为尚书右丞。同年，女儿结婚。这年冬天，裴淑生子，名道护，老来得子的元稹不再滋生无嗣之忧，只是孩子幼小，难以承传父亲的才智。好景不长，本来已经走上坦途的元稹在大和四年（830）除

---

① 此点陈寅恪《读莺莺传》一文多有论述，可参看；亦可参见郭自虎《元稹与元和文体新变》，安徽大学出版社2010年版。

检校户部尚书、兼鄂州刺史、武昌军节度使,妻子裴淑不乐,夫妻以诗相赠答。大和四年,对于元稹夫妇来说,无嗣之忧已经不复存在,仕宦迁转带给家庭的困苦却依然延续。因转任武昌军节度使、鄂州刺史,元稹一家又要从长安到鄂州,裴淑心情自然不好。据范摅《云溪友议》卷下载:"(元稹)复自会稽拜尚书右丞,到京未逾月,出镇武昌。是时,中门外构缇幕,候天使送节次,忽闻宅内恸哭,侍者曰:'夫人也。'乃传问:'旌钺将至,何长恸焉?'裴氏曰:'岁杪到家乡,先春又赴任,亲情半未相见,所以如此。'立赠柔之诗曰……"这首诗即元稹《赠柔之》,诗云:"穷冬到乡国,正岁别京华。自恨风尘眼,常看远地花。碧幢还照曜,红粉莫咨嗟。嫁得浮云婿,相随即是家。"裴淑亦有《答微之》:"侯门初拥节,御苑柳丝新。不是悲殊命,唯愁别近亲。黄莺迁古木,朱履从清尘。想到千山外,沧江正暮春。"夫妻间一赠一答,将彼此心事写出。在元稹的眼里,他屡经仕宦风霜,随地域之变化而生沧桑感。在裴淑的眼里,仕宦之迁转不是她悲恸的直接原因,而是刚刚回到亲旧身边,未及叙叙家长里短就要再度远行。从元稹、裴淑的诗作中,可见盼望子嗣乃是夫妻共存的无嗣之忧,亦可见仕途坎壈而不断迁徙的无奈之意,两者之间既有各自背景也互有联系。元稹与裴淑的夫妻之情也从字里行间能够感受得到,元稹不仅具有为官的"直正"品格,还算得上是一位能够处处体谅妻子的好丈夫。

大和五年(831),元稹走上人生的末路。七月,"遇暴疾而卒",子道护仅三岁,有嗣而无法托付后事。白居易作诗哀之,为文祭之,受元稹之托为之作《墓志铭》。五十三岁的元稹就此告别人间,他的诗文在后世并未能如白居易的作品那样广泛流传。也许,我们无法复原那个时代的风景,元稹也注定难以遇到知音者了。

回顾宦途,元稹一生屡经贬谪,对待人生的态度自然会发生变化,事业之低谷与家庭无嗣之不幸始终相伴,事业巅峰之时也没有品尝到家庭之快乐。两度得子均在外放之任上,一个夭亡,一个幼小,都无法承担他的期望。从这点来看,仕宦之迁转加速了无嗣之忧的程度,何止改变了他的人生态度,甚至影响了他极为看重的家族文化之承传。

### 三、诗家名望:无嗣之忧的"承重墙"

事功一时难以建立,著述却可以传世。传统士大夫往往在人生低谷之际,潜心著述期以延续事功之缺憾。唐代文学的繁荣使得社会产生文学崇拜之心理,士子不由文学仕进,则终不为美。元稹负有诗家之盛望,这对于他来说,既有日常家庭生活的促动,亦有其加剧无嗣之忧的因由。无嗣之忧之所以消之不去,还有一个重要的决定因素,即自元和时期起,元稹诗家之名望甚高,元稹虽也如韩愈、柳宗元为人指点创作诗文之法门,却并非好为人师,而是盼望有子继承家学。"元和诗体"名震一时,传播海内外,却无子继其绝学,必为难以弥补的心灵创伤。可以说,家庭婚姻中滋生的无嗣之忧,因仕宦迁转而加重,最终落到家族文化之传承上了。

对于元稹来说,需要传承的便是其诗家名望。这个问题并非元稹独有,而是元稹、白居易所共有。元、白相识于元和四年,因唱和诗而名声大振,直至大和四年,三十年间元、白之诗名不减。[①] 元稹获得诗家名望与无嗣之忧滋生几乎在同一个时间段,即元和五年

---

① 　尚永亮《"元白并称"与多面元白》,《文学遗产》2016 年第 2 期。

前后。由于被贬为江陵士曹参军,他在途中多与白居易唱和,次韵诗就此成规模。元、白并称,诗作被称为"元和诗体"。据元稹《上令狐相公诗启》:

> 唯杯酒光景间,屡为小碎篇章,以自吟畅。然以为律体卑痹,格力不扬,苟无姿态,则陷流俗。常欲得思深语近,韵律调新,属对无差,而风情自远。然而病未能也。江湖间多新进小生,不知天下文有宗主,妄相仿效,而又从而失之,遂至于支离褊浅之词,皆自为元和诗体。某又与同门生白居易友善,居易雅能为诗,就中爱驱驾文字,穷极声韵,或为千言,或为五百律诗以相投寄。小生自审不能有以过之,往往戏排旧韵,别创新词,名为次韵相酬,盖欲以难相挑耳。江湖间为诗者,复相仿效,力或不足,则至于颠倒语言,重复首尾,韵同意等,不异前篇,亦自谓元和诗体。①

这篇文章写于元和十四年(819),元稹已经回京任职,令狐相公指令狐楚,对于元稹知赏有加,故而元稹献文,此文叙述"元和诗体"之内容、形式及传播状况,可以印证元、白二人在元和初期即已名声远播。记述诗人人生感受的"元和诗体"以写意、逞能之两端为江湖间"新进小生"或"为诗者"广泛效仿。另据元稹《白氏长庆集序》所述:

> 予始与乐天同校秘书之名,多以诗章相赠答。会予谴掾江陵,乐天犹在翰林,寄予百韵律诗及杂体,前后数十章。是后各佐江、通,复相酬寄。巴、蜀、江、楚间泊长安中少年,递相仿效,竞作新词,自谓为"元和诗",而乐天《秦中吟》《贺雨》讽谕等篇,时人罕能知者。然而二十年间,禁省、观寺、邮候墙壁之上无不书,王公、妾妇、牛童、马走之口无不道,至于缮写模勒,炫卖于市井,或持之以交酒茗者,处处皆是。其甚者,有至于盗窃名姓,苟求自售。杂乱闲厕,无可奈何。予尝于平水市中,见村校诸童竞习诗,召而问之,皆对曰:"先生教我乐天、微之诗。"固亦不知予之为微之也。又鸡林贾人求市颇切,自云本国宰相,每以百金换一篇。其甚伪者,宰相辄能辨别之。自篇章以来,未有如是流传之广者。②

此文元稹于长庆四年(824)作于越州,文集编就,回顾平生,特意在文字中忆及以文赠答的情景。不管称为"元和诗""元和诗体""元和格"还是"元和体",元、白之作品在元和时期的影响力自不待言。③ 自元和五年(810)至大和四年(830),两人就无嗣之问题在诗作中多有唱和互动,如友朋晤谈,彼此宽解对方。白居易发出叩问者多,如《和三月三十日四十韵》:"我既无子孙,君仍毕婚娶。"《吟前篇因寄微之》:"何事遣君还似我,髭须早白亦无儿?"《醉封诗简寄微之》:"未死又邻沧海郡,无儿俱作白头翁。"元稹《酬乐天江楼夜吟稹诗因成三十韵》:"铃因风断续,珠与调牵绵。阮籍惊长啸,商陵怨别弦。猿羞啼月峡,鹤让警秋天。"均系悲无嗣之苍凉。元和十三年(818),元稹有《酬乐天东南行诗一百韵》,此诗为酬答之作,状行旅之艰辛。白居易在《东南行》中追忆友朋故事,元稹亦在此语境中忆及自身,"士元名位屈,伯道子孙无"。不止为自己叫屈,而是为彼此歌哭。那么如何消解这份忧虑呢?"旧好飞琼翰,新诗灌玉壶。几催闲处泣,终作苦中娱。"所作新诗产生了意想不到的传播效果,"元和体"名扬一时,"元白"并称已为好文者言说之时尚。

---

① （唐)元稹著,周相录校注《元稹集校注》,上海古籍出版社2011年版,第1450~1451页。

② （唐)元稹著,周相录校注《元稹集校注》,上海古籍出版社2011年版,第1280~1281页。

③ 关于对"元和体"的辨析,可参见陈才智《元白诗派研究》,社会科学文献出版社2007年版,第195页。

盛名之下，他们更为重视日常家庭生活的缺失。如此一来，文学名望间接加重了他们忧思之程度。白居易《初丧崔儿报微之敦诗》："文章十帙官三品，身后传谁庇荫谁！"《和微之道保生三日》："且有承家望，谁论得力时？"这里提出了一个议题，无子荫官、无子托付文章编集，无子成为言说的伤痛。白居易《予与微之老而无子发于言叹著在诗篇今年冬各有一子戏作二什一以相贺一以相嘲》："一园水竹今为主，百卷文章更付谁？"读此诗当结合元稹给白居易叹共生无嗣之忧的"天遣两家无嗣子，欲将文集与它谁？"此联出自《郡务稍简因得整比旧诗并连缀焚削封章繁委箧笥仅逾百轴偶成自叹因寄乐天》一诗，原诗如下："近来章奏小年诗，一种成空尽可悲。书得眼昏朱似碧，用来心破发如丝。催身易老缘多事，报主深恩在几时。天遣两家无嗣子，欲将文集与它谁。"①问题提出之后又当如何面对呢？元稹在整理自家诗集的时候亦喜亦悲：喜的是自己的作品产生极大的影响力，悲的是这样的好作品却无可托付之人。白居易读元稹的这首诗，有和诗《和微之听妻弹别鹤操因为揭示其义依韵加四句》云："一闻无儿叹，相念两如此。无儿虽薄命，有妻偕老矣。"以夫妻相依解元、白无儿之痛，却仍然无法解决"欲将文集与它谁"这一难题。元稹即便号称"元才子"，当时即已扬名海内外，依然面对家庭生活之不幸，借此忧无嗣而才华之传承难矣之浩叹。

　　探究诗家名望与无嗣之忧的关系当结合元、白文集之编撰，据吴伟斌所论，元稹集先后编过八次。②元稹第一次编作品成集是在元和四年，在李景俭的建议下，元稹编作品为集。数次编集均是对创作生涯的回顾，亦是对自家名望的考量，故而在"元和体"风靡一时的背景下，对自家声望的守护与延续也成为元、白切磋的话题。长庆四年，元、白叹无子嗣继承才学的念头愈加强烈。白居易《酬微之》："满帙填箱唱和诗，少年为戏老成悲。声声丽曲敲寒玉，句句妍辞缀色丝。吟玩独当明月夜，伤嗟同是白头时。由来才命相磨折，天遣无儿欲怨谁。"白居易《馀思未尽，加为六韵，重寄微之》："海内声华并在身，箧中文字绝无伦。遥知独对封章草，忽忆同为献纳臣。走笔往来盈卷轴，除官递互掌丝纶。制从长庆辞高古，诗到元和体变新。各有文姬才稚齿，俱无通子继余尘。琴书何必求王粲，与女犹胜与外人。"无儿有女，尚有托者，只是元稹并不这么想，《酬乐天余思不尽加为六韵之作》："律吕同声我尔身，文章君是一伶伦。众推贾谊为才子，帝喜相如作侍臣。次韵千言曾报答，直词三道共经纶。元诗驳杂真难辨，白朴流传用转新。蔡女图书虽在口，于公门户岂生尘。商瞿未老犹希冀，莫把籯金便付人。"对生子的盼望还在延续，这样的企盼不仅仅是属于元稹的，而是元、白所共有的。大和五年，元稹离世，白居易《元相公挽歌词三首》之三云："琴书剑佩谁收拾？三岁遗孤新学行。"依然并置了这个难题，三岁孩童如何能托付后事呢？通过梳理上述资料，至少有三个可确认的结论：一是元稹颇以诗名自负，自己极为看重诗家之名望；二是以诗家之名望观照现实生活，对无子可传承家学极为遗憾，屡屡蕴于字句间；三是元稹书写无嗣之忧的作品游走于文学生活与日常生活之间，将生活负重寓于文学书写之中，形成无嗣之忧的书写主题。中唐时期，元稹并不孤立，白居易、柳宗元都有根植于家庭生活现状的此类作品：一方面基于被贬的迁谪仕宦生

---

①　关于此诗与元稹心态之关系，日本学者赤井益久在《元稹的政治与文学》一文中有相关的分析。参见赤井益久《中唐文人之文艺及其世界》，中华书局 2014 年版，第 102 页。

②　吴伟斌《新编元稹集》，三秦出版社 2015 年版，第 22～26 页。

活，另一方面基于文学名望与治世理想的延续。中唐时期，诗家名望与无嗣之忧建立联系与文学家族传统的形成有一定的关系，独孤氏、窦氏、于氏、元氏、白氏均以礼义诗书传家，整理或者刊刻文学别集的意义显得尤为重要，故而传之久远亦是家族文化传统绵延的一种呈现方式。

如此稍显繁琐的论述旨在说明，无嗣之忧源于生活，体现在元稹的诗作中，并与诗家名望有密切的关系。家庭生活滋生之，仕宦迁转强化之，诗家名望压迫之，阅读这些作品可以窥知诗人的日常生活体验，日常生活的诗化与诗人之心理息息相关，借此知人论世的内蕴自可了解，创作心理与文本样态也就此建立了密不可分的联系。

# 唐诗远域草木意象论析

兰　翠\*

**摘　要**：随着唐诗表现范围的扩大，唐诗中出现了丰富的远域草木意象。我们选取其中的白草、首蓿、荔枝和桄榔分别代表北方与南方远域的草木意象予以分析，发现它们除了具备共同的地域色彩之外，白草和首蓿意象更多地承载着诗人的民族情感，荔枝在一定程度上成为权贵荒淫生活的象征，而首蓿和桄榔树面则代表着士人清贫的生活。唐诗中这些远域草木意象的新意，赋予了这些意象超越传统的丰富内涵，显示了唐人写作视野的开阔远大。

**关键词**：唐诗；远域；草木

诗歌中草木意象的出现早在《诗经》时期就十分普遍了，这一文学传统到了诗歌盛行的唐代被继续发扬光大。《诗经》中草木意象的研究业已引起古今学者充分的关注[①]，关于唐诗的草木意象也不乏相关成果[②]，然而学界对唐诗中涉及的远域草木意象尚缺乏专门的研究。这里所说的远域，主要指相对中原区域而言的边远地区。唐代是我国历史上版图空前广大的时期，漫游风气的兴盛，加之官员黜陟的频繁，唐人的游历范围明显比南北朝时期更加广阔，他们笔下对四方边域草木意象的抒写也更加丰富。因此，对唐诗中远域草木意象的探析，不仅可以进一步了解唐代士人的游历空间，也有利于揭示唐诗表现范围的拓展，丰富诗歌意象群的研究。

## 一、白草

白草是一种多年生草本植物，因其干熟后变成白色，故名。今天已广布于我国东北的黑龙江、吉林、辽宁，北部的内蒙古、河北、山西，西部的甘肃、青海等地，在四川西北部、云南北部、西藏等地也可见到。班固《汉书·西域传》记载白草盛产于西域的楼兰国：“鄯善国，本名楼兰，王治扜泥城，去阳关千六百里，去长安六千一百里。……地沙卤，少田，寄田仰谷旁国。国出玉，多葭苇、柽柳、胡桐、白草。”[③]范晔《后汉书·西域传》则记载白草产于西域的西夜国，并且有毒，是当地人制作毒箭的主要材料：“西夜国一名漂沙，去洛阳万四千四百里。户二千五百，口万余，胜兵三千人。地生白草，有毒，国人煎以为药，傅箭

　　\*　兰翠，文学博士，烟台大学人文学院教授，主要从事中国古代文学研究。本文为国家社科基金项目一般项目“唐诗中民族关系与文化交流研究”（批准号：19BMZ055）的阶段性成果。
　　①　《诗经》方面，古代如三国吴陆玑《毛诗草木鸟兽虫鱼疏》二卷，清徐鼎《毛诗名物图说》九卷等；当代如吴厚炎《〈诗经〉草木汇考》，扬之水《诗经名物新证》等。
　　②　唐诗方面，如潘富俊《唐诗植物图鉴》，上海书店出版社 2003 年版；梅庆吉《唐诗植物园》，大连出版社 2009 年版等。
　　③　（汉）班固《汉书》卷九六《西域传》，中华书局 1964 年版，第 3876 页。

镞，所中即死。"①在汉诗琴曲歌辞《怨旷思惟歌》的解题中，也有关于胡地多白草的记载：
"昭君恨帝始不见遇，心思不乐，心念乡土，乃作怨旷思惟歌曰云云。昭君有子曰世违，单
于死，子世违继立。凡为胡者，父死妻母。昭君问世违曰：'汝为汉也？为胡也？'世违曰：
'欲为胡耳。'昭君乃吞药自杀。单于举葬之。胡中多白草，而此冢独青。"②可见，白草是
北方与西方边域最有代表性的草木之一。

白草在唐前的文学作品中比较少见。江淹的《横吹赋》中曾言及白草："故西骨秦气，
悲憾如怼；北质燕声，酸极无已；断绝百意，缭绕万情。吟黄烟及白草，泣虏军与汉兵。"③
"横吹曲"原是北方民族在马上演奏的一种军乐，随着南北文化的交流而传到南方，江淹
的这篇《横吹赋》就是模拟北方战况情景而创作的，其中的"黄烟"及"白草"就是典型的北
方意象，而且这一意象组合对唐代诗人影响很大。

唐代实现了南北的大统一，极盛时期北部以及西北的疆域极其广阔，在东北至今天
的朝鲜半岛，北部至蒙古，西北至葱岭以西的中亚。随着唐代士人在北部区域游历范围
的扩大以及幕府从军经历的增多，他们笔下的北方自然草木意象渐趋增多，白草成为其
中最主要的代表。纵观唐诗中出现的白草意象，以盛唐时期最为多见，名家名作皆出于
此时。其中著名的诗人就有王维、李白、王昌龄、岑参、高适等。如王维的《出塞作》：

> 居延城外猎天骄，白草连天野火烧。
> 暮云空碛时驱马，秋日平原好射雕。
> 护羌校尉朝乘障，破虏将军夜渡辽。
> 玉靶角弓珠勒马，汉家将赐霍嫖姚。④

此诗原注"时为御史监察塞上作"，是王维于玄宗开元二十五年（737）秋天以监察御
史为河西度使崔希逸判官时所作。王维亲临塞漠，能真切感受到塞外的实地景象。此诗
中他所选择的唯一草木意象就是白草，可以想见，居延城外那茫茫的连天白草，给他视觉
上产生的震撼效果，应不亚于其同一时期创作的名篇《使至塞上》中的大漠孤烟和长河
落日。

大西北的白草，在贫瘠的自然环境中展示着顽强而蓬勃的生命力，所以才能无边无
际地肆意生长，形成与天际相连的壮观景象，让出塞的诗人们惊叹不已，故而反复歌咏。
同样的白草景观，在岑参的笔下也多次出现，如其《武威送刘单判官赴安西行营便呈高开
府》：

> 热海亘铁门，火山赫金方。白草磨天涯，湖沙莽茫茫。
> 夫子佐戎幕，其锋利如霜。中岁学兵符，不能守文章。⑤

又如《发临洮将赴北庭留别》：

<hr />

①　（南朝宋）范晔《后汉书》卷八八《西域传》，中华书局 1973 年版，第 2917 页。

②　逯钦立辑校《先秦汉魏晋南北朝诗》，中华书局 1984 年版，第 315 页。

③　（南朝）江淹著，胡之骥注《江文通集汇注》，中华书局 1984 年版，第 63 页。

④　（唐）王维著，（清）赵殿成笺注《王右丞集笺注》，上海古籍出版社 1984 年版，第 192 页。

⑤　（唐）岑参著，陈铁民、侯忠义校注《岑参集校注》，上海古籍出版社 1981 年版，第 91 页。

闻说轮台路,连年见雪飞。春风不曾到,汉使亦应稀。

白草通疏勒,青山过武威。勤王敢道远,私向梦中归。[①]

在这两首诗中,岑参都突出表现了白草广阔无边的特点。前一首的"白草磨天涯",用一个"磨"字形象地把"白草"与"天涯"绾连起来,呈现了白草一望无际的壮观;后一首中的"白草通疏勒",笔法相似,一个"通"字将轮台到疏勒路边的白草写活,凸显了白草浩瀚无涯的生长特性。

岑参一生曾有两次任职西北幕府的经历,一为天宝八载(749)在安西高仙芝幕府,一为天宝十三载(754)赴北庭在封常清幕府,是盛唐诗人中在边地生活时间最长的一位。这样的生活经历,让岑参笔下的白草也充满着生命日常的质感。如他的《献封大夫破播仙凯歌六章》其六描写暮雨过后的白草:"暮雨旌旗湿未干,胡烟白草日光寒。昨夜将军连晓战,蕃军只见马空鞍。"[②]经过暮雨洗刷的白草,在日光的映照下透着冷冷的寒意。岑参还特别关注狂风中的白草,如《过燕支寄杜位》:"燕支山西酒泉道,北风吹沙卷白草。长安遥在日光边,忆君不见令人老。"[③]还有他那首脍炙人口的《白雪歌送武判官归京》:"北风卷地白草折,胡天八月即飞雪。忽如一夜春风来,千树万树梨花开。"[④]这两首诗中都是以狂卷的北风设景,表现白草在极度恶劣环境下的生存状态。白草虽然具有韧性,但是也抵不过强劲北风的卷地狂扫。可以说,岑参笔下的白草意象多是他在大西北日常生活亲临其境之眼前景致。

唐代还有一些诗人也写过白草,但是相较于岑参、王维等人摹写的边地实景,他们更多的是借鉴了江淹《横吹赋》中的白草意象。如王昌龄《从军行二首》其一:

向夕临大荒,朔风轸归虑。平沙万里余,飞鸟宿何处。

虏骑猎长原,翩翩傍河去。边声摇白草,海气生黄雾。[⑤]

耿沣《陇西行》:

雪下阳关路,人稀陇戍头。封狐犹未剪,边将岂无羞。

白草三冬色,黄云万里愁。因思李都尉,毕竟不封侯。[⑥]

刘长卿《送南特进赴归行营》:

闻道军书至,扬鞭不问家。虏云连白草,汉月到黄沙。

汗马河源饮,烧羌陇坻遮。翩翩新结束,去逐李轻车。[⑦]

李嘉祐《送崔夷甫员外和蕃》:

① (唐)岑参著,陈铁民、侯忠义校注《岑参集校注》,上海古籍出版社1981年版,第142页。

② (唐)岑参著,陈铁民、侯忠义校注《岑参集校注》,上海古籍出版社1981年版,第154页。

③ (唐)岑参著,陈铁民、侯忠义校注《岑参集校注》,上海古籍出版社1981年版,第75页。

④ (唐)岑参著,陈铁民、侯忠义校注《岑参集校注》,上海古籍出版社1981年版,第163页。

⑤ (唐)王昌龄著,李云逸注《王昌龄诗注》,上海古籍出版社1984年版,第6页。

⑥ 《全唐诗》,中华书局1985年版,第2981页。

⑦ 《全唐诗》,中华书局1985年版,第1506页。

君过湟中去,寻源未是赊。经春逢白草,尽日度黄沙。

双节行为伴,孤烽到似家。和戎非用武,不学李轻车。①

皇甫曾《赠老将》:

白草黄云塞上秋,曾随骠骑出并州。

辘轳剑折虬髯白,转战功多独不侯。②

不难看出,上述诗作中与白草搭配的意象,无论是"黄雾""黄云"还是"黄沙",都是黄色基调,这些意象固然是边塞大漠的特色景象,但是,从诗句的对仗来看,我们也不能否定这是诗人为了审美而特意设置的黄白色彩对比。而这一色彩对比,早在江淹的《横吹赋》中就出现过,所以,对于不曾有过边地生活体验的诗人,他们笔下的白草意象更多地可能取自前人的写作经验。

## 二、苜蓿

除了白草,苜蓿也是在唐诗中出现较多的北方草木意象。从植物学角度讲,苜蓿属植物的通称,种类有 70 余种,其中最著名的是紫花苜蓿,在我国主要分布于西北、华北、东北等区域,至今已有两千多年的栽种历史。紫花苜蓿不仅是优质牧草,还具有药用价值,有清脾胃、利大小肠、下膀胱结石等功效。

文献中对苜蓿的记载较早见于西汉司马迁的《史记》,其中《大宛列传》中记载大宛物产及人们的生活习俗时说:"宛左右以蒲陶为酒,富人藏酒至万余石,久者数十岁不败。俗嗜酒,马嗜苜蓿。汉使取其实来,于是天子始种苜蓿、蒲陶肥饶地。及天马多,外国使来众,则离宫别观旁尽种蒲萄、苜蓿极望。自大宛以西至安息,国虽颇异言,然大同俗,相知言。其人皆深眼,多须髯,善市贾,争分铢。俗贵女子,女子所言而丈夫乃决正。其地皆无丝漆,不知铸钱器。及汉使亡卒降,教铸作他兵器。得汉黄白金,辄以为器,不用为币。"③大宛国盛产葡萄和苜蓿,由于使者往来,把它们的种子带到内地,从此,在内地的"离宫别观"附近都可见到葡萄和苜蓿。东晋葛洪的《西京杂记》就记载了汉代长安乐游苑里的苜蓿:"乐游苑自生玫瑰树,树下有苜蓿。苜蓿一名怀风。时人或谓之光风,风在其间,常萧萧然。日照其花,有光采,故名苜蓿为怀风。茂陵人谓之连枝草。"④可见,汉代时苜蓿在内地已是人们熟知之物了。

尽管苜蓿自汉代即引入内地种植,在唐代的长安也可见到"汉家天马出蒲梢,苜蓿榴花遍近郊"⑤的景象,但是,在唐代诗人笔下,苜蓿仍然是西北远域草木的主要代表之一。它们经常在表现边域内容的诗歌中伴随着天马意象同时出现。如岑参的《北庭西郊候封大夫受降回军献上》:

---

① 《全唐诗》,中华书局 1985 年版,第 2154 页。

② 《全唐诗》,中华书局 1985 年版,第 2188 页。

③ (汉)司马迁《史记》卷一二三《大宛列传》,中华书局 1963 年版,第 3173～3174 页。

④ (晋)葛洪《西京杂记》卷一,中华书局 1985 年版,第 3 页。

⑤ (唐)李商隐《茂陵》,(清)冯浩笺注《玉溪生诗集笺注》,上海古籍出版社 1998 年版,第 264 页。

> 胡地苜蓿美,轮台征马肥。大夫讨匈奴,前月西出师。
> 甲兵未得战,降虏来如归。橐驼何连连,穹帐亦累累。①

此诗为岑参在北庭都护府时赞美封常清出征凯旋而作。诗中的"苜蓿美"与"征马肥"对应,既突出了边域草木的地方特色,也为下面的胜利张目,让丰美的苜蓿草与剽悍的战马以及累累的战利品关联起来,使人产生无尽的遐想。又如梁丘的《赠田九判官》:"崆峒使节上青霄,河陇降王款圣朝。宛马总肥春苜蓿,将军只数汉嫖姚。"鲍防的《杂感》:"汉家海内承平久,万国戎王皆稽首。天马常衔苜蓿花,胡人岁献葡萄酒。"等也都是将苜蓿与天马并联,其中的"宛马总肥春苜蓿"与"天马常衔苜蓿花"道出了当时人们关于苜蓿普遍的认知:苜蓿是马匹嗜食的草料。因此,在关涉边域特色的诗作中,二者成为最具代表性的意象组合,成为诗人吟咏的习惯路数。

由于苜蓿与葡萄都属汉代自西域引进的外来植物,因此,在唐人的诗歌中还习惯将二者相提并论。如王维《送刘司直赴安西》:

> 绝域阳关道,胡烟与塞尘。三春时有雁,万里少行人。
> 苜蓿随天马,葡萄逐汉臣。当令外国惧,不敢觅和亲。②

此诗是王维为朋友赴安西都护府送别而作。前四句写景,刻画旅途的荒无人烟,后四句借苜蓿、天马与葡萄被汉臣带入内地的事实,直言反对和亲的主张。其中的苜蓿与天马连类,暗示苜蓿是天马嗜吃的草料,汉朝从西域引进天马,也将天马嗜食的草料苜蓿一同引入内地种植。苜蓿又与下句的葡萄对仗,二者皆属从遥远的边域引进的植物。在王维看来,虽然异域的动植物可以植入内地,但是对于以和亲方式的民族交往他是不认同的。

又如杜甫《寓目》:

> 一县蒲萄熟,秋山苜蓿多。关云常带雨,塞水不成河。
> 羌女轻烽燧,胡儿制骆驼。自伤迟暮眼,丧乱饱经过。③

这是杜甫携家人流寓秦州时所作。秦州临近吐蕃,诗歌开端即以全县满目的葡萄和山中的苜蓿点出秦州特殊的地理位置。这里关塞无阻,羌胡杂居,经历了安史叛乱的杜甫因此对秦州的形势充满了担忧。此外,晚唐贯休的《塞上曲二首》其一也将苜蓿与葡萄并列:"锦袿胡儿黑如漆,骑羊上冰如箭疾。蒲萄酒白雕腊红,苜蓿根甜沙鼠出。单于右臂何须断,天子昭昭本如日。一握黳髯一握丝,须知只为平戎术。"④其中描写的胡儿以白葡萄酒与红色的雕肉干为美味,富有甜味的苜蓿根成为沙鼠的美食则颇有民俗资料价值。

值得注意的是,唐代诗人还记录了当时人们将苜蓿作为食材的情况,并以食用苜蓿象征贫窘的生活。如薛令之《自悼》:

---

① （唐）岑参著、陈铁民、侯忠义校注《岑参集校注》,上海古籍出版社 1981 年版,第 149 页。
② （唐）王维著、（清）赵殿成笺注《王右丞集笺注》,上海古籍出版社 1984 年版,第 142 页。
③ （唐）杜甫著、（清）杨伦笺注《杜诗镜铨》,上海古籍出版社 1980 年版,第 253 页。
④ 《全唐诗》,中华书局 1985 年版,第 9315 页。

朝日上团团，照见先生盘。盘中何所有，苜蓿长阑干。

饭涩匙难绾，羹稀箸易宽。只可谋朝夕，何由保岁寒。①

薛令之是福州长溪（今福建霞浦）人，唐肃宗为太子时，他以右补阙兼太子侍读，积年不得升迁，遂弃官徒步归乡里。《唐诗纪事》记载："开元中，令之为右庶子。时东宫官僚清淡，令之题诗自悼。明皇幸东宫，览之，索笔题其傍曰：'啄木口嘴长，凤皇毛羽短。若嫌松桂寒，任逐桑榆暖。'遂谢病归。"②这首诗歌就是作于他在东宫怀才不遇之时。诗中用每日盘中只有苜蓿菜，饭涩羹稀等日常饮食的寡淡来表现其俸禄的薄微，将苜蓿菜与贫士联系了起来。晚唐诗人唐彦谦的《闻应德茂先离棠溪》也写道：

落日芦花雨，行人谷树村。青山时问路，红叶自知门。

苜蓿穷诗味，芭蕉醉墨痕。端知弃城市，经席许频温。③

如果说薛令之是比较含蓄地用食用苜蓿来表现贫窘的话，那么唐彦谦则很直接地将苜蓿、贫穷与诗歌联系在一起，此诗中的"苜蓿穷诗味"把苜蓿味成为文士清贫生活的这一象征固化了。

### 三、荔枝

上述我们以白草和苜蓿为代表分析了唐诗中北方远域的草木意象，下面我们再看一看南国的草木意象代表，先说荔枝。荔枝，又称离支、荔支，常绿乔木，广泛分布于我国的东南部、南部和西南部，在广东栽培最多，福建和广西次之，四川、云南、贵州及台湾等地也有栽培。早在汉代，荔枝在我国就有栽培和食用，它不仅是人们喜爱的水果之一，还有一定的药用价值。据《本草纲目》记载，荔枝具有补脾益肝、生津止呃、镇咳养心、消肿祛痛等功效。

荔枝最早见于西汉司马相如的《上林赋》，司马相如在铺排皇家园林诸多珍奇果木时说："于是乎，卢橘夏孰，黄甘橙楱，枇杷橪柿，亭奈厚朴，梬枣杨梅，樱桃蒲陶，隐夫薁棣，答遝离支，罗乎后宫，列乎北园。"④其中的"离支"即为荔枝，李善注引晋灼曰："离支，大如鸡子，皮粗，剥去皮，肌如鸡子，中黄，味甘多酢少。"⑤此后，东汉王逸又作《荔支赋》，对荔枝的树形、条干、绿叶以及果实进行了较为全面的描摹，其中对果实的描写最为用力："灼灼若朝霞之映日，离离如繁星之著天。皮似丹巘，肤若明珰。润侔和璧，奇喻五黄。仰叹丽表，俯尝嘉味。口含甘液，心受芳气。兼五滋而无常主，不知百和之所出。卓绝类而无俦，超众果而独贵。"⑥此后一直到唐代立国，文人对荔枝的摹写多滥觞于王逸的《荔支赋》。如西晋左思《蜀都赋》："于是乎邛竹缘岭，菌桂临崖。旁挺龙目，侧生荔枝。布绿叶

---

① 《全唐诗》，中华书局1985年版，第2247页。

② 《全唐诗》附注，中华书局1985年版，第2247页。

③ 《全唐诗》，中华书局1985年版，第7665页。

④ （梁）萧统编，（唐）李善注《文选》，中华书局1983年版，第126页。

⑤ （梁）萧统编，（唐）李善注《文选》，中华书局1983年版，第126页。

⑥ 费振刚等辑校《全汉赋》，北京大学出版社1993年版，第517页。

之萋萋,结朱实之离离,迎隆冬而不凋,常晔晔以猗猗。"①南朝齐代孔稚圭《谢赐生荔枝启》:"绿叶云舒,朱实星映,离离昔闻,晔晔今睹,信西岷之佳珍,谅东鄙之未识。"②不难看出,左思之"朱实之离离"和孔稚圭之"朱实星映,离离昔闻"等对荔枝果实的描绘,都脱胎于王逸之赋。梁代刘霁《咏荔枝诗》则直言"叔师贵其珍,武仲称其美。良由自远致,含滋不留齿。"③

唐代文人对荔枝的关注可为空前,其中主要原因一是版图广大,人员往来南方与物产交流不再像前朝那样受地域限制;二是杨贵妃嗜食荔枝。原因其一带来最明显的文坛现象就是荔枝意象大量出现在唐人送别类和贬谪类诗歌中。如李颀《送刘四赴夏县》:

> 扶南甘蔗甜如蜜,杂以荔枝龙州橘。④

韩翃《送故人归蜀》:

> 一骑西南远,翩翩入剑门。客衣筒布润,山舍荔枝繁。⑤

卢纶《送张郎中还蜀歌》:

> 邛竹笋长椒瘴起,荔枝花发杜鹃鸣。⑥

王建《送严大夫赴桂州》:

> 辟邪犀角重,解酒荔枝甘。莫叹京华远,安南更有南。⑦

许浑《送杜秀才归桂林》:

> 瘴雨欲来枫树黑,火云初起荔枝红。⑧

李洞《送沈光赴福幕》(一作送福州从事):

> 泉齐岭鸟飞,雨熟荔枝肥。⑨

曹松《南海陪郑司空游荔园》:

> 荔枝时节出旌旆,南国名园尽兴游。⑩

卢肇《被谪连州》:

> 连州万里无亲戚,旧识唯应有荔枝。⑪

---

① (梁)萧统编,(唐)李善注《文选》,中华书局1983年版,第75页。
② (清)严可均辑《全齐文》卷一九,中华书局1958年版,第2899页。
③ 逯钦立辑校《先秦汉魏晋南北朝诗》,中华书局1984年版,第1671页。
④ 《全唐诗》,中华书局1985年版,第1353页。
⑤ 《全唐诗》,中华书局1985年版,第2737页。
⑥ 《全唐诗》,中华书局1985年版,第3149页。
⑦ 《全唐诗》,中华书局1985年版,第3398页。
⑧ 《全唐诗》,中华书局1985年版,第6121页。
⑨ 《全唐诗》,中华书局1985年版,第8272页。
⑩ 《全唐诗》,中华书局1985年版,第8244页。
⑪ 《全唐诗》,中华书局1985年版,第6385页。

在唐人这些送别友人以及谪宦的作品中，涉及荔枝出产地的就有扶南（今广西西南部）、蜀（今四川）、桂州（今桂林）、福州（今福建）、南海（今海南）、连州（今广东）等地，可见，随着唐代士人足迹所及，荔枝这一南国特产逐渐为更多人所熟悉，而这些诗作中的荔枝意象体现的主要是地域、季节、物产等特征，为人们了解唐代荔枝分布提供了资料价值。

因为杨贵妃嗜食荔枝的原因所影响的则是唐诗中荔枝意象成为特权以及权贵生活荒淫的象征。从南国向宫廷进献荔枝，自西汉就开始了。因为荔枝"若离本枝，一日而色变，二日而香变，三日而味变，四五日外，色香味尽去矣"①的特点，朝廷令地方官员派遣役夫日夜兼程，轮流传送，每年造成的劳民伤财触目惊心，所以东汉和帝接受地方官员唐羌的建议曾下诏停献荔枝。"旧南海献龙眼、荔支，十里一置，五里一候，奔腾阻险，死者继路。时临武长汝南唐羌，县接南海，乃上书陈状。帝下诏曰：'远国珍羞，本以荐奉宗庙，苟有伤害，岂爱民之本。其敕太官勿复受献。'由是遂省焉。"②但是在唐玄宗时期，从南国献贡荔枝可谓空前绝后，只是因为他宠幸的杨贵妃嗜吃荔枝："妃每从游幸，乘马则力士授辔策。凡充锦绣官及治琢金玉者，大抵千人，奉须索，奇服秘玩，变化若神。四方争为怪珍入贡，动骇耳目。于是岭南节度使张九章、广陵长史王翼以所献最，进九章银青阶，擢翼户部侍郎，天下风靡。妃嗜荔支，必欲生致之，乃置骑传送，走数千里，味未变已至京师。"③可以想见，为了能让杨贵妃吃上不变味道的新鲜荔枝，在当时的交通条件下，从南方到长安，跨越几千里的路程，沿路的官员以及百姓乃至快马要付出多大的代价与牺牲。

正是因为此事惊扰天下太过，所以自杨贵妃去世后，就有诗人借荔枝入长安而咏叹，这些诗作或批评或讽刺，都不同程度地指向了最高统治者。如杜甫《解闷十二首》其九至其十二，连续四首都围绕荔枝遣兴。其九曰：

> 先帝贵妃今寂寞，荔枝还复入长安。炎方每续朱樱献，玉座应悲白露团。④

杜甫此诗作于夔州，其时玄宗与杨贵妃都已离世，但是，南国继续向长安进贡荔枝，杜甫因此感叹玄宗征贡荔枝的旧习未除。如果说在此诗中杜甫对玄宗的谴责之意还比较委婉，那么其十二则透露出明显的讽刺之情：

> 侧生野岸及江蒲，不熟丹宫满玉壶。云壑布衣骀背死，劳人害马翠眉须。⑤

诗的前两句叙荔枝生长之地及入宫之事，后两句言朝廷对抱道布衣老死丘壑而不征，却不惜劳人害马独征荔枝入宫以满足翠眉之须，两相对比，批评玄宗远德而好色之意明显，而天宝之乱的祸根也正在于此。

此后，唐代不乏借荔枝讽刺唐玄宗与杨贵妃荒淫误国的诗作。如鲍防《杂感》："汉家

① （唐）白居易《荔枝图序》，顾学颉校点《白居易集》，中华书局1985年版，第973页。

② 《后汉书》卷四《和帝纪》，中华书局1973年版，第194页。唐羌《上书陈交阯献龙眼荔支事状》："臣闻上不以滋味为德，下不以贡膳为功，故天子食太牢为尊，不以果实为珍。伏见交阯七郡献生龙眼等，鸟惊风发。南州土地，恶虫猛兽不绝于路，至于触犯死亡之害。死者不可复生，来者犹可救也。此二物升殿，未必延年益寿。"（清）严可均辑《全后汉文》卷四九，中华书局1958年版，第744页。

③ 《新唐书》卷七六《后妃上》，中华书局1986年版，第3494页。

④ （唐）杜甫著，（清）杨伦笺注《杜诗镜铨》，上海古籍出版社1980年版，第818页。

⑤ （唐）杜甫著，（清）杨伦笺注《杜诗镜铨》，上海古籍出版社1980年版，第819页。

海内承平久,万国戎王皆稽首。天马常衔苜蓿花,胡人岁献葡萄酒。五月荔枝初破颜,朝离象郡夕函关。"①夸张地指出献贡荔枝到达之速。杜牧《过华清宫绝句三首》其一是颇为人们所熟知的作品:"长安回望绣成堆,山顶千门次第开。一骑红尘妃子笑,无人知是荔枝来。"②通过客观的场面次第转换,暗含深刻的讽刺意味,其中"一骑红尘"与"妃子笑"两个场景,极具画面感。张祜《马嵬坡》:"旌旗不整奈君何,南去人稀北去多。尘土已残香粉艳,荔枝犹到马嵬坡。"③揭示杨贵妃死后荔枝依然供奉不断的现实。此外,韩偓《荔枝三首》其一"遐方不许贡珍奇,密诏唯教进荔枝"④,郑谷《荔枝》"平昔谁相爱,骊山遇贵妃"⑤等也都将荔枝与杨贵妃联系起来,隐含讽刺之意。

除了诗歌中频繁出现荔枝意象外,唐代张九龄的《荔枝赋》(并序)及白居易的《荔枝图序》也值得关注。张九龄的《荔枝赋》是一篇托物言志的抒情小赋,他祖籍韶州曲江(今广东韶关),荔枝是其家乡特产,因此,张九龄比北方人更了解荔枝。他有感于"百果之中,无一可比"的荔枝到北方"命之不逢",遂将其与士人的命运联系起来,"夫物以不知而轻,味以无比而疑,远不可验,终然永屈。况士有未效之用,而身在无誉之间,苟无深知,与彼亦何以异也?因道扬其实,遂作此赋。"⑥以此寄托他希望人尽其才物尽其用的政治理想。而白居易则在忠州任上命画工图画荔枝,并亲为《荔枝图序》,详细描述荔枝的形态、味道以及特性,目的是让那些不认识或不熟悉荔枝的人了解它,可见白居易对荔枝的关注用心。

总之,唐代文人对荔枝意象的挖掘到达了空前的高度,特别是将其象征权贵生活荒淫的内涵对后代相关创作影响很大。

## 四、桄榔

在唐人关于南国草木的抒写中,桄榔也是出现较多的意象。桄榔多产于我国云南、广东、广西、海南及福建一带,它的花汁可制糖、酿酒,树干髓心含淀粉,可供食用,嫩的茎尖可作蔬菜食用,果实还可以药用破宿食与积血。因此,桄榔又别称面木、糖树、南椰、砂糖椰子等。桄榔树面,较早见于左思《蜀都赋》,其中记载"布有橦华,面有桄榔。邛杖传节于大夏之邑,蒟酱流味于番禺之乡。"苏林注曰:"桄榔,树名也,木中有屑,如面,可食。"⑦其后,郦道元在《水经注》卷三十七也记载南方少数民族以桄榔树面自给的风俗:"盘水又东迳汉兴县。山溪之中,多生邛竹、桄榔树,树出面,而夷人资以自给。"⑧

唐代士人笔下对桄榔树面的描写较之前人更加细致,出现了伴随味蕾体验的刻画。如元稹《送岭南崔侍御》写道:"我是北人长北望,每嗟南雁更南飞。君今又作岭南别,南

---

① 《全唐诗》,中华书局 1985 年版,第 3485 页。

② (唐)杜牧著,陈允吉校点《樊川文集》,上海古籍出版社 1984 年版,第 28 页。

③ 《全唐诗》,中华书局 1985 年版,第 5843 页。

④ 《全唐诗》,中华书局 1985 年版,第 7759 页。

⑤ 《全唐诗》,中华书局 1985 年版,第 7722 页。

⑥ (清)董诰等编《全唐文》,中华书局 1983 年版,第 2869 页。

⑦ (梁)萧统编,(唐)李善注《文选》,中华书局 1983 年版,第 79 页。

⑧ (北魏)郦道元著,陈桥驿等译《水经注全译》,贵州人民出版社 1996 年版,第 1263 页。

雁北归君未归……火布垢尘须火浣,木绵温软当绵衣。桄榔面碜槟榔涩,海气常昏海日微。"①唐代岭南治所在广州,元稹这首诗即送别到岭南任职的崔姓朋友。诗中除了表达朋友情谊外,对岭南风土民俗的表现最具特色。其中"桄榔面碜槟榔涩"即从口感上记载了当地桄榔面的牙碜体验。又如白居易的《送客春游岭南二十韵》叙岭南风物,写到吃桄榔面的苦感:"面苦桄榔裹,浆酸橄榄新。牙樯迎海舶,铜鼓赛江神。"②皮日休的《寄琼州杨舍人》则想象在琼州任职的朋友制作桄榔面饮食的情景:"德星芒彩瘴天涯,酒树堪消谪宦嗟。行遇竹王因设奠,居逢木客又迁家。清斋净溲桄榔面,远信闲封豆蔻花。清切会须归有日,莫贪句漏足丹砂。"③此诗的杨舍人是杨知至,唐懿宗咸通十一年(870)九月自比部郎中、知制诰贬为琼州司马。所以,皮日休用"清斋净溲桄榔面"形容杨知至在海南日常的清贫生活。因为唐代到岭南一带任职的士人多为谪逐之臣,即便不属于此类人士,也因南北殊俗,北方人到南方也有生活上的诸多不便。所以,具有独特地域风味的桄榔面在一定程度上也成为南国官员清贫日子的写照。

除了表现对桄榔树面的碜涩口感外,唐诗中的桄榔意象多以地域风光的元素呈现出来。对于那些曾经到过南方的士人来说,桄榔树因其高大独特很容易引起关注。如因交张易之获罪,被贬泷州(今中国广东罗定)参军的宋之问和被流贬驩州(今越南荣市)的沈佺期都写过桄榔树。宋之问《早发始兴江口至虚氏村作》曰:"薜荔摇青气,桄榔翳碧苔"④;沈佺期《答魑魅代书寄家人》中则有"空庭游翡翠,穷巷倚桄榔。"⑤李德裕贬潮州司马时所作《谪岭南道中作》也注意到了桄榔树:"岭水争分路转迷,桄榔椰叶暗蛮溪。"⑥这些桄榔意象都是实写他们到南方后亲眼所见之桄榔树。而对于那些送别友人到南方的士人,尽管他们不一定亲见桄榔树的形态,但也并不妨碍他们通过耳闻与想象去表现它。如张九龄《送广州周判官》用"里树桄榔出,时禽翡翠来"⑦突出海郡蛮夷部落的地域特色;皎然《送沈秀才之闽中》对闽地风物的印象是"岭重寒不到,海近瘴偏多。野戍桄榔发,人家翡翠过。"⑧周繇《送杨环校书归广南》对广南(今属云南省)当地的独特认知是"山村象踏桄榔叶,海外人收翡翠毛"⑨等。而这些作品中的桄榔意象多与翡翠同时出现,不免存在一些俗套。

综上,笔者选择了唐诗中白草、苜蓿、荔枝和桄榔四种代表南北草木的意象予以检视,它们除了具备共同的地域色彩之外,白草和苜蓿意象更多地承载着诗人的民族情感,荔枝在一定程度上成为权贵荒淫生活的象征,而苜蓿和桄榔树面则代表着士人清贫的生活。唐诗中这些远域草木意象的新意,赋予了这些意象超越传统的丰富内涵,显示了唐人写作视野的开阔远大,对后代文人的创作产生了很大影响。

---

①　(唐)元稹著,冀勤点校《元稹集》,中华书局1982年版,第202页。
②　(唐)白居易著,顾学颉校点《白居易集》,中华书局1985年版,第353页。
③　《全唐诗》,中华书局1985年版,第7080页。
④　《全唐诗》,中华书局1985年版,第651页。
⑤　《全唐诗》,中华书局1985年版,第1052页。
⑥　《全唐诗》,中华书局1985年版,第5397页。
⑦　《全唐诗》,中华书局1985年版,第587页。
⑧　《全唐诗》,中华书局1985年版,第9217页。
⑨　《全唐诗》,中华书局1985年版,第7292页。

# 小说戏曲研究

# 《杜光庭小说六种校证》前言

李剑国*

**摘　要:**杜光庭(850—933),字宾圣,号东瀛子,京兆杜陵(今陕西西安市东南)人。两《唐书》及两《五代史》均无传。杜光庭著撰极丰,凡有《古今类聚年号图》一卷(《宋志》编年类)、《帝王年代州郡长历》二卷(《宋志》别史类)、《续成都记》一卷(《宋志》地理类)等三十余种,今存《广成集》十七卷。此对其生平及小说六种包括《神仙感遇传》《道教灵验记》《仙传拾遗》《录异记》《缑岭会真王氏神仙传》《墉城集仙录》略加考述。

**关键词:**杜光庭;小说;六种;考释

## 一、杜光庭事迹及著述

杜光庭,两《唐书》及两《五代史》均无传。北宋陶岳《五代史补》卷一、贾善翔《高道传》(《三洞群仙录》卷七引)、《宣和书谱》卷五、陈耆卿《嘉定赤城志》卷三五、元赵道一《历世真仙体道通鉴》卷四〇《杜光庭》、陶宗仪《书史会要》卷五、清吴任臣《十国春秋》卷四七、彭洵《青城山记》卷下、《全唐诗》卷八五四、《全唐文》卷九二九有其传略。又后蜀何光远《鉴诚录》卷五、荆南孙光宪《北梦琐言》卷四又卷七、北宋耿涣《野人闲话》(《说郛》卷一七)、司马光《资治通鉴》、张唐英《蜀梼杌》卷上、文莹《湘山野录》卷下、南宋晁公武《郡斋读书志》卷八地理类、李石《续博物志》卷二、王象之《舆地纪胜》卷一五一《永康军·仙释》亦载其事实。杜光庭《广成集》《全唐文》杜光庭卷以及杜光庭《历代崇道记》《道教灵验记》《神仙感遇传》《录异记》等亦可考见其事迹。各书记载不一,时见抵牾。今参酌诸书,辨析异同,考其生平如下。

杜光庭(850—933),字宾圣,(《高道传》《蜀梼杌》《宣和书谱》《书史会要》《郡斋读书志》《真仙通鉴》)号东瀛子。(《赤城志》《宣和书谱》《书史会要》《真仙通鉴》)京兆杜陵(今陕西西安市东南)人,寓居处州。(《蜀梼杌》)为人博学工文,寓居处州时,方干誉为"宗庙中宝玉大圭"(《蜀梼杌》)。唐懿宗咸通中,设万言科选士,光庭与华山郑云叟同试,两战不胜,遂隐天台学道。(《鉴诚录》《蜀梼杌》《宣和书谱》《书史会要》《赤城志》《真仙通鉴》)僖宗临御,郑畋荐之(《真仙通鉴》),居上都太清宫,赐号弘教大师内供奉(《续博物志》《广成集》《全唐文》),赐紫服象简,充鳞德殿文章应制。(《真仙通鉴》《蜀梼杌》《湘山野录》《宣和书谱》《书史会要》)约自乾符四年(877)游蜀多年。广明元年(880)十二月黄巢入潼关,僖宗出奔,中和元年(881)七月至成都(《旧唐书·僖宗纪》)。时光庭在蜀,是月奉诏于青城山丈人观设周天大醮。(《全唐文》卷八九僖宗《祭丈人山文》及《灵宝道场设周天醮词》、卷九三二杜光庭《青城山记》、《录异记》卷三、《广成集》卷一〇《中和周天醮词》)光

---

*　李剑国,南开大学文学院教授,博士生导师,主要从事中国古代小说的研究整理。

启元年(885)正月僖宗自蜀还京,光庭扈从。(《道教灵验记》卷六)是年十二月沙陀逼京师,僖宗出奔凤翔,次年三月至兴元(《旧唐书·僖宗纪》),光庭从驾,上表丐游成都。(《蜀梼杌》《真仙通鉴》《十国春秋》)。入蜀居青城山白云溪。(《真仙通鉴》)

昭宗天复三年(903),王建立为蜀王,赐号广德先生(《湘山野录》《续博物志》《真仙通鉴》)。尝九召入仕,光庭不从(《鉴诫录》)。此间天祐四年(907)四月唐亡,王建于九月称帝。永平三年(913),授光庭金紫光禄大夫、左谏议大夫,封蔡国公,进号广成先生(《资治通鉴》卷二六八、《真仙通鉴》)。天汉元年(917),迁户部侍郎,加上柱国。(《蜀梼杌》《真仙通鉴》《广成集》)。光天元年(918)六月王建卒,太子王衍继位。乾德三年(921)八月,王衍尊为传真天师、特进、检校太傅、太子宾客、兼崇真观大学士。(《蜀梼杌》《真仙通鉴》《宣和书谱》《书史会要》)未几解官,归隐青城山(《十国春秋》)。咸康元年(925)十一月前蜀亡。后唐庄宗长兴四年癸巳(933)十一月光庭卒,年八十四。(《真仙通鉴》)葬青城山清都观。(《舆地纪胜》)

光庭著撰极丰,凡有《古今类聚年号图》一卷(《宋志》编年类)、《帝王年代州郡长历》二卷(同上别史类)、《续成都记》一卷(同上地理类)、《道德经广圣义疏》三十卷、《二十四化诗》一卷、《二十四化图》一卷、《神仙感遇传》十卷、《墉城集仙录》十卷、《应现图》三卷、《仙传拾遗》四十卷、《历代帝王崇道记》一卷、《道教灵验记》二十卷、《道经降传世授年载图》一卷(以上《宋志》道家类)、《录异记》十卷(同上小说类)、《历代忠谏书》五卷(同上类事类)、《三教论》一卷(同上别集类)、《帝王年代小解》一卷(《秘书省续编到四库阙书目》编年类)、《阴符经》一卷、《老君宝箓》一卷、《王氏神仙传》五卷、《灵宝明真斋仪》一卷(并同上道书类)、《青城山记》一卷(《郡斋读书志》地理类)、《武夷山记》一卷(《直斋书录解题》地理类)、《洞天福地记》一卷、《东瀛子》一卷、《混元图》十卷、《玄门枢要》一卷(以上并《十国春秋》)、《纪圣赋》(《宣和书谱》)、《玉函经》一卷(《宛委别藏》)。又《广成集》一百卷、《壶中集》三卷(并《宋志》别集类),今存《广成集》十七卷。《全唐文》编文十六卷,所增颇多,陆心源《唐文拾遗》卷五〇补辑三篇。《全唐诗》收诗三十一首。

## 二、《神仙感遇传》

《宋史·艺文志》道家神仙类著录杜光庭《神仙感遇传》十卷,其余宋元公私书目皆不见著录。全书今不传,只存前五卷,载明正统《道藏》《道藏举要》,题广成先生杜光庭纂。明白云霁《道藏目录详注》卷二作《神仙感遇记》五卷,云:“广成先生杜光庭撰,纪神仙显化感遇事迹。”明焦竑《国史经籍志》道家类、清末缪荃孙《艺风藏书续记》道家类著录五卷本,当即《道藏》本。

《道藏》本凡七十七条。北宋张君房编《云笈七签》卷一一二载《神仙感遇传》(无撰人),三十条,全见《道藏》本,次第、文句亦同,乃前五卷之选节本。卷一一三上又有《任生》等十四人,《道藏》本只题“传”字,《四部丛刊初编》所收《云笈七签》,《丛刊》二次印本所收即为《道藏》本,而初印本乃景印明张萱清真馆本,标目作《神仙感遇传》下。《四库全书》本卷一一二亦题《神仙感遇传》下。此十四条当取自后五卷。另外,《太平广记》等书引佚文十七条。以上共一百零八条。《广记》卷一五引《真(贞)白先生》《桓闿》,谈恺刻本作《神仙感遇传》,明抄本前条作《神仙拾遗传》,后条作《仙传拾遗》。按:前条载陶弘景事迹，后条载陶弘景执役之士桓闿修道升天，皆非感遇之事，谈本误，当为《仙传拾遗》。明曹学佺《蜀中广记》卷七二引《感遇传》于满川事，下以"又云"引太和六年蔡举于青城山遇二神人事，实即《道教灵验记》卷九《青城丈人真君示现验》。此三条不取。

罗争鸣《杜光庭记传十种辑校》（中华书局2013年版）中《神仙感遇传辑校》，辑《刘子南》等佚文十八条，编为卷六。而将《七签》本《任生》等十四人列为《附录一疑似佚文》。

《道藏》本题广成先生杜光庭纂，观此，似作于前蜀王建永平三年（913）之后，永平三年杜光庭进号广平先生也。然《道藏》本所题或非原题（《道教灵验记》亦题如此），疑为后人所加。观本书卷一《王从玘》《杨初》称王建为蜀王，卷四《成生》称昭宗庙号，而王建天复三年（903）八月封蜀王，天祐四年（907）四月朱温篡唐，当年九月王建称帝，然则此书当作于唐哀帝天祐间，时光庭在蜀居青城山。

《神仙感遇传》条目，有些重见于杜光庭《道教灵验记》，有《何道璋》《谢贞》《崔玄亮》《邓老》《杨初》《京兆华原陆尊师》等。《李筌》又见于杜光庭《墉城集仙录》，《王廓》又见于杜光庭《王氏神仙传》。重见条目，文字详略不同，情事或亦有异。

《神仙感遇传》百余条故事，袭取前人书者颇多。除《蓬球》取自南朝见素子《洞仙传》外，其余皆出唐人小说，如《御史姚生》取郑州刺史郑权所作传奇，《虬须客》盖取裴铏《虬须客传》。而最突出者乃是《任生》等十四条取自卢肇《逸史》，《李班》等六条取自段成式《酉阳杂俎》，《杨晦之》等七条取自张读《宣室志》。其余大抵为自述闻见，由于杜光庭在蜀日久，故而所记蜀事颇多。

书名之义，乃是记载感遇神仙。所谓神仙者范围广泛，诸如太上道君、北斗廉贞星将军、二十八宿、太白星官、织女等女星、太清真人、紫素元君、雷公、天师、骊山老母、孔仲尼、曹老儿、葛三郎、范蠡等及泛泛而称的仙女、仙人、地仙、鹤仙，还有得道之士罗公远、叶仙师、孙思邈以及道士、处士、老叟，又有以凡夫身份出现的油客、樵夫、驴夫、执役者等。他们在世间或度化，或授道书符箓、灵丹妙药，而所受者为道士、官员、士人及各色人等，或得财致富，祛病消灾，或入道仙化。还有些人实普通道术之士而已，不当侧身神仙之列。而若虬须客，实一问鼎中原之大侠者也，知难而退，别谋海岛，尤无神仙之象。

《僧悟玄》有云："名山大川，皆有洞穴。"书中写世俗之人士进入仙山仙岛仙洞仙穴等仙境，故事颇多。如蜀民逐鹿而入小成都，进士崔生逐驴入洞遇仙翁娶仙女，文广通射猪而入仙穴遇仙翁，李班沿水中瓜叶入仙洞遇仙，王廓遇风入洼穴得仙酒，吴善经入洞逢仙者获经，僧契虚入洞逢大仙。古来小说多有凡人入异境故事，叙事常采用异物导入模式。最早者乃西汉刘向《列仙传》卷下《邗子传》所记邗子逐犬走入山穴遇仙妇，此后陶潜《搜神后记》多有记，如荥阳人为舞《韶舞》者引入山穴见良田，袁柏、根硕逐山羊入山穴遇二仙女成亲，卢充射獐入崔少府家娶崔女。陶潜《桃花源记》所叙武陵渔人缘溪中桃花林而入山口，见良田美池，秦时遗民，亦为此等叙事模式。

《神仙感遇传》之旨，乃在借仙凡感遇以弘扬道教，此意非常突出。人物或仙或道，或以凡入道。其叙事可观者颇众，不似《墉城集仙录》等作之枯槁。在杜光庭道教小说中堪称佳制也。

### 三、《道教灵验记》

《道教灵验记》原二十卷，著录于《秘书省续编到四库阙书目》道书类、《通志·艺文略》道家记类、《直斋书录解题》神仙类、《文献通考》神仙家类、《宋史·艺文志》道家类附神仙类。明焦竑《国史经籍志》道家记类亦著录,当据《通志略》。现存十五卷,一百六十七条,载明正统《道藏》,题广成先生杜光庭(卷二以下有集字)。前有宋徽宗御制序、杜光庭序。《云笈七签》卷一一七至卷一二二节载《道教灵验记》,凡六卷。其中取自十五卷者共八十三条,出十五卷之外者三十五条,所据盖为二十卷原书,虽条目及文字有删,然颇可补十五卷本后部分之阙。各验标目与《道藏》本颇异,疑原无标目,《道藏》本为后人所加,《七签》本则张君房所加也。《云笈七签》编于宋真宗时,前为真宗皇帝御制叙、广成先生序。真宗叙与徽宗序全同,显然《道藏》本之徽宗有误,疑徽宗后道徒妄改,以彰显道君皇帝也。

《道藏》本十五卷,分类编排,计有《宫观灵验》(卷一至卷三)、《尊像灵验》(卷四卷五)、《老君灵验》(卷六卷七)、《天师灵验》(卷八)、《真人王母将军神王童子灵验》(卷九)、《经法符箓灵验》(卷一〇至卷一二)、《钟磬法物灵验》卷一三、《斋醮拜章灵验》(卷一四卷一五)。《七签》本自《范阳卢蔚醮本命验》至《杜鹏举父母修南斗延生醮验》十八条,亦应属《斋醮拜章灵验》,当为原书卷一六、卷一七。《衢州东华观监斋隐常住验》等十七条目类不详,所记大抵亦为诸般灵验之事,涉及观宇、山水、石函等。《七签》本卷末附《真宗皇帝御制天童护命妙经序》及《太上天童经灵验录》,非原书所有,疑张君房所加。罗争鸣《道教灵验记辑校》将此二条列为《疑似佚文》,恐非。《太上天童经灵验录》记景福元年(892)益州百姓李万寿入新都县行病鬼王家,诵《太上天童护命经》免难事,文颇曲折,原出不详。

《七签》卷四五《秘要诀法·寝卧时祝第二十三》云:"《道教灵验记》亦录上古及近世修持有效者甚多。"所记之事言及上古秦汉六朝者不多,且多系追溯往昔而由古及今,大都为唐事,尤其是晚唐懿、僖、昭、哀四朝,此四朝是杜光庭在唐活动时期。所记除极少数材料取自他书外,如《姚元崇女九天生神章经验》中姚元崇献玄宗十事之事乃取自唐陈鸿《开元升平源》,《嘉州东观尹真人石函验》取自唐张读《宣室志》,《窦德玄为天符专追求奏章免验》殆本《玄门灵妙记》,大抵为自记闻见。其中若干条目乃其自述,如《乐温三元观基验》云:"余亦劝诱邑人,再为整葺。"《青羊肆验》云:"以其地卖与度支院官陈评事,乃丙申年春也。余诣陈,访其地已有此宫。因问其所以,陈为余道之。"《刘存希天师帧验》云:"后数年,奉使西川,携天师帧而至,余亦传写其本。"《龙家楼上孙处士画天师验》云:"余因请得此壁,移置北帝院中矣。"《均州白鹤观野火自灭验》云:"乾符己亥岁,因游访灵迹,观亦俨然。"《开州龙兴观钟验》云:"余顷驻泊观中。"《三泉黑水老君验》云:"僖宗大驾还京,光庭获备扈卫,以其年二月十五日降圣节日,奏请皇帝躬拜捻香,奏置为中兴宫。"《阆州石壁成纹自然老君验》云:"光启年,大驾还京,光庭奏置玄元观,宠诏褒允。"《僖宗封青城醮验》云:"诏内臣袁易简、刺史王滋、县令崔正规,与余诣山修醮。"

后三条自述都涉及僖宗,此中缘由乃是四朝中光庭与僖宗(873—888在位)渊源匪浅,僖宗即位后光庭受郑畋荐居上都太清宫,赐号弘教大师内供奉,赐紫服象简,充鳞德殿文章应制。广明元年(880)十二月黄巢入关,僖宗出奔成都,时光庭在蜀,曾奉诏于青城山丈人观设周天大醮。书中《僖宗金箓斋祈雨验》《僖宗青城斋醮验》《僖宗封青城醮验》都是此时所记。光启元年(885)正月僖宗自蜀还京,光庭扈从。是年十二月沙陀逼京师，僖宗出奔凤翔、兴元，光庭从驾。君臣有此因缘，是故记及僖宗及僖宗时事者颇多。有这层关系，故而光庭于僖宗颇为崇重。有意味的是，他还吹嘘僖宗是老子托生。《崔齐之遇老君验》借仙人口云："今秋圣上晏驾，幼主将立。此后四海沸腾，兵戈相接，社稷危于缀旒。太上老君自降生宫中，为镇安宗社，以定此难。"《赖处士说老君降生事验》云："太上老君自降王宫作幼主，以扶此难，社稷可以存耳。"幼主即僖宗李儇，咸通十四年（873）八月即位时，年仅十二，驾崩时才二十七。僖宗身当乱世，又受宦官挟持，实无所作为。《新唐书·懿宗僖宗纪》赞曰："懿、僖当唐政之始衰，而以昏庸相继。"光庭称誉有加，盖出于个人情感而已。

光庭光启二年（886）入蜀，居青城山白云溪，此前亦曾游蜀多年，又曾在蜀会僖宗，故记蜀事尤多，特别是成都。王建据两川之地，昭宗天复三年（903）王建立为蜀王，赐号光庭广德先生。书中记王建及其部属之事者亦时见，尊称王建为太尉平阳公（《昌明县孟津观验》）、相国琅琊公（《李赏斫龙州牛心山古观松栢》）、蜀王（《干元观四天神王验》《金堂县昌利化玄元观九井验》），亦见出对王建的尊崇。

光庭乃道徒，排斥佛教，书中贬斥僧徒之事颇多。如《启灵观天尊验》记僧毁秦州启灵观天尊像遇大黑蛇殒命，《青城山宗玄观验》记僧毁青城山宗玄观像设遇巨蛇，《城南文铢台验》记僧毁文铢台救苦天尊像遭报而死，《南岳魏夫人仙坛验》记僧毁魏夫人坛仙遭虎噬杀，《蜀州铁老君验》记僧毁谤老君而卒，《云顶山铁天尊验》记僧徒毁天尊像立有祸患，《玉霄宫钟验》记僧窃玉霄宫钟而卒，《僧法成改经验》记僧窜改道经耳鼻血流而死，等等。

光庭中和四年（884）撰成《历代崇道记》，始于周穆王，记历代帝王崇道之事，与《道教灵验记》堪可匹配，一言崇道，一言灵验而已。二书记事有重见处，《道教灵验记》中《上都昭成观验》《亳州太清宫验》《青羊肆验》《木文天尊验》《京光天观黑髭老君验》《终南山玉像老君验》《天台观老君验》七则均见于《历代崇道记》，唯详略有别，各有侧重，有的情事亦有差异，盖所闻时地不同耳。

光庭后仕前蜀，本书署广成先生杜光庭集，王建之封号也，故《四库全书总目》卷一四七道教类存目提要云："《道教灵验记》十五卷，蜀杜光庭撰。……旧本题曰唐人，考《朱子通鉴纲目》书王建以道士杜光庭为谏议大夫，而光庭《广成集》中又有《谢户部侍郎表》，则非惟入蜀，且仕蜀矣。故今改题焉。"按：《提要》说非。观书中云"我唐高祖"（《洋州素灵宫验》），"大唐将受命"（《盩厔县楼观验》），明为唐人口吻。又称王建为蜀王、太尉平阳公、相国琅琊公，显然王建时未称帝。王建天祐四年（907）九月称帝，书成必在此前也，唐犹未亡。而《襄州北帝堂验》条称楚王赵匡凝，匡凝封楚王在昭宗天祐元年六月，《龙鹤山老君验》条称乙丑年，乙丑年乃哀帝天祐二年，是则书成必在天祐二年至四年间也。广成先生杜光庭集之题署必是后人所加，非光庭原署。光庭《历代崇道记》末署"中和四年十二月十五日上都太清宫文章应制、弘教大师、赐紫道士、臣杜光庭上进谨记"，疑本书原署亦类此。

天祐间光庭撰《神仙感遇传》十卷，本书与之约略同时，互相配合，以弘扬玄门。光庭序末云："大道不宰，太上好生，固无责于刍狗，而示其报应。直以法宇像设，有所主张；真文灵科，有所拱卫。苟或侵侮，必陷罪尤。故历代以来，彰验多矣。成纪李齐之《道门集验记》十卷,始平苏怀楚《玄门灵验记》十卷,俱行于世。今访诸耆旧,采之见闻,作《道教灵验记》,凡二十卷。庶广慎微之旨,以匡崇善之阶,直而不文,聊记其事。"李、苏二书皆佚,不得其详,光庭此书则"访诸耆旧,采之见闻"而成,故蜀事特夥,而多为明曹学佺《蜀中广记》所采。此书乃弘道之作,涉及广泛,真宗序称"其事显而要,其旨实而详"。虽为道书,自多道教语,然诚如《四库提要》所云:"所述皆娴于文字,较他道家之书词采可观。"中若《城南文铢台验》《张仁表太一天尊验》《李邵太一天尊验》《王道珂天蓬呪验》《李约黄箓斋验》《嘉州东观尹真人石函验》等篇,皆叙述委曲,有传奇笔意焉。

### 四、《仙传拾遗》

《崇文总目》道书类著录《仙传拾遗》四十卷,杜光庭撰。《通志略》道家类、《中兴馆阁书目》神仙家类、《宋志》道家神仙类并同。《中兴书目》云"凡四百二十九事"。宋末王应麟《玉海》卷五八《艺文》"汉列仙列士传"条亦云:"杜光庭《仙传拾遗》四十卷,凡四百二十九事。"

明正统《道藏阙经目录》下卷著录《仙传拾遗》四十卷。《道藏阙经目录》乃刊刻《道藏》时对照《玄都宝藏》目录所编,可见元刊《玄都宝藏》(刊竣于蒙古乃马真皇后称制三年,1244)中尚有此书全帙。后经元宪宗、元世祖下诏焚毁道经印版或元末兵燹,遂失传。《说郛》卷七《诸传摘玄》止摘二事,删削甚剧。然明世并未绝迹难睹,胡应麟《少室山房笔丛》曾引《仙传拾遗》数条,为他书所不见。

其佚文所存甚多,《太平广记》《三洞群仙录》征引本书最夥,他书亦时见引用。台湾昌彼得《说郛考·书目考》云今人严一萍采辑《太平广记》等书所引,辑得九十九人,厘为五卷,印入艺文印书馆出版之《道教研究资料》第一辑(1975)。严辑本殊未称备。罗争鸣《杜光庭记传十种辑校》辑一百二十四条,疑似佚文六条。予辑录佚文一百二十七条,另有六条列为疑似佚文(与罗辑不尽同)。《少室山房笔丛》卷四三《玉壶遐览二》"岷峨主司",注:"杜光庭,见《仙传拾遗》。"按此条出处误,《三洞群仙录》卷一五《宾圣白犬》即此条,引自《高道传》。明胡我琨《钱通》卷三一引伊风子事,末注《仙传拾遗》,实出五代王仁裕《玉堂闲话》(《广记》卷五五引),《钱通》当有误。

此书之作,具体年代不明。考杜光庭唐末中和四年撰《历代崇道记》一卷,天祐间撰《神仙感遇传》十卷、《道教灵验记》二十卷,此书卷帙浩繁,疑为前蜀时所作。

自刘向《列仙传》、葛洪《神仙传》以降,仙传之书历朝纷出,如唐前之佚名《桂阳列仙传》、江禄《列仙传》、萧绎《仙异传》、颜协《晋仙传》、见素子《洞仙传》、朱思祖《说仙传》、佚名《集仙传》,洎唐又有王方庆《神仙后传》、蔡玮《后仙传》、张氲《神仙记》、段常《续仙传》、江积《八仙传》、佚名《武陵十仙传》等。光庭此书乃拾仙传之遗,竟多达四十卷,群仙四百二十九,足可见神仙道教风行于世。观其佚文,亦偶或见于此前仙传者,如《列仙传》之《萧史》《园客》,《神仙传》之《沈建》《成武丁》等,然或事有补充。

诸仙事迹大都采撷旧籍,唐前有《穆天子传》《神异经》《蜀王本纪》《十洲记》《洞冥记》《搜神记》《拾遗记》《述异记》及《史记》《汉书》《后汉书》《晋书》《隋书》等。唐事有《原化记》《酉阳杂俎》《纂异记》《宣室志》《传奇》《异闻集》《杜阳杂编》及韩愈文、权德舆文等。但唐事亦多有得于闻见者,与光庭他著如《神仙感遇传》等相似。光庭久住于蜀,故于蜀仙颇多书写，亦如《神仙感遇传》。先唐之事多不可观，唐事者所取《传奇》等，其重文采自不待言，而光庭自撰者振奇之作时见，承唐人余风矣。

### 五、《录异记》

《崇文总目》小说类著录《录异记》十卷，杜光庭撰。《宋志》同。《遂初堂书目》入道家类，无卷数、撰人。明清书目皆作八卷。如《国史经籍志》传记类冥异、《百川书志》小说家类、《红雨楼书目》小说类、《绛云楼书目》小说类、《四库全书总目》小说家类存目、《稽瑞楼书目》等皆是。

十卷原本已不传，存世者乃八卷本。《国史经籍志》道家类又著录四卷本，考明白云霁《道藏目录详注》卷二洞玄部记传类著录《录异记》，注云："卷一之八，共四卷。"而《道藏》本卷之一下注"二同卷"，卷之三下注"四同卷"，余类推，是又合二卷为一卷，知四卷本者亦即八卷本。

八卷本载于《道藏》《秘册汇函》《津逮秘书》《说库》《道藏举要》等。诸本皆有杜光庭叙（或作序）。《秘册》《津逮》《说库》本书末有明正德己卯岁（十四年，1519）吴门柳金、长洲俞弁，万历己丑（十七年，1589）赵清常三跋。柳跋作于三月，谓"得于友人家，假归录出"。俞跋谓"己卯首夏，访大中村居，承假是录"，大中，柳金字也。赵跋谓"万历己丑端阳后二日，发故箧偶见此书跋语，抚卷慨然，为校正二十一字"。而《秘册》《津逮》二本卷前又有沈士龙、胡震亨题识二首。《续修四库全书》影印《津逮》本。

《北京图书馆善本书目》著录有明抄本二种，其一有秦四麟跋、何焯跋、黄丕烈跋。《荛圃藏书题识》卷六著录此本，书后亦有柳金、俞弁二跋。《四库全书存目丛书》影印北京图书馆藏明抄本。此本卷首有西岩子（秦四麟）己丑季夏抄录陶岳《五代史补》杜光庭传记。卷末题"丁丑七月既望又得别本旧抄校"，丁丑乃万历五年（1577）。下为《书录异后》，为柳金、俞弁二跋及西岩山人（秦四麟）二跋。秦前跋云："万历己丑首夏，赵子玄度（赵琦美字玄度，号清常道人）访予斋居……因语予近得杜光庭《录异记》，凡八卷。予请借观。去数日，录一册见赠。"秦跋上端为何焯康熙癸巳（五十二年，1713）跋。秦跋后是黄丕烈二跋，作于嘉庆乙丑（十年，1805）夏六月，云访扬州书贾得此旧抄，"屡加校勘"。此本有柳、俞、赵、秦诸跋，则与《津逮》本一也。

又有一卷节本，载《重编说郛》卷一一八、《龙威秘书》四集《晋唐小说畅观》《晋唐小说六十种》。无序，凡十六条，取自八卷本。又《类说》卷八摘六条，中有三条见于本书佚文，不在八卷本中，知其所据为十卷原本。《太平广记》引本书甚夥，多有逸出八卷本者。《太平广记引用书目》有《录异诚》，即本书，"诚"乃"记"字之讹。

《道藏》本条目分合甚多淆乱，远不及《津逮》本、明抄本整饬。今据《津逮》本辑录，而对个别条目略事调整，共计一百三十八条。原无标目，今自拟。

八卷本之外佚文，共辑得二十九条。王斌等撰《录异记辑校》（巴蜀书社 2013 年版），将佚文编为卷九，未辑《唐鼠》，盖缘此条谈恺刻本《太平广记》卷四四〇引作《异苑》，而明抄本、陈鳢校本乃作《录异记》。罗争鸣《杜光庭记传十种辑校》亦将佚文编为卷九，凡二十八条，其中《太平广记》卷四七九引《舍毒》，罗争鸣从中析出《蟆子》《微尘》二条，似未当。又辑《疑似佚文》十三条，中颇多滥误。如辑入《佚文》之《男草》，乃据《太平御览》卷九九六引《录异记》，此实是唐前佚名撰《录异传》。《录异传》诸书或引作《录异记》，与本书相淆。《御览》引《录异传》二十余条，又引《录异记》三条，皆为《录异传》文，鲁迅《古小说钩沉》辑入。《广记》卷三八三引《贺瑀》《丘友》，注出《录异记》，亦为《录异传》。罗争鸣又据《渊鉴类函》卷三九六辑入《神农窟》，按《艺文类聚》卷八二、《御览》卷九九五引作《异苑》，见今本《异苑》卷二。其所辑《疑似佚文》，除予辑为佚文之《黄万佑》《任彦思》《张仁宝》《杨蕴中》《王延镐》外，亦大抵为《录异传》及《清异录》《集异记》等。罗氏本人对《侯白》《邹览》《如愿》等亦多有辨析，然仍列为疑似佚文，殊不可解。

诸书引作《录异记》者，不止于此，又如《广记》卷二三二《周邯》，谈本注出《原化记》，明抄本作《录异记》，而《广记》卷四二二引《传奇》亦载之，观其不类本书，明抄误矣。

《道藏》本题"光禄大夫、尚书户部侍郎、广成先生、上柱国、蔡国公、臣杜光庭纂"，明抄本同，唯无臣字。《津逮》等本只题蜀杜光庭撰，而自序题署则为"蜀光禄大夫、尚书户部侍郎、广成先生、上柱国、蔡国公杜光庭撰"，与《道藏》本大同。按光庭于王建永平三年（913）授金紫光禄大夫，封蔡国公，进号广成先生，天汉元年（917）迁户部侍郎，加上柱国，此书必撰于天汉后。又本书卷五《异龟》称蜀皇帝乾德元年（919），卷六《洞》载乾德三年正月事，而是年八月光庭封传真天师、特进、检校太傅、太子宾客、兼崇真观大学士。是知本书之成编，必在乾德三年正月至八月间。沈士龙《题录异记》云："杜光庭以方术事蜀昶，是以昶亦好为方士房中之术。观其所著《录异记》，大都捃拾他说，间入神仙玄怪之事，用相证实。如所记黄齐遇什邡老人，言蜀之山川合为帝王都，而蜀字若去虫著金，正应金德久远，王于四方，四海可服，此盖意在媚昶也。"沈氏以为书出孟蜀，实大谬，光庭之卒，孟氏犹未立，焉能事昶？《四库全书总目》卷一四四小说家类存目辨云："其记蜀丁卯年会昌庙城壕侧龟著金书玉字大吉字，则王建天复七年也。又称蜀皇帝乾德元年己卯七月十五日庚辰降诞广圣节，王彦徽得白龟以进，则王衍元年也。凡此皆为前蜀王氏诞陈符瑞。以云悦昶，失考甚矣。"

在杜光庭所撰六种小说中，《录异记》是唯一一本专以述异语怪为内容的志怪小说集。观其自序，光庭有意秉承"前达作者"《述异记》《博物志》等历代志怪书专语"怪力乱神"的传统，亦在道教活动与著述之余"聊因暇辰，偶为集录"，成此十卷之书。光庭羽流，自谓河洛图纬之书，而志怪书亦颇道天地变怪，故作此书以为道书之辅。末署"臣光庭谨叙"，显然是进呈蜀主王衍，非仅供好事者披绎。沈士龙谓光庭"学凡识近，急于成书，取悦于昶，故率率如尔"，其实光庭撰作此书颇为上心。

《录异记》内容分类编纂，共分十七类，计有仙、异人、忠、孝、感应、异梦、鬼神、龙、异虎、异龟、异鼋、异蛇、异鱼、洞、异水、异石、墓。观其佚文，疑原尚有异鼠、异虫、异鸟。

类别以《仙》开篇，次以《异人》，显然与杜光庭的道士身份有关，以明其弘道之旨。而王衍好仙，自亦有迎合时主之意。以下则为《忠》《孝》，其意亦明。道教历来倡导忠孝，颇合儒家之旨。道教欲在封建社会帝王政治中存身发展，不可背离主流思想。葛洪《抱朴子内篇·对俗》有云："欲求仙者，要当以忠孝和顺仁信为本。若德行不修，而但务方术，皆不得长生也。"又称："人欲地仙，当立三百善；欲天仙，立千二百善。"陶弘景《真诰》卷一六《阐幽微》亦云："夫至忠至孝之人，既终皆受书为地下主者。一百四十年乃得受下仙之教，授以大道，从此渐进，得补仙官。"《北史》卷二一《崔浩传》载天师寇谦之称"吾当兼修儒教，辅助太平真君"。道教深明忠孝之价值所在。光庭在《忠》篇倡导"忠孝之道，君臣之礼"，记牛丛"绝笔而薨"，王愊"号恸而薨"，皆为唐末忠臣，而刘万余、邓慢儿不事黄巢，更以艺人树为楷模。胡震亨《题录异记》称二人"忠皆可录"。

《感应》以下，皆志怪书习见题材，值得关注者是"龙"至"异石"九类，皆为动物山水异闻。古来志怪小说有地理博物一脉，光庭序中所言张华《博物志》，正是地理博物体志怪的代表作之一，显然他是有意仿效此类作品。《墓》十六条是关于墓的传闻。伏羲八卦坛，女娲抟土造人，皆为古老神话传说。《仙女墓》涉及著名的董永织女传说，为这一传说的演化提供了新资料。东晋郭璞是著名方术之士，传闻极多，其墓所在众说纷纭，《郭璞墓》提供了别一说。冢墓故事又多涉盗墓。学者曾著有《盗墓史》（殷啸虎、姚子明著，上海文艺出版社 1997 年版），《中国盗墓史》（王子今著，中国广播电视出版社 2000 年版），可以参看。

光庭自序称本书"或征于闻见，或采诸方册"，交代材料来源。经检对，中有采《史记》《晋书》《神仙传》《述异记》《广异记》《西阳杂俎》《岭表录异》等及上官仪《为朝臣贺凉州瑞石表》。而大都属"征于闻见"。唐末至王蜀，光庭在蜀青城山，是故关于唐末及蜀中见闻尤多。故而《十国春秋》前蜀部分多采其事。

书中记事，或又见于光庭他书。卷七《黄石》亦见《仙传拾遗·张子房》。卷六《鬼城山》见《道教灵验记》卷九《丈人真君山摧出水验》，卷七《六时水》，见《道教灵验记》之《青城绝顶上清宫天池验六时水验附》，《新北巨石》见《道教灵验记》之《成都景云观三将军堂柱础验》。往往详略不同，或有异辞。

《录异记》作为志怪小说集，文字大抵简略，非有意为文者，唯《鬼神》篇进士崔生一事稍具唐传奇笔意。由于其多记山川异物，置于唐五代小说中自可显出特色，未可如沈士龙出以嗤鄙之词也。

## 六、《缑岭会真王氏神仙传》

衢本《郡斋读书志》卷九传记类（袁本卷三下神仙类）著录《王氏神仙传》四卷，晁公武叙云："右蜀杜光庭纂。光庭集王氏男真女仙五十五人，以谄王建。其后又有王虚中续纂三十人附于后。"《直斋书录解题》卷一二神仙类作一卷，疑误。陈振孙叙云："杜光庭撰。当王氏有国时，为此书以媚之，谓光庭有道，吾不信也。"《文献通考·经籍考》神仙家类引晁氏。南宋绍兴初所编《秘书省续编到四库阙书目》道书著录杜光庭撰《缑岭会真王氏神仙传》五卷，《通志略》道家类同，唯缑岭作缑氏岭，多一氏字。按：其云五卷者，疑合王虚中续书言之，杜作当亦四卷。书名当系原题，作《王氏神仙传》者省称也。

缑氏，县名，即今河南偃师县，属洛阳市。县有缑岭，又名缑山、缑氏山。杜光庭《洞天福地岳渎名山记》云："缑氏山，在洛州缑氏县，子晋上升处。"子晋即王子晋，实际姓姬，周室王子名晋也。古书常又称王子乔、王乔，传云七月七日于缑氏山乘白鹤升天。王子晋乃王姓神仙之著者。《仙传拾遗·王太虚》载东极真人王太虚称王为"缑氏仙裔"，乃以王为王子晋之后。仙灵之最西王母者，其夫东王公亦传为王姓，其女皆姓王，《墉城集仙录》之南极王夫人（名林，第四女），紫微王夫人（名清娥，第二十女），云华夫人（名瑶姬，第二十三女），太真夫人（名婉，小女），云林右英夫人（名媚兰，第十三女）皆是。而缑氏亦其仙地,《墉城集仙录·缑仙姑》云:"河南缑氏乃王母修道之故山也。"其称"西王母姓缑",即因地为姓。然则缑氏之连乎王姓神仙,不唯子晋,又有王母,此则神仙之极矣。唐人施肩吾尝着《西山群仙会真记》五卷(《直斋书录解题》卷一二神仙类),西山在洪州,因晋许逊升仙于此而著名。光庭此书正仿施肩吾书名,所异者非谓群仙会于缑岭,而言汇王氏神仙之事,皆缑岭仙裔也。

此书明世犹存。《赵定宇书目·稗统目录》有《王氏神仙传》。陈第《世善堂藏书目录》卷下神仙道家类亦有《王氏神仙传》四卷,注云:"蜀杜光庭集,以谀王建。"原本今不见传。清顾櫰三《补五代史艺文志》道家类著录杜光庭《缑岭会真传》一卷,盖为辑本。

《类说》卷三存节本,凡十六条。《说郛》卷七节一条,乃钁括三王乔之事。《三洞群仙录》所引颇夥。昌彼得《说郛考·书目考(卷七)》云严一萍辑得卅八人,印入《道教研究资料》第一辑,未见。今据《类说》《三洞群仙录》等辑佚文三十九条。原书五十五人,犹缺十六人。《神仙感遇传》《墉城集仙录》《仙传拾遗》中王姓神仙,除本书所载者尚多。

与光庭他书相似,其中诸多条目皆有所本,如东汉桓谭《新论》、晋魏华存《清虚真人王君内传》、葛洪《神仙传》、梁陶弘景《真诰》、佚名《集仙传》、见素子《洞仙传》、唐李隐《大唐奇事记》等,其中取自《神仙传》者颇多。

其中诸仙之事,或有重见于光庭他书。王纂、王廓又见于《神仙感遇传》,鬼谷又见于《仙传拾遗》《录异记》,王、王法进又见于《仙传拾遗》,太真王夫人、王徽侄女、王法进、王奉仙、南极王夫人又见于《墉城集仙录》。

光庭仕王建父子,颇受礼遇,号为天师。王氏信仰神仙道教,王衍尤甚,故撰集王姓神仙以媚之,光大王姓,启时主遐举之欲,用固其宠。陈振孙不信光庭有道,诚是也。史载王衍乾德五年(923),起上清宫,塑王子晋像,尊以为圣祖至道玉宸皇帝,又塑建及衍像,侍立于其左右(《新五代史》卷六三《前蜀世家》)。光庭此撰,当作于乾德五年前后,或缘后主斯举而为呼应,或斯举即缘此书而启也。晁公武谓此书"以谀王建",以为作于王建时,似非。

此书条目大抵不可玩读,远逊《神仙感遇传》《道教灵验记》《仙传拾遗》诸作。

## 七、《墉城集仙录》

《崇文总目》道书类、《通志略》道家类、《宋志》道家神仙类著录杜光庭《墉城集仙录》十卷,《通志略》注云:"集古今女子成仙者百九人。"《秘书省续编到四库阙书目》道书类载《集仙录》一卷、杜光庭《集仙传》二卷,当系残本。

《道藏》洞神部谱录类载有残本六卷,题唐广成先生杜光庭集。按朝代误,此非原署。所载自圣母元君至西河少女,凡三十七人。《道藏目录详注》卷三称三十二位,中遗五人,盖粗疏所致,或所据本有阙。清瞿镛《铁琴铜剑楼藏书目录》卷一八道家类著录六卷旧抄本,云:"蜀杜光庭撰。所录皆古之仙女,盖意欲补葛氏《神仙传》之遗。自圣母元君至西河少女,凡三十七人。以《道藏目录》校之,增多昭灵李夫人、三元冯夫人、南极王夫人、女几、杜兰香,凡五人,似《道藏》所收尚非足本也。"按此五人全在《道藏》本中,故知此旧抄本与《道藏》本无异。此旧抄本今藏国家图书馆。《云笈七签》卷一一四至卷一一六收此书节本,有杜光庭叙,共二十七人,除卷一一四《西王母传》及《九天玄女传》外,其余二十五人不见《道藏》本。《七签》本与《通志略》谓本书凡百九人，此才六十二人。《太平广记》等书所引佚文，又得二十二人，则八十四人，尚有二十五人不可知也。

《太平御览》卷六六七引《集仙箓》曰："昆仑玄圃见正一真人，勤苦斋戒，读经崇道。"又卷六七〇引《集仙录》曰："夫茂实者，翘春之明珠也；巨胜者，玄秋之沉灵也；丹枣者，盛阳之云芝也；伏苓者，绛神之伏胎也。五华含烟，三气陶精，调安六气，养魄护神。"此二节未检得在何人传记中。"夫茂实者，翘春之明珠也"云云见于《九真中经》卷下、《三洞珠囊》卷四、《七签》卷七四引《太一饵瑰葩云屑神仙上方》，非在传记中。

《御览》卷六六二引《集仙箓》张正礼衡山学道事（《永乐大典》卷八五二六亦引，作《集仙录》），见《真诰》卷一四《稽神枢》，作张礼正（《御览》卷六六九、卷六七一引《真诰》作张正礼），《历世真仙体道通鉴》卷一二亦载，作张礼正。《御览》卷六七〇引《集仙录》高辛时仙人展上公事，见《真诰》卷一三《稽神枢》，又载《洞仙传》（《七签》卷一一一），《真仙通鉴》卷四亦载。《御览》同卷又引南阳文氏事及涓子事，见《抱朴子内篇·仙药》及《列仙传》卷上，《真仙通鉴》卷四亦载《涓子》。《群仙录》卷九《李升旧友》引《集仙传》唐人李升事，见《续仙传》卷中，《真仙通鉴》卷四六亦载。《永乐琴书集成》卷一七引《集仙录》，载山阳浦遇负琴道士服其神丹而升天之事，未见于他书。此数人皆非女仙，必不出本书。《路史·后纪》卷一二《夏后氏》罗苹注云："水怪无支祈事，详《岳渎经》《集仙录》。"亦不当出本书。《路史·余论》卷九《无支祁》引《集仙录》云华夫人，接叙李公佐得《岳渎经》事，盖罗苹误以"《集仙录》云"止于无支祁事，故有此注耳。

《七签》本载《墉城集仙录叙》云："《墉城集仙录》者，纪古今女子得道升仙之事也。夫去俗登仙，超凡证道，驻隙马风灯之景，享庄椿蟠桂之龄，变泡沫之姿，同金石之固，长生度世，代有其人。绵历劫年，编载经诰，玄图秘箓，灿然可观。神仙得道之踪，或品升上圣，或秩预高真，或统御诸天，或主司列岳，或骑箕浮汉，或隐月奔晨，或朝宴九清，或徊翔八极。开皇已往，劫运之前，三洞宝书，多所详述。洎九皇三古之后，服牛乘马已还，皆缀天府而下拯生灵，由仙曹而暂司宰制。垂法立教，秉国佐时，儒籍史臣，备显其事。至有韬光混迹，驾景登晨。或功著岩林，遡烟霞而轻举；或身离嚣浊，控鸾鹤以冲虚。或躬赞帝王，或乐居旷俗。阴功克就，玄德升闻，使鸡犬以俱飞，拔庭除而共举。光于简册，无世无之。昔秦大夫阮苍、汉校尉刘向，继有述作，行于世间。次有《洞冥书》《神仙传》《道学传》《集仙传》《续神仙传》《后仙传》《洞仙传》《上真记》，编次记录，不啻十家。又《名山》《福地》之篇，《括地》《山海》之说，《搜神》《博物》之记，仙方药品之文，旁引姓名，别书事迹，接于闻见，讵可胜言。则神仙之事，焕乎无隐矣。……纂彼众说，集为一家。女仙以金母为尊，金母以墉城为治。编记古今女仙得道事实，目为《墉城集仙录》。《上经》曰：'男子得道，位极于真君；女子得道，位极于元君。'此传以金母为主，元君次之，凡十卷矣。广成先生杜光庭撰。"

按原叙（同序）颇长，今略去中段论道七百余言。叙称"纂彼众说，集为一家"，乃编纂旧籍而成，今检所载，取乎《列仙传》《神仙传》《真诰》者极夥。此外又若《韩诗外传》《汉武帝内传》《搜神记》《述异记》《十二真君传》《茶经》《杜阳杂编》、裴铏《传奇》及颜真卿《南岳夫人魏夫人仙坛碑铭》、李筌《骊山母传阴符玄义》、李坚《金泉道场碑》等，均有采录。

叙又称金母治墉城，故以为目。按《十洲记》载昆仑有镛城，金台玉楼，西王母所治；

《汉武帝内传》云墉宫女子王子登为王母所使，从昆仑山来，此其所本也。

叙末题广成先生，此王建永平三年（913）所封之号。王衍好仙胜乎乃父，后妃亦惑之。史载衍尝与太后、太妃游青城山，宫人衣服皆画云霞，飘然望之若仙（《新五代史》卷六三《前蜀世家·王衍》）。光庭撰述仙传，盖为媚主。而本书专述女仙者，则又启蜀宫众妇之欲也。

所载诸传多言道术，枯槁不能卒读，只十来篇传奇体者稍佳，若《王法进》《边洞玄》《王奉仙》《薛玄同》《王妙想》《鲁妙典》《骊山姥》《杨正见》等，叙述较细，或可见鱼龙曼衍之趣。唐人喜言神仙，裴铏《传奇》所记即多。彼以人情入仙事，妙发奇彩，韵致绰约，全不似道传之枯乏。此小说家仙传与神仙家仙传之别也。

书中所记，多有见于光庭他书者。若南极王夫人、太真夫人、王法进、王奉仙、王氏女等《王氏神仙传》亦载。王法进、阳平治、卢眉娘、王妙想、褒女、薛女真等《仙传拾遗》亦载。猴仙姑、鲁妙典之事又见于《道教灵验记》。

此书及光庭其他神仙传记，历来道教徒颇重之，南宋正一道士陈葆光、五代天台山道士王松年、元浮云山道士圣寿万年宫道士赵道一《历世真仙体道通鉴》等，均大量采入。

# "图文一体"传统与连环画的诞生

张同利*

**摘　要：**历代文学题材文人画、文史故事画像、宗教经义与故事画、小说戏文题材年画，或在单幅画面中时空并置、图文并用，或用长卷式的"连环图画"表现文字内容，它们都具备了连环画的一些特征；元明清小说戏曲插图，是文学文本的重要辅助，其种类繁多的版面形式，为后来的连环画提供了诸多启示和参照。晚清石印技术在图像印刷上的优势彻底改变了传统印刷品的图文格局，在石印（回回图）、图咏、图画集中，图像的叙述功能逐渐增强。上海世界书局六部文学题材"连环图画"的出现，正式宣告了连环画的诞生。

**关键词：**连环画；文字；图画；传统

中国连环画是一种以图为主、图文配合，版式和开本较为固定，艺术特色鲜明，具有内容的故事性、画面的连续性等特征的大众文艺读物。它产生于清末民国石印术引进以后，近代出版业及大众文化兴起的大背景下。然而，就其历史渊源来说，它曾长久地孕育于"图文一体"的文化传统中。

中华文明肇创之初，文字与绘画同源共生，唐人张彦远《历代名画记》曰：

> 夫画者……发于天然，非由述作。古先圣王，受命应箓，则有龟字效灵，龙图呈宝。……是时也，书画同体而未分，象制肇创而犹略。无以传其意，故有书；无以见其形，故有画。①

从源头上来说，文字与绘画产生于人们"传意""见形"的"天然"需求，不管是"意"，还是"形"，都是将自然界的物象表示为精神观念上的形象。早期的"图形象物"②，同样也说明先人具备了将实在物质转变成形象符号的能力。慢慢地，"图形"向两个方向发展，一则成为"图画"，一则成为"文字"。就二者的表现能力而言，"宣物莫大于言，存形莫善于画"③，文字长于叙事达意，图画则长于绘容存形。文字和绘画各有所长，同时毕竟也有各自的局限，于是左手持图、右手持书遂成古人理想的读书模式。④ 而文字和绘画也从来都没有完全摆脱同生共长的状态：古代图书往往有文亦有图，如最具典型性的古本《山海经》，古人常称为《山海经图》，据传《山海经》本据《山海图》所作，历朝历代给《山海经》作

---

　　*　张同利，文学博士，安阳师范学院文学院副教授，硕士生导师，主要从事中国古代小说研究。本文系作者主持的 2013 年国家社科基金青年项目《中国文学的连环画改编传播研究（1949—2000）》（编号：13CZW089）及 2017 年河南省青年骨干教师项目《中国连环画脚本研究》（编号：130）的阶段性成果。

　　①　（唐）张彦远《历代名画记》，浙江人民美术出版社 2011 年版，第 1～2 页。

　　②　《左传·宣公三年》："昔夏之方有德，远方图物，贡金九牧，铸鼎象物，百物而为之备，使民知神奸。"杨伯峻《春秋左传注》（二），中华书局 2009 年版，第 231 页。

　　③　（唐）张彦远《历代名画记》，浙江人民美术出版社 2011 年版，第 1 页。

　　④　如《新唐书》卷一百四十二《杨绾传》，说杨绾性格沉静，"独处一室，左右图史，凝尘满席，澹如也"。（宋）欧阳修、宋祁撰《新唐书》，中华书局 1975 年版，第 4664 页。

图的也不胜枚举;再如郦道元《水经注》,据说也是"据图以为书"[1];刘向《列仙传》亦是依古本《列仙图》检定虚实,撰写而成。[2] 在悠久的中国古代文化长河中,仅就文字与绘画的关系来说,历代文学题材文人画、文史故事画像、宗教经义与故事画像、小说戏文题材年画、小说戏曲插图等,或据文作图、以图说文,或文中插图、图文并茂,形成一个绵延流长,"图文一体"的历史与传统,中国的连环画艺术正是植根于此。

### 一、文学题材文人画

文学题材文人画主要有两种形式:一是以单幅图画来描绘文学意境或场面,二是以"连环图画"来描述同题文学作品的情节内容。前者相对较多,例如南宋马和之《唐风图》、南宋赵葵《杜甫诗意图》、宋末元初钱选《归去来图》、元张渥《雪夜访戴图》、明仇英《桃源仙境图》、明文徵明《湘君夫人图》等。后者相对较少,如东晋顾恺之《洛神赋图卷》。下面分别就两类作品略做分析说明。

马和之《唐风图》,传为南宋高宗书《诗》与《毛诗序》,命马和之在空白处补画而成,所谓"《毛诗》三百篇,每篇具画一图"[3]。从马和之奉旨作图这一特殊的形成因素来说,似可称为"诗经插图",但由其实际内容来看,其更应当被视为传达和表现《诗经》艺术境界的"诗意图"和文学题材文人画。原诗和《毛诗序》都描写了某公让车马闲置、钟鼓悬挂的场景。在图画中,厅堂上悬挂着钟鼓,高大的车子摆放在一边,肥硕的马匹闲散地在院子里溜达,还有几个路人边走边看,仿佛对某公家里投来关注的目光。《唐风图》完整地表现了原诗的场景,并从侧面传达了《毛诗序》"国人作诗以刺之"的讽喻劝诫意旨。在形式上,《唐风图·山有枢》右文左图,诗文图像相互配合,通过诗歌、诗序的文字阐发和图画的形象表达,以兴象引发读者联想,从而实现其教化的功用。

又如钱选《归去来图》。图画取陶渊明《归去来兮辞》文意描绘而成。右上方"远处"是一片青山,下方"近处"是一叶小舟轻荡于水上,陶渊明宽衣葛巾,右手微举,立于船首,真的是"舟摇摇以轻飏,风飘飘而吹衣";岸上几株垂柳错落有致,枝叶茂密,土墙柴门内伸出几竿修竹,一女子倚在门口,二幼童在门外嬉戏迎接,又似是《归去来兮辞》所谓"乃瞻衡宇,载欣载奔,童仆欢迎,稚子候门"。画面表现了陶渊明乘船渡水、脱离尘网、走向田园的寓意,恰当准确地传达了陶渊明《归去来兮辞》恬淡自然的人生境界。这幅图的中间是乾隆题画诗一首,左边则附鲜于枢行草书法陶渊明《归去来辞》,在形式上可谓图文并茂。

相传东晋著名画家顾恺之根据曹植的《洛神赋》,创作了《洛神赋图》,现存已知的摹本有四种,其中,藏于故宫博物院的《洛神赋图》为宋摹绢本。图卷从右往左,依此画了这样几个场面:曹植在山岩边,见一美人,美人身材婀娜,艳丽飘逸;曹植被美人深深吸引,遂结玉佩与之相约,美人欲去还留,然而终于还是消失了;曹植驾轻舟溯流而上,寻觅神女踪迹,最后终于就驾启程,怅然而归。《洛神赋图》是中国独有的长卷式绘画。长卷的

---

① 杨守敬《水经注图·序》,清光绪三十一年(1905)观海堂刻本。

② 《隋书》卷三十三:"又汉时,阮仓作《列仙图》。刘向典校经籍,始作《列仙》《列士》《列女》之传。"(唐)魏徵、令狐德棻撰《隋书》,中华书局 1973 年版,第 982 页。

③ (宋)陈善《杭州府志》,《佩文斋书画谱》第 4 册,中国书店 1984 年版,第 1360 页。

画幅是横向展开的,其宽度的充分延伸给画面容量提供了无限的可能。在构图上,画家用散点透视的方法,通过视点的不断移动,将发生在不同时间和空间的故事场景,按照故事的发展顺序平铺直叙地穿插交织在同一幅画面上,打破了时空的限制。在不同的场面之间,画家利用山川、树木、河流等分割画面场景、调节故事节奏,使不同的场面之间既保持各情节单元的独立,又在整体上成为和谐的统一体。

与单幅的文学题材文人画相比,长卷式的《洛神赋图》具有"连环"图画的特征:主要人物例如曹植和洛神反复出现,而且主要人物的衣着、体貌和姿态前后保持一致,在洛神和曹植见面的场景中,画面保持曹植在右、洛神在左以及曹植深情前望、洛神回眸凝视的格局,两人的对视成为故事情节连续的一条重要情感主线。

由上可见,单幅画作只就文学作品某个有意味的场景加以描摹渲染,为了加强画面的表现力,有的还在画面上题写原文,形成"图文一体"的表现格局,但其叙事能力毕竟受到画面尺幅的限制,很难在单幅画面中构成故事情节的连环。若要较为完整地表现如《洛神赋》这样故事情节复杂的作品,就要求画面能够容纳足够多的内容。为解决这个问题,古代画家创造了长卷式绘画,在同一幅横向无限延展的画幅中,用时空并置、散点透视等手法,把具有连续性的独立场景完美地统一于一幅画面中。这样的长卷式绘画,可视为较早的"连环图画"雏形。

## 二、文史故事画像

汉代的众多无名艺术家将大家耳熟能详的文史故事刻画在墓室、墓地祠堂、墓阙、庙阙等建筑上,不仅生动形象地再现了文史故事的场景、人物,赋予其深厚蕴含,而且在构图、线条运用及图文的配合上进行了探索,为后代包括连环画在内的绘画艺术提供了启示和借鉴。

如山东嘉祥武氏祠的"老莱子娱亲"。画像中有四个人物,右边,老莱子的父母坐在床榻上;左边,老莱子跌扑在地后,刚刚坐起来;在老莱子和父母之间,还有一人手持食物,弯腰站立,递给父母。画面右上角为韵文题记:"老莱子楚人也。事亲至孝,衣服斑连,婴儿之态,令亲有欢,君子嘉之,孝莫大焉。"《艺文类聚》卷二十引《列女传》曰:"老莱子孝养二亲,行年七十,婴儿自娱,着五色彩衣。尝取浆上堂,跌仆,因卧地为小儿啼。"[①]可见,画像题记当是改编转用了相关文献,而画面内容又是对"老莱子娱亲"故事和题记内容的真实再现。这幅画面的题记已经具备早期连环图画"文字说明"的雏形。

"董永孝亲"同样出现在嘉祥武氏祠。传为汉代刘向的《孝子传》和晋人干宝的《搜神记》均载录了董永的故事,主要有三个情节:董永鹿车载父,织女助董永还债,织女飞去。画像主要选取了董永耕田养亲、鹿车载父的场景:中间靠左有一人手持农具,旁边题记"董永千乘人也",画面中间有一老人手持鸠杖,坐于车上。除此之外,画面右边有一女子攀树采桑,中间靠上有一飞翔的仙女,左上角还有一头大象。女子采桑寓意织女助力董永还债,飞翔的仙女意味着织女飞走,那头翘鼻的大象则是取"象耕鸟耘"之意,传说"舜

---

① (唐)欧阳询编撰,汪绍楹校《艺文类聚》,上海古籍出版社1999年版,第369页。

死苍梧，象为之耕；禹葬会稽，鸟为之耘"①。采桑女子、飞翔仙女给"鹿车载父"的场景填补了第二、三个情节单元，而耕地大象和飞天织女的出现，则同时强化了董永孝心感天动地的主题。很显然，把发生在不同时空场景的图像并置在一起，并辅之以简洁的文字提示，会创设一个新的图文叙事语境，这种尝试增大了单幅图像的文化内涵和表述能力。

以文史故事为题材的汉代画像石，不只是简单地把一个有意味的场景复现出来，有的还把几个场景并置在一起，更有艺术家根据其主题需要，把不同版本的故事场景改编组合，从而创造出崭新的"画像故事"。

嘉祥武氏祠"豫让刺赵襄子"刻画的故事在汉代至少有三个代表性版本：在以《史记》为代表的版本中，豫让两次行刺赵襄子均被发现，第一次被释放，第二次豫让拔剑击赵襄子衣服后，伏剑自杀；在以《吕氏春秋》为代表的版本中，豫让躲在赵襄子苑囿桥下行刺，赵襄子的马受到惊吓，不肯前进，豫让好友青荓是担任赵襄子警卫的骖乘，他发现刺客为豫让后，既不忍背君，亦不愿弃友，遂自杀；在以《说苑》为代表的版本中，豫让漆身变形，吞炭更声，两次行刺赵襄子，第一次在赵襄子准备出行时，豫让躲在桥下伪装成死人，赵襄子马惊不进，豫让被抓后，赵襄子感其义，将其释放，豫让第二次穿赭衣入缮宫，又被发现，赵襄子又以礼相待，豫让惭愧自杀。武氏祠画像选取《吕氏春秋》和《说苑》版本中"马惊不进"这一关键情节，和《史记》版本中最具悲剧色彩、最为感人的"拔剑击衣"场景，将其组合在一起，从而能够更好地表现故事的情节冲突和主人公的侠义精神。画面形象生动活泼，文字提示简明扼要，故事情节一目了然。

### 三、宗教经义与故事画

隋唐时期，为了更方便地向世俗大众宣扬佛教教义，僧人往往采取通俗的讲故事方式，又讲又唱，宣传经义，这便是"俗讲"。在俗讲的过程中，僧人说一段故事，再吟诵一首诗歌，为了故事讲述更加直观形象，僧人还用"经变画"来配合说唱，每每说到故事关键处，僧人会指着经变画让信众观看，以增强讲说效果。

据段成式《寺塔记》，唐代长安的许多寺院中都有著名画家根据佛经绘制的经变画，例如常乐坊的赵景公寺三阶院西廊，有范长寿《阿弥陀经》所绘《西方净土变》，又如平康坊菩提寺佛殿中绘有《维摩诘经变》。② 敦煌莫高窟保存了大量的经变画，例如第 148 窟甬道顶南壁和第 85 窟南壁的《报恩经变·恶友品》，是依据《大方便佛报恩经》卷四《恶友品》绘制而成，原经文讲的是古印度波罗奈国国王的两个儿子善友和恶友的故事，《恶友品》经变画分别展现了善友太子入海取宝、利师跋国王女儿听善友弹筝等场景，画面右边题记，根据经义解说画面内容。

莫高窟壁画中还有不少佛教本生画，讲述释迦牟尼前世修行转世的故事，宣扬佛教因果报应、转世轮回的教义。这些佛教本生故事画，有的以单幅画面表现故事的某个重要场景，如第 275 窟北壁月光王施头本生；有的以某个主要情节作为本生画中心，其他情

---

① 《文选》李善注引《越绝书》："舜死苍梧，象为之耕；禹葬会稽，鸟为之耘。"见《四部丛刊》本《六臣注文选》第 3 册，卷 5，上海涵芬楼影印本。

② （唐）段成式《酉阳杂俎》，中华书局 1981 年版，第 252 页。

节则环绕在四周，如第 254 窟萨埵太子舍身饲虎；有的则采用屏风样式，把故事情节按照一定顺序绘制在几个屏风上，组成一组完整故事，如第 98 窟的《贤愚经》故事画；还有的则采用"连环图画"的形式，以多幅连续的画面来描述佛祖本生故事，如第 257 窟的九色鹿本生故事。

九色鹿本生故事画依据《佛说九色鹿经》绘制而成，采取横卷连环画形式，用九个画面表现了《佛说九色鹿经》的主要情节。画面并没有按照经文的故事情节平铺直叙，而是从画面的两端向中间描绘：左边从九色鹿王救溺水人开始，右边从王妃纠缠国王捕获九色鹿开始，故事在画的中间结束：九色鹿王陈述溺水人的负义行为，溺水人身上生疮。这种构图方法极为巧妙奇特，具有强烈的戏剧效果，很好地突出了此故事善恶报应的主题。从故事内容上来说，这幅本生故事画节选了最重要的故事情节加以表现，并在故事的高潮处戛然而止，在内容的改编剪裁上也具有独到之处。本生故事画是为配合经义宣传而作，尽管画面中并未直接书写文字说明，却在事实上构成"图文一体"、图文配合的局面。

被伯希和劫掠，现藏于法国国家图书馆的《佛说十王经》，是发现于敦煌的手绘经卷，当是晚唐五代为死者或生者祈福所用。这种经卷用左文右图的卷轴画形式讲述经文内容。例如《佛说十王经》卷甲①，第五图绘亡人二七日过初江王，图中亡人在渡奈河桥。有罪业之亡人戴柳或在河边徘徊，或在河中泅水。左边题赞："二七亡人渡奈河，千群万队涉江波。引路牛头肩挟棒，催行鬼卒手擎叉。"而具有"善业"的妇人则气定神闲地从桥上走过。第十图绘亡人七七过泰山王，为亡灵的中阴阶段，七七四十九天暂告一段落。经卷题赞曰："七七冥途中阴身，专求父母会情亲。福业此时仍未定，更看男女造何因。"

传为后汉成书的《太平经》是重要道教文献，其卷九十九、一百、一百一主体部分为三幅大型插图，分别是《乘云驾龙图》《东壁图》《西壁图》，《乘云驾龙图》描绘神仙驾龙车天行的景象，《东壁图》劝人行善，《西壁图》诫人作恶。其中，《西壁图》主要由前后两部分组成，前半部分有 17 人手持刀枪剑棒盾牌等打斗厮杀，表示兵丧死灭、为害作恶，后半部分则是受戒弟子听尊者讲经，在图像后面则有一段文字申明插图旨意。又《太平经》卷一百二《神人自序出书图服色诀》，讲述了传道天师何时向何人出授《太平经》及其插图以及插图中神人衣色的配置等，可见，上述三种插图可作道士讲经的辅助。而这种大型图画，从右往左，大致可以看作有图有文的"连环图画"②。

## 四、小说戏文题材年画

小说戏文题材年画较多地出现在小说戏曲等较为流行的明清至民国时期，这类年画的构图往往以戏曲故事的舞台布置为蓝本绘制，也有的结合原著和现实生活场景构思并绘制，较为常见的题材都是民众喜好的经典著作，如《三国演义》《西游记》《水浒传》《红楼梦》《西厢记》《杨家将演义》《隋唐演义》《白蛇传》等。

见于《中国戏曲志·陕西卷》的《回荆州》年画，据其画框右下角所提"明正德九年雍

---

① 现存三个（确切地说是二个半）绘本，分别称作甲、乙、丙卷，甲、乙为全本，丙卷只存部分。
② （明）《正统道藏》第 24 册，上海涵芬楼影印本，第 516～522 页。

山老人藏板"，当是明代年画。① 年画一组二幅，整体组成一个故事情节，即周瑜《赶驾》。在两幅年画中，《回荆州》（之一）：赵云、刘备、孙尚香三人回视；赵云左手握剑，右手持矛，怒目吴将；刘备头戴斗篷，身穿披风，右手按剑，凛然站立；孙尚香掀启轿帘，正欲怒斥周瑜。《回荆州》（之二）：周瑜俊扮，左手按剑，右手持大刀，正视孙尚香，后面二将，顶戴雉尾，面色狰狞，拉开架势，撑步提刀，作挥舞状。两幅画面合在一起，展现了周瑜企图阻止刘备和孙尚香逃离的紧张场面，斗争白热化，矛盾似乎一触即发。为了突出矛盾斗争的激烈效果，《回荆州》年画把小说和戏文的故事情节做了适当改编，让戏剧冲突的主要人物刘备和周瑜直接面对。画面的人物装束、仪容、背景等，则显然是以戏剧舞台为蓝本绘制的，象征色彩较为浓厚，真实感较弱。

据称为"清顺治二年西凤世兴画局藏板"的《西游记》年画②，有《龙宫借宝》《三藏收徒》《通天河》《孙悟空三盗芭蕉扇》《白骨洞》《狮子洞》《蝎子洞》《无底洞》《求真经》《六月亮经》等十幅一组。③ 同一版本的还有诸如《水浒传》《白蛇传》《三国演义》《封神演义》等戏曲年画，而且都是成套生产，一套三十多幅。④ 这些年画均选择古代小说经典著作中有代表性的回目和场景绘制，对于熟悉传统经典的读者来说，可以通过观赏成套的年画画面，在头脑中想象和还原小说戏文的场景、人物，从而获得图像与文本的情节关联以及故事的连续性呈现。

杨柳青木板年画《红楼梦》产生在《红楼梦》人物画流行京津的嘉庆以后。⑤ 从内容来看，适应于平民百姓欣赏习惯、世俗喜好以及年画张贴的节俗氛围。杨柳青《红楼梦》年画特别选择了《红楼梦》中的那些轻松快乐的生活场景加以刻画。如《红楼梦藕香吃螃蟹》《红楼梦庆赏中秋节》《史太君两宴大观园》《薛蘅芜讽和螃蟹咏》《庆寿辰厅府排家宴》等花团锦簇、珍馐罗陈的场景是杨柳青《红楼梦》年画的热门题材。在融合了传统中国画中的人物画、山水画、界画、壁画等的技法和风格后，杨柳青年画画师在形式上进行了大胆创新。在画面构图和背景设置上，画师并未完全照搬原著，而是根据木板年画作坊印制的生产工艺特点，并参考现实的宫廷园林场景进行灵活处理。例如《藕香吃螃蟹》，画面以贾母为中心，均衡又有变化地把二十四人分别置于三个相连的水榭之中，布局对称而不生硬，整幅场景和谐统一，亭台建筑也颇有纵深感。而这些人物的座次安排、楼阁亭台排布，并不与原著完全吻合。至于画面中所描绘的宫廷或王府的楼阁、水榭、亭台等，仅靠想象是很难表现出来的。有的杨柳青民间画师常奉旨到宫中或王府中画御容和传真，利用这种机会，他们得以浏览宫禁和王府中的真实景象，从而为此类题材绘制提供了重要的背景参照⑥，给画面带来了较强的写实色彩。

---

① 朱浩《戏出年画不会早于清中叶》，怀疑这两幅《回荆州》年画作于清朝中期以后，见《文化遗产》2016 年第 5 期，第 126～135 页；孙红瑀《明正德及清顺治世兴画局刻印戏曲版画考述》，认为从脸谱的画法上判断，这两幅年画当出现于光绪十九年(1893)之后，见《中华戏曲》第 52 辑，2016 年版，第 248 页。

② 孙红瑀《明正德及清顺治世兴画局刻印戏曲版画考述》，认为这组年画的刻印时间可能出现在顺治以后，"顺治二年"为伪。见《中华戏曲》第 52 辑，2016 年版，第 254 页。

③ 鱼讯主编《陕西省戏剧志·宝鸡卷》，三秦出版社 1996 年版，第 381～385 页。

④ 中国戏曲志编辑委员会《中国戏曲志·陕西卷》，中国 ISBN 中心 2000 年版，第 582 页。

⑤ 张雯《清代杨柳青〈红楼梦〉年画对原著的"接受"与"重构"》，线装书局 2011 年版，第 15 页。

⑥ 张雯《清代杨柳青〈红楼梦〉年画对原著的"接受"与"重构"》，线装书局 2011 年版，第 69 页。

在形式上,小说戏文题材年画的画面中少有文字说明,但熟悉故事情节的大众读者,通过观赏年画,同样可以实现画面场景与故事文本的呼应和融合。这类年画往往以组合成套的方式印制,画面之间具有一定的连续性。其人物造型、场景布置多模仿戏剧舞台,而杨柳青木板年画《红楼梦》则独辟蹊径,通过场景的写实和考究,赋予画面较强的现实感。

## 五、小说戏曲插图

从连环画历史与传统的视野观察,文学题材文人画、文史故事画像、宗教经义与故事画、小说戏文题材年画等,均是根据文史、宗教故事及相关作品改编的图画。在内容上,画家利用绘画艺术形象直观的特长以及绘画的目的、用途等进行创作,为了准确传达图画的意旨,有的画家还会在图画的某个位置书写原作,或者少量提示性文字,但无论如何,在以上几类作品中,绘画占了绝对的主导地位,画面配文只是起画意引发和潜在的意象或情节构建的作用。在形式上,它们主要以单幅画面呈现文学作品的场景或人物,有些作品采取时空并置的方式,把发生在不同时空的人物或故事情节同时呈现出来,构成了语义上的连环,也有些作品采取"连环图画"的形式,表现连续的故事情节和场面,显露出早期"连环画"的端倪。但严格来说,它们或者没有配文,或有文字说明,但形式比较随意。反倒是以文学作品为主、文中插图为辅的元明清刊刻插图本小说戏曲,在形式上给予民国时期兴起的连环画更多启示。

现存已知较早的小说戏曲插图是元至治年间福建建安虞氏"全相平话五种",分别是《武王伐纣书》《乐毅图齐七国春秋后集》《秦并六国平话》《续前汉书平话》《三国志平话》五种。五种平话均为蝴蝶装,每页都有插图,上图下文,插图占每页版面的1/3,从整体上看,前后插图具有一定的连续性。例如《三国志平话·赤壁鏖兵》,由诸葛亮作法祭风和曹操火烧奔逃两个场景组成:诸葛亮披头散发、右手擎剑,仿佛念念有词,只见一时间狂风骤起;曹操深陷火海,仓皇奔走、回首惊望;左向翻卷的衣摆、扭动的枝条、劲舞的火苗等,形象地展现了火烧赤壁的盛大场面。元代道教仙传小说《许太史真君图传》[①],全书共计有图52幅,后面还有十二真君像各一幅。在内容上,图传以图配文,图文并茂地描述了许真君传奇神异的一生;在形式上,右图左文,一小段文字配一幅画面,规模宏大,画面和情节具有较强的连续性,具备了早期连环画的一些基本特征。但图传图随文走,以文为主,以图为辅,52幅图画其实是为"许真君传"作的插图,与以图为主、文随图走的真正意义上的连环画比起来,还是有根本不同。这样图文并茂的"连环图画"式作品,在流传下来的同时期作品中还是较为少见的,其规模和形制很好地呈现了"图文一体"格局的丰富表现力和广阔发展前景。

《唐诗鼓吹》传为金人元好问编选,只选唐人七律,入选作品以中晚唐为主,多伤时感怀之作,万历福建三槐堂刻本《唐诗鼓吹》,书内插图,版框两栏,上图下文。若同页出现两首诗歌,版刻画家选择其中一首加以描绘。从画风来看,三槐堂刻本《唐诗鼓吹》略显粗糙,但建阳书肆为了牟利,不只是刻印各种题以全相、绘像、绣像等的戏文小说,而且还

---

① （明）《正统道藏》第 6 册,上海书店出版社 1988 年版,第 716～717 页。

将原本高高在上的诗文也配以插图,使它们成为图文并茂的"畅销书"。建阳乔山堂在万历年间刊刻的《新镌考工绘图注释古文大全》,是将古文注释并插图的刻本,书内插图变为整版画面,刻画风格细腻工致,线条流畅,画面生动,一改原来文内插图拘谨板滞、聊胜于无的格局。

《占花魁》是清乾隆年间宝研斋重刊本《一笠庵四种曲》中的一种。采用卷首冠图,单面圆式。这种形式在清代插图本文学书籍中较为多见,例如顺治金陵翼圣堂重印本传奇《凰求凤》、康熙金陵翼圣堂重印本传奇《奈何天》《风筝误》《蜃中楼》《意中缘》《玉搔头》《怜香伴》以及清嘉庆刻本《回文类聚》等均采用单面圆式。比较之下,这种单面圆式的构图,将复杂的情景浓缩在一个圆形的画面中,其余框格中全部留白,读这类插图,仿佛品茗赏月般地玩味人生百态,形式新颖,趣味盎然。从形式上来说,清顺治刻巾箱本《歌林拾翠》、乾隆年间刻巾箱本《燕子笺》等也值得注意。它们采用较为通行的卷首冠图,单面图画的方式,还用了开本极小的"巾箱本"类型。这种形式在进入雕版印刷时代的宋朝已较为多见,明清时期的出版商为了降低成本,同时也为读者携带的便利,推出这种插图巾箱本。

在清代,那些备受民众青睐的小说作品均有众多插图本。例如清初刻本《三国志》、顺治十四年醉畊堂刻本《水浒传》、顺治刻本《西游记证道书》、康熙文锦堂刻本《残唐五代传》、乾隆五十六年萃文书屋木活字本《红楼梦》等,差不多都采用了卷首冠图、单面图画的插图形式。这些插图的构图、环境、人物等均有不俗的表现,例如《三国志》《残唐五代传》激烈的打斗场面,如《水浒传》《红楼梦》细腻的人物刻画,如《西游记证道书》悟空的腾云驾雾等,均在单纯的文本之外另辟一个更加多姿多彩的艺术天地,吸引着读者,也启示着人们在"图文一体"、图文结合的领域开疆拓土,发明新的艺术形式。

## 六、石印术的引进与回回图、图咏、图画集

在连环画正式登上历史舞台之前,历代文人画家或民间画师尝试从文史或宗教作品取材,以单幅画面、卷轴画、画像石、壁画、木板年画等进行创作,但由于绘画载体的限制,这些画作只能选择原著的某个或几个重要场景加以描绘。在叙事文学渐次兴起的元明清时期,为适应越来越多普通读者的阅读需要,出版商在戏曲小说的刻印中插入形象直观的图画,加强文学作品的生动性、趣味性,吸引更多的消费者,从而获得可观的商业效益。但从插图绘制的技术和工序来说,传统雕版印刷往往先由画家绘制图稿,然后由工匠根据画作刻板,成版后,再刷印成图。在刻版付印过程中,画家对作品效果缺乏有效掌控,反倒是纯技术性的刻工手艺决定了插图的质量高低。图像的刻版显然是一项费时费力的工序,其制作成本远远超过横平竖直的文字,这也从很大程度上影响了插图在明清文学作品出版中的地位和版面的质量。尽管明清小说戏文插图尝试采取了诸如卷首冠图、文中插图、单面插图、上文下图、上图下文、上下两图以及版框、题句等种类繁多的形式,但由于刻印版面的限制,插图的绘制被固定在框格中。插图作为小说戏文的辅助和附庸,是难以打破的传统藩篱。这种局面,在晚清时期引入西方石印技术后才有了突破性进展。

石印术利用水油不相融的原理进行图文复制,先用油性物质在磨光石版上书写或作

画，或者先写画在转写纸上，再印于石面。然后用水打湿石面，石版上没有油性颜料的部分就会吸附水分，形成印版。再用滚动器把石版涂上油墨，石版含油部分吸附油墨，含水部分排斥油墨。将纸放在石面上，经过压制，石版上的图文墨迹就刷印到了纸张上。照相石印则是将底本用照相方法摄制成阴图湿片，落样于涂布感光胶纸或石版上，经过加工处理形成印版。与中国传统的雕版印刷术相比，石印术印刷效率高，图像清晰，技术优势极为明显。石印技术的引进，很快改变了传统印刷品的图文格局，图像逐渐开始从依附于文字的地位中独立出来，在社会文化生活中扮演重要角色。图像的叙事能力被充分发掘并放大，那些"影形毕肖"的图像印刷品逐渐成为普及都市大众的趣味读物，影响和作用于人们的阅读习惯，也催生了清末民初图文印刷品表现技法的革新，并最终脱离了"以图配文"的传统藩篱。

明清时期的"绣像"小说有的就在每回插入图画，清末石印技术的引入，大大降低了这类书籍的印刷成本，提高了印刷效率，于是石印回回图开始大量出现。例如在光绪年间出版的《三国演义》《红楼梦》《水浒传》《西游记》《聊斋志异》《西厢记》《古今奇观》《说唐征西全传》《施公案》等当中，每回都有一两幅插图。如味潜斋石印本《新说西游记图像》，全书共一百回，每回插入一幅图像，另外还有人物绣像二十幅，共有插图一百二十幅。这类石印回回图，图像清晰，人物形象和故事场景生动、直观，在一定程度上可以弥补文字在叙事表现上的不足。毫无疑问，这些回回插入"图像"的"回回图"小说，仍然是以文字为主的文学图书，插入其中的图画只是截取故事章节中的某个场景进行形象生动的描绘，读者还是主要通过阅读文字来获取图书的内容和情节，插图只是起引发兴趣、触动联想的辅助作用。但应该看到的是，清末"回回图"小说在通俗文学印刷品中的大量出现，在图书版面形式构成和人们阅读习惯培养方面，对连环画的出现起了直接的推动作用。

光绪十二年（1886），上海同文书局石印《详注聊斋志异图咏》，"图咏"以青柯亭本为底本，加入吕湛恩注，请当时绘画名手根据每篇故事中有代表性的情节或场景各绘制图像一幅，并在图像上部空白处题写七绝一首，点明故事题旨、意味，让读者通过"读图"的方式意会小说的情节和蕴涵。除了"卷二《伏狐》第二则，事涉淫亵，卷十五《夏雪》第二则，并无事实，无从着笔，姑付阙如"①之外，全书计 431 篇，大多是一篇一个故事，也有一篇两个或三个故事，共有 444 幅图，再加上开头的"聊斋著书图"，实有插图 445 幅。如《司札吏》，原文甚为短小，写一个官员特别讲究避讳，因手下司札吏犯讳，被他用砚击毙，小吏变鬼后就以其常用的避讳来讽刺他。"图咏"选取了鬼吏笑讽官老爷，官老爷勃然大怒、拔刀挥之这一故事中最为精彩的场景。画中题七言诗曰："内讳从来莫出门，武夫暴谬不堪论。刀挥研击空含怒，鬼物揶揄刺尚存。"诗歌点明了鬼吏对残暴官员的嘲弄之意。这部"图咏"的绘图出自名家之手，线条流畅，构图严谨，人物和场景表现细腻生动，而且从"回回图"变成了"篇篇图"、一个故事一幅图的格局，大大扩展了图画在通俗读物中的分量，出版后很受大众喜爱，随后出现了很多翻印本，在社会上产生了较大影响。1935 年鲁迅在给孟十还的信中曾说："记得 19 世纪末，绘图的《聊斋志异》出版，许多人都

---

① （清）广百宋斋主人《详注聊斋志异图咏例言》，见朱一玄《〈聊斋志异〉资料汇编》，中州古籍出版社 1985 年版，第 393 页。

买来看,非常高兴的。而且有些孩子,还因为图画,才去看文章,所以我以为插图不但有趣,且亦有益。"①鲁迅说的正是这种"图咏"为时人广泛接受的情形。

光绪十四年(1888),云声雨梦楼石印出版《红楼梦写真》,此书全部为图画,一页一图,每幅图以小说回目题名,没有说明文字,描绘了红楼梦的前 32 回,每回有图画两幅,共有图画 64 幅,版面为小八开。② 表面上来说,每回两幅似乎超过了从前每回一幅的"回回图",但对于《红楼梦》这样的长篇巨著来说,每回两幅的节奏,事实上并不紧凑,它甚至比不上此前每篇一幅的《详注聊斋志异图咏》,而且《红楼梦写真》的图画前后也缺乏情节的连续性,总之还与"连环图画小说"③相去甚远。但在连环画的发展史上,这种纯图画的石印本小说绘本的出现具有极其重要的划时代意义,它意味着在印刷技术革新的背景下,插图在文学文本中的地位得到了提升,在文学文本的印制传播中,人们试图让图像独立承担其叙事功能;尽管这种"写真"图画集,读者对原著较为熟悉才能看懂,因此不能真正成为世俗大众的普及读物,却尝试了图像叙事和文学文本改编为形象直观的通俗文艺作品的可能性,给处于实践与探索中的连环画先行者们提供了有益的启示。

光绪二十五年(1899),上海益文书局出版了石印本《三国志演义图画》。④ 这也是一部"全图"本文学题材画册。"图画"的前面是 96 幅人物绣像,后面每回一图,共有 119 幅以回目为题的图画。同样的,对于熟悉《三国演义》的读者来说,有了开头的人物绣像和每一回的关键场景,再配上回目作为"说明文字",故事人物和情节当可在读者的联想和想象中得到一定程度的复原和再现。但总的来说,它和《红楼梦写真》一样,每回一幅的"全图"集,与其浩繁的篇幅比较起来,实在太过简略,前后画面之间也缺乏必要的连续性,读者观赏起来大概不太过瘾。

在早期连环画形式的探索和变革中,民国石印报刊功不可没。《点石斋画报》《民呼日报图画》《真相画报》等都尝试以"连环图画"的形式报道时事、针砭时弊,例如《真相画报》的《恶果寓言》⑤,上图下文,图像占了页面的近 2/3,在形式上已经接近于后来的连环画。在报刊的发行中,有的还尝试在日报中附送图画散页,以吸引读者,如《石头记新评》就是随《黄钟日报》附送的散页,后来有人将其合订成本,题名为《金玉缘图画集》。⑥ 这本图画集现存图画 388 幅,它的画面完全按照《红楼梦》原著改编画出,每幅画面根据内容题名,如宝黛初见、秦可卿导淫、雨村入仕等,而且还配有说明词和评语,如"宝黛初见":黛玉在贾母房中,忽见宝玉来了,两目相对,似曾相识。评曰:初次相见,似曾相识。各认故我,人之痴情,原从玉性中发出耳。具体来说,这本画集既不是《红楼梦》文学文本的插图,也不是"回回图"集,它是依图配文,文随图走,真正体现了图画的独立和主体地位。虽然在画面内容上,其叙事能力和连续性还有待提高,在形式上,图画和文字还处于同一

① 鲁迅《致孟十还》,鲁迅著,徐妍辑笺《鲁迅论儿童文学》,海豚出版社 2013 年版,第 420 页。

② 《红楼梦写真》第八回下题:"光绪戊子长夏吴中毅卿王钊挥汗写",据此可知"写真"大约作于光绪十四年左右。

③ "连环图画小说"的说法见茅盾《连环图画小说》,《文学月报》1932 年第 5、6 期合刊。

④ 2005 年中国文联出版社据上海益文书局石印本影印出版,改名为《三国志演义》全图。

⑤ 磊公《恶果寓言》,《真相画报》1913 年第 17 期。

⑥ 据张庆善、杜春耕《金玉缘图画集序》,此附页大约初刊于"民国"二年(1913),到"民国"四年(1915)一月或二月为止,为当时的知名画家李菊侪所作。见《红楼梦学刊》2003 年版第 1 辑,第 183 页。

个画面中,尚无各自固定的位置。但应该欣喜地看到,它又向前迈进了一大步,真正的连环画已经呼之欲出了。

### 七、《薛仁贵征东》和上海世界书局的六部文学名著"连环图画"

民国初年,上海丹桂第一台上演京剧连台本戏《狸猫换太子》,在市民中引起轰动,看到商机的小书商们约请画家跟着连台本戏依样画芦葫,一本接一本地画起连续的图画来。最早画连台本戏的作者有朱芝轩、刘伯良等。这种画京戏的小书,题材内容通俗,连续性较强,但画面处理比较粗糙,配景仿照舞台样式,不画真实背景,人物形象都按戏台上的扮相,开花脸,挂须口,画马只画马鞭,布帐作城,桌子当桥或山。① 但由于这种小书紧跟潮流,图文并茂,受到普通市民的喜爱,后来,小书商开始从旧说部、旧小说找题材,改编绘制连续图画小书。

1920 年,上海有文书局出版了刘伯良的《薛仁贵征东》。此书由作者根据同名章回小说改编,全套共 60 集,每集 30 幅,用油光纸石印,48 开本,上文下图,图画占版面的 3/4,文字有 90 个字左右,占版面的 1/4。整体来看,构图仍然比较粗率,人物形象也照旧没有摆脱戏剧舞台装扮,但画面背景有了很大的改观,开始跳出舞台程序,根据情节内容画出了一些简单的背景,如山峦、树木、草石、海涛、厅堂、帐幕等都有较为形象细腻的刻画。与此前配文的《金玉缘图画集》相比,《薛仁贵征东》采用了栏框把图文分开,形成了上文下图、文随图走的固定格式;而且相比之下,全集 1800 幅图画来叙述原著故事,连续性大大增强了;其文字说明尽管只是仿照原著略做修改,缺乏修饰润色和与图画配合的整体考虑,却也比点评式的说明词更加通俗直白。在目前所知的范围内,《薛仁贵征东》可以称得上是最早的一本具有真正意义的连环画,民国时期的很多此类作品都延续了这种形式,并在此基础上加以拓新。

影响更大的是上海世界书局在 1927—1929 年间先后石印出版的六部文学名著"连环图画":《连环图画红楼梦》②《连环图画三国志》《连环图画水浒传》《连环图画西游记》《连环图画封神传》《连环图画岳传》。这批"连环图画"一经推出,"如此规模,如此精心,便给连环画带来了信誉,赢得了读者,一炮打响,遍地开花。连环图画的大旗一下子在近代大众文艺的舞台上耀眼地升了起来"③。

这套连环画的出现,其意义是重大的。有学者从艺术形式、连续性、"书籍性"④等几个方面分析了它的划时代意义。从形式上来说,它以图为主,图文结合。图画占单幅画面的 2/3,文字占 1/3,图画承担了故事情节叙述的主要任务,文字只是对图画叙事进行必要的补充、说明,承担对图画的辅助和衔接作用。从文字的内容来看,这套连环画也基

---

① 参见阿英《中国连环图画史话》,山东画报出版社 2009 年版,第 277 页。

② 冯骥才《手下留情:现代都市文化的忧患》在谈到上海世界书局出版连环画册时,说:"这开天辟地第一套连环画共包括六种,都取材于中国古典名著。有《三国志》、《水浒传》、《西游记》、《封神榜》、《岳传》和《红楼梦》"(学林出版社 2000 年版,第 169 页),并配有此本《红楼梦》连环画两幅。黄永年在《忆世界书局的连环画》中也提到从这套连环画所带的小广告中知道,应该还有《红楼梦》,可惜"不曾寓目"(齐鲁书社编《藏书家》第 4 辑,齐鲁书社 2001 年版,第55～56 页)。目前,阿英《中国连环图画史话》等学界论著大多只提到除《红楼梦》以外的五部作品。

③ 冯骥才《手下留情:现代都市文化的忧患》,学林出版社 2000 年版,第 169 页。

④ 宛少军《20 世纪中国连环画研究》,广西美术出版社 2012 年版,第 23～26 页。

本摆脱了摘录原著的传统套路,而是根据画面内容进行改编。在连续性上,这套连环画的前后画面之间,已经有明显的故事情节变化。其画面之间的人物形象、场景布置前后较为统一连贯,前后页的文字说明也具备了情节上的衔接过渡,读起来比较舒畅自然。此外,值得特别注意的是,本套连环画分集、分册、分页,并用连续的数字标明每页的页码和前后顺序。这说明作者有意识地显示画面之间的连续性特征,如若打乱前后画面的顺序,故事情节就有可能衔接不上,影响整体的阅读。这与从前单幅画面构成情节独立的"回回图"等相比,其连续性被旗帜鲜明地凸显出来。它们同时还是一整套的连环画"书籍",不是单张或卷轴故事画、不是临时装订的散页画册,也不是偶然出现的一本连环图画书。在连环画的发展演变过程中,无论是其内容还是形式,都离不开"书籍"这一根本的实有载体;"书籍"包含和连接着连环画绘图、编文、制版、印刷、装订成书、出版发行等工序;它的装帧设计、开本大小等则本身就是连环画这种大众文艺的外在形式、形象特征。此外,这套连环画在标题页用大号字标明"连环图画",并自豪地声称:"连环图画是世界书局所首创。"很显然,这套连环画的设计和编创者,在当时石印回回图、图画集不断地实践和探索中,已经意识到了"连环图画"的要义和特征,并最终将其提炼出来,中国连环画也终于在"小书""小人书""公仔书""牙牙书""图画书"等具有地方色彩的"小名"之外,有了一个响亮大气的名号。不仅如此,这套书还在封面上宣告"男女老幼,娱乐大观",其内页更是宣称:"语句浅显,妇孺都晓,图画精美,神态逼真。"[①]这几句广告语标明其目标读者是文化知识水平不高的世俗大众,并以精美的图案,逼真的形象刻画,来吸引读者,让读者获得审美愉悦。1929 年 5 月 16 日,世界书局在《申报》刊登了一则题名为"著名的连环图画已出五种了"的广告。这则专门为新出版的连环画《封神传》《西游记》打的广告占了整整一个版面,从上至下分别是标题和附赠说明、两种连环画的主要优点、银行礼券赠送办法、价目表及两种连环画缩小样图、两种连环画目录。在这则广告中,世界书局总结了购买连环画的几个好处:在看同名连台本戏之前先看连环画,可以提前明了故事情节;连环画比连台本戏具有更好的连续性;连环画图文并茂、浅显易懂;既有旧道德,亦有新精神,宜于家庭教育;绘画和文字极为精美,可作临摹模板;还有银行礼券赠送。[②] 这则广告具体地点明了连环画对于大众读者的实用价值,并从通俗性、连续性、形象性、思想性、规范性等方面指出了连环画的几个主要特征,具有一定的理论价值和启示意义。

可以毫不夸张地说,上海世界书局的这套由古典文学名著改编的"连环图画",正式宣告了现代中国连环画的诞生,也吹响了连环画进军大众通俗读物市场的号角。源远流长的"图文一体"传统也终于结出了丰硕果实。

---

① 见世界书局石印本《连环画图画三国志》书内宣传页。

② 《申报》1929 年 5 月 16 日。

# 裴铏《传奇》中的佛教书写

张玉莲*

**摘　要：**现存《传奇》三十余篇中，有十篇涉及佛教书写。其间塑造的各种佛教人物丰富了《传奇》的人物类型。这些人物和诸多寺院及其相关建筑构筑物，在小说中都有相应的文学或文化价值。通过对这些佛教书写的深入解析，不仅对《传奇》的书写意图有更深认识，还能发掘其间蕴含的诸多历史文化信息。

**关键词：**《传奇》；佛教人物；佛寺建筑；文学价值；文化意蕴

晚唐裴铏《传奇》作为唐传奇的代表作，历来备受关注。不过，大概是由于作者的道教徒身份，学界的兴趣主要在该书的仙道故事，而对包括佛教书写在内的其余内容用力不多。事实上，今存《传奇》三十二篇中，涉及佛教书写的多达 10 篇。[①] 这些作品中的佛教书写，对透彻解读相关文本、准确把握《传奇》旨意以及了解当时相关历史文化都有重要意义。

## 一、形形色色的佛教人物

《传奇》以叙写仙道故事为主，但其间涉及一些佛教人物，甚至有专门写僧人的《金刚仙传》。这些佛教人物，就性别而言，以僧为主，偶有尼之身影；就身份而言，有普通僧尼、土偶罗汉、门徒僧以及寺家人；就国别而言，以华僧为主，间或有外国僧人。

《传奇》虽然塑造了不少僧尼形象，但只有《金刚仙传》专为僧人立传。金刚仙是一位长期生活在中国的西域僧人，根据其后来"泛舶归天竺"可知，其乃印度僧。这位印度僧法术精绝："弹舌摇锡而咒物，物无不应。善囚拘鬼魅，束缚蛟螭。动锡杖一声，召雷立震。"[②]小说通过两件事凸显其法术：一是咒蛛并助蛛脱离"恶业"，转世为人；二是咒水拘龙为药膏，以便其归国。文中的蛛，是能打败数十丈长巨蛇的蛛精，但在金刚仙面前俯首帖耳；龙在传统观念中是能上天入渊、兴云作雨的神物，竟被金刚仙拘来为膏，且龙父也无可奈何，只能通过请人下毒的世俗手段报复金刚仙。从以上两件事足见金刚仙法术之精湛。纵观《传奇》所述诸僧，金刚仙是唯一具有高超法术的僧人，法术使其与文中"众僧"乃至整部《传奇》中其余僧人明晰区分。

《金刚仙传》主要表现的是金刚仙精湛的咒术，这可能暗示其乃佛教密宗人。周一良先生曾对密宗的教义做过论述：

---

*　张玉莲，文学博士，云南师范大学文学院副教授，主要从事中国古代小说研究。本文为国家社会科学基金青年项目"中古道教仙传文学研究"（批准号：13CZW030）的阶段性成果。

①　关于《传奇》现存篇目，诸家所辑不尽相同，此据李剑国辑校《唐五代传奇集》本而论。

②　李剑国辑校《唐五代传奇集》，中华书局 2015 年版，第 2311 页。本文所引裴铏《传奇》皆据此本，下文非单引出者，不再一一作注。

密宗的教义……卑近的一方面,又提创仪轨咒术等等,祈求现世和未来的福利。密宗经典里,几乎没有一部没有咒语的……念咒时一定要发音正确,然后才有效,才能获得好结果。①

咒术的神力主要取决于发音的正确,否则即使念咒也毫无意义。宋郑樵《通志》比较过梵僧与华僧的念咒效果:"今梵僧咒雨则雨应,咒龙则龙见,顷刻之间随声变化。华僧虽学其声,而无验者,实音声之道有未至也。"②这里所说虽是宋时情形,但在密宗初入的唐朝应该也大致如此。来自印度"能梵音"的金刚仙,显然掌握了咒语的正确发音,且咒术已至炉火纯青之境,故能凭借咒术操控精怪乃至神物:"咒物,物无不应。"此外,金刚仙长期生活在广州,而广州自开元年间以来,由于金刚智、不空等"梵僧"(来华僧人)的传播,密宗受到很多人的接纳。③ 以此推测,金刚仙很可能就是一个密宗梵僧。

《传奇》其余涉及僧人的小说中,裴铏似乎更青睐于老僧形象的塑造。《孙恪传》中老僧"夏腊极高",《颜濬传》中老僧则已数百岁,《崔炜传》中海光寺僧人亦是"老僧";即使是精怪化为僧人,裴铏也会将其塑造成老僧模样,如《马拯传》中化为僧人的虎妖,其形象是"老僧,眉毫雪色,朴野魁梧"。

裴铏之所以喜欢塑造"老僧"形象,或是基于对"老者"特点的深刻认识。"老者"大都历经世事的沧桑变化,看尽人间的繁华落寞,有着丰富的阅历经验,故多能冷静理智地看待人世或异域的常态与巨变,或识别各种人物或事件的幻相与本质。所以,《传奇》中的"老僧",或揭示证明了小说人物的真实身份,或被作者借以抒发历史感怀,或沟通了人鬼从而渲染出神秘诡异的美学氛围。

《孙恪传》中的老僧就是袁氏真实身份的揭示者。孙恪携妻子赴任,行至端州,其妻袁氏提出要去峡山寺,理由如下:

我家旧有门徒僧惠,幽居于此寺。别来数十年,僧行夏腊极高,能别形骸,善出尘垢,倘经彼设食,颇益南行之福。④

袁氏去峡山寺的理由非常充分:一是僧人惠乃其家旧门徒,是为故人,前去拜访合情合理。二是该僧"夏腊"(出家人的年龄)极高,已至超凡脱俗之境,前去设食,于南行有益。这个貌似偶然的情节,其实是出于揭示袁氏真实身份的精心设计:正是因为僧人惠是袁氏家"旧门徒",所以熟谙袁氏经历,知晓其底细。袁氏还担心老僧因时间久远不能识出自己,遂将当初离开时戴的碧玉环子献给老僧,并提示:"此是院中旧物。"在其恢复猿形后,老僧才由碧玉环醒悟,进而揭示其真实身份:"此猿是贫道为沙弥时所养。"

《孙恪传》中老僧还被作者借以抒发历史感怀。老僧揭示袁氏身份时,叙述了袁氏为

① 周一良著,钱文忠译《唐代密宗》,上海远东出版社 2012 年版,第 145 页。
② (宋)郑樵《通志》卷三十五《六书略》"论华梵中"条,中华书局 2017 年版,志 511。
③ 不空曾在广州法性寺"度人百千万众"。(宋)赞宁撰,范祥雍点校《宋高僧传》卷一《唐京兆大兴善寺不空传》,中华书局 1997 年版,第 7 页。当然,也不能过分夸大密宗在唐朝的影响,周一良先生指出,不空使密宗成为唐代重要宗派之一,但密宗在其卒(774 年)后逐渐衰落。(周一良著,钱文忠译《唐代密宗》,第 7、8 页)尽管如此,密宗在广州的影响是肯定存在的。
④ 李剑国辑校《唐五代传奇集》,中华书局 2015 年版,第 2422 页。

猿时的经历：始于大唐最盛之时的"开元"，终于大唐由盛转衰的"安史之乱"。猿于开元中被高力士带进宫献给天子，长期住在东都洛阳的"上阳宫"，得以近距离目睹大唐巅峰时期的繁华。"安史之乱"之后，猿"不知所之"的经历，则是一段包蕴多种可能的空白。比如猿可能在天子仓皇逃离时遭到抛弃，颠沛流离，历尽艰辛等。猿的"空白经历"，其实是"安史之乱"中大唐子民饱受苦难的另一种呈现。作者通过老僧之口讲述这段经历，显然蕴含着其对大唐盛世的缅怀。

《颜濬传》中老僧则是张丽华之女鬼身份的证明者。小说称会昌中某个中元日颜濬如约至瓦官阁与一美人相会：

> （美人）使双鬟传语曰："西廊有惠鉴阇黎院，则某旧门徒。君可至是，幼芳亦在彼。"……浚遂与美人叙寒暄，言语竟日。僧进茶果。①

按，阇黎院乃梵语，指高僧，也泛指僧人。从后文可知，美人乃南朝后主宠妃张丽华（559—589）。作为其家旧门徒的老僧，竟然出现在唐会昌（841—846）中的瓦官寺中，并以寺院主人的身份招待南朝旧主和唐朝士人颜濬，则老僧至少已二百余岁。当时的颜濬并不知美人的真实身份，所以当其在美人住处听其言论后，颇感疑惑惊讶："不审夫人复何姓第，颇贮疑讶。"美人自称张丽华，颜濬闻后释然。人鬼遇合这样不可思议的事情，之所以能被毫无心理准备的颜濬接受，显然与瓦官寺老僧这个铺垫有关：既然老僧是张丽华的旧门徒，则其足可证明张丽华的真实身份。既然老僧仍活跃于人间寺院，则仍被其视为主人的女鬼张丽华亦不足疑惧。

《颜濬传》《崔炜传》中的老僧为小说增添了浓厚的神秘色彩。《颜濬传》中瓦官寺数百岁的唐朝老僧，能依旧伺候早已为鬼的南朝旧主张丽华；《崔炜传》中海光寺的唐代老僧，亦能与早已做鬼的秦朝将领任嚣（前268—前206）有日常往来。这两位老僧都显得很神秘，他们究竟是人是鬼，似乎难以确指。这无法确指的身份，自然给小说带来神秘诡异感。不过，裴铏之所以让这两位老僧充当人鬼沟通的媒介，或许是从僧人的日常课业生发出的想象。僧人做法事转经，很多时候是为了超度亡灵，在这些宗教活动中，会有僧人与鬼神沟通的环节。如此，则《颜濬传》《崔炜传》中老僧能与鬼神往来便在宗教世界的情事逻辑中。

《传奇》还叙及其他类型的僧人，如《高昱传》中被鱼精所食的渡潭僧人，《韦自东传》中被夜叉所食的二僧，《姚坤传》中行凶的庄僧惠沼等。这些僧人丰富了《传奇》的人物群像，使该书的佛教书写更加多姿多彩。

除了僧人，《传奇》还塑造了一位颇有特色的尼，这就是《聂隐娘传》中聂隐娘之师。这位尼不仅是《传奇》佛教人物中罕见的女性，还是一位个性独特、法术剑术精湛的女侠。尼在文中着墨不多，但首次出场，其言行就不同凡响，她看上年方十岁的聂隐娘，便向其父讨要为徒，讨要不成便偷走。尼再次出场，是在五年后，其将学成的聂隐娘送还，接着"尼欻亦不见"。这神龙见首不见尾的行为，暗示其绝非普通之尼。而尼的神秘面纱，后经聂隐娘揭开一角，让读者窥知一二：尼是一个在山中石穴教授女童法术剑术以行侠仗

---

① 李剑国辑校《唐五代传奇集》，中华书局2015年版，第2371页。

义的女侠。其法术高超奇幻,能开人脑后藏匕首而无所伤;其行事冷酷果断,令弟子杀坏人"先断其所爱,然后决之"。至于其名姓来历及更多经历,依然是未解之谜。应该说,较聂隐娘而言,这位尼向来不为研究者所关注,但其实通过聂隐娘这个同样特立独行、法术剑术精湛的形象,可反观身为其师的尼,虽如惊鸿一瞥,却足以惊艳唐代小说之武侠界和佛教界:尼是一位身在山林,心系尘世的侠。从艺术效果来看,尼这一形象塑造得神秘缥缈,对主人公聂隐娘有烘托作用。

除僧尼外,《传奇》中还有一些与佛教相关的人物,如《马拯传》中土偶宾头卢尊者、《金刚仙传》中寺家人傅经,他们虽非小说主角,但同样具有重要的叙事价值。宾头卢尊者乃十八罗汉之首位,据说其化缘有方,所以塑像常被中国禅林食堂供奉,《马拯传》中土偶宾头卢尊者被供奉在食堂也证明了这一点。文中,作为土偶但有神性的宾头卢尊者不仅是佛寺构筑物,亦是佛教人物,承担了预测未来的角色,指引主人公战胜虎妖并避免虎伥的伤害。由此观之,宾头卢尊者是小说后半部分情节发展的引导者。《金刚仙传》中的寺家人则是以投毒者身份出现。龙父以黄金百两收买寺家人傅经,令其用毒酒毒死金刚仙以救龙子,结果金刚仙被蛛所救。作者安排此情节是为了表现金刚仙救蛛的善行得到善报,而作为投毒者的寺家人起到推进情节发展的作用:是他执行了龙父的下毒计划,进而引出蛛对金刚仙的救护。

## 二、官私并存的各类寺院

小说中,各种人物的言行举止,都或多或少受制于其社会角色和所处环境。所处环境的主要方面就是地域内容。"古代小说空间的地域内容是承载人物活动的处所,它规定了人物活动和故事发生的空间范围,是小说中一切矛盾和事件的地理落脚点。"[①]《传奇》中诸多寺院及其相关建筑构筑物,作为小说人物活动和故事发生的空间范围,其自身属性及特点规定或制约着人物活动的内容或情节发展的方向。

《传奇》中的寺院,就其性质而言,既有官寺如番禺开元寺,也有私寺如海光寺、蒲涧寺、峡山寺等以及不知名的各种佛舍。其中一些还涉及寺内建筑或构筑物,如道场、食堂、僧舍、生台、土偶等。就其地域而言,南北皆有,以岭南居多。《传奇》有 9 篇小说涉及寺院,共计 11 所,其中 6 所在岭南:《崔炜传》中的开元寺、海光寺、蒲涧寺以及《金刚仙传》中清远峡山寺皆在广州,《孙恪传》中峡山寺在端州(今广东肇庆),《陈鸾凤传》中僧室在雷州海康(今广东海康县)。这一情况表明,作者裴铏可能对岭南一带比较熟悉。事实上,裴铏咸通(860—874)中为静海军(属岭南道)节度使高骈掌书记。而广州、端州、雷州亦属岭南道,裴铏听闻诸地奇闻逸事,甚或亲涉其地并将这些见闻进行艺术加工乃自然之事。

《传奇》中有的寺院是故事发生的重要场景,《崔炜传》《颜濬传》《马拯传》中都有体现。这些小说中,寺院成为人与异类(鬼、仙、虎妖)相遇的地点或场景,为情节的在场展开或异地延伸做了铺垫。《崔炜传》中,开元寺是崔炜救助老姬(亦鬼亦仙)之地,蒲涧寺是崔炜迎娶田夫人(鬼)之所。《颜濬传》中,瓦官寺是颜濬和张丽华(鬼)的会面之地。

---

① 黄霖、李桂奎等《中国古代小说叙事三维论》,上海书店出版社 2009 年版,第 202 页。

人、鬼、仙相遇的情节发生在这些寺院中，并由此延伸出各种奇遇，与佛教的盂兰盆节关系甚大。在开元寺乞食的老妪、卖酒的当垆者、来蒲涧寺与崔炜成亲的田夫人以及到瓦官寺与颜濬相会的张丽华，他们之所以会在"中元日"与男主人公相遇寺院，主要是因为中元日乃佛教的盂兰盆节。盂兰盆节是为超度亡魂、解除在地狱者的倒悬之苦而设。唐政府很重视这个节日，释道世《法苑珠林》卷第六十二《献佛部》载，唐代一些著名大寺如长安西明、慈恩等寺的盂兰盆节活动费用是由官方供给的。① 至于开元寺、大云寺之类的官寺，盂兰盆节的活动费用更是理所当然由政府买单。在官方导向下，盂兰盆节这个佛教节日，充满浓厚的世俗气息。除供养、做法事等宗教活动外，盂兰盆节还会有百戏表演之类的娱乐活动供人观赏。《崔炜传》中即有书写："时中元日，番禺人多陈设珍异于佛庙，集百戏于开元寺。"唐李肇《逸史·华阳李尉》中则有中元日蜀地开元寺百戏表演的详细描写。② 日本僧人圆仁《入唐求法巡礼行记》更是载录盂兰盆节为巡礼而万人空巷的盛况："诸院皆铺设张列，光彩映人，供陈珍妙。倾城人尽出来巡礼。"③《颜濬传》中也有中元日建业瓦官寺热闹之景的概括："士女阗咽。"既然盂兰盆节全城人都去佛庙观礼或看戏，则包括商贩、侠士、乞丐等的各类人群汇聚于寺院，并产生纠葛乃自然之事。当这个为超度亡魂而设的节日伴随佛寺进入小说创作，由其宗教属性延伸出的各种人与鬼神的佛寺遇合就是符合情事逻辑的艺术创造。

而人鬼的佛寺邂逅或相会，成为主人公奇遇的开端。《崔炜传》中，在开元寺被崔炜救护的老妪回赠崔炜的艾，成为贯穿全文的中心线索，引领崔炜经历一系列奇遇后获得善报，从实现作品表达"善有善报"的意图。《颜濬传》中，颜濬与女鬼张丽华的佛寺会面，为人鬼的相知唱和及相恋别离埋下了伏笔。

《马拯传》中，故事的主体发生在佛寺，佛寺及其内部建筑或构筑物都参与到故事情节的构设中。佛寺在很大程度上决定了虎妖的化相是僧人而非道士或其他模样，同时，佛寺还是故事发生的主要场景。马拯在佛寺初见化为僧人的虎妖，却未识破其真实面目，大概就是由于佛室的内部环境与虎妖的僧人模样相得益彰："佛室内道场严洁，果食馨香，兼列白金皿于佛榻上。见一老僧，眉毫雪色，朴野魁梧。"佛室内道场严洁馨香的环境氛围很符合老僧高古朴野的气质，所以马拯毫对其毫不设防，以致仆人被其骗食都蒙在鼓里。其后知晓原委的马拯和马山人合谋对付虎妖的情节，是发生在佛寺的食堂中。"食堂"这个建筑在很大程度上影响着情节的发展：一是食堂的封闭结构使得虎妖"首触其扉者三四"而不能入，从而使二马暂时避过虎妖的伤害；二是食堂内的构筑物"土偶宾头卢尊者"在二马的虔诚祈祷下，以隐语暗示其对付虎妖的方式并预言故事的结局。

《孙恪传》中的寺院不仅是故事展开的场景，还是塑造人物形象及推动情节发展的关键因素。袁氏现出原形是故事发展的高潮，而这个关键情节发生在端州峡山寺：袁氏在峡山寺看到野猿自由自在的生存状态后，写下一首告别诗，裂衣化猿而去。后文交代，袁氏本是峡山寺老僧所养之猿。这表明，峡山寺是猿进入俗世化形为人形的起点，也是其

---

① （唐）释道世撰，周叔迦、苏晋仁校注《法苑珠林》，中华书局 2003 年版，第 1826 页。

② 见引于《太平广记》卷一二二，中华书局 2003 年版，第 860 页。

③ 〔日〕释圆仁著，白化文、李鼎霞、许德楠修订校注《入唐求法巡礼行记》，花山文艺出版社 2007 年版，第 315 页。

复归自然抛弃人形的终点。猿当初如何为僧人所养不得而知,但其之所以决定恢复原形复归自然,却与峡山寺息息相关。按,《孙恪传》中的峡山寺属端州,在广州西,并非《金刚仙传》中属广州的清远峡山寺。端州峡山寺风光奇秀,唐人沈佺期曾赋曰:

> 峡山寺者,名隶端州,连山夹江,颇有奇石。飞泉迥落,悉从梅竹下过。渡口至山顶,石道数层,斋房浴堂,渺在云汉……峡山精舍,端溪妙境,中有红泉,分飞碧岭……野鹿矫而屡驯,山鸡爱而频舞。①

从沈赋可知,峻秀奇丽的峡山寺处在江边高山之巅,环境和谐优美,碧岭中、飞泉下、梅竹间,频现野鹿山鸡的身影。《孙恪传》亦有类似描写:"及斋罢,有野猿数十,连臂下于高松,而食于生台上,后悲啸扪萝而跃。"正是生态环境良好的峡山寺中野猿的自在状态,深深感染了袁氏,使原本就向往青松高山的她下定返回自然回归同类的决心。从这个角度说,峡山寺是促使袁氏显露本真状态的催化剂。换句话说,峡山寺对袁氏形象的转变——由人化猿——起到至关重要的作用。而袁氏形象的转变直接衍生出后文的情节:老僧揭示袁氏真实身份,而惆怅的孙恪"不复能之任"。

客观地说,与仙道故事相比,《传奇》中的佛教书写较为单薄,但毕竟涉及如上诸多篇目,且有专门叙写僧人的《金刚仙传》。因此,从文本看,对《传奇》佛教书写及其他内容的考察,有助于《传奇》旨归的探究。关于《传奇》的书写意图,向来众说纷纭:为众所知的是"温卷"说②,此外尚有"导谀"说③、"谀导"兼"弘道"说④、"弘道"兼"传情思文心"说⑤。

纵观《传奇》诸文,除大量涉及仙道故事的篇目外,还有一些篇目与仙道毫无关联。鉴于此,笔者认为,《传奇》各篇旨意非一:除弘道、谀导外,还有彰显僧人法术者如《金刚仙传》,或逞才炫能者如《萧旷传》《宁茵传》,或表现人鬼遇合者如《曾季衡传》等。但就《传奇》全书而论,其主旨则是"传奇示异"。文如其名,名为文眼,清人梁绍壬《两般秋雨盦随笔》卷一《小说传奇》早已指出:"传奇者,裴铏著小说多奇异,可以传示,故号'传奇'。"⑥其认为《传奇》意在传奇示异。且从内容来看,《传奇》无论是写仙道僧儒,还是豪侠处士,其经历或行为都有一个共同点:奇异。⑦

### 三、佛教书写的历史文化意蕴

《传奇》作为唐代小说史上能够比较典型地体现唐传奇特点的一部小说集,仅从文学的角度对其进行解读显然不够。"文学尽管不就是文化,却是文化的表现符号之一;在很多情况下,如果不能将一般的文学解读提升为文化解读,就不能真正地理解文本。"⑧《传

---

① (清)董诰等编《全唐文》卷二三五《峡山寺赋并序》,中华书局 2013 年版,第 2375 页。

② (宋)赵彦卫撰,傅根清点校《云麓漫钞》卷八,中华书局 1996 年版,第 135 页。

③ 宋人晁公武持此说,(宋)晁公武撰,孙猛校证《郡斋读书志校证》,上海古籍出版社 2011 年版,第 555 页。胡应麟、鲁迅亦持此论。

④ 周楞伽辑校《裴铏传奇·前言》,上海古籍出版社 1980 年版,第 5 页。

⑤ 详参李剑国《唐五代志怪传奇叙录》(中),中华书局 2017 年版,第 1175～1176 页。

⑥ (清)梁绍壬撰,庄葳校点《两般秋雨盦随笔》,上海古籍出版社 2012 年版,第 40 页。

⑦ 关于《传奇》的书写意图,笔者拟另文详论,兹不展开。

⑧ 常森《文学的解读与文化的解读》,《北京大学学报》,2013 年第 5 期,第 119 页。

奇》中的佛教书写具有丰富的历史文化意蕴。深究这些文字，不仅有助于更透彻地解读文本，还能加深对唐代社会诸多问题的认识。

《传奇》中有的佛教书写隐藏重要的历史信息。《颜濬传》中，张丽华初见颜濬时说明其至瓦官阁的原因："今日偶此登览，为惜高阁，痛兹用功，不久毁除，故来一别。"女鬼张丽华预言了瓦官阁的命运"不久毁除"。小说结尾所叙"数月，阁因寺废而毁"，则是对这个预言的照应。作者对瓦官阁命运的描写虽是寥寥数语，却暗含"会昌毁佛"这一佛教史大事，所以小说开头就把故事设置在"会昌中"这个有特定意味的时间背景中。关于"会昌毁佛"始末及其对唐代佛教的影响，新旧《唐书》《唐会有》等皆有记载，今之学者亦不乏研究者①，兹不赘述。"会昌毁佛"作为中国佛教史上的一次浩劫，除了由于空前发达的寺院经济影响国家财政收入外，与佛道之争亦不无关系。但身为道教徒的裴铏对此事的书写，并非出于幸灾乐祸，而是借小说人物之言"为惜高阁"表达了深深的同情和惋惜，由此可见其胸襟气度。

《金刚仙传》对清远峡山寺的书写，则蕴含着有关广州佛教传播的信息。按，唐时清远为广州属县，位于广州北部，清远峡山寺是主人公金刚仙在广州的居所。这个中国寺院之所以会有一个西域僧人长期居住，应与广州特殊的地理位置相关。广州位于唐朝东南边境，东南临海，境内水系发达，与异邦文化交流或经济贸易的主要通道是河道江水。当时有很多外国人居住在广州，甚至有印度寺专供梵僧居住。日本真人元开《唐大和上东征记》云：

> 端州太守迎引送至广州……引入大云寺……又有婆罗门寺三所，并梵僧居住。……江中有婆罗门、波斯、昆仑等舶，不知其数；并载香药、珍宝，积载如山。其舶深六、七丈。师子国、大石国、骨唐国、白蛮、赤蛮等往来居住，种类极多。②

通过水路来自不同国度的人，汇聚于广州，他们或是传播宗教，或是进行商业贸易。可以说，广州地区佛教的兴盛，与来华僧人的弘扬关系颇大。据《宋高僧传》，神龙（705—707）中，中印度僧人般刺密帝来华，在广州制止寺传译《楞严经》。③ 开元中，"开元三大士"中的南印度人金刚智及其弟子天竺人不空就是"泛舶而来"。不空于开元末去师子国，途经南海郡（即广州）。"初至南海郡，采访使刘巨邻恳请灌顶，乃于法性寺相次度人百千万众"④。上引《唐大和上东征记》称广州有三所婆罗门寺（印度寺），其间住的都是"梵僧"，他们很可能也是来华传播佛教。《金刚仙》中"能梵音"且法术精湛的金刚仙也是梵僧。这些梵僧可能大部分是从这条航路来华。前述地理位置特点，使得广州成为唐代东南地区重要的宗教传播和经济贸易窗口。因此这里不仅有各国商人，也有专门供"梵僧"留止的婆罗门寺，还有接待外国使者或重要僧人的官寺如大云寺、开元寺，亦有供各类僧人居住的私寺。如此，西域僧人金刚仙长期住在广州清远峡山寺亦在情理之中。

清远峡山寺的地理位置还在很大程度上决定了金刚仙的回国路线和交通工具，由此

---

① 如聂顺新《会昌毁佛前后唐代地方州府佛教官寺的分布与变迁》，《中国历史地理论丛》2018年第4辑。
② 〔日〕真人元开著，汪向荣校注《唐大和上东征记》，中华书局1979年版，第73～74页。
③ （宋）赞宁撰，范祥雍点校《宋高僧传》卷二《唐广州制止寺极量传》，中华书局1997年版，第31页。
④ （宋）赞宁撰，范祥雍点校《宋高僧传》卷一《唐京兆大大兴善寺不空传》，中华书局1997年版，第7页。

可窥知唐代广州对外贸易和国际交往的大略情况。《金刚仙传》中金刚仙在清远峡山寺数年后,"往番禺,泛舶归天竺"。按,番禺乃广州属县,亦为广州治所。金刚仙以广州为起点,舶船走水路回天竺国(今印度)。这条水路也是当时很多外国人来华及回国的路线。以广州至天竺为例,其路线如下:

> 广州东南海行,二百里至屯门山……又一日行,至古笪国……又北四日行,至师子国,其北海岸距南天竺大岸百里。又西四日行,经没来国,南天竺之最南境。①

从广东东南水路出发,途径古笪国(今越南芽庄)、师子国(今斯里兰卡)、没来国(在今印度南部)等十余国,最后到达南天竺的最南境。由此观之,这条从广州延伸至各国的水路经过很多国家,是唐朝著名的国际航路。前引《唐大和上东征记》中所叙诸事,如船舶"不知其数",货物"积载如山",外国人"往来居住,种类极多",正是这条航线带来的商业盛况的具体呈现。《崔炜传》也提及胡人从广州通过海路归国之事:"胡人遽泛舶归大食去。"因此,《金刚仙传》对金刚仙归国路线的简单叙述,实际蕴含着重要的交通和经贸信息。

《崔炜传》还提及佛寺的宿人功能。文称落魄侠士崔炜"多栖止佛舍",这其实是唐时佛寺住宿功能在小说中的体现。对此功能,《全唐文》《唐大诏令集》等文献多有记述,今之学者亦不乏研究者,无须再述。

佛寺外,《传奇》中一些鲜为研究者关注的佛教人物,亦有独特的文化发掘价值。《孙恪传》《颜濬传》中的老僧有一个共同的社会身份:"门徒"。按,门徒,或称门徒僧、家僧,在宫禁内为皇室服务者则称内道场僧。有学者指出,最早的家僧由梁武帝设立,充当其佛学顾问或兼协助其处理国家政务。隋唐时期,家僧的活动范围更广,且因依附对象的不同而有称呼上的差异,"内道场,是设置在皇室内禁中进行佛事活动的场所。处在内道场的僧人被称为内道场僧……门僧,亦称门徒僧,即某家私度或者家中供养的僧人。"②这类僧人,具有很强的世俗性,与社会联系密切。他们与供养者是一种依附关系,一般住寺中,主家做法事或咨询相关事务时,会上门服务。唐代社会供养家僧现象似乎比较寻常,所以唐玄宗曾下诏《禁百官与僧道往还制》禁止官员与僧道往来。但似乎并未能从根本上落实,甚至有些僧人还长期住在俗家,故玄宗又下《禁僧俗往还诏》:"或妄托生缘,辄有俗家居止,即宜一切禁断。"③当然,能供养家僧者大多家境富裕,甚或是权贵,所以《孙恪传》中"巨有金缯"的袁氏称老僧为其门徒,虽是假托,倒也符合其时社会情况。至于贵为王妃的张丽华家供养家僧,更在情理之中。

《金刚仙传》中傅经的"寺家人"身份也应予以关注。文称龙父用黄金百两收买寺家人傅经毒杀金刚仙。龙父何以选择"寺家人"而非"众僧"之一为投毒者? 按,寺家人乃寺内仆役。唐代寺院大都拥有奴婢,会昌毁佛中,官方对寺院奴婢人数的统计是十五万④,由此可见寺院奴婢数量之众。这些奴婢分不同类型和阶层,其中之一即"寺家人",或称

---

①　(宋)欧阳修、宋祁《新唐书》卷四十三下《地理志》,中华书局 2011 年版,第 1153 页。

②　左金众《佛教"家僧"渊源考述》,《河南工业大学学报》2017 年第 4 期,第 109 页。

③　(清)董诰等编《全唐文》卷三〇《元宗皇帝》,第 339 页。

④　(后晋)刘昫等《旧唐书》卷一八《武宗本纪》,中华书局 2010 年版,第 606 页。

"家人"。"'家人'是世袭寺奴婢，地位低下，因而他们在寺内所承都是最粗重的劳务。"①寺家人卑贱贫寒，所以比较容易被收买。小说对见钱眼开的傅经的描写——"傅经喜，受金与酒"，较为真实地揭示了位卑身贱的"寺家人"的心理和行为。

《传奇》中还有一类佛教人物值得深究，那就是《聂隐娘传》中那位神秘独特的尼。尽管《传奇》只有此篇涉及"尼"这类佛教人物，但并不意味着唐代尼寺尼姑数量少。相反，这位"尼"正是作者基于唐代社会有大量尼存在这一现实的艺术创造。《唐六典》载，唐玄宗时期，"凡天下寺总五千三百五十八所……二千一百一十三所尼"②。《新唐书》指出当时"尼五万五百七十六"③。其后佛教发展愈盛，尼的数量当更多，故"会昌毁佛"后，归俗僧尼多达二十六万五百人。④ 众多尼寺和尼表明，尼作为当时社会的一个广泛存在，是《聂隐娘传》中尼这一形象存在的现实依据。至于其"侠"的身份，则是唐代侠风盛行的缩影。⑤

综上所述，今存《传奇》近 1/3 篇目涉及佛教书写，且有专门彰显僧人法术的《金刚仙传》。其间佛教人物有僧、尼、寺家人、土偶罗汉等，这些人物丰富了《传奇》的人物类型；至于佛寺，则官私并存，且集中在岭南一带，这与作者在岭南的仕途经历大有关系。佛教人物和佛寺及其相关建筑构筑物，在小说人物塑造、情节开展、美学氛围的营造等方面发挥着重要作用。通过对《传奇》中佛教书写和其他内容的考察，可得出如下结论：《传奇》各篇书写意图非一，诱导弘道、逞才炫能、彰显僧人法术等皆有。就全书而言，其旨意则是"传奇示异"。同时，从《传奇》的佛教书写还可了解唐代诸多历史文化信息，如佛教史上"会昌毁佛"事件、东南沿海的佛教传播和对外交通贸易、佛寺的宿人功能、各种佛教人物的社会身份或地位等。

---

① 张弓《唐代寺院奴婢阶层略说》，《社会科学战线》1986 年第 3 期，第 178 页。

② （唐）李林甫撰，陈仲夫点校《唐六典》（上），中华书局 2014 年版，第 125 页。

③ （宋）欧阳修、宋祁《新唐书》卷四八《百官志》，第 1252 页。

④ （清）董诰等编《全唐文》卷七六《武宗皇帝》，第 802 页。

⑤ 关于唐代小说中的侠客描写及其产生背景，可参见苑汝杰《唐代藩镇与唐五代小说》，天津教育出版社 2012 年版，第 198～201 页。

民俗文化研究

# 弥勒圣诞与正月初一

## ——"革命"与娘娘命之谶

钱　寅*

**摘　要:**正月初一是中国传统的春节,也是佛教中弥勒的圣诞日。弥勒圣诞与春节的重合既不是佛教教义的规定,也不是巧合。正月初一这天在传统经学语境下具有变革、革命的意义,是改元正朔的日子。弥勒在佛教中是未来世界的佛,他的降诞意味着现有世界的终结,新世界的到来。因此,弥勒降诞与正月初一同样具有变革的意义。由于弥勒信仰的革命性和传统经学为正月初一所赋予的政治意义之间是可以交融的,所以弥勒下生与正月初一在中国传统思想世界中不断汇合形成暗流,这股暗流会在特殊的历史事件中外显出来,武则天的改朝换代、白莲教等弥勒教的起义,都有这股暗流外显的痕迹。

**关键词:**弥勒;正月初一;革命;娘娘命

正月初一,是中国最重要的传统节日——春节。在这一天,不同的地方有着不同的风俗,但其目的几乎都是要祈福在新的一年里风调雨顺,生活顺利幸福。在佛教的民间信仰中,正月初一是弥勒的圣诞,按照习俗,正月初一的清晨会有很多人赶到寺院去抢"头香",寺院也会举办与弥勒圣诞有关的法事活动为大众祈福。正月初一去寺院参拜的人大概可分为两种:一种是佛教的信徒,他们是满怀信仰地参拜;一种是普通的非信仰者,他们主要是祈福,祈求一年的日子平安和财源滚滚。[①] 但实际情况上,二者往往彼此渗透和交融。诚然,正月初一作为岁首被庆祝,其起源肯定要早于佛教的传入。但自从佛教传入中国之后,逐渐与中国本土的风俗融合,并反作用于中国社会,春节的民俗中自然也融入了很多与佛教相关的因素。弥勒圣诞和春节同在正月初一,正好可以视为这一点的具体体现。

佛、菩萨的生日,在佛教的起源地印度很难从历史文献中找到痕迹,但随着佛教的传播,佛、菩萨逐渐有了生日,而且根据不同地区风俗人情的需要,生日日期也不尽相同。以释迦牟尼佛圣诞来看,汉传佛教认为是四月初八,被称为"佛诞日""浴佛节"等。但汉传佛教系统之外的佛教认为四月十五是佛陀圣诞,并称为"卫塞节"。其实,据梁朝宗懔的《荆楚岁时记》记载,在南北朝时期,中国南方地区普遍以四月初八为弥勒佛的生日:"四月八日,诸寺设斋,以五色香水浴佛,共作龙华会。"[②]龙华会,即为弥勒菩萨龙华树下说法的法会。弥勒菩萨是当来下生的未来佛,在释迦牟尼佛之后下生成佛。由此可以看

---

*　钱寅,历史学博士,河北工业大学人文与法律学院讲师,主要从事古文献学和民间文化研究。

① 在民间,弥勒会被看作财神的象征,如手托金元宝的布袋和尚造像,就是财神化弥勒的表现。这可能和以弥勒信仰为主的民间教派敛财手段有关,也有可能与密教文化中的黑财神有关。此外,日本民间信仰中象征福气和财运的七福神中也有布袋和尚的形象。

② (梁)宗懔著,宋金龙校注《荆楚岁时记》,山西人民出版社1987年版,第42页。

出，至少在《荆楚岁时记》的时代，弥勒圣诞并不像今天一样是正月初一，因此这里面一定具有思想世界的流变渊源。遗憾的是，关于弥勒信仰的宗教学、历史学和民俗学汗牛充栋的研究成果中，对弥勒圣诞在正月初一这天的现象还缺乏足够的关注度。于是，笔者尝试做出一些自己的解释，以求引方家之美玉。

## 一、革命与正月初一

一元复始，在中国的传统意义上"正月初一"是一个非常重要的日子。首先需要引起我们注意的是，我们要讨论的是"正月"而非"一月"。在中国传统的思想观念里，随着历法的变化，具体到正月在什么时候也是会发生变化的。伏生《尚书大传》说："夏以孟春月为正，殷以季冬月为正，周以仲冬月为正。"①这是说在夏代的历法中春季的第一个月是正月，在商代的历法中冬季的第三个月是正月，在周代的立法中冬季第二个月是正月。我们现在所使用的农历是夏历，因此一月是正月。以此推之，周代历法是以十一月为正月，商代历法是以十二月为正月。此外，在东周时代还有将夏历四月视为正月的现象，但随着历史上概念内涵的逐渐稳定，这种观念已经渐渐消失了。简单地说，因为夏历四月是正阳之月，所以《左传》中有称夏历四月为正月的现象，具体的说明可参见清代赵翼《陔余丛考》卷二十一"正月元日"条。由此可见，在传统中国的认识中，正月不等于一月。因此，弄清"正月初一"的文化意义，是解决弥勒圣诞日期问题的第一步。

正月初一的文化意义，还要利用经学文献说明。《春秋公羊传》开篇"元年春，王正月"，有着特殊的经学意义。相传孔子修《春秋》虽然处于东周时代，但是孔子采用的纪年是夏历，即《论语》所谓"行夏之时"，也就是说《春秋》经传里的正月是夏历的。董仲舒的《春秋繁露》第二十三《三代改制质文》说："何以谓之王正月？曰：王者必受命而后王，王者必改正朔，易服色，制礼乐，一统于天下，所以明易姓非继人，通以己受之于天也。王者受命而王，制此月以应变，故作科以奉天地，故谓之王正月也。"②这里强调了政治上的变革。何休对《公羊传》的注释是"惟王者然后改元立号"③，也就是说这个时间是王者改元立号之时。熟悉中国王朝历史的人自然应该知道，如果上一个皇帝在年中去世，新皇帝继承大统后，这一年剩下的时间年号依旧维持不变，变更年号从来年的正月初一开始。汉代经学著作《白虎通》认为"一年不可有二君"，又"不可旷年无君"，因此"逾年乃即位改元"，"王者改元，即事天地。诸侯改元，即事社稷"④。年号的更替，象征着政治时期的变更。从这里也可以体会到，正月初一是政治变革的时间节点。《白虎通》里说："百王同天下，无以相别，改制天下之大号，以自别于前，所以表著己之功业也。必改号者，所以明天命已著，欲显扬己于天下也。已复袭先王之号，与继体改文之君无以异也。不显不明，非天意也。"⑤可以看出，参加白虎会议的汉代经师认为改元建号是新王即位的仪式，因此正月初一这个日子也就具备了革新的意义。

① （汉）伏胜撰，（汉）郑玄注，（清）陈寿祺辑校《尚书大传》卷三《略说》，中华书局 1985 年版，第 126 页。
② （清）苏舆《春秋繁露义证》第二十三《三代改制质文》，中华书局 1992 年版，第 185 页。
③ （汉）何休《春秋公羊传解诂》"隐公元年"，《十三经注疏》本，下册，中华书局 1980 年版，第 2196 页。
④ （清）陈立《白虎通疏证》（上册）卷一《爵》，中华书局 1994 年版，第 38 页。
⑤ （清）陈立《白虎通疏证》（上册）卷二《号》，中华书局 1994 年版，第 56 页。

在公羊学的解释范围内，政治的变革还有另外一种更剧烈的表现形式，即三统的循环更迭。前面说过，夏商周三代的正月是不同的，分别是一月、十二月和十一月。那么为什么正月只出现在这三个月呢？《尚书大传》的解释是："不以二月后为正者，万物不齐，莫适所统，故必以三微之月。"①这是说二月以后春归大地，万物萌发，世界重新多姿多彩起来，这样的世界就不是统一整齐的面貌，无法确定其为开始的起点，而十一月、十二月和一月这三个月万物都潜藏在冰天雪地之内，是整齐统一的，所以才用它们来作正月。这是大一统的思想，世界的整齐一致是施政的初点。三个正月的循环更替，被视作三种政治模式的循环更替，即为三统的循环更迭。《汉书》卷三十六《刘向传》"王者必通三统，明天命所授者博，非独一姓也"，颜师古注："张晏曰：一曰天统，谓周十一月建子为正，天始施之端也；二曰地统，谓殷以十二月建丑为正，地始化之端也；三曰人统，谓夏以十三月建寅为正，人始成之端也。"②夏代以寅月为正月，其时"天统气始通化物，物见萌达，其色黑"③。于是夏朝的朝服、车马仪仗等都尚黑，是黑统。商朝以丑月为正月，其时"天统气始蜕化物，物始芽，其色白"④。于是商朝尚白，是白统。周朝以子月为正月，其时"天统气始施化物，物始动，其色赤"⑤。于是周朝一切尚赤，是赤统。此即"三统"。简单来讲，三统的更迭被认为是统治合法性和社会形态的变更。显然，这是一种剧烈的社会变革，而正月初一正是变革的时间节点。

如果说在某一统内的改元建号是政权内部统治者和施政纲领等内容的变更，那么"三统"间的变革就是革命。在三代历史上，商对夏和周对商的战争与易代，都被称作"革命"。因此，我们可以说在传统中国的文化中正月初一包涵了社会变革的意义，往小处说是寓意着政治和社会的改革和变化，往大处说是政权和社会形态间的革命。明确了这一点，我们再来看弥勒与变革或革命之间的关系，也就能够弄清是什么直接影响了弥勒圣诞是正月初一这个现象。

## 二、弥勒信仰与革命

前面谈到的变革、革命思想是基于经学，特别是《春秋公羊传》中宣扬的变革思想，为"正月初一"这个历法上的新年第一天赋予了政治意义。接着需要解释的是，这种政治意义是如何与弥勒信仰发生关系的。从文献上考察，在大藏经等佛教文献中并没有对弥勒圣诞日期的说明。只有清代净宗居士张师诚在其所辑《径中径又径》卷二中将正月初一作为弥勒降诞书之于简帛。张师诚是这样记载的："正月初一日弥勒尊佛圣诞，初九日玉皇上帝圣诞，二月十九日观音菩萨圣诞，廿一日普贤菩萨圣诞，四月初四日文殊菩萨圣诞，初八日释迦文佛圣诞，六月初三日韦驮菩萨圣诞，十九日观音菩萨成道，七月十三大势至菩萨圣诞，三十地藏王菩萨圣诞，十一月十七阿弥陀佛圣诞，腊月初八日释迦文佛成

①　（汉）伏胜撰，（汉）郑玄注，（清）陈寿祺辑校《尚书大传》卷三《略说》，中华书局1985年版，第126页。

②　（汉）班固《汉书》卷三十六《刘向传》，中华书局1962年版，第1951页。

③　（清）苏舆《春秋繁露义证》第二十三《三代改制质文》，中华书局1992年版，第191页。

④　（清）苏舆《春秋繁露义证》第二十三《三代改制质文》，中华书局1992年版，第193页。

⑤　（清）苏舆《春秋繁露义证》第二十三《三代改制质文》，中华书局1992年版，第194页。

道。"①在这个节日表中,诸佛、菩萨诞和成道的时间并不是什么特别的日子,一般只会影响佛教信仰之内的民众生活。而腊月初八、四月初八这些在世俗生活中比较有影响的日子,也是因为佛教的传播才被确立下来的。只有弥勒圣诞的日子是与中国旧历的元旦重合,且在佛教传播之前这个日子已经被视作非常重要了。

既然张师诚的记载是目前所见最早关于弥勒圣诞的记载,那么我们不妨先了解张师诚本人以及他所生活的时代。张师诚,字心友,号兰渚,浙江归安(今属湖州市)人,净土宗居士。乾隆四十九年(1784)高宗南巡恩试,张师诚中第为举人,乾隆五十五年(1790)再高中进士,改翰林院庶吉士,散馆授编修,后授山西雁平道。嘉庆四年(1799)调任河南按察使,随即改江苏按察使,之后历任山西布政使、江西巡抚、福建巡抚、江苏巡抚、安徽巡抚、广东巡抚等职。道光七年(1833)因病卸任,道光十年(1830)申时卒。从这份履历中能够清楚看出,张师诚是清代乾隆末期到道光初期比较重要的地方政治人物。除去高中进士后改庶吉士在京观政学习的时间外,张师诚的政治生涯几乎都在地方要职上度过。在乾隆末年到嘉庆初年,影响地方和朝廷比较大的事件无疑要算上波及数省的白莲教起义。白莲教起义的中心主要是在川陕楚交界处,但由于起义军的流动作战,这场起义的影响是全国性的。纵观张师诚的履职地区,除了福建、江苏以外,山西、河南、安徽、江西以及广东,基本都围绕着白莲教起义区域的外围。所以,作为佛教弥勒信仰异化的白莲教,对身为净土宗居士的张师诚有所影响,当在情理之中。

白莲教是宋代茅子元创立白莲宗的异端。白莲宗本是佛教净土信仰的一支,信奉弥陀净土,其教义与修行方式和净土宗并无太大区别。因此为了与净土宗其他分脉区别,他们以白莲为信物。由于弥陀信仰与弥勒信仰的交融性,白莲宗内部产生了一支信奉弥勒的派别。② 与西方弥陀净土需要往生不同,弥勒净土最终是在人间实现。在佛教里,弥勒是未来佛,现在只是在兜率天中等待下生。弥勒的下生意味着现有世界即将终结,属于弥勒佛的未来世界即将到来。释典中关于弥勒的事迹,主要见于《增一阿含经》《中阿含经》《长阿含经》以及《菩萨所问经》《弥勒成佛经》《佛说弥勒下生经》《佛说弥勒菩萨上升兜率天经》等及其异译本。最初信奉弥勒净土的人是追求上升到兜率天听弥勒说法,未来再随弥勒降生成佛。然而,正是因为弥勒信仰这种特殊性,多数人并不想升入兜率天而只是希望弥勒下生以带来一个新世界。由于有这样的需求,宣扬弥勒下生的白莲教就有了市场。因此,白莲教的起义都是打着弥勒出世或弥勒下生的幌子以招揽信徒,信徒也虔诚地相信现在出现的弥勒一定能够带领他们摆脱苦难。虽然白莲教的大起义发生在嘉庆初年,但是白莲教从元代以来就一直以民间秘密宗教的形式普遍存在着,因此也受到历代政府的严格控制。

白莲教推奉弥勒,实质上是利用了弥勒的革命性。在佛教的世界观中,有过去、现在、未来的三世说,这与公羊学所提倡的据乱、升平、太平的三世说都是将世界看成三个时间阶段,正好形成对照。由于公羊学有三世循环,所以才衍生出了革命的思想,到了晚清面对内外交困的政局,有识之士首先汲取的营养正是公羊学。由于佛教有三世说,所

---

① (清)张师诚《径中径又径》卷二,《卍新纂大日本续藏经》第 62 册,国书刊行会 1989 年版,第 386 页。
② 张子开《试论弥勒信仰与弥陀信仰的交融性》,《四川大学学报》2006 年第 1 期,第 53~61 页。

以弥勒要在未来成佛，将众生从现在世界的末法时代中解救出来，成了人民的诉求。佛教认为，现在仍然是释迦牟尼佛的时期，同时佛教又将现在世划分为正法时代、像法时代和末法时代。早期佛教认为只有生在中国（印度的中国）才容易成佛，但《四十二章经》指出"生中国难"，因此最初作为佛教边缘的中国（华夏族的中国）长期凝结着边地意识，末法时代的忧患很重。直到后来佛教中心转移到中国之后，中国佛教还是深感末法时代的忧患。因此，盼望弥勒下生本是佛教内外的普遍共识。然而，历代打着弥勒信仰的起义造反者，借用弥勒下生革旧迎新的宗教意义为政治意义，将自己宣扬为下生的弥勒带领民众推翻现有的政权。能说明这个问题的史料，在正史中并不罕见。《宋史》卷二百九十二《明镐传》：

> 王则者，本涿州人，岁饥，流至恩州，自卖为人牧羊。后隶宣毅军为小校，恩、冀俗妖幻，相与习《五龙》《滴泪》等经及图谶诸书，言释迦佛衰谢，弥勒佛当持世。初，则去涿，母与之诀别，刺"福"字于其背以为记。妖人因妄传字隐起，争信事之，而州吏张峦、卜吉主其谋，党连德、齐诸州，约以庆历八月正旦，断澶州浮梁，乱河北。①

《元史》卷二十九《泰定帝本纪一》：

> 息州民赵丑斯、郭菩萨妖言：弥勒佛当有天下。②

《元史》卷四十二《顺帝本纪五》：

> 初，栾城人韩山童祖父以白莲会烧香惑众，谪徙广平永平县。至山童倡言天下大乱，弥勒佛下生，河南及江淮愚民皆翕然信之。③

《明史》卷一百八十七《马昊传》：

> 有僰人子普法恶者，通汉语、晓符箓，妄言弥勒出世，自称蛮王煽诸夷作乱。④

由这些史料不难看出，白莲教以及其他打着宗教旗号进行的起义活动，比较热衷于制造"释迦佛衰谢，弥勒佛当持世"这类政治隐喻。这正是因为弥勒菩萨本身在佛教中就有以新易旧的宗教意义，弥勒在信仰中的形象与革命紧密相关。

发生在清朝乾嘉之交的白莲教大起义并不是白莲教的早期传播，弥勒信仰也并非这次白莲教起义所首次提出，但是由于这次白莲教大起义波及范围和影响广大，因此弥勒信仰随着这次大起义有了更广泛的传播。这一点对后来民间的很多信仰文化都起过重要的作用。这种思路，无疑有助于我们解释为何迟至张师诚的书中才首次出现弥勒圣诞日期的记载：因为张师诚所处的时代环境与清中期弥勒信仰再一次大规模的传播有交集，弥勒信仰的革命性又与正月初一的政治意义相吻合。这样我们就找到了正月初一与弥勒降诞之间发生联系的逻辑起点。

### 三、娘娘命与弥勒

前面对白莲教、弥勒信仰和革命之间关系的考察，使我们找到了弥勒降诞与正月初

---

①　（元）脱脱等《宋史》卷二九二《明镐传》，中华书局1977年版，第9770页。
②　（明）宋濂等《元史》卷二九《泰定帝本纪一》，中华书局1976年版，第657页。
③　（明）宋濂等《元史》卷四二《顺帝本纪五》，中华书局1976年版，第891页。
④　（清）张廷玉等《明史》卷一八七《马昊传》，中华书局1974年版，第4968页。

一之间的联系,也解释了弥勒降诞日期迟至清朝嘉道年间才被记录在文献上的原因。但是,弥勒信仰在中国历史上发生的时间很早,并不始于白莲教,打着弥勒旗号推翻旧政权的活动早就发生。在《隋书·炀帝纪》中记载了正月初一借弥勒起义的事件:

(大业)六年春正月癸亥朔旦,有盗数十人,皆素冠练衣焚香持华,自称弥勒佛,入自建国门。监门者皆稽首,既而夺卫士仗将为乱。①

从中可以看出,在隋炀帝大业六年的一次叛乱中,造反者正是在正月初一当日以弥勒佛的身份闯入城门。这使我们知道,在古代企图借弥勒推翻旧政权建立新政权的起义者心目中,从革命的意义上看正月初一是非常合适的日子,或早已形成传统,成为思想世界的一股暗流。

由此,我们想到了另外一个民间文化的现象:正月初一出生的女儿是娘娘命。这个观念普及的时代应该很早,从曹雪芹笔下贾元春的故事就可以看出,至少在曹雪芹生活的时代这个观念就已经非常流行了。然而,历史上的事实告诉我们并不是每位娘娘都是正月初一生的,这个观念肯定是来自传说。那么能和弥勒信仰、娘娘命传说同时发生联系的,大概只有武则天了。

武则天夺取了李氏政权,建立武周政权,正是一个"革命"的过程。武则天本人与佛教的关系非常密切,早年还有出家为尼的经历。依照夏商周以来的中国传统,女子绝无立为君主之可能。因此,即便是西汉吕后、西晋贾后临朝日久,也不敢取帝族而自立。北朝胡族,虽然雄后屡出,也不得不遵循这个传统。因此,武则天要想自己做皇帝,便不可能从中国政治传统中来寻求合法性依据,在当时所能依赖的只有佛教。② 而且李唐王朝向来崇奉道教,武则天崇尚佛教正好能与之对立。与印度原始佛教不同,后世的大乘佛教秉承"一切众生皆有佛性"的主张,并不排斥女性成佛,如经典中记载胜鬘夫人成佛的故事,就是女人成佛的例子。武则天就善于利用佛教作谶,为武周之代唐制造舆论。所以,在武氏掌权的时期内,佛教非常兴盛,以致招来大臣的反对。

由于弥勒将于未来世成佛,武则天则自托为弥勒。③ 据说敦煌莫高窟之弥勒造像,即模拟武氏容貌所造。而当朝臣工善阿谀者,则为武氏大造舆论。《旧唐书》卷九十三《张仁愿传》记载:

时有御史郭霸上表称则天是弥勒佛身,凤阁舍人张嘉福与洛州人王庆之等请立武承嗣为皇太子,皆请仁愿连名署表,仁愿正色拒之,甚为有识所重。④

《大宋僧史略》卷三"赠僧紫衣"条记载:

案《唐书》,则天朝有僧法朗等,重译《大云经》,陈符命言:则天是弥勒下生为阎浮提主。⑤

---

① (唐)魏徵等《隋书》卷三《炀帝纪上》,中华书局 1973 年版,第 74 页。

② 陈寅恪《武曌与佛教》,《金明馆丛稿二编》,上海古籍出版社 1980 年版。

③ 段塔丽《武则天称帝与唐初社会的弥勒信仰》,《中国典籍与文化》2002 年第 4 期,第 85~91 页。

④ (后晋)刘昫等《旧唐书》卷九三《张仁愿传》,中华书局 1975 年版,第 2981 页。

⑤ (宋)赞宁《大宋僧史略》卷三《赠僧紫衣》,《大正新修大藏经》第 54 册,大正一切经刊行会 1934 年版,第 248 页。

《宋高僧传》卷二十四《慧警传》：

释慧警，姓张氏，祁人也。少而聪悟褊褓能言，二亲鞠爱，邻党号为奇童。属新译《大云经》，经中有悬记女主之文，天后感斯圣蓟，酷重此经。警方三岁有教其诵通，其含嚼纤蠡调致天然也。遂彻九重乃诏讽之，帝大悦抚其顶，勒授紫袈裟一副。[1]

《大云经》是武则天取代唐王朝的重要佛教依据，或以为重译，或以为伪造，这一点先姑且不论。但《大云经》中以弥勒、女主为谶，比附于武则天将取代李唐为天下之主，自然迎合了武氏的意愿。除了《大云经》外，武则天在位的时候，翻译僧义净另译了一部《弥勒下生经》。本来《弥勒下生经》已有法护与鸠摩罗什两种译本，此二本的翻译都很不错且广布世间。义净与武则天关系非常密切，他从海外求法归国时武则天亲自去东门外迎接，并在其翻译的经典卷首御制圣教序。在这样密切的关系下，义净重译《弥勒下生经》也算得上契合武则天的心意吧。

另外，武则天居洛阳最久，可能也是因为自北魏以来洛阳弥勒信仰极盛，所以"弥勒下生"这套把戏，容易在此处得到文化认同。武周革命之后，武则天尝自加尊号"慈氏越古金轮圣神皇帝"，旋去尊号"慈氏越古"。慈氏，即弥勒意译。可见武则天最初的确是自以为弥勒化身的，这是以佛王作人王的把戏，后来去掉"慈氏越古"，可能是觉得先要以转轮圣王的形象治理国家。在佛教的教义中，转轮圣王是护持佛法的世俗君主。[2] 但是从民间认识的角度来看，武则天究竟是以什么身份，可见并没有明确严格的区分。弥勒下生是武则天对李唐王朝革命的依托，武则天也被民间视为弥勒的化身。

既然武则天被认为弥勒化身，那么我们再来看看她的生日是什么时候。先来看武则天的籍贯。关于武则天的籍贯，民间流传有一种说法认为是在四川广元的利州。宋代《元丰九域志》卷八"利州路"条这样记载着：

古迹　皇泽寺有唐武后真容殿。按，士彟为利州都督，生后于此。[3]

明代《蜀中广记》卷二十四记载：

今之临清门川主庙，即唐皇泽寺也。《九域志》云：利州都督武士彟生武后于此，因赐寺刻其真容。李商隐《利州江潭》诗注"感孕金轮"，乃武则天事也。诗云："神剑飞来不是销，碧潭珍重驻兰桡。自携明月移灯疾，欲就行云散锦遥。河伯轩腦通贝阙，水宫帷箔卷冰绡。他时燕脯无人寄，雨满空城蕙叶雕。"盖后母感溉龙而有孕也。[4]

《蜀中广记》一百零八卷，明曹学佺撰，征引渊博，搜罗宏富，蜀中掌故大体备具。此载武则天生于利州虽然未必尽属事实，但文献可征，不为无据。直到今天，广元的皇泽寺

---

[1]　（宋）赞宁《宋高僧传》卷二十四《慧警传》，《大正藏新修大藏经》第 50 册，大正一切经刊行会 1934 年版，第 862 页。

[2]　孙英刚《武则天的七宝——佛教转轮王的图像、符号及政治意涵》，《世界宗教研究》2015 年第 2 期，第 43～52 页。

[3]　（宋）王存等撰，王文楚、魏嵩山点校《元丰九域志》下册卷八"利州路"，中华书局 1984 年版，第 679 页。

[4]　（明）曹学佺《蜀中广记》卷二十四"广元县"，《〈四库全书〉珍本初集》，商务印书馆 1935 年影印文渊阁《四库全书》，第十七页右。

还保存有武则天的真容像。于是，我们可以认为在民间一直流传着这样一种说法，即武则天出生于广元一带。而且这种说法在历史上还是颇受认同且具有一定影响的，被部分典籍所登载。

另外，在今天的广元还流行着据说是关于武则天出生的俗谣：

正月二十三，妇女游河湾。

相传，这是为了纪念武则天之母感孕诞女之事，后来民间逐渐将这一天演变为"女儿节"。旧时民间，到了这天人们成群结队到皇泽寺、则天坝和嘉陵江畔游玩。妇女们穿戴一新，相互邀约沿河湾畅游，以讨吉祥。"妇女游河湾"，是最具魅力的一种民间文化活动，这该是广元女儿节的重彩浓墨来描绘的篇章。可以看出，广元民间以正月二十三为武则天之生日。

武则天在位时，对李唐王朝进行了力度很大的革命，其中最显著的就是改元易朔。这无疑是对李唐王朝天命正统的冲击，据《唐大诏令集》卷四《改元载初敕》记载：

夏之人统，不逮殷之地正；殷之地正，有殊周之天统。元命所苞，实在兹矣。周文稽古，制礼于成王之日；汉高握德，改元于武皇之代。则知文物大备，未遑于上业；损益之道，谅属于中平。朕所以式遵礼经，奉成先志。今推三统之次，国家得天统，当以建子月为正。考之群艺，厥义明矣。宜以永昌元年十有一月为载初元年正月，十有二月改腊月，来年正月改为一月。①

这种改元的措施，正是基于公羊学说"通三统"的历史循环论。载初元年（690），武则天用周正，改永昌元年十一月为正月，十二月为腊月，夏正月为一月。因此，民谣中"正月二十三"，极有可能为十一月二十三。这也反映了"正月"的特定政治含义，与简单的"一月"完全不同。然而随着时间流逝和历史发展，周正又改为夏正。民间口口相传中已经习惯了"正月二十三"，于是便相沿下来。加上利州标榜为武则天出生之地，因此这里的民间对武则天生日的记忆会精确到日。至于其他地方，在信息传播相当不发达的时代和漫长的历史进程中，便不一定能精确记忆武则天的生日，民间记忆或许仅存大概。如此，武则天生日在其他地区不能被历代都精确记忆的情况下，大约定为正月初一，也合乎常理。

唐代有以帝王生日为国家节庆的习俗，据《封氏闻见记》卷四"降诞"条记载：

玄宗开元十七年，丞相张说遂奏以八月五日降诞日为千秋节，百寮有献承露囊者。是日皇帝御楼张乐，倾城纵观，天下士庶，皆为赏乐。其后又改为天长节。肃宗因前事以降诞日为天平地成节。代宗虽不为节，犹受诸方进献。今上即位，诏公卿议。吏部尚书颜真卿奏："准礼经及历代帝王无降诞日，惟开元中始为之；又复推本意以为节者，喜圣寿无疆之庆，天下咸贺，故号节曰'千秋'，万岁之后，尚存此日以为节假，恐乖本意。"于是敕停之。②

---

①　（宋）宋敏求《唐大诏令集》卷四《改元载初敕》，学林出版社 1992 年版，第 16 页。
②　（唐）封演著，赵贞信校注《封氏闻见记校注》，中华书局 2005 年版，第 28 页。

另据《旧唐书》所记张说奏请千秋节的历史背景是"八月癸亥上以降诞日宴百寮于花萼楼下,这应该是以往帝王诞辰通行之礼,皇帝的"降诞日"本身即是一个有特殊意义的日子,张说等人只是借机将其升格为国家节庆。至于武则天之生日,是否也曾被认作国家节日,这一点还没有明证。然而,既然在唐代皇帝生日有被确立为国家节日的现象,而且逢皇帝诞辰举行隆重典礼也是理所应当,那么武则天的"降诞日"被世人纪念也在情理之中。

至此,我们尝试做进一步的概括,民间流传着武则天生于正月的说法,于是正月初一出生的女孩被视为娘娘命。由于弥勒信仰中的革命性与正月初一的政治意义可以相融合,因此在历史上发生过在正月初一发难的弥勒教起义。武则天以弥勒下生为标榜,其生日在民间记忆中被模糊地认定为正月初一,这无疑强化了中国传统思想世界内正月初一与弥勒信仰之间的关系。

## 四、结语

通过前面的论述,我们大致可以得出这样的结论:由于弥勒信仰的革命性和传统经学为正月初一所赋予的政治意义之间是可以交融的,所以弥勒下生与正月初一在中国传统思想世界中不断汇合形成暗流,这股暗流会在特殊的历史事件中外显出来,武则天的革命、白莲教等弥勒教的起义,都有这股暗流外显的痕迹。正月初一生的女儿是娘娘命,这种近乎谶语的民间说法,承载了对武则天生日的记忆。也许武则天真实的生日并不是正月初一,但是作为女皇,她独有的革命色彩与正月初一的政治意义在思想世界的暗流里无法分割。同样,极端的弥勒信徒,也无法将弥勒信仰的革命性与正月初一的政治意义分割。于是,弥勒圣诞是正月初一的设想,在信仰生活中一点点被落实,并随着白莲教大起义这样影响力强大的历史事件向全国各个角落普及。直到清代净土宗居士张师诚将其记录在自己的著作中,并且把它流传了下来。

综上所述,我们认为弥勒圣诞在正月初一既非佛教教义的规定,也不是巧合,而是中国民间文化有意的安排。这是因为弥勒菩萨本来的形象就带有改变旧世界、主宰新世界的意义,这与白莲教、武则天等"革命"者的追求是吻合的,也与中国传统思想中正月改元易正朔的变革理论是契合的。所以人们才会将弥勒圣诞安排在正月初一这个特殊的日子。弥勒在印度原无具体降诞日期,但是流传于中国后则逐渐形成了正月初一的降诞纪念。这一方面是中国政治文化对佛教影响的体现,另一方面也是佛教对中国政治文化和节日文化影响的体现。佛教在中国流传过程中,不仅吸收了儒道两家的思想,同时也被政治局势所干扰、民间风俗所雕琢。民间群众以正月初一为弥勒降诞,饱含着人民对幸福生活的美好企盼,这种信仰十分单纯,可能远没有弥勒诞辰之来历那么复杂。

# 地方神庙的建构与变迁：
# 以山东嘉祥惠济公庙为中心的考察

胡梦飞 *

**摘　要：**惠济公庙，原名"焦王祠"，是祭祀神农氏后裔焦国国君的庙宇。宋代以前的惠济公庙是祭祀先贤的祠庙，其功能主要体现为崇德报功。随着时间的演变，宋元时期其祈雨功能愈发突出，祈雨"灵验"与否成为地方官员和民众关注的焦点。明代中后期，由于儒家思想的盛行，祈雨在成为应对旱灾重要手段的同时，也成为地方官员教化民众、灌输官方祭祀理念的重要方式。从明代中叶开始，惠济公庙内的碧霞元君信仰开始出现并日益盛行。碧霞元君信仰的出现虽然对惠济公的主神地位产生一定的冲击，但并没有动摇其在当地民众心目中的地位。面对社会变迁，民间信仰也在不断地自我调整与主动适应，成为其保有生命力的主要原因。

**关键词：**嘉祥；惠济公庙；民间信仰；功能变迁

惠济公庙，原名"焦王祠"，据旧县志记载："武王克商，封神农之后于焦，世称'焦王'。"[①]始封之焦在河南，受封后移城于嘉祥青山东山脚下，现青山东侧有东、西焦城村，并有古焦王城遗址。焦王祠始建年代不详，东汉灵帝建宁年间，封焦王为"青山君"，建宁二年（169）立"焦王祠碑"，后毁。由此可知，焦王祠最迟建于东汉末年。宋徽宗崇宁元年（1102），封焦王为"宁应侯"；宣和三年（1121），改封为"惠济公"；次年，重修焦王祠，改称"惠济公庙"。后经明清两代的多次重修、扩建，始具现在的规模。因庙宇位于青山，故俗称"青山寺"。惠济公庙坐东面西，顺应山势，层层递升，设计巧妙，别具一格。崇宇高阁，掩映于古树翠柏之中，景色颇为壮观。庙内保存有元代以来的碑刻50余块，大多为当地士绅、民众重修庙宇的捐资碑或祈雨碑以及赴庙内泰山行宫进香的结社碑、香火碑等，对于研究区域社会信仰文化具有重要价值。本文依据地方志和庙内碑刻资料，尝试从"文化变迁"的理论视角分析这一信仰空间的建构过程，在探讨庙宇演变过程的同时，揭示信仰背后的建构逻辑和变迁规律。

## 一、明代以前惠济公庙的发展演变

惠济公庙的前身为焦王祠，始建年代不详。东汉灵帝建宁年间，封焦王为"青山君"。由此可知，焦王祠最迟创建于东汉末年。惠济公庙内曾立有汉青山君碑一块，关于其立碑时间有多种说法。清乾隆《济宁直隶州志》记载青山郡碑："建宁三年立，原碑在今嘉祥

＊　胡梦飞，历史学博士，聊城大学运河学研究院讲师，主要从事明清史、运河文化史研究。本文为国家社科基金青年项目"明清山东运河河政、河工与区域社会研究"（批准号：16CZS017）、山东省社会科学规划研究项目"山东运河文化遗产保护、传承与利用研究"（批准号：20CWYJ39）的阶段性成果。

①　山东省嘉祥县地方史志编纂委员会编《嘉祥县志》，山东人民出版社1997年版，第658页。

县，今无。"①元人赵衡正所撰《惠济公庙记》云："庙左有汉建宁元年碑，碑毁无考。右立晋永安颂碑，文字剥落难辨。"②光绪《嘉祥县志》则记载焦王祠碑："在庙左，建宁二年立；青山郡碑，即焦王祠碑。"③《济州金石志》引"晋青山君颂碑"记载汉青山君碑立于建宁二年（169）九月。④ 西晋永安元年（304）九月，奉车都尉金乡申宏等人刻碑立石，对青山君之功德进行了歌颂和褒扬。⑤ 此后直至隋唐两代，由于史料缺乏，焦王祠的相关情况我们不得而知。

从北宋后期开始，因祈雨"灵应"，有关此庙的记载逐渐增多。北宋崇宁元年（1102），敕封焦王为"宁应侯"；北宋宣和三年（1121），又加封为"惠济公"。

《济州金石志》载宋崇宁元年（1102）"青山崇佑庙尚书省牒文"云：

> 惟神自汉建宁凤纪灵德，逮我永泰始赐命书，祠名孔昭，爵号未建，郡奏来上，民言著称，水旱有祈，雨旸无爽，其加侯秩，以侈神庥，用享乃诚，永泽兹土，可特封"宁应侯"。⑥

宋宣和三年（1122）十二月"青山崇佑庙尚书省牒文"云：

> 京东路转运司奏：据济州中巨野县东南五十里青山崇佑庙宁应侯祈雨应验，乞保奏特加封爵，州司保明是实，本司保明是实，牒奉敕宜，特封惠济公，牒至准敕。……宣和四年四月日，朝奉郎、知巨野县事吴子奇上石。按此刻正书大字八行，小字四行，在青山寺内。⑦

金明昌元年（1190），嘉祥令胡公曾三次祈雨，均获"灵应"，故专门立石以示纪念。光绪《嘉祥县志》记载祈雨三应碑："在惠济公庙，（金）明昌元年立。"⑧《济州金石志》记载："金明昌元年，嘉祥令胡公'祈雨三应记'碑，乡贡进士翟师轲撰，巨野陈（缺）篆额。按此

---

① 宫衍兴编著《济宁全汉碑》，齐鲁书社1990年版，第119页；查阅史料并无"青山郡"这一地名，疑似为"青山君"的误写。

② （清）章文华、官擢午修纂《光绪嘉祥县志》卷四《艺文·记》，《中国地方志集成·山东府县志辑》第79册，凤凰出版社2004年影印版，第352页。

③ （清）章文华、官擢午修纂《光绪嘉祥县志》卷一《方舆·金石》，《中国地方志集成·山东府县志辑》第79册，凤凰出版社2004年影印版，第232页。

④ （清）徐宗幹、冯云鹓辑《济州金石志》卷七《嘉祥石》，清道光二十五年闽中自刻本，第537页。徐宗幹（1796—1866），字伯桢，又字树人，江苏通州（今江苏南通）人，历任泰安知县、高唐知州、济宁直隶州知州、四川保宁知府、台湾兵备道、福建按察使、福建巡抚等职。清咸丰九年刻本《道光济宁直隶州志》、清道光二十五年闽中自刻本《济州金石志》等原始文献中皆作"徐宗幹"，凤凰出版社2004年影印版《道光济宁直隶州志》中将其作者写作"徐宗乾"，然影印本序文、纂修名单及正文中皆作"徐宗幹"，笔者疑"乾"字有误。本文皆作"徐宗幹"。

⑤ 《济州金石志》对"晋青山君颂碑"全文进行了收录，详见（清）徐宗幹、冯云鹓辑《济州金石志》卷七《嘉祥石》，清道光二十五年闽中自刻本，第537～538页。

⑥ （清）徐宗幹、冯云鹓辑《济州金石志》卷七《嘉祥石》，清道光二十五年闽中自刻本，第541页；《道光济宁直隶州志》卷十《杂稽志》载宋代《封青山君为宁应侯敕》论述了敕封神灵的原因，内容与《济州金石志》基本相同，详见清代徐宗幹、许瀚修纂《道光济宁直隶州志》卷十《杂稽志》，《中国地方志集成·山东府县志辑》第77册，凤凰出版社2004年影印版，第121页。

⑦ （清）徐宗幹、冯云鹓辑《济州金石志》卷七《嘉祥石》，清道光二十五年闽中自刻本，第542页。

⑧ （清）章文华、官擢午修纂《光绪嘉祥县志》卷一《方舆·金石》，《中国地方志集成·山东府县志辑》第79册，凤凰出版社2004年影印版，第232页。

刻正书文十五行,前后题名年月三行,在青山庙内。"①

元代惠济公庙祈雨同样颇为"灵验"。元大德七年(1303),因祈雨获应,地方官员曾对惠济公庙加以重修。赵衡正在其所撰《惠济公庙记》中对此次祈雨的经过做了详细记载:

> 大德五年夏五月旱,大中大夫、济宁路总管睦公使知事宋铎请祷于神。汲水半瓶,负至坛次,是日果大雨。明年三月复不雨,农艰播种,公乃诣祠祈之,雨遂盈尺。东作遍野,陇亩无隙。六月中旬,禾稼吐秀,复苦旱。即命经历王明来祀,应时雨澍,岁乃有秋。公曰:"不葺祠宇,曷谢神庥。"檄嘉祥县达鲁花赤伯岳斛、嘉祥尹刘慭、主簿兼尉杨仲明,典史王楫董其役,经始于是年十二月,落成于明年三月。②

苏若思,济宁人,至正元年(1341)以教官升嘉祥主簿。道光《济宁直隶州志》记载其:"事上不谀,爱民如子,文章政事卓然可称,凡修建纪述,多出其手。"③元至正年间,因屡次祷雨"辄应",在嘉祥县尹刘敬的发起下,当地民众捐资对庙宇进行重修。至正三年(1343)十一月,苏若思在其所撰《重修青山惠济公庙记》中记载:

> 至正元年春,若思来主嘉祥县簿,偕前政瞻拜祠下,遍读汉晋宋金碑刻,知颂美神之灵验。……二年秋,又城守土官及乡社、闲官、儒士、道流、释子、耆老众数百人咸会,欲行报祀焉。于是牲醴奠缯,神人胥忦。县尹刘敬诣众告曰:"敬等承之抚字,弗称是惧,然宣上德泽,事神保民,与民同休戚者,是土官之责也。况神之泽是邑非今一日,官民报祀虽不废,奈庙宇岁久日就废坏,栋宇倾垫,檐瓦飞坠,上雨旁风,神像剥落,无以安威灵,实为阙典。幸今连岁告稔,可不捐有余以答神庥。"言未讫,众皆举欣曰愿为趋事。④

由以上内容我们可以看出,惠济公庙最初为祭祀焦国国君的"焦王祠",是一座祭祀地方先贤的祠庙。随着时间的推移,焦王祠的官方性和正统性逐渐减退,实用性和功利性逐渐增强,其功能由崇德报功转变为祈雨禳灾。庙宇的名称也随之多次发生改变,由最初的"焦王祠""青山君庙"到"崇佑庙",再到"惠济公庙"。宋代朝廷封赐祠神的首要条件是"灵应"。"神灵的出身履历并非十分重要,只要不违背基本的道德准则即可,关键在于'灵应'事迹确凿无疑,有足够的影响力。"⑤这也是北宋崇宁、宣和年间两次加封惠济公庙的原因。与宋代相比,元代的祭祀政策几乎没有什么变化。⑥ 人们对神祇的态度取决于其"灵应"程度,在这其中,人们更倾向于选择代表地方文化传统和地方社会利益的乡

---

① (清)徐宗幹、冯云鹓辑《济州金石志》卷七《嘉祥石》,清道光二十五年闽中自刻本,第541页。
② (清)章文华、官擢午修纂《光绪嘉祥县志》卷四《艺文·记》,《中国地方志集成·山东府县志辑》第79册,凤凰出版社2004年影印版,第353页。
③ (清)徐宗幹、许瀚修纂《道光济宁直隶州志》卷六《职官志·宦绩》,《中国地方志集成·山东府县志辑》第76册,凤凰出版社2004年影印版,第425页;章文华、官擢午修纂《光绪嘉祥县志》亦有相关记载,详见《光绪嘉祥县志》卷三《人物·名宦》,《中国地方志集成·山东府县志辑》第79册,凤凰出版社2004年影印版,第307页。
④ (清)徐宗幹、许瀚修纂《道光济宁直隶州志》卷九《艺文志·文录》,《中国地方志集成·山东府县志辑》第77册,凤凰出版社2004年影印版,第81~82页。
⑤ 皮庆生著《宋代民众祠神信仰研究》,上海古籍出版社2008年版,第279~280页。
⑥ 有关宋元时期祭祀政策的研究详见朱海滨著《祭祀政策与民间信仰变迁:近世浙江民间信仰研究》,复旦大学出版社2008年版,第5页。

土神庙。① 从赵、苏二人所撰庙记我们可以看出,元代的惠济公庙依然是地方社会祈雨的重要场所。元代虽然未从国家层面对其进行褒封,但神灵的"威力"却随着庙内碑文的记载和人们的口耳相传而更加深入人心,以致到明代仍有赴惠济公庙祈雨的记载。

## 二、明代官方祈雨与地方社会治理

笔者调查发现,惠济公庙内所立明代祷雨碑共有五块,分别为明正统九年(1444)《青山庙祷雨铭》碑、正德十一年(1516)《郡守李侯祷雨有感记》、嘉靖五年(1526)《县令路公祷雨有感记》、嘉靖十二年(1533)《嘉祥张侯祷雨记》和万历二十二年(1594)《甘霖应祷序碑》。这些碑刻详细记载了明代漕运官员和地方官员祈雨的背景和经过,具有重要的史料价值,为我们了解明代地方社会灾害应对及社会教化提供了重要视角。

明正统九年(1444)《青山庙祷雨铭》碑立于青山寺惠济公大殿右侧,该碑铭文由总督漕运右参将、锦衣卫指挥佥事、南直隶庐江人汤节所撰,太常少卿兼经筵侍书、河北广平人程南云篆额,礼部左侍郎兼翰林院侍讲学士、江西临川人王英书丹,详细记述了时任漕运参将汤节于青山庙祈雨的原因和经过。碑文整理如下:

> 距济宁州西南四十里有邑曰嘉祥,邑之南十里许有青山惠济公庙,凡遇旱蝗疾疫,人感于此祷焉,罔不响应,由是谒谢者无虚日。正统八年四月,临清、济宁以南天气亢旱,田苗枯槁,河道浅涩,漕船难行。即恭奉命总督,乃命沿河郡邑祷求雨泽,卜于五月十二日济宁设坛躬伸恳祈,遣州卫官者径行庙前龙井后,投词取水。次日,果获显验,大雨随至,禾苗秋成有望,漕运亦得通行,爰洁牲醴于是焉。十六日,诣青山庙恭谢,并缀鄙词,刻石于庙,以识其岁月云。②

汤节,庐州府庐江县(今属安徽合肥)人,《漕运通志》称其为"高邮人",疑似有误。正统四年(1439),以江西都指挥充漕运右参将。由碑文可知,正统八年(1443)四月,临清、济宁以南天气亢旱,禾苗将枯,漕运受阻。时任漕运右参将、锦衣卫都指挥佥事汤节赴青山庙祷雨,次日,祈祷"获应",大雨随至,禾苗复苏,漕船通行。明代以前,赴惠济公庙内祈雨的主要是嘉祥当地的官员和士绅。汤节并非济宁当地人,亦不在济宁任职,而只是听闻惠济公庙之名,便前往青山惠济公庙祈雨。由此可以看出,惠济公庙在当时已具有相当高的知名度和影响力。

《郡守李侯祷雨有感记》碑由寿州知州济宁刘璨撰文,南京户部主事邑人曹琛篆额,河南开封府推官、邑人黄嘉宝书丹,记载正德十一年(1516)济宁知州李凤祈雨的经过。道光《济宁直隶州志》记载李凤:"山西洪洞人,举人,(正德)十年,由邢台迁任,州人刘璨有《李侯祷雨有感记》。"③李凤担任济宁知州的第二年,即正德十一年(1516),济宁等地发生旱灾,李凤多次祈雨无果,后赴青山惠济公庙祷雨,"遂获甘澍,四境沾足"。刘璨在其

---

① 皮庆生著《宋代民众祠神信仰研究》,上海古籍出版社 2008 年版,第 194 页。

② 此碑地方志中仅收录铭文,详见(清)徐宗幹、许瀚修纂《道光济宁直隶州志》卷十《杂稽志》,《中国地方志集成·山东府县志辑》第 77 册,凤凰出版社 2004 年影印本,第 123 页。

③ (清)徐宗幹、许瀚修纂《道光济宁直隶州志》卷六《职官志·明职官表》,《中国地方志集成·山东府县志辑》第 76 册,凤凰出版社 2004 年影印本,第 305 页。

所撰《郡守李侯祷雨有感记》中详细记述了此次祷雨的经过：

> 西雍李侯守济之明年仲夏，属时大旱，环鲁之疆赤地千里，麦既槁，而禾亦无所生。侯惕然，弗遑宁处，洗心自讼曰："无麦无禾，吾民何以卒岁，吾无乃有失政，而天降是罚以谴告吾钦！"遂奔走以告百神，凡祷雨事皆曲尽，弗敢劳。或告之曰："吾属邑嘉祥之境有青山焉，其上出泉，挹取灵湫一勺水为坛而祷之，无不雨者。"侯曰："是固吾所愿闻也"。即踵而行之，凡一再数日，遂获甘澍，四境沾足，老稚腾跃，咸谓我侯勤民一念足以格天，俾赤子蒙再造之泽。明年季夏无雨，季冬无雪，祷皆如之。闻者惊且异，以为居高听卑，彼苍穹果如是哉！

由碑文可知，正德十一年（1516），济宁等地发生旱灾，"麦既槁，而禾亦无所生"。济宁知州李凤多次祈雨无果，后赴青山惠济公庙祷雨，"遂获甘澍，四境沾足"。当地民众感念李凤之功德，刻石立碑以示纪念。碑文中并没有用大量篇幅去感谢神灵的"护佑"，而是将其归功于地方官员之"德政"，这是与宋元两代祈雨的显著不同。

《县令路公祷雨有感记》由嘉祥县儒学训导、四川富顺人罗时裕撰文，嘉祥县儒学教谕、河南阳武人封铎篆额，嘉祥县儒学训导、河南沁阳人王泽书丹。路中，字宗尧，冀北平谷人，正德十一年（1516）举人，嘉靖年间，任嘉祥知县。"（嘉靖）丙戌（嘉靖五年，1526）春旱，步祷于青山祠，雨立应……训导西蜀罗时裕为作祷雨记。"①罗时裕在其所撰《县令路公祷雨有感记》中详细论述了路中此次祈雨的经过：

> 嘉靖丙戌春，天久不雨，麦来秀而难实，三农告旱于邑。邑侯路光生曰："天时之不顺意者，事政之不节钦！"乃斋沐，率众遍祷应祀神祇，惟欲竭诚感天以润泽生民也。黎老进曰："邑之南去十里许有青山祠，前朝敕封惠济公，妥灵之所，先年遇有旱涝，司民牧者求之即应，盍往告焉。"侯领而去，不事肩舆，遂诣祠下再拜恳祷，果降甘雨，滋回枯槁，麦遂有秋。过此，仍旱两月，亢阳为虐，土膏枯竭，而无滋液，菽粟投种而尚□阙，黎老又谓："昔赖我侯回天之力，幸获麦秋之望，今又如是，群黎何以卒岁？"侯愈增感，严加修省，缓催科，宽刑罚，洗冤释狱，无非欲修人事以回天意。复诣于祠，自怨自艾，仿佛桑林之祷。三日后，大雨如澍，畎亩灌溉而龟裂复合，百谷润彻而勾萌甲拆，民乃欢欣踊跃，如病之苏仆之起，田夫、馌妇莫不举手加额曰："此固彼苍仁覆悯下，亦我侯素行合于神明，斯能有感即应，而足我民食，岂若操蹄穰田，而徒望满篝满车者耶？"②

该碑由四川富顺人罗时裕撰文，他于正德十六年（1521）起担任嘉祥教谕。③ 为该碑篆额和书丹的封环、王泽，两人都曾担任过嘉祥教谕。康熙《阳武县志》卷六《人物志》记载："封环，（正德）七年贡生，曾担任山东嘉祥县教谕。"④光绪《嘉祥县志》记载，封环，字佩

---

① （清）徐宗幹、许瀚修纂《道光济宁直隶州志》卷六《职官志·宦绩》，《中国地方志集成·山东府县志辑》第76册，凤凰出版社2004年影印版，第431页。

② 庙内所立碑刻明嘉靖五年《县令路公祷雨有感记》。

③ （清）章文华、官擢午修纂《光绪嘉祥县志》卷二《职官志·教谕》，《中国地方志集成·山东府县志辑》第79册，凤凰出版社2004年影印版，第260页。

④ （清）安如泰、张慎为修纂《康熙阳武县志》卷六《人物志》，清康熙刻本，第121页。

之，河南阳武人，嘉靖二年任嘉祥教谕；王泽，河南泌阳人，正德四年任嘉祥县教谕。① 教谕是学官名，明清两代，县学皆置教谕，掌文庙祭祀，教育所属生员。其中，府设教授一人，训导四人；州设学正一人，训导三人。县设教谕一人，训导二人，教授、学正、教谕，掌教诲所属生员，训导佐之。教谕是作为主管教育的官员，具有教化民众之责。该碑通过描述知县路中祈雨之"灵应"，来彰显其治理地方社会之"善政"，带有浓厚的地方教化色彩。

《嘉祥张侯祷雨记》由进士刘梦熊撰文，记载嘉靖十二年（1533）知县张禹弼祈雨的经过。张禹弼，字汝邻，平定人，举人，嘉靖十一年（1532）任嘉祥知县，后升南直隶淮安府通判，历任通州、临清知州等职。② 道光《济宁直隶州志》记载张禹弼："字汝邻，山西平定人，乙酉举人，嘉靖年知嘉祥县，汶上进士刘梦熊作《祷雨有感记》云。为人恺悌多惠政。有冰蘗声。癸巳春夏不雨。自畿辅至山东方数千里。禹弼祷于青山惠济公庙，大雨如注，人以为政德之感云。"③刘梦熊在其所撰《嘉祥张侯祷雨记》中论述了张禹弼此次祈雨的经过：

> 嘉靖十有二年，岁在癸巳，春夏不雨，自畿辅之□以达于山之东西方数千里，议者谓上干和气，居调□□之任者致之□，我皇上宵旰之忧愍雨切甚，居斋宫致祷，又特降敕旨谕中外修省，以图感格一□。有司祗若德意者，吾仅见于嘉祥之张侯焉。嘉祥为鲁下邑，僻在西南隅，田野硗埆，渗以亢旱，麦禾将枯，民惶惶有菜色而渐病。（邑侯张公）乃率邑之耆老斋戒沐浴，靡神不举，靡□爱斯牲。既而，阅月不雨，民愈告急。闻县南之青山庙有神为惠济公者，盖神农之后，周封焦王，殁而为神，灵应显著。自汉唐宋以来，累加谥号，民世祀之。侯复率众徒跣足以往，式荐明禋，其悔过祈佑者无所不至。夏四月七日己卯，云忽云□，四野其气□蒸。次日庚辰，大雨如注，乃暮方止。泽者竭者演而□，□□□□淖而沃，夏麦复苏，秋禾有望，丰年之庆亦溥矣。邑之士夫耆庶皆鼓舞欢庆，以为冀怗侯德，感神庥而蒙天泽如此，不□吾人于凶荒者，皆侯之赐也。④

由碑文可知，嘉靖十二年（1533）春夏之交，山东等地发生严重旱灾，"麦禾将枯，民惶惶有菜色而渐病"。时任嘉祥知县张禹弼心急如焚，率邑之耆老遍祷境内神祠无果，后前往青山庙祈祷，果获"灵验"。民众将祈雨之功归于张禹弼所赐，认为其"心在泽民"，故"祷雨辄应"。为报答其功德，当地民众刻碑立石以示纪念。

《甘霖应祷序碑》由时任儒学训导周服冕撰文，记载了万历二十二年（1594）知县刘思颜祈雨的经过。刘思颜，字孔贤，河南巩县人，岁贡，万历二十二年（1594）任嘉祥知县。在任期间，"温良慈如，不宽不猛，岁比不登，建议修城，令民壮者趋事就食，老稚者为糜粥

① （清）章文华、官擢午修纂《光绪嘉祥县志》卷二《职官志·教谕》，《中国地方志集成·山东府县志辑》第79册，凤凰出版社2004年影印版，第260页。

② （清）章文华、官擢午修纂《光绪嘉祥县志》卷二《职官志·县令》，《中国地方志集成·山东府县志辑》第79册，凤凰出版社2004年影印版，第251页。

③ （清）徐宗幹、许瀚修纂《道光济宁直隶州志》卷六《职官志·宦绩》，《中国地方志集成·山东府县志辑》第76册，凤凰出版社2004年影印版，第431页。

④ 庙内所立碑刻明嘉靖十二年《嘉祥张侯祷雨记》。

给之,以故存活甚众。迁秩行,百姓遮道号泣,立石颂德。"①万历二十二年(1594)春,嘉祥发生旱灾,刘思颜躬祷于青山惠济公庙,多次祈祷,终获甘霖。周服冕在其所撰《甘霖应祷序碑》中详细记载了此次祈雨的经过:

> 绍泉翁刘侯,巩洛人杰也,壬辰岁,简令兹土。迨癸巳,遭异常雨灾,漂麦荡禾,成大饥焉。是后自秋徂冬,越今岁仲春,旱又太甚,广泽化陆,尘扬于野,麓林忌焚,农不采□,逋者待徙,行者呻吟,居者愁叹,此殆不复可为后也。……于是,(侯)斋戒沐浴,始自三月朔,八日历丙戌,约精诚师生,躬祷于青山惠济公,即迎之公署,戒杀禁沽,贬食省用,织讼弗听,微罪弗系,止征请赈,去盖谢乘,昕夕徒跣,两至其祠,孔哀其容,若将殒越于地。……次日丁亥夜,雷雨大注,终戊子日方止。境内陂泽满受,郊野流溢,麓林增色,农人毕作,逋者迈庐,呻吟者咏歌,愁叹者起舞。耆老者相率而入谢曰:"曩尝旱矣,亦尝祷矣,或逾旬而雨,或弥月始雨,或无雨,未尝若是之一祷辄雨,一雨辄足者,回天变苏我元元者,君也,敢不拜赐。"②

由碑文可知,万历二十二年(1594)春,嘉祥境内发生旱灾,由于灾情严重,士民纷纷请求知县刘思颜救灾。在束手无策之际,刘思颜选择前往青山惠济公庙祈雨,终获甘霖。民众感念其功,认为其有"格天之德",故刻石以纪之。旱灾对整个农业社会的危害不言而喻,一旦旱情发生,百姓们处于一种焦灼的状态,能否降雨对于他们来说至关重要。此时朝廷或地方官员举行的祈雨活动更多的是安抚民众情绪,维护地方社会的秩序。对于地方官员来说,祈雨无非有"应"和"不应"两种结果。在民众看来,祈雨"有应"也是对其品德和政绩的最大认可和肯定。

由于惠济公庙灵应卓著,因而香火旺盛。万历四十年(1616),知县刘之亮利用庙宇香火钱对惠济公庙加以重修,不敷之处捐出俸金以补之,并定例每年将香火钱的一半用作修葺之资。邑人杜观光在其《重修惠济公神祠记》论述了此次重修庙宇的经过:

> 祠在嘉祥邑治西南坤维四堤内,青山石崦之中,神英爽灵显,敷甘澍,驱妖魅,苏枯槁,为生民护佑。如响□,无祈弗应,汉晋唐宋,载在祀典,崇奉百年矣。比岁,祠宇倾圮,庄严剥落,于巨祀殊不称,我明府曙岩刘侯以三辅贤良来尹兹土,迨今三禩,政通人和,百废渐兴,春秋二仲展祀祠下。顾瞻庙貌□剥,有慨于衷,作而叹曰:"人依于神,神亦依于神,以御灾捍患,有祈斯应。而祠宇荒陋,裒狄是任,神其怨恫,□捍御之恃也,□岁阳虫螟为□,无乃尔是过与!"于时,括拾四方祈福所燔冥资,镕为金屑者,易资以市,物力而计,不敷者禅以俸金,仍定例以今岁为准,每岁留金屑之半用备修葺,毋得以他举废之。乃□神栖,乃茸侧廊,乃整□垣,而增斋室,□□有缺者补之,户扉有败者新之,□以丹□,付以金碧,庙貌神像焕然一新,瞻仰之余,肃肃起敬矣。③

中国是一个传统的农业社会,雨水的丰寡直接影响农业生产的进行。由于古代科学

---

① (清)徐宗幹、许瀚修纂《道光济宁直隶州志》卷六《职官志·宦绩》,《中国地方志集成·山东府县志辑》第76册,凤凰出版社 2004 年影印版,第 431 页。
② 庙内所立碑刻明万历二十二年《甘霖应祷序碑》。
③ 庙内所立碑刻明万历四十年《重修惠济公神祠记》。

技术发展水平有限，技术抗旱手段并不能有效地抵抗干旱，因此，以"天人感应"观念为基础的祈雨手段就成为人们头脑中抵抗干旱的最有效的措施。明代将儒家思想视为立国之本、治国之基，"天人感应"观念对民间信仰的影响尤为深刻。官方祈雨活动向民众表明的是整个国家关心民众疾苦的态度，意图解决问题的姿态，因而也成为地方官员对民众进行教化的重要手段。地方官员祈雨活动的"成功"，也在一定程度上表明这个国家政权的合法性仍在延续，王朝依然受上天眷顾。① 在民众看来，地方官员祈雨"有应"也是对其品德和政绩的最大认可和肯定。除正统九年（1444）《青山庙祷雨铭》碑，其他四块祷雨碑多立于明代中后期。这一时期正是儒家思想全面复兴的时期。从地方官员所作祈雨文中我们可以看出，明代祈雨与前代的一个显著不同是强调地方官员"德政"与祈雨的关系，这实际上是儒家"敬鬼神而远之"观念和人本主义思想的一种外在表现，从侧面也反映出儒家思想对明代社会的深刻影响。

### 三、碧霞元君信仰与惠济公庙的"再造"

碧霞元君是我国历史上影响最大的女神之一，尤其是明清以来，她在民间的影响已经大大超过了泰山的主神东岳大帝。有明一代，碧霞元君得到上自帝王、贵族，下至普通民众的普遍信仰。现在的惠济公庙共由泰山行宫坊、三门、惠济公大殿、寝殿、泰山行宫、玉皇庙、子母殿、关帝庙等建筑组成。其中子母殿，又名"奶奶堂"，位于惠济公大殿北，为3间硬山式建筑，内祀送子娘娘。泰山行宫建于石砌高台之上，绕过惠济公寝宫，登40余层石台阶方可到达。行宫共有3间，长10.45米，宽6米，高5.5米，黄瓦覆顶，五脊歇山式建筑。

惠济公庙内的泰山行宫创建于明崇祯四年（1631），在此之前的万历十六年（1588），当地信女已在惠济公大殿北创建了供奉送子娘娘的子母殿。送子殿北侧镶嵌的《创建子母殿记》详细记载了创建子母殿的原因：

吾祥邑右武旧地迤南青山有惠济公庙，肇自汉季，迄今岁九百余年。□塑子母神于配神之傍，纵爝火无损大明微尘，岂全境宜有时。节妇张氏义社人等睹庙貌，兴思勃然创建，不旬日而工落成，厥绩巨哉，故勒石以志不朽云。②

因子母殿所供奉送子娘娘主要掌管生育，故此次捐资的皆为女性，共有邵门张氏、姚门杨氏、冯门彭氏等50余名。

时隔40多年后，明崇祯四年（1631），巨野庠生陈尔谨在其所撰《恭建青山圣母香火碑记》中记述了创建泰山行宫的原因和经过。《济州金石志》记载该碑由巨野庠生陈尔谨撰文，邑庠生王应登书丹。"按此刻正书文十三行，年、月、题名三行，在青山庙内。"③由于时间久远，碑文大多漫漶不清，由碑文可知，泰山行宫的创建由李氏、徐氏等女性信众发起，并创建了专门的"香会"组织。只不过这一时期香会的规模很小，"会中皆亲属"，仅限家庭内部成员加入，带有浓厚的家族色彩。

① 王翠《中国古代祈雨活动初探——以宋代官方祈雨主体为中心》，《贺州学院学报》2012年第4期，第23页。
② 庙内所立碑刻明万历十六年《创建子母殿记》。
③ （清）徐宗幹、冯云鹓辑《济州金石志》卷七《嘉祥石》，清道光二十五年闽中自刻本，第572页。

顺治十年(1653),当地民众对惠济公庙进行重修,廪生董方大在其所撰碑文中论述了祭祀神灵的原因:

> 按公即焦之始封君,未详何爵,然世有功德于民,土人以时祀之,不忘世典,庙户杜应举葺而治之。闻之甲申岁,土人姚惟州等避寇乱入庙侧深洞中,寇屡欲劫洞,闻有音自庙中来,如钧天广奏者三日。寇惊怖,散去,上人以是获免,若此者,岂土人奉公久,公假是以解其危耶? 抑公厌乱扬,是音以导人心之和耶? 即不然国将昌,协风至,公将以是音鸣太平之盛耶? 此不可谓非公神灵之一验,岂区区祷雨即应云乎哉![①]

明末清初的社会鼎革对嘉祥地方社会秩序产生严重冲击,在新的社会形势下,神灵的职能根据人们的需要也在不断扩展,进而衍生出"驱寇避乱"的职能,其"地方保护神"的角色也更加深入人心。

雍正十一年(1733),嘉祥知县李松利用每年三月中旬所得"香火之资"再次对惠济公庙加以重修,并为此专门撰写碑记。[②] 对于此次重修,地方志中只是一笔带过。[③] 庙里所立雍正十一年(1733)八月《重修青山惠济公寝殿记》详细论述了重修庙宇的原因和经过:

> 今夫生物者,天也焉;万物之灵者,人也。灾祲时,口呼天不应,为民牧者,斋沐祈祷,神于烁石流金之会,驱风驭电,云行雨施,焦枯立起,膏润一方,用能平造物之憾兮守土之爱,神之功德何如哉! ……(惠济公庙)其所由来者旧矣,每岁三月中旬,熙熙攘攘,轮蹄络绎,诣庙祈祝。求无不应,输钱巨万,循例储为公用。……敬神之贰留为葺庙之费用,不烦官役,不累民。援择孝练数人董其役,鸠工庀材,丹青黝垩,不数月,庙貌重光,一时趋事赴功者额首称庆。[④]

由碑文可知,这一时期,惠济公庙已出现较大规模的庙会,以致"输钱巨万",香火之资甚厚。

由于年深日久,风雨损坏,泰山行宫"神像残损"。乾隆年间,当地民众自发结社捐资重修神像和庙宇。庙内所立乾隆十一年(1746)《重修泰山圣母神像碑记》论述了此次重修的经过:

> 粤自天地判而五岳峙,惟泰山为最灵,故圣母之宫□□在在建焉。年久远,风雨损坏,神像残损,观者莫不叹神之所依也。兹有本邑社五十余家积聚数十金,重塑金身,□□辉复,彩殿□□,四壁□□,诚为善举,故勒石以志不朽云。[⑤]

时隔87年后,当地民众再次捐资对泰山行宫进行重修。道光十三年(1833),岁贡生姚启元在其所撰《重修泰山行宫碑记》中记载了此次重修的经过:

①　(清)徐宗幹、许瀚修纂《道光济宁直隶州志》卷五《秩祀志·坛庙》,《中国地方志集成·山东府县志辑》第76册,凤凰出版社2004年影印版,第256页。

②　庙内所立碑刻清雍正十一年《重修青山惠济公寝殿记》。

③　(清)徐宗幹、许瀚修纂《道光济宁直隶州志》卷五《秩祀志·坛庙》,《中国地方志集成·山东府县志辑》第76册,凤凰出版社2004年影印版,第256页。

④　庙内所立碑刻清雍正十一年《重修青山惠济公寝殿记》。

⑤　庙内所立碑刻清乾隆十一年《重修泰山圣母神像碑记》。

第念有一义社，名曰"修补"，由来已久，不知日方自何时，予尝窃闻其说焉，此庙遐迩闻名，历年三月中旬进香者□摩肩，□数日不绝，以故香钱繁多，而究之皆官收焉。至于神像残破，栋宇倾圮，皆居民捐资以图之，此"修补"之所由来也。厥后，有邑侯□公，自嘉庆二年来治是邑……及访诸故老，然后知香火入于官府，补资捐自民众，以为非礼□，下令永施香火，大殿香钱住持收以养生，其余宫殿，社人存以补修。越数十年，□村庄有吴君名珩者，□众善士议曰，正殿已修，其他宫殿半属颓坏，前功于此成，后功安可于此废，众曰唯唯，由是助资劝捐，共襄厥□。①

由碑文可知，此次重修由邑人吴珩发起，当地善众共同捐资重修。此次重修历经数年完工，庙貌得以焕然一新。碑文中提到了当地有一个名为"修补"的义社，专门负责庙宇的维护和修补。碑文还提到了每年三月的香会，"进香者□摩肩，□数日不绝，以故香钱繁多，而究之皆官收焉"，即之前所有香火之资全部由官府收取并管理。从嘉庆二年（1797）开始，将"香火之费"存于"修补社"，以作修补之用。

同治十年（1871），当地士绅民众再次捐资对泰山行宫与惠济公寝宫进行重修。此次重修历时三年有余，直至同治十三年（1874）四月才得以完工。庙内所立同治十三年（1874）《重修顶殿泰山行宫与二殿惠济公寝宫碑记》详细记述了此次重修的原因和经过：

盖闻惠济公之封于焦也，青山实在境内，所以惠济公庙乃庙之主也。前既有正殿，后必有寝宫，又庙之序也。而后以泰山行宫冠其顶，得无意乎？殆以"造化钟神秀""齐鲁青未了"者莫如泰山，而嘉邑之青山亦以青名……虽山之嶙峋，绵亘似难抗衡，而山之兴云致雨，略与相等，此古人云宫所以并修，后人立祠所愿一统也。义社人等于同治十年三月十五日，青山香火盛会，曹、单、城武诸县善男信女云集辐辏，勤恳劝捐，诸君子其乐挥金，襄兹美举。至十三年四月□，二宫俱竣，金碧辉煌，入古亘像，须眉欲活，与下之龙泉涓涓，可以映照千古焉。②

由碑文可知，此次重修由上文提到的"修补义社"所发起，由参加同治十年（1871）三月香会的善男信女和地方士绅共同捐资。从中我们也可以看出，从明代后期以后，随着惠济公庙内泰山行宫的建立，嘉祥及周边地区的民众大多来此进香祈福，并形成每年三月的"香火会"。崇祀泰山圣母的多为普通民众，其目的主要是为了满足禳灾祈福、求子求财等心理需求。而地方精英阶层更多地还是强调惠济公保境安民、御灾捍患的功能，希望借助祭祀神灵达到神道设教、教化民众的目的。

"修补义社"为当地民众自发成立的香社组织，在惠济公庙的维护和整修方面发挥了重要作用。惠济公大殿西侧立有宣统元年（1909）"重修庙宇碑记"一通，详细论述了"义社"的由来及其重修庙宇的经过：

查庙院各碑，此庙历代皆系官修，至明万历邑侯刘公曙岩将香资留金屑之半。雍正年间，宋公躬壁、李公松又全施庙中，着附近之急公好义者存储以备岁修，此青山修补社

---

① 庙内所立碑刻清道光十三年《重修泰山行宫碑记》。

② 庙内所立碑刻清同治十三年《重修顶殿泰山行宫与二殿惠济公寝宫碑记》。该碑由邑廪生王秀升撰文，优膳生刘成宪书丹，庠生刘贵川篆额，捐资人的身份除社首、乡饮、仪宾外，还包括庠生、武生、举人、监生等。

之所由昉也。厥后,衍以为例,遇有修葺,均官府捐银社中监修。咸、同间,南匪蹂躏十余年,庙宇台阶未遑修筑,虽经王公闳瞻、胞侄晋卿相继修补。数年后,檐牙参差,瓦鳞脱落,更兼椽题朽败,摧折堪虞,官厅敝坏,岩墙可忧。……自光绪丙午至宣统纪元四年,四年而工程告竣,是勒诸贞珉,使后之善士有所观感,以兴起急公好义、相继修补之意云。①

　　按照碑文的说法,"修补义社"最早出现于清雍正年间,与嘉祥知县宋躬璧及李松关系密切。明万历年间以前,惠济公庙香火之资全归官府所有,至明万历年间,将其一半交于民间;至清雍正年间,则将所有香火之资,全部交由当地士绅管理,用于庙宇的维护和修葺;再到嘉庆二年(1797),将"香火之费"存于修补社。从中我们可以看出,官府和民间长期以来围绕庙宇的控制权所进行的互动和博弈。

　　"民间信仰的一个重要特点就是它的地方性,此乃民间信仰生机与活力的来源之一。某一区域社会民间信仰的地方特色大多来自该社会特定的生态系统,而此信仰又对此系统具有一定程度的保护功能。"②在安土重迁的传统社会中,本地的民间信仰往往会成为维系乡土渊源的纽带。青山惠济公作为当地的乡土神灵,很容易成为当地民众抵御外来力量的象征。近代以来,随着移风易俗运动的开展和科学理念的传播,大批民间祠庙为当政者所捣毁或废除。当其他神灵信仰逐渐淡出人们视野的时候,惠济公信仰却没有被当地民众所放弃,反而具有了更强的生命力。

　　惠济公庙内立有"民国"十四年(1925)《续补社续修诸工记》碑一通,该碑由增生姚尊光撰文、贡生姚松年书丹,社首冯云衣、姚同龚等人同立,该碑详细论述了重修庙宇的原因和经过:

　　社前修各工均有碑记,不赘述。迨民国初年,前社首正、副三人相继辞世谢事,社众百余名选举冯君云衣、姚君同龚、朱君效黔为正副社首会同社众议定,修某某工,补某某工数端。……兹计修补各工玉液池石阑干一币,感应泉石牌楼一座,大殿后檐牧竖放石损坏十余椽,去旧换新,大殿南山墙吻兽狂风吹地上,碎为数十块,收拾如故。官厅内添桌凳十余件,三门前竖旗杆二具,凡此数庙之檐楹门窗及官厅之器具,宜油朱者悉油朱,宜彩漆者悉彩漆,画栋垩辟,朱门丹楹,焕然一新。③

　　由于史料的匮乏,有关"民国"年间的惠济公庙我们所知甚少。改革开放以后,由于思想观念的改变和社会风俗的变迁,惠济公庙的香火虽大不如前,但其文物价值和旅游价值却变得日益突出。1999年,惠济公庙所在的青山风景区被公布为济宁市自然风景区保护区。2006年,青山寺、焦国故城遗址被山东省人民政府列为全省第三批文物保护单位。2013年,青山寺被国务院列为第七批全国重点文物保护单位。

## 四、结语

　　"文化变迁"理论是由进化论学派人类学家研究"文化进化"而逐渐发展来的。19世纪末20世纪初,由于反进化论思潮的兴起,开始使用"文化变迁"一词,在某种意义上可以

---

①　庙内所立碑刻宣统元年《重修庙宇碑记》。
②　王守恩《社会史视野中的民间信仰与传统乡村社会》,《史学理论研究》2010年第1期,第86~87页。
③　庙内所立碑刻"民国"十四年《续补社续修诸工记》。

说"文化变迁"是人类文化的本质属性之一。[①] 20 世纪 70 年代，法国社会思想家皮埃尔·布迪厄（Pierre Bourdieu）提出了一个"文化再生产"的概念。布迪厄试图用文化"再生产"概念表明社会文化的动态过程：一方面，文化通过不断的"再生产"维持自身平衡，使社会得以延续；另一方面，被再生产的不是一成不变的文化体系，而是在既定时空之内各种力量相互作用的结果。[②] 文化最根本的特点就是它的自我创造性，也就是"文化生命"，具有自我超越、自我生产、自我创造的特征，即文化的自我更新能力。没有一种文化是一成不变的，随着时代的变迁而变化是文化的特性。文化"再生产"为系统的进化提供了可能，文化以"再生产"的方式不断演进，推动了社会、文化的进步。

信仰是人类最基本、最深刻的精神活动和精神现象，它决定、支配人的世界观、价值观、人生观，从而在根本上影响人的精神生活和社会活动，并由此作用于社会的发展和历史的进程。[③] 作为信仰中的一种，民间信仰是绝大多数民众的超自然信仰，包括多种观念与活动，而以神灵崇拜为核心。这种信仰是民众在一定环境中生活的经验的反映，是民众适应环境谋求生存与发展的手段。它可以反映区域社会的生态环境，并且对此环境产生一定的影响和作用。[④] 不同的文化系统孕育不同的民间信仰，随着文化系统的改变，民间信仰也会发生相应变迁。同时，民间信仰的变迁也会引起所在文化系统的改变。通过对山东嘉祥惠济公庙长时间的考察和分析，我们可以看出，惠济公庙的信仰主体、信仰形式及功能在宋元以来发生了不同程度的变迁，导致功能变迁的原因有很多，其中又以时代背景和地方社会群体的信仰需求最为突出。面对社会变迁，民间信仰也在不断自我调整与主动适应。尽管不断的调整与变化，最终可能导致民间信仰逐渐失去最初的信仰意义，却是其保有顽强生命力的重要方式。从惠济公庙信仰组织、仪式活动和思想观念的变化，亦可看到其与地方文化系统之间密切的互动关系。

---

① 杨萍《城镇化进程中的社区文化建设》，合肥工业大学出版社 2014 年版，第 69 页。
② 张锦鹏《人类学分支学科概论》，知识产权出版社 2017 年版，第 156 页。
③ 冯天策《论信仰的几个基本问题》，《中州学刊》2001 年第 1 期，第 52 页。
④ 王守恩《社会史视野中的民间信仰与传统乡村社会》，《史学理论研究》2010 年第 1 期，第 86 页。

医疗文化研究

# 中国近代早期卫生防疫机制的发展探究

## ——以上海为中心

王少阳 *

**摘　要:**近代早期,随着西方卫生防疫观念的引进与传播,及其与中国本土应对疫病的传统观念相互融合,以防疫为基本目的和主要内容的近代化卫生防疫机制开始在中国上海等地逐渐建立和发展起来,从而有效普及了卫生防疫知识,增强了国民的卫生防疫意识,国民的身体健康水平由此得到了一定程度的提升。抚今忆昔,以上海为代表的中国近代早期卫生防疫机制的建立与发展进程既明显受到了欧美和日本的影响,带有显著的西方化色彩,同时也融合了中国传统时期的卫生防疫观念,具有一定的本土化特征。它推动了此后中国公共卫生防疫机制的不断完善,为我国当今卫生防疫事业的发展提供了宝贵经验教训。

**关键词:**公共卫生;防疫;近代中国

## 一、近代海港检疫的制度化

海港检疫是卫生行政的一项主要内容,时人大都已经意识到"海港检疫为防止传染口外疫症及输入有害物品之要着,并可遏止疫症,保护行旅之安全,各国重视,诚非过虑"[1]。上海为世界通商大埠,本系一等商港,各方轮舶往来每年岂止数千。因未办海港检疫,为国际联盟会卫生部所指摘,以致列为三等商港,出口船舶皆受他国口岸的严格检查,商业行旅因行程稽迟而受有形或无形之经济损失何可数计,各国口岸对于上海夏季出口之船舶留难尤甚。如已自办检疫,则出口船舶既经验明他国口岸,何从借口留难。"可见办理海港检疫不仅为防止口外疫症及有害物口之侵入,且于出口行旅商务亦有甚大裨益,急起图之不容或缓。"[2]至于具体办理方法,胡鸿基认为:"宜于吴淞口浦东方面设立海港检疫所,并设医院码头,以免疫者经过繁盛之区致滋传染消毒器械药品及检疫专用之渡轮,医官职员等之住宅暨消毒设备均不可少,检疫医官须以国内著名医科大学毕业而有志于公共卫生,并在欧美实习检疫1、2年者始可胜任,宜优其俸给,专其职务。照上海港口每年出入船舶之数而论,除设所长1人主持一切外,须设检疫医官6人至12人,

---

　　*　王少阳,博士,重庆文理学院马克思主义学院副教授,主要从事中国医疗社会史研究。本文为重庆市社会科学规划项目"中国近代卫生教育研究"(批准号:2018BS13)、重庆文理学院引进人才项目"近代中国卫生运动中的国民身体规训研究"(批准号:2017RMK48)、重庆文理学院人文社科振兴项目"社会治理视野下的民国时期公共卫生运动研究"(批准号:P2019MK19)的阶段性成果。

　　①　胡鸿基《大上海卫生设计意见书》(续),《申报》1928年3月29日第19版。
　　②　胡鸿基《大上海卫生设计意见书》(续),《申报》1928年3月29日第19版。

方可敷用。至检疫法规可采酌欧美、日本成例，按照上海情形分别制定，并征收检疫费用。"①

由于近代上海起初并未自主开展海港检疫，西方国家常以此为借口派人来沪进行检疫，而在检疫过程中对中国人的身体进行近乎苛刻的审查和监控，带有明显的种族歧视色彩，这严重伤害了中国人的人格和尊严，引起了他们的强烈反感和抵制，并最终促使中国政府下决心收回海港检疫权，自办海港检疫。1929 年 6 月，美国政府下令，自 21 日起，"凡赴美华人均须由上海上船，并由该国公共卫生司医官在沪办理检疫证明等事。头二等客须由该医官验明无脑脊髓炎症状，且证明在二星期内未曾至有脑脊髓炎患者之处之人，方准上船。至三等客人，则须往该医官指定处所，实行隔离二星期，每日检验二次，如二星期内并无脑脊髓炎症状，且于开船前三日检查咽鼻等处，仍无脑膜炎菌者，方准上船。又送客不准上船，又上船后三等乘客，非到目的地不准上下。而对于欧美及日本人之由沪上船者，均无此种非礼待遇。"②此举引起了华人社会的强烈不满，侨务协进会发表声明称："美国政府委派医官在沪检疫侵害我国主权，损我民族荣誉……美国政府一面高唱中美亲善论调，一面实施排华政策。近日借口检验早已停止之脑膜炎症颁布禁令，禁止厦门华人赴菲律宾及美国，又祇许在香港、上海两处上船事前须受美国所派医官严格检查，始准上船，迨抵埠后仍须受当地政府医官监禁复验，任意借口迫令回国，种种苛遇非身历其境者难想象其万一。又有由美返国道经上海转返港粤之华人竟遭船上西员留难，不许上陆，谓奉有美国卫生官命令，防免脑膜炎云云，间有不服，群起抗争者，始顾而言他，听其离轮登岸。似此显系犯我主权，辱我民族，可想而知。"③

上海市卫生局局长胡鸿基对美国的这种做法极为愤慨，他上书卫生部和上海市市长，呼吁中国政府迅办海港检疫机关。"以卫生为借口，为压迫之工具，乃帝国主义者素所喜用之手段，已往事例，数见不鲜。为今之计，除应予严重抗议，促其撤销外，一而亦应自立地步，迅办海港检疫机关，扩展卫生试验所，并消灭易于发生疾病之原因……为尊崇国家主权，注重卫生行政起见，除呈请上海特虽市政府行文抗议，并将本市应办事业酌拨经费俾便发展外，理合具文上陈，仰祈察夺施行，并恳迅将上海海港检疫机关早日成立，以资应付，实为公便。"④

对此，侨务协进会十分赞同："敝会既为华侨自动组织之团体，以协助政府解除侨胞痛苦为职志。对于美国限制华人入境及阻止归国过境华侨在上海登岸一事，难安缄默。除分函上海特别市党部民训会转呈中央，饬外交当局向美交涉，取消限制华人入境苛例，暨美国华侨党部团体请设法联络向该公司总行交涉，及请驻美伍使向美政府抗议，所订卫生检验条例以期打销外，对于贵局长提出速设海港检疫机关之应付具体办法，极表赞同。盖非此实无以杜美国委派医官之口实，预阻其他各国之效尤，而美轮对归国过境侨胞亦不能借口奉该国卫生官命任意留难阻止上岸矣。尚盼贵局长努力进行，使设立海港

---

① 胡鸿基《大上海卫生设计意见书》(续)，《申报》1928 年 3 月 29 日第 19 版。

② 佚名《本埠新闻·反对美医在华检疫》，《申报》1929 年 9 月 3 日第 14 版。

③ 佚名《本埠新闻·侨务协进会赞同设立海港检疫机关》，《申报》1929 年 9 月 13 日第 14 版。

④ 佚名《本埠新闻·反对美医在华检疫》，《申报》1929 年 9 月 3 日第 14 版。

检疫机关之计划及早实现，以重国权，而除侨瘼，至级公谊。"①

　　迫于舆论压力，中国政府派人与美方交涉："卫部以海陆检疫事项，关系国家主权，不容外人侵越。上海脑膜炎症前据报告，自 6 月 25 日起即行停止，迄今并无发生。并据上海工部局 8 月份报告，亦无发现，外人更不得无故借口。此次美国派员在上海检疫，殊属途反国际公法，公然侵我主权。已咨请外部向美政府提出抗议，将此种不合国际礼让之政令即日撤销，一面已由该部次长刘瑞恒赴沪接洽。"②经双方交涉谈判，中国政府最终收回了上海的海港检疫权，将其具体事务交由市卫生局负责办理。"美国政府借口上海曾有脑膜炎流行，擅派医官驻沪检疫，有损我国行政主权及民族荣誉。送经本市卫生局呈请抗议，现已由该国驻沪卫官邓博士请由交涉公署介绍与卫生局长接谈，承认免收每人检验费，当由卫生局长告以并非反对收费，而系反对外国医官不应在我国境内行使检疫权，并指摘种种不合科学原理。该医官亦知正义所在，已将检疫证明一事交还卫生局。当由卫生局长指派卫生试验所承办，即美商海船船员亦受卫生试验所之检验证明，连日由试验所程所长率同所员办理检验，计 10 月 9 日验 62 人，11 日验 32 人，14 日验 23 人。"③

　　1930 年 7 月 1 日，上海海港检疫所和全国海港检疫管理处宣告成立，伍连德任管理处处长兼上海海港检疫所所长，中国从此收回了海港检疫权。检疫所下设蒸船科、医务科、检疫科和总务科，其中检疫科负责对船舶进行查验和处理，拟定规章制度、技术标准和抽样检验办法，对各检疫机构的执行情况进行检查。蒸船科负责对船只与货物进行熏蒸和消毒，提供相应的医疗卫生服务，并开展卫生监督管理等工作。医务科负责对传染病开展调查研究，采取相应预防措施，评价其预防效果，还负责对船员与旅客的身体健康状况进行检查以及对各消毒所、实验室和检疫病院进行管理等。总务科负责行政管理事务，还对吴淞口外检疫浮筒与里斯摩筒以西水域的检疫锚地负责。④ 检疫所最初拥有 20 名员工，后增加至 66 人，办公地点从海关大楼迁至九江路 2 号，后又迁至北京路 2 号。1934 年以后，检疫所在吴淞炮台湾增设吴淞检疫医院，配有 4 艘检疫交通艇。⑤

　　中国政府收回海港检疫权以后，自办效果很好。"上海海港检疫事宜前由海关办理，有妨主权，自经卫生部收回设所办理以来，颇着成效。兹检疫所以原有检疫所用之普渡小轮机件陈旧不堪使用，决将出售，另购新轮一艘，以利工作之进行，所需经费约计 27000元之谱除以旧轮售价抵补外，尚差 7000 元之数，业已呈准行政院转饬财部核拨，一俟拨到即行购置使用云。"⑥1930 年，国民政府成立卫生部，向国际联盟会卫生部聘请卫生专家来华调查各处海港检疫情形，又派伍连德博士筹备接收全国海港检疫事务及接收上海海港检疫事务。"伍博士到沪筹备迄已数月，闻进行甚为顺利，并闻近奉部令以接星加坡国际联盟会卫生部东方分部报告，菲列滨宿务地方发生霍乱流行病等语，故即按照海港

　　① 佚名《本埠新闻·侨务协进会赞同设立海港检疫机关》，《申报》1929 年 9 月 13 日第 14 版。
　　② 佚名《国内要电·美国派员在沪检疫》，《申报》1929 年 9 月 20 日第 4 版。
　　③ 佚名《本埠新闻·卫生局收回检疫权》，《申报》1929 年 10 月 20 日第 13 版。
　　④ 奚霞《全国海港检疫处》，《民国档案》2004 年第 4 期，第 156～158 页。
　　⑤ 上海市历史博物馆编《都会遗踪》（第 10 辑），上海学林出版社 2013 年版，第 29～30 页。
　　⑥ 佚名《本埠新闻·海港检疫所购置新轮》，《申报》1930 年 8 月 18 日第 14 版。

检疫章程之规定指定菲列滨宿务地方为疫区,凡该地旅客来沪一律施行检验。"[1]

综上所述,近代以来,以上海为代表的城市海港检疫权的逐步收回最终促使全国海港检疫得以统一。上海海港检疫所在伍连德带领下,积极控制传染病的流传,对维护民众生命安全与社会稳定做出了一定贡献,还推动海港检疫逐步趋于制度化。[2]

## 二、近代卫生防疫医院的建立

防疫医院的建立是上海近代卫生防疫机制中的一项重要内容,上海开埠前,仅有民间中医以医寓、坐堂等方式行医。开埠后,外籍传教士、医生在沪上开设诊所、医院,西方医药传入。1844 年正月,上海首家西医院中国医院创办。1848 年英国人戴安乐(Charles Taylor)在洋泾浜小石桥王家码头开设首家西医诊所。1853 年后,江浙等地中医络绎至上海行医,外侨西医也逐渐增多,同时出现国人西医师。1872 年,中国人开办第一家西医院——体仁医院。[3]

1904 年,鉴于"防疫者西人之善法也,盖疫之为症,感天地不正之气,一经触发,最易传染,故西人特畏之"。苏松太兵备道蔡和甫观察允税务司之请,在吴淞口外崇宝沙建有医院,聘请西医柯君主其事,凡轮船之由他处入口者,必须柯君登舟验视,有患疫者,无论中西男女,一律移送院中为之医治,病瘥始释之使去。其用意非不甚善,只是中西人士体质不同,性情各异,中人气体大都柔弱,西国猛烈药品服之或不相宜,起居饮食亦不能与性情相合,兼之言语互歧,诸多不便,以致各省人士之附轮船来申者,咸惴惴焉,以入院为苦。沪上诸绅商闻而悯之,遂禀商今苏松太兵备道兼江海关监督袁海观观察就吴淞口内北港嘴购地 45 亩,自建中国防疫医院,共费银 23000 两,道宪倡捐银 5000 两,余皆由绅商捐助,召都料匠,并力经营,逾岁始庆落成,1904 年 8 月开始营业。该院第一进左右各房两大间,备司阍及挂号者所居,院之两旁房各数间,为中西医室,再入内为客厅,右旁为账房,左旁为医生卧室,由厅后而入则皆病房。第一进相离数丈各建房三大间,每间又划分为三,病之轻者居之,第二第三进均房六间,病之较重者居之,最后有大房数间,以居病之极重者,或有不测,则两旁又有成殓之所与停柩之所。此外,庖厨溷湢必精必洁,四旁颇多旷地,可以栽植树木,借吸清气,以畅生机。院中经理者为甘君,月初所延西医为缪颂懋及其夫人,中医为黄炽卿,而前在崇宝沙医院的曹君亦延之入院会同医治。此外,男女仆役皆订有规则,约束甚严,凡所以为病人计者,至周且备。

对于该医院的成立,时人深感袁观察提倡之盛心,诸董扶助之雅意,不禁欢欣雀跃,"此举是诚,所谓具疴瘝在抱之诚,能生死人而肉白骨者哉。夫人不幸而为病魔斩扰,已属甚苦,况乎万里旅游,孤身作客,沈疴既抱,其苦尤非罄笔能书。自有此医院之设,扶持必周,调护必慎,其地又与吴淞火车甚近,亲属探视便益良多。吾知旅人虽为疫病所侵,而人力可以挽回,不难同登仁寿之域矣。"事实上,在该院成立之初,即发挥了它的积极作用。"是时在院医治者为宁波人章姓、苏州人庞姓、广东人沈姓,皆于 8 月 11 日由崇宝沙

---

① 佚名《本埠新闻·宿务来船须检疫》,《申报》1930 年 7 月 27 日第 14 版。
② 上海市历史博物馆编《都会遗踪》(第 10 辑),上海学林出版社 2013 年版,第 37 页。
③ 万勇《近代上海都市之心:近代上海公共租界中区的功能与形态演进》,上海人民出版社 2014 年版,第 144页。

医院移来，又有粤人李某、甬人张某甫于 15、17 等日来院，现已一律医痊，令其出院。呜呼，是非诸医之尽心调治，乌能见效如是之速哉。"①

辛亥革命后，因各省协助常年经费不能照拨，该院维持困难。有鉴于此，1917 年 5 月，经上海总商会呈请中央，每年在江海关拨费 5000 银元移交中国红十字会经管，并拟将吴淞防疫医院移交中国红十字会经管，每年由江海关代征码头捐项下拨费银 5000 元，此后即由中国红十字会分期支领。"惟遇有关系该医院重大各事宜，仍望协同整理，以维公益。"②附上海总商会呈国务院文，谓"惟自辛亥光复以后，政体变更，前清各省官厅拨助之款皆不能继续支领，结至内辰旧历 12 月底止，止除捐募赔贴不计外，实不敷规银 3836两 2 钱 3 分 7 厘，支借挪垫，无可弥补。然此项防疫医院含有地方公益性质，且对于外交方面关系颇重，与共他寻常善举不同，非由公家维持不足以支永久，务乞钧察核转呈大总统俯准该医院不敷经费规银 3836 两 2 钱 3 分 7 厘，先行设法归垫，以后自本年起每年指拨常年经费银 5000 元，俾可继续办理。查洋商防疫经费向由海关指拨，中国防疫医院为安便行李起见，与之情事相同，揆情度理亦应由海关指拨，方为允当，所有吴淞防疫医院经费无着，恳请指拨，缘由理合，具文呈请，伏祈批示。"③

此后，由于上海总商会为商业公共机关，事务繁重，而防疫医院于卫生外交上均有关系，如仍由该会管理，恐有顾此失彼之虑。而"中国红十字会系属慈善事业，而兼负防疫义务者，以该医院移交经管，庶几责任可专，名实相副。"鉴于此，"当经本会与中国红十字会会长沈敦和商榷，该会长热心公益，概允担任。俟帐务结束，即行移交接管嗣，后遇有重大事宜，本会仰体政府维持善举之盛意，仍当协同办理。除函复江海关监督声明该医院常年经费以后由中国红十字会分期支领以资办公并分呈外，所有吴淞防疫医院拟即移交中国红十字会管理，以符名实。"④1930 年，我国政府将海港检疫权收回，成立全国海港检疫处，设立上海海港检疫所，该医院西人部亦随即收回自管。而红会代管已久的华人部虽已早经伍连德处长与红会会长颜惠庆、王正廷等商妥，因格于案牍稽迟，该所于 1931年 5 月上旬始奉到部令及红会函知，"兹闻海港检疫所已定期 6 月 1 日派秘书倪名山、医官胡钧和届时前往接收管理，并已分函卫生署暨红会查照矣"⑤。

此外，1911 年，在沪各国官商开会讨论推广上海防疫事宜，公决城厢南市及闸北等处由中国地方自行办理，唯法总领事商请法租界内亦须有中国公立医院，以期防范周密。旋因法界西南隅外人住宅密布，绝少相当之地址，以致久未成立。兹经沈观察赁定福开森路之汪氏余村园组织开办，定名"中国防疫医院"。该园直达马路，交通便利，且洋房轩敞，遍栽花木，空气充足，极合卫生。与法领商妥，悉照公共租界公立医院办法，会同法公董局办理查疫事宜，并延订西医柯师亨司德峨利生、香港著名华医王吉民四君主任，其程度极为完备。⑥ 该院成立后，积极致力于上海防疫事宜，为避免疫病的发生和传染做出了

① 佚名《中国防疫医院落成记》，《申报》1904 年 10 月 4 日第 1 版。

② 佚名《红十字会接管吴淞防疫医院》，《申报》1917 年 5 月 4 日第 11 版。

③ 佚名《总商会请拨吴淞防疫医院经费》，《申报》1917 年 5 月 12 日第 10 版。

④ 佚名《防疫医院拟交红会管理》，《申报》1917 年 7 月 11 日第 10 版。

⑤ 佚名《接管吴淞防疫医院》，《申报》1931 年 5 月 26 日第 9 版。

⑥ 佚名《法租界中国防疫医院成立》，《申报》1911 年 4 月 27 日第 19 版。

一定贡献。如 1911 年 5 月,闸北天保里潮州人翁为云家发现鼠疫,不数日间二女继毙,因而辗转迁避,假居法界嘉善旅馆,而其妻郑氏病势益剧,后经该院查验确认感染了鼠疫,且热度已升至 103 度,非常危险。有鉴于此,遂令其入院施治。幸热度顿减,大便畅行,病即转机,于是如法医治,加意调养,6 月即健康出院,不致再有传染。该院还出示报告,谓"此次疫气萌芽幸而消灭尚早,并未滋蔓,实属地方幸福。惟时交夏令,疫疠易生,防范尤宜周密,务冀同胞注意卫生,以清疫源,是所盼祷,特此广告诸祈。"①

### 三、中国近代早期卫生防疫机制的特征

综上所述,近代上海在不断学习西方防疫经验和自我摸索中逐步构建起近代意义上的公共防疫体系。在管理机构方面,上海市卫生局第三科防疫股专门负责计划各种传染病的预防,传染病的调查消毒与统计,防疫指导,布种牛痘,疫苗注射以及时疫医院的设置等。公共租界工部局卫生处公共卫生部则主要负责传染病调查及消毒,死因调查登记,公共卫生教育及宣传,预防注射及种痘,灭除蚊蝇,住房卫生检查以及公共游泳池管理等,而公共卫生部则设有 14 个卫生分处。② 此外,上海市卫生局还管理一些医院、公墓、试验所等与公共卫生密切相关的附属机构,各区卫生事务所及其附属诊疗所则主要负责各自范围内的防疫任务。在防疫法规方面,租界当局与上海市政府先后颁发了一系列与卫生防疫有关的法规,如租界当局颁布的《菜场章程》(1932)、《关于发给冷饮食品执照的办法》(1935)和《关于牛奶消毒管理的条例》(1939)等,华界政府颁布的《防疫人员奖惩规则》《交通检疫实施办法》(1930)和《实施清洁检查标准》(1933)等,它们有效保证了卫生防疫措施的顺利开展。在防疫宣传方面,主要方式有办卫生宣传墙报,散发疫情传单,编译、发行医务卫生书籍,张贴广告及卫生防疫信息,录放卫生防治影片以及派员演讲、走访、开展面对面的宣传教育等。在病情报告制度方面,"民国"成立后,上海开始逐步建立传染病疫情报告制度,报告内容包括传染病的消息来源、病症内容以及消息传递方法三个方面。在未实行职业医师注册办法以前,传染病的消息来源主要是有限的死亡报告、各大医院及各国专驻团体的报告。而执业医师注册办法实行之后,来自医师的疫情报告便开始逐年增多。③ 此外,传染病的病症统计分为外侨所患传染病统计和华人所患传染病统计两种,按月统计则均分为住户与非住户两种类别,而且要进行年度统计。通过查阅以上两项统计,时人就可以比较清楚地了解当年各月份外侨与华人所患传染病种类及疫情的变化情况。在防疫医疗机构方面,"民国"时期的租界与华界均设有各类传染病医院与隔离病室,它们是医治传染病患者的主要场所,比较知名的有工部局外人医院及华人隔离医院、工部局靶子路隔离医院、沪西隔离医院以及南市隔离医院等,都为人们在患病后得到及时治疗提供了方便。④

而各种防疫措施的付诸实行是上海近代卫生防疫体制形成和发展的重要内容,为在最大程度上避免各种疫病对上海民众的危害发挥了重要作用,近代上海城市防疫体制具

---

① 佚名《中国防疫医院报告》,《申报》1911 年 6 月 25 日第 9 版。

② 张明岛、绍沽奇主编《上海卫生志》,上海社会科学院出版社 1998 年版,第 535 页。

③ 李佳策《上海租界的医疗卫生统计》,《上海统计》2003 年第 10 期,第 43~45 页。

④ 郭太风、廖大伟主编《东南社会与中国近代化》,上海古籍出版社 2005 年版,第 398~400 页。

有以下三大特点。首先,上海近代防疫经历了一个逐步发展和完善的过程。公共租界在1861年之前还没有专门的卫生管理机构,在此之后,各种卫生防疫举措才逐渐实行。比如在食品卫生管理方面,1875年,上海县署颁发布告,禁止商民销售用绿钒染色的海带,违者严惩。[1] 1917年工部局发布通告,规定自4月1日起,所有饮食店铺均须领取营业执照。此后,又颁布了一批食品卫生管理法。在环境卫生管理方面,公共租界工部局于1863年设立了粪秽清除股,专门负责处理垃圾废物和维持马路环境卫生,该机构在19世纪70年代初,城市道路和弄堂每天打扫1次,生活垃圾每天清除1次。[2] 此外,上海租界当局还先后颁布了一系列防疫法规,如1931年4月颁布的《工部局隔离医院探视的有关规定》等。在化验机构建设方面,工部局于1884年设立了卫生实验室,专门从事霍乱疫病的研究。此后,工部局卫生处还于1899年成立了狂犬病治疗所。[3] 1906年,工部局化学实验室正式成立,主要开展自来水、自流井水与露天游泳池水水质化验,牛奶、奶酪化验,毒医学与法医学化验以及麻醉药化验等各种化验。[4] 华界卫生局于1927年正式成立后,先后颁布了许多卫生法规和条例,如《清洁违章条例》《食品卫生条例》《牛奶棚卫生管理规则》《食物店铺卫生规约》《公共泳池入内章程》和《管理公共浴室卫生规则》等。此后,还先后组织成立了华界卫生试验所、隔离医院、预防接种站、消毒队、灭蝇灭蚊队、灭鼠队和防疫队等,卫生宣教、卫生运动、防疫接种以及学校卫生、环境卫生、食品卫生监督等逐步展开并不断完善和发展。如上海特别市卫生局从1928年开始对各牛奶棚和鲜肉销售单位实行营业执照登记管理制度,后又将范围扩大至各饮食店摊。20世纪初,由于时疫不断,严重威胁到社会稳定,鉴于此,公共租界、法租界当局和华界政府联合制定和出台了许多防疫措施,大批防疫设施也随之建立起来。

其次,大量引进和借鉴了西方近代先进的医学防疫经验。因英国人起初在工部局决策层中居于主导地位,所以当时有许多在英国国内广泛采用的防疫措施得以很快被移植到上海租界地区。当时正处于资本主义上升期的英国在卫生防疫方面处于世界领先地位,其先进的牛痘接种技术很快就取代了中国传统的接种技术。当时工部局引进和借鉴的西方防疫经验主要体现在防疫方法与防疫设施上,它们均体现出了即时性、全面性与实用性的特点。英国在19世纪早期就已经掌握了系统的应对传染病的方法,并将其防治传染病的经验和理论编辑成册,为此后上海公共租界开展防疫工作提供了重要参考,如传染病状况及病原的调查研究与早期诊断,种痘注射等预防方法的实施,病类性质、多寡、分布等的登记考察,强迫隔离并辅以适当治疗,消毒,带菌者及接近传染病者的隔离以及采用对于传染病各种特别预防法等。这一系列措施与对策在公共租界先后得以付诸实施,并被证明是行之有效的。防疫措施与方法的引进和借鉴不仅是为了单纯的防疫,而且要被用于整治城市的环境卫生。工部局借鉴吸收了西方近代治理环境卫生、食品卫生等与防疫有关的处置办法,并对各个方面进行规则化和法制化处理,有时甚至会

---

① 张明岛、绍沽奇主编《上海卫生志》,上海社会科学院出版社1998年版,第16页。
② 上海市档案馆编撰《上海租界志》,上海社会科学院出版社2001年版,第505页。
③ 马长林主编《租界里的上海》,上海社会科学院出版社2003年版,第310页。
④ 上海市档案馆编撰《上海租界志》,上海社会科学院出版社2001年版,第515~516页。

强制执行①,可见工部局为治理城市公共卫生,对有关公共卫生的营业部门进行严格管理,规定只有那些达到规定卫生标准的单位才发给营业执照,且在发照后,卫生处还会经常派人进行检查,发现不合公共卫生者就会即予以警告和处罚,甚至取消其营业资格。如此长期执行之后,便逐步形成了一套要求人人都必须遵守的行业与行为规则,还培养了广大民众的公共卫生意识。工部局在引进西方防疫措施与方法的同时,也引进和实践了其近代防疫理念。此外,在防疫设施建设方面,上海当局陆续建立了化验室、病理实验室、诊所、隔离医院以及消毒所等卫生机构,它们都是对西式防疫方法的复制。

再次,上海近代防疫的方法具有多样性。防疫是伴随西风东渐而来的一种新理念,在此之前,疫病报告制度、检疫、隔离和消毒等防疫措施以及奖赏、宣传、强制等推行手段都是这座城市的人们所闻所未闻、见所未见的新鲜事物,它们在具体防疫过程中均发挥了一定效果。防疫首先要了解疫病的起因,在执业医师注册制度实行之前,疫病消息主要来自死亡报告和医院及各国海陆军部门和领事署等机构的登记。② 然而,这些消息来源却十分有限,有鉴于此,上海工部局卫生处采取了奖励疫病报告的办法,规定凡租界内住户患传染病并向卫生处如实报告者,每起奖励1元。③ 法租界自设立后就比较重视卫生防疫工作,采取的措施相对而言也更加严密和严格,并将具体负责诊治传染病患者的医生也列入隔离的范围,不仅在隔离设施上设有专门的隔离医院,而且辟出了专门的疫病隔离区以及专门收治处于恢复期的患者的隔离中心。到20世纪20年代,随着上海城市经济的逐步发展,外来人口逐渐增多,交通也随之变得越来越繁忙,而棚户区的居住条件也变得十分恶劣,这些因素都为疫病的产生和传播创造了条件。有鉴于此,上海当局采取了一些具体的防疫措施。如1924年3月,上海青年普益社布种牛痘团召开座谈会,宣称"以布种牛痘,防患未然,灭除疾病为根本办法",且"为普益起见,送种牛痘,不取分文,各区必求推广"。为使此次种痘活动人尽皆知,他们采取了刊登报纸,散发传单,函请各公团、工会、公所转告自己内部人员,请各商联会转告客户商店以及使用振铃、夜灯、日旗、宣告等多种宣传办法劝导民众到各种痘分处种痘。事实证明,上述方法确实起到了一定效果,主动前来接种的人越来越多,尤其是居住在租界内的华人群体,在20世纪前25年内,就有约50万人免费接种了牛痘,工部局化验室为此制造和提供了425万份疫苗。④

此外,上海基督教女青年会、卫生教育会、青年协会演讲部、商务印书馆暨青年会童子部以及卫生运动劝导团等团体也都积极投身于卫生宣传活动,并定期举行卫生演讲和展览会,以使广大民众了解更多卫生知识,利于防疫。如青年会殉道堂经常举行卫生展览会,将有关卫生的书籍、图书、灯彩、表本、电影和各种仪器进行公开陈列,供人参观,并举行演唱卫生歌、演讲、体育游艺、卫生新剧、卫生滑稽影戏等活动。诸如此类卫生宣传活动一般都会持续数天,会吸引大批民众前来参观,从而有效提高了上海民众的公共卫生意识,并可借此募集一些资金。华界严格意义上的疫病隔离制度于20世纪二三十年

① 上海档案馆藏《工部局档案》,U1-16-1639。
② 佚名《上海租界的医疗卫生统计》,《上海统计》2003年第10期,第43~45页。
③ 上海市档案馆编撰《上海租界志》,上海社会科学院出版社2001年版,第511页。
④ 上海市档案馆编撰《上海租界志》,上海社会科学院出版社2001年版,第511页。

代形成。1928 年,国民政府公布了部分传染病患者或有可能被传染的人员的隔离和消毒日期,其中隔离时间最长的是伤寒患者,为 15 天,最短的是白喉患者,为 3 天。而更为强硬的隔离措施则体现在 1930 年南京国民政府颁布的《传染病预防实施条例》,该条例赋予地方行政官员以较大的实施隔离的权力,规定他们可以派检疫人员将病患或疑似病患进行强制扣留,或就近送往隔离医院进行隔离治疗,还可据具体实际情况,隔绝全部或部分交通,从此,拥有 20 多万人口的华界地区开始设立传染病医院或隔离病室,是华界公共卫生事业取得进步的一个重要标志。[①]

尽管上述卫生防疫观念与措施在本质上主要源自西方,晚清以来的医学传教士们在传播西方卫生防疫观念与知识方面也取得了较大成绩,但仅就制度建设对中国社会的直接影响来说,日本所起的作用是显而易见的,很多卫生防疫内容都是通过日本进入中国的。可以说,晚清以降,不仅"卫生"概念自身的演变受到日本很大影响,就连"清洁、检疫、隔离、消毒"等卫生防疫理念也大都是对日本"清洁、摄生、隔离、消毒"等卫生防疫话语的复制,并且,中国初期的卫生行政也明显受到了日本的影响。此外,清末民初颁布和实施的许多卫生法规也大都通过对日本相关法规进行翻译和次序调整而得来。也就是说,中国早期的卫生行政制度是在较多模仿和学习日本的基础上逐步建立和完善的,它们与警察权力紧密相连,与英法环境主义的防疫策略相异,而其中德式强制干预主义色彩则相对更加显著。[②]

## 四、结语

总之,以上海为代表的中国近代早期卫生防疫机制的建立与发展既明显受到了欧美和日本的影响,带有显著的西方化色彩,同时也融合了中国传统时期的卫生防疫观念,具有一定的本土化特征。抚今忆昔,中国近代早期卫生防疫机制的建立与发展对于防治疫病起到了一定积极作用,推动了此后中国公共卫生防疫机制的不断完善,为我国当今卫生防疫事业的发展提供了宝贵经验教训。

---

[①] 郭太风、廖大伟主编《东南社会与中国近代化》,上海古籍出版社 2005 年版,第 392～398 页。
[②] 余新忠《晚清的卫生行政与近代身体的形成:以卫生防疫为中心》,《清史研究》2011 年第 3 期,第 52～53 页。

# 德占时期青岛的医疗卫生治理

刘希洋*

**摘　要**：德占时期，青岛的医疗卫生治理以殖民当局为主导力量，社会团体和广大民众基本处于被动遵从的地位。殖民当局的医疗卫生治理主要围绕城区的防疫展开，着眼于殖民者的健康、安全和租借地的统治秩序，其他诸多事项到统治末期尚未进入当局的视野。教会、会馆、商会、企业等社会力量主要活跃于与医疗卫生相关的慈善救济活动中，这在一定程度上弥补了殖民当局的不足，但二者并未形成良性互动的局面。德占时期青岛的医疗卫生治理，开启了青岛医疗卫生近代化的进程，推动了青岛城市的规划建设，但也存在治理主体专业性不足、治理客体不平衡、区域不平衡、群体不平衡等缺陷。

**关键词**：青岛；医疗卫生治理；治理体系；政府；社会力量

医疗卫生是社会公共事务的重要组成部分，具有显著的公共性和公益性。清末以来，在西方的影响和国内社会政治力量的推动下，医疗卫生逐渐成为社会治理的基本内容。不过，由于政局长期混乱，社会经济发展不平衡，各地医疗卫生治理的主体、内容、方式、效果、影响等并不一致，从而形成了一些富有阶段性或地域特色的治理模式。就北方地区而言，青岛近代意义上的医疗卫生治理不仅开始的时间较早，而且其治理机制与北京、天津等开埠城市有所不同。

目前，已有数篇论文专门论述近代青岛的医疗卫生史，但它们大多是从医疗卫生事业发展的角度出发，侧重于考述相关史实，评议个别时期个别类型的医疗卫生活动及其影响等①，尚没有学者从社会治理的角度探究近代青岛医疗卫生治理的展开及其内在机制的演变。

有鉴于此，本文无意全面梳理近代青岛医疗卫生治理的史实，而是重在考察德占时期青岛的医疗卫生治理主体、基本内容、基本方式等，尤其注意不同参与主体在医疗卫生治理事务中扮演的角色及其地位，为厘清近代青岛医疗卫生治理体系的演进轨迹奠定基础，为拓展近代城市社会治理研究和医疗社会史研究提供一种思考路径。

---

＊　刘希洋，历史学博士，中国海洋大学马克思主义学院讲师，主要研究方向为中国医疗社会文化史。本文为山东省社会科学规划研究青年学者重点培养计划专项"医学方书与近代山东的医疗卫生事业研究"（批准号：19CQXJ51）的阶段性成果。

①　杨发源《1898—1914 年间青岛的城市卫生事业》，《江西社会科学》2009 年第 5 期；金霞《德占时期青岛的卫生防疫体系》，《中华医史杂志》2012 年第 4 期；金霞《北洋政府时期青岛卫生防疫体系研究(1922—1929)》，《中华医史杂志》2017 年第 2 期；杨晓越《卫生、技术与现代性：德占时期青岛下水道系统的权力经纬》，《青岛职业技术学院学报》2016 年第 6 期；史子峰《二十世纪三十年代青岛乡村的公共卫生运动》，《青岛农业大学学报》(哲学社会科学版)2017 年第 1 期；秦星星、戚文闯《近代青岛城市医疗卫生的发展》，《濮阳职业技术学院学报》2017 年第 4 期。

## 一、以城市防疫为中心:殖民当局的医疗卫生治理

德国与清政府于 1898 年签订租借条约,青岛沦为德国的殖民地,青岛近代意义上的医疗卫生治理也正式开启。在德国占领青岛的近 17 年中,殖民当局开展了多方面的城市建设和社会治理,医疗卫生治理是其中的重要组成部分,对青岛城市的形成和发展产生了实质性影响。

德国侵占胶州湾后,于 1898 年 4 月设置胶澳督署,总督是民政和军政的首脑,拥有广泛的行政权。督署下设不同类别和级别的管理机构,但并未设立专门的医疗卫生行政机构,医疗卫生事务主要是由民政部下设的巡捕局(也称巡警总局、警察局)负责,巡捕局设置有卫生警、食物警,负责卫生清洁和检查监督、检疫、防疫、食品检验等事务,起初不少警察都是由士兵充任,后来逐渐有了专职警察。[①] 1911 年,德国殖民当局又设立医务局,专门负责管理医疗卫生事宜,但许多业务,如防疫、卫生监察、街区清洁等,实际还是由巡捕局负责。

从这种行政建制上可以看出,德国殖民当局从一开始就关注医疗卫生事务,但其着眼点是维护公共安全和社会秩序,以巩固其在青岛的殖民统治,而非发展医疗卫生事业,为殖民地广大人民提供医疗卫生服务。这一点集中体现在德国殖民当局的治理内容上,即在实际治理过程中,德国的医疗卫生治理活动基本是围绕防疫展开的,且防疫焦点聚集在中心城区和港区。

### (一)防疫治理

德国进驻青岛后的十年时间里,几乎每年都会爆发一种以上传染病,这对德国的殖民统治是不小的威胁和考验。对此,我们从德国进驻青岛后最初几年的经历便可窥见一斑。1898 年,就在德军进驻后不久,青岛爆发了伤寒、痢疾等传染病,疫情颇为严重,德国驻军也遭遇了正面袭击,数名德国军人死亡。[②] 1899 年,青岛先后爆发斑疹伤寒、回归热、大肠伤寒,德国驻军又有数十人死亡。[③] 此后几年,德国驻军又先后遭遇伤寒、痢疾、疟疾、霍乱等传染病的袭扰。据德国学者托尔斯藤·华纳研究,1899 年的伤寒导致 64%的士兵患病,31 人死亡(占 2%),以后几年也造成了人员损失,但患病人数下降了,到 1902 年底患者人数达到驻军总人数的 39%(1901 年为 42%),主要疾病有大肠伤寒、肠炎和痢疾。德国总督叶世克也因身染伤寒而于 1901 年 1 月 27 日死亡。[④] 1902 年,青岛又爆发霍乱疫情,德国人和华人都有染病者,虽然总人数不多,但死亡率极高。[⑤]

正是在这种严峻的形势下,殖民当局为了保护统治集团和来青欧人的安全,尽快建

---

① 青岛市卫生志编委会编《青岛市卫生志(1891—1990)》,青岛海洋大学出版社 1993 年版,第 12 页;谢开勋《二十二年来之胶州湾》,中华书局 1920 年版,第 36 页;青岛市档案馆编译《青岛开埠十七年——〈胶澳发展备忘录〉全译》,中国档案出版社 2007 年版,第 42、94~95、667 页。

② 青岛市档案馆编译《青岛开埠十七年——〈胶澳发展备忘录〉全译》,中国档案出版社 2007 年版,第 46~47 页;山东省卫生史志编纂委员会《山东省卫生志》,山东人民出版社 1991 年版,第 327 页。

③ 《胶澳发展备忘录(1898 年 10 月至 1899 年 10 月)》"卫生"部分,青岛市档案馆藏。

④ 〔德〕托尔斯藤·华纳《近代青岛的城市规划与建设》,青岛市档案馆编译,东南大学出版社 2011 年版,第 172 页。

⑤ 青岛市档案馆编《青岛通鉴》,中国文史出版社 2006 年版,第 114 页。

立稳固的统治,被迫在大规模改造和兴建城市之前便开始了检验检疫和环境卫生整治工作。从防疫治理的实践来看,为了防控疫情,德国殖民当局主要开展了五个方面的工作。

1. 建设医疗卫生设施,救治病人,研究疫病。德国军队进驻青岛时,青岛还是一个小渔村,没有现代意义上的卫生设施,救治疾病依靠的基本是为数不多的中医和中药。为了尽快控制疫情,稳固统治秩序,德国殖民当局先后在青岛规划、兴建了一些现代化的医疗卫生设施。

1898 年,德国驻军中的一些士兵染上伤寒、痢疾后,德国海军远东舰队临时建立了一所简易的野战医院(又称海军医院),收治染疫的德国人,同时对华人开设门诊,德国在青岛的卫生防疫活动就此拉开序幕。医院的规模虽然不大,但设备先进,科室齐全,还设有隔离亭,主要用来隔离染疫的华人。[①] 另外,医院内还专门设立了细菌学实验室和化学检验站(1901 年建成),前者主要负责医学临床检验,检测各种细菌样本,研究各种传染病的病因、传播途径和防控方法;后者主要负责检验各种食品、药品、水质等,以保护德国人的身体健康和安全。[②]

不久,胶澳总督决定在野战医院的基础上进行扩建,兴建一所正式的医院,以满足日益增加的医疗需求,这所医院就是后来的胶澳督署医院(俗称总督府医院)。1899 年底,第一期工程完工,医院开始启用。此后,该医院便成为贯彻实施殖民当局防疫政策措施、救治传染病人(主要是德国人和其他外国人)的最重要机构。

1902 年,德国殖民当局又在李村建设了一所综合性医院,隶属于胶澳督署医院,医院的医生为德国海军军医,与设在市区的总督府医院主要为外国人服务不同,该医院设在青岛的农村地区,负责隔离、救治华人中的传染病人,监测、报告传染病流行情况等。[③]

经过数年的建设和防疫实践,城区和港区已经筑起相对稳固的防疫体系。为了进一步增强防控力度,防止传染病从郊区传入城区,1908 年,殖民当局在青岛市郊建设了一座隔离站,"预防突然爆发的时疫的肆虐"[④],实际是用来收治、隔离华人中的传染病疑似病人。隔离站由土墙、栅栏和带刺的铁丝网严密地圈起来,像一个"囚禁犯人的大牢"[⑤]。

2. 构建防疫制度体系。为了防控疫情扩散,除了及时隔离、救治传染病人之外,德国殖民当局还从制度建设上入手,构建了较为严格的检疫制度和传染病报告制度。

检疫制度。青岛爆发的不少传染病都来自海上,因此,为了防止传染病输入,德国殖民当局实行了严格的检疫制度,尤其注重港口的检疫。

1899 年,德国开始在青岛修建海港,特地在黄岛设立了一个检疫所,对来往船只和人员进行检疫。不久,该检疫所迁往距离港口较近的台西镇团岛。1904 年,胶澳督署专门就港口检疫颁布实施《防护染疫章程》,明确了检疫规则、检疫流程、检疫内容、染疫船只

①　张湉《德占青岛时期的种族主义印记》,中国海洋大学 2011 年硕士学位论文,第 25~26 页。
②　青岛市档案馆编译《青岛开埠十七年——〈胶澳发展备忘录〉全译》,中国档案出版社 2007 年版,第 47 页;青岛市卫生志编委会编《青岛市卫生志(1891—1990)》,青岛海洋大学出版社 1993 年版,第 12 页;张湉《德占青岛时期的种族主义印记》,中国海洋大学 2011 年硕士学位论文,第 27~28 页。
③　参见青岛市档案馆编《青岛通鉴》,中国文史出版社 2006 年版,第 114 页。
④　《胶澳发展备忘录(1907 年 10 月至 1908 年 10 月)》"卫生"部分,青岛市档案馆藏。
⑤　〔德〕余凯思《在"模范殖民地"胶州湾的统治与抵抗》,孙立新译,山东大学出版社 2005 年版,第 309 页。

处置办法、处罚方法等，规定所有船只进入青岛港前都要接受检查，若船上有染病者就要送到专门隔离病人的岛上，其他船员也要接受隔离。[①] 1909年，胶澳督署又发布《防疫告示》，专门对来往船只如何处置船上的死鼠做出详细规定，要求不得把死鼠扔进海里，如果发现死鼠，应上交给船政局或巡捕局，并交代老鼠死因，查验船员是否感染疫病，如果违反规定，当局就要按照德国刑律监押船员。[②]

为了防范一些慢性传染病的传播，德国殖民当局还针对特定人群进行检疫。较有代表性的举措是强制性地对麻风病人和染上性病的妓女进行隔离、监控和治疗，妓女每周还要到指定的医院进行健康检查，与妓女发生性关系的德国士兵也要定期接受检查，以免交叉感染。1909年，胶澳督署又专门建立了一家性病诊所，诊治患有性病的妇女。[③]

传染病报告制度。在加强检疫的同时，德国殖民当局还实行传染病报告制度，切断传染病的传播途径，遏制疫情扩散。1900年，胶澳督署在颁行的《德属之境分为内外两界章程》中就初步对出现传染病后如何处置做出规定："遇有传染病情状，限期二十四点钟内，或房主或租主以及病者家属戚族等人须在相近捕房报明。"[④]明确了报告人、报告时限、报告地点等要素，如果不按规定报告或瞒报，当事人要面临相应的处罚。

1906年，胶澳督署又颁布实施《报明传染病章程》，从病种、报告人、报告方式、报告时限、惩处措施等方面进一步细化和强化了传染病报告制度。章程规定，如果身染或发现麻风病、霍乱、鼠疫、天花等10种传染病，都应向巡捕官报告，由巡捕官核查清楚；为染病者治疗的医生，染病者的家属、陪护，染病者本人，染病者所住房屋的户主等，都有报告传染病的责任；报告者可在巡捕衙门免费领取报告单；如果有不报、瞒报或延报情况，当事人会面临罚款150洋元或被监押6个星期的惩罚。[⑤] 可以说，该章程的颁行标志着胶澳租借地区传染病报告制度正式形成。

此外，胶澳督署还在位于青岛外围的即墨地区建设了一座医院，承担着监控和报告山东省东北地区疫情的责任。[⑥]

计划免疫制度。此外，德国殖民当局还针对一些严重的传染病实行计划免疫制度，提高人们的免疫水平，预防传染病发生和蔓延。1902年，青岛先后爆发天花和霍乱疫情。针对天花疫情，德国总督颁布《关于在青岛内外界强制种痘的法令》《预防天花法》，规定每年从10月1日起实行限期种痘，1周岁至12周岁的儿童必须接种，巡警总局负责组织实施，由有开业许可证的德国医生或经德国批准的外国医生进行接种。如果家长故意

---

① 青岛市档案馆编《胶澳租借地经济与社会发展——1897—1914年档案史料选编》，中国文史出版社2004年版，第25～28页。

② 青岛市档案馆编《胶澳租借地经济与社会发展——1897—1914年档案史料选编》，中国文史出版社2004年版，第52页；〔德〕谋乐《青岛全书》，青岛印书局1912年版，第65～66页。

③ 青岛市档案馆编《青岛开埠十七年——〈胶澳发展备忘录〉全译》，中国档案出版社2007年版，第246～247页；〔德〕余凯思《在"模范殖民地"胶州湾的统治与抵抗》，孙立新译，山东大学出版社2005年版，第303～305页。

④ 〔德〕谋乐《青岛全书》，青岛印书局1912年版，第10页；青岛市档案馆编《胶澳租借地经济与社会发展——1897—1914年档案史料选编》，中国文史出版社2004年版，第17页；青岛市史志办公室编《青岛市志·卫生志》，新华出版社1994年版，第16页。

⑤ 青岛市档案馆编《胶澳租借地经济与社会发展——1897—1914年档案史料选编》，中国文史出版社2004年版，第34～35页。

⑥ 参见金霞《德占时期青岛的卫生防疫体系》，《中华医史杂志》2012年第4期。

阻碍或虚报接种,或者违反接种时间,都要被罚款,以至拘留。① 针对霍乱疫情,胶澳督署在租借地内进行霍乱疫苗接种,并规定:凡非法接种者,罚款 150 马克或者拘留 14 天,凡在接种中玩忽职守者,罚款 500 马克,处以 3 个月徒刑。②

3. 颁布法律法规,为防疫提供法治保障。德国在建设"模范殖民地"的过程中,非常注重运用法律手段开展各种社会治理活动。据统计,在德国占领青岛的 17 年间,胶澳督署颁布的各种法律法规多达 188 种,遍及政治、军事、经济、社会、文化等领域。③ 其中,与防疫相关的法律法规至少有以下 22 种(表 1),约占 12%。

表 1　德国殖民当局颁布的主要卫生防疫法规一览表

| 序号 | 法规名称 | 颁布时间 |
|---|---|---|
| 1 | 《订立洁净街道章程》 | 1898 年 7 月 |
| 2 | 《管理贩卖兽乳执行规定》 | 1899 年 6 月 |
| 3 | 《关于青岛辖区肉食检验的法令》 | 1899 年 6 月 |
| 4 | 《关于对牛奶供应实施检查的法令》 | 1899 年 6 月 |
| 5 | 《巡捕局整理地面章程》 | 1900 年 6 月 |
| 6 | 《应报传染病章程》 | 1900 年 7 月 |
| 7 | 《关于必须报告传染病的警察局法令》 | 1900 年 7 月 |
| 8 | 《拟订设立厕所章程》 | 1900 年 12 月 |
| 9 | 《预防天花接种法令》 | 1902 年 6 月 |
| 10 | 《防护染疫章程》 | 1904 年 7 月 |
| 11 | 《订立打扫烟囱章程》 | 1904 年 12 月 |
| 12 | 《关于对靠泊青岛港之船只进行卫生检疫的法令》 | 1906 年 7 月 |
| 13 | 《报明传染病症章程》 | 1906 年 7 月 |
| 14 | 《关于及时报告传染病和关于强制屠宰及肉食检验的法令》 | 1906 年 7 月 |
| 15 | 《订立宰杀章程》 | 1906 年 7 月 |
| 16 | 《订立官宰局章程》 | 1906 年 7 月 |
| 17 | 《关于地皮排水的法令》 | 1907 年 7 月 |
| 18 | 《关于垃圾清运和粪便清运的法令》 | 1908 年 5 月 |
| 19 | 《订立倒弃脏物章程》 | 1908 年 5 月 |

---

① 青岛市卫生志编委会编《青岛市卫生志(1891—1990)》,中国海洋大学出版社 1993 年版,第 13 页;青岛市史志办公室编《青岛市志·卫生志》,新华出版社 1994 年版,第 18 页;青岛市档案馆编译《青岛开埠十七年——〈胶澳发展备忘录〉全译》,中国档案出版社 2007 年版,第 201 页。

② 参见魏德志《青岛历史上的传染病预防与控制研究(1898—1949)》,中国海洋大学 2012 年硕士学位论文,第 38 页。

③ 〔德〕余凯思《在"模范殖民地"胶州湾的统治与抵抗——1897—1914 年中国与德国的相互作用》,山东大学出版社 2005 年版,第 89 页。

（续表）

| 序号 | 法规名称 | 颁布时间 |
|------|----------|----------|
| 20 | 《订立倒粪章程》 | 1908 年 5 月 |
| 21 | 《防疫告示》 | 1909 年 3 月 |
| 22 | 《厕所管理规章》 | 1909 年 12 月 |

　　说明：本表根据青岛市卫生志编纂委员会编《青岛市卫生志（1891—1990）》（青岛海洋大学出版社1993 年版）、青岛市档案馆编《胶澳租借地经济与社会发展》（中国文史出版社 2004 年版）、青岛市史志办公室《青岛市志·卫生志》（新华出版社 1994 年版）、青岛市档案馆编《青岛数字全书》（中国档案出版社 2006 年版）整理而成。

　　这些法律法规涉及检验检疫、传染病报告、传染病防控、环境卫生、预防接种等多个方面，重在明确行政执法人员的执法程序和相关规范以及殖民地广大人民群众在防疫事务中的责任和义务。许多法规都非常详尽，注重防疫细节，且几乎每部法规都有严格的惩处条款，有的处罚力度还相当大。比如，1904 年《防护染疫章程》规定："务当格外谨慎，不得染患霍乱及痧子瘟人，或大便遗物，或呕吐之物，以及另出之毒种，统不准未经洁净率行抛掷，他如可疑之水及各项残败物件亦然。"①1906 年颁布的传染病报告章程规定："凡负报明之责任未即报明，或知情应行报明故意延迟，时逾二十四点以外者，一经查出，即罚洋至一百五十元之多，如无力呈缴罚款，即监押至六礼拜之久。"②可以想见，殖民当局具备很强的防疫意识、细致的防疫知识和相对成熟的法治思维。

　　诸多法律法规的颁布实施使得德国殖民当局的防疫活动有法可依，推动了青岛卫生防疫的法制化、规范化进程，也是德国殖民当局注重运用法律手段进行医疗卫生治理的直接体现。当然，这些法律法规在整体上构成了德国殖民统治体系的一部分，其中不乏借防疫之机加强殖民统治，歧视、奴役、防范中国人的意图非常明显。很多法规都有针对华人的条款，对华人的行为加以特别限制，对华人的处罚更加严厉。比如，1908 年颁行的《订立倒弃脏物章程》中规定："倘有违背此项章程者，一经查出，罚缴洋至二十五元之多，如无力缴洋，即监押至一星期之久；该犯法者若系华人，即罚缴洋或监押至一星期之久，或者笞责至二十五下之多。以上三项科罚或罚一项或兼罚二三项，均须随时酌定。"③

　　4. 实行"华洋分治"，进行种族隔离。"华洋分治"是德占青岛后进行殖民统治的最重要理念和实践之一，这种分治遍及政治、经济、司法、教育、医疗等领域。而卫生防疫是促使殖民当局实施"华洋分治"政策的基本动因，也是"华洋分治"特征较为鲜明的领域之一。多种传染病的流行以及青岛卫生状况较差的客观现实，使得本就受到种族优越论、黄祸论影响的德人在寻找传染病产生和流行原因时，不自觉地将疫病与种族联系在一起，认为中国人是价值低下，肮脏，不讲卫生，身上携带有大量细菌的，是传染病的源泉，因而"必须把欧洲居民与中国居民尽可能地分隔开来……尤其可以避免中国居民用过的

---

　　①　青岛市档案馆编《胶澳租借地经济与社会发展——1897—1914 年档案史料选编》，中国文史出版社 2004 年版，第 27 页。

　　②　〔德〕谋乐《青岛全书》，青岛印书局 1912 年版，第 59 页。

　　③　〔德〕谋乐《青岛全书》，青岛印书局 1912 年版，第 53 页。

脏水流经欧洲人居住的地方,这些脏水往往会产生极大的危害"①。

1900 年,殖民当局正式决定将欧洲人与中国人在空间上隔离开来,颁布《德属之境分内外两界章程》,将胶澳租借地分为内界和外界,内界包括青岛区、大鲍岛、台东镇、台西镇四个地区,其中,南部滨海一带的青岛区为欧人居住区,华人不得在此盖房居住。② 外界主要是乡村地区。据此,殖民当局接连将原来靠近海边居住的中国人强行向北部迁移,"把那上青岛村、小包岛村、小泥洼村、海泊村里小人家的房子,一律收来,付之咸阳一炬"③,"肮脏的上青岛和下青岛村大部分被清除"④。可以说,出于卫生防疫的需要,殖民当局人为制造了一种全新的青岛城市空间布局,直接影响了之后数十年青岛的发展格局。

从此,欧人居住区成为德国殖民当局重点规划建设的区域,现代化的设施设备一应俱全,环境优美,医疗卫生条件优良;而华人居住区几乎成为杂乱、贫穷、落后、不卫生的代名词。

5.整治公共卫生,预防和控制传染病的发生与流行。为了防控疫情,保护殖民者和欧洲人的健康与安全以及实现建设"模范殖民地"的目标,宣扬德国人的优异和治理能力,殖民当局投入了相当的人力、物力和财力整治青岛的公共卫生,先后对用水卫生、饮食卫生、环境卫生等,开展了多种有针对性的治理活动。

用水卫生。在对青岛爆发的大肠伤寒和痢疾两种传染病盛行原因的分析中,德国人认为"土壤污染和由此而造成的饮用水不良"⑤是首要原因。因此,海军军医和一些城市规划者认为使用冲水厕所和相应的下水道系统可以改善用水卫生,于是,殖民当局将卫生防疫与城市规划建设结合起来,重点在欧洲人居住区铺设了自来水管道、污水处理管道和雨水排泄管道。

殖民当局将"通过中央输水管道提供保证符合卫生要求的优质饮用水"作为最紧迫的任务。1901 年,德国决定在城区北部的海泊河开辟水源地,建设自来水厂。不久,通过地下水管道,引出海泊河谷的地下水,市区实现了自来水供应,且水质很好。⑥ 随着城区人口的不断增长,市区自来水供应出现短缺,1908 年,殖民当局又在李村修建了一座新的水厂,满足了市区居民的用水需求。而工人、商贩、贫民集中居住的台东镇和台西镇到1908 年前后才部分接通了自来水。在处理雨水方面,从 1898—1905 年,殖民当局在欧人居住区先后铺设了多条雨水排泄管道,雨水与污水分流,避免欧人居住区南部的海滩受到污染;而在华人集中居住区,污水与雨水合用一个管道,从同一水道排出。在处理污水

---

① 〔德〕余凯思《在"模范殖民地"胶州湾的统治与抵抗——1897—1914 年中国与德国的相互作用》,山东大学出版社 2005 年版,第 275 页。

② 参见〔德〕谋乐《青岛全书》,青岛印书局 1912 年版,第 13 页;青岛市档案馆编《胶澳租借地经济与社会发展——1897—1914 年档案史料选编》,中国文史出版社 2004 年版,第 10 页;任银睦《青岛早期城市现代化研究》,生活·读书·新知三联书店 2007 年版,第 66 页。

③ 谢开勋《二十二年来之胶州湾》,中华书局 1920 年版,第 53 页。

④ 青岛市档案馆编译《青岛开埠十七年——〈胶澳发展备忘录〉全译》,中国档案出版社 2007 年版,第 47 页。

⑤ 青岛市档案馆编译《青岛开埠十七年——〈胶澳发展备忘录〉全译》,中国档案出版社 2007 年版,第 46～47页。

⑥ 青岛市档案馆编译《青岛开埠十七年——〈胶澳发展备忘录〉全译》,中国档案出版社 2007 年版,第 149 页。

方面,从 1901 年到 1909 年,殖民当局铺设多条地下污水管道和几处排水泵站,将欧人居住区的排泄物和生活污水排到近海,由海流将它们冲走,避免海湾和港区受到污染。华人集中居住的大鲍岛地区也铺设了一些污水管道,但开工时间和完工时间都较晚。①

此外,殖民当局还颁布《安设自来水规条》《接通雨水干筒章程》等法规②,规范各类工程的施工,为相关用水卫生治理活动提供法律保障。

饮食卫生。德国军队进驻当年,就有数名士兵染上肠道类传染病,因而在进行用水卫生治理的同时,殖民当局又有针对性地开展饮食卫生治理。与其他防疫治理活动一样,饮食卫生治理也大致经历了一个规范化的过程。起初,巡捕局的一项重要职责就是"检查食品和嗜好品以及商贩经营商品的品质及干净程度,监督牲口的卫生状况"③。1899 年 6 月,胶澳总督发布《管理贩卖兽乳执行规定》,首先用法律的手段对德国人日常的乳饮特别是牛奶的卫生进行明确规定。

在随后数年中,随着用水和饮品卫生的逐步完善,殖民当局将饮食卫生治理的重点放在了牲畜的宰杀和检验检疫上。1903 年,殖民当局开始在青岛火车站西侧修建屠宰场,该屠宰场又称官宰局,属于官办机构,规模较大,配有现代化的房屋和设施设备,并实施严格的卫生检验和排污措施,"所有污气可无害排除,对当地居民不会产生任何影响,其废水也可方便地排入近海","可以无害地排掉各种难闻的气味而不危害及相邻单位和人员"④。在屠宰场建成后,殖民当局于 1906 年颁行《订立官宰局章程》和《订立宰杀章程》,标志着这项治理活动走向完备化、规范化和法制化。章程规定,青岛内界牲畜屠杀只能在屠宰场进行,牲畜屠杀前需要接受检验,符合健康标准的才可屠宰,屠宰的肉品离开屠宰场之前要再接受查验;青岛外界的鲜肉运往内界时,须经官宰局查验;如果遇到疑有疾病特别是传染病的牲畜,要运往屠戮病畜亭,等待检验医官的进一步查验;被医官定为"废弃"的肉,由官宰局监督销毁。此外,屠宰场设有冷肉堂,安设橱柜,可以保证肉质新鲜。⑤

除此之外,食品市场也受到严格卫生监管,几家中外商人经营的乳品厂,"在卫生警察监察下,可以全年供应优质牛乳、乳油和黄油等产品"⑥。

环境卫生。公共空间卫生的优劣直接关系到许多疫病扩散的速度和广度,整治环境卫生是殖民当局从防控疫情之初就非常注重的防疫事项。具体来说,街道清洁、垃圾清运和粪秽处置是此项治理活动的三个重点。

德占青岛后不久,殖民当局就开始雇用清洁工清扫城区内的马路,清洁工上午清扫,下午巡视街道,将垃圾、脏物等收集到垃圾桶内。在正式进驻当年,殖民当局就颁布《订立洁净街道章程》,这是殖民当局颁布实施的第一项防疫法规,其中明确要求"所有青岛

① 参见杨晓越《卫生、技术与现代性:德占时期青岛下水道系统的权力经纬》,《青岛职业技术学院学报》2016 年第 6 期。
② 参见〔德〕谋乐《青岛全书》,青岛印书局 1912 年版,第 90～92 页。
③ 青岛市档案馆编译《青岛开埠十七年——〈胶澳发展备忘录〉全译》,中国档案出版社 2007 年版,第 95 页。
④ 青岛市档案馆编译《青岛开埠十七年——〈胶澳发展备忘录〉全译》,中国档案出版社 2007 年版,第 253 页。
⑤ 参见〔德〕谋乐《青岛全书》,青岛印书局 1912 年版,第 78～80 页;赵洪玮《德占时期青岛城市发展研究》,山西大学 2008 年博士学位论文,第 88～89 页。
⑥ 青岛市档案馆编《帝国主义与胶海关》,中国档案出版社 1986 年版,第 144 页。

街以及青岛港里外街道宜洁净，街道上不准堆放杂土及污秽等物，恐其气味熏蒸致疾病，务使街道一律洁净"①。到了1906年，殖民当局又颁布《巡捕局整理地面章程》，对清洁街道的主要责任人、相关程序和规范、惩处措施等进行了更为详尽的规定。② 另外，在整修街道时，殖民当局也充分考虑卫生因素，中国平民阶层集中居住的台东镇和台西镇，其街道不是南北或东西向的，而是与南北轴线成对角线，"确保太阳每天都照到每条街道和房子的正面"，"满足街道具备良好通风的卫生要求"③。

与清洁街道直接相关的一项治理活动就是垃圾管理。占领胶州湾后不久，胶澳总督便下令，严禁住户在街道上堆放垃圾，否则就会遭到杖责、罚款等处罚。此时，垃圾管理基本附属于街道清洁。到了1908年，胶澳督署颁布《订立倒弃脏物章程》，对垃圾管理事项专门立法，规定城区有人居住的地方必须按照规定设置垃圾容器，容器要有盖子，保证不漏、不透气，且必须设置在有临界大门并能进出车辆的院内，便于移动和清运，街道上每隔五六幢房屋设置一个公共的铁质垃圾桶。而在清运时，垃圾车也必须封闭好，以免影响环境卫生。另外，当局在偏远的小泥洼和小港设有垃圾堆卸区，垃圾要卸在这些指定的地方。④

粪秽管理是德国进驻青岛后开展的另一个重要的环境卫生治理活动。综合来看，殖民当局的粪秽管理以倡修厕所和推广马桶为主要内容，力图改变原来中国人的如厕和粪秽处置习惯。为了防止土壤污染、空气污染和水污染，胶澳督署从1898年开始，先后在不同的地方多次发布通告，严禁人们随地便溺。1900年，为了加大治理力度，防止细菌滋生引发疫病，总督府专门颁布《拟订设立厕所章程》，规定市内每一家必须设有足够数量的厕所，青岛欧人居住区、大鲍岛地区的厕所不准挖地坑，必须备有铁桶或木桶，且必须每天清空，工厂的工人数量超过10名时，厂主必须设立厕所。另外，如果发现有人任意大小便，就罚款20大洋或监押一个星期，如果是华人，则要责打25板。⑤ 1901年，当局在青岛、大鲍岛建了4处带有围墙的厕所，专供华人使用。⑥ 从1905年到1912年，当局又先后在欧人居住区和华人聚集区推广水冲式厕所，将粪秽直接冲入下水道，排入海中，逐步取代了原来的马桶厕所。⑦ 在此期间，殖民当局于1908年颁布《订立倒弃脏物章程》和《订立倒粪章程》，规定在没有下水道的地方，所有粪便一律由官派专办倒粪人清运，居民要用官方统一规格的马桶，每月收取卫生费，拉粪便的车在街上行走时必须密封好，防

---

① 〔德〕谋乐《青岛全书》，青岛印书局1912年版，第41页。

② 青岛市史志办公室编《青岛市志·公安司法志》，新华出版社1998年版，第7页。

③ 〔德〕托尔斯藤·华纳《近代青岛的城市规划与建设》，青岛市档案馆编译，东南大学出版社2011年版，第164页。

④ 〔德〕谋乐《青岛全书》，青岛印书局1912年版，第53页；青岛市档案馆编《青岛通鉴》，中国文史出版社2006年版，第135页；〔德〕托尔斯藤·华纳《近代青岛的城市规划与建设》，青岛市档案馆编译，东南大学出版社2011年版，第112页。

⑤ 〔德〕谋乐《青岛全书》，青岛印书局1912年版，第47页；〔德〕托尔斯藤·华纳《近代青岛的城市规划与建设》，青岛市档案馆编译，东南大学出版社2011年版，第162页。

⑥ 《胶州地区发展备忘录（1900年10月—1901年10月）》"卫生"部分，青岛市档案馆藏。

⑦ 青岛市史志办公室编《青岛市志·环卫志》，中国大百科全书出版社1996年版，第214页；杨发源《1898—1914年间青岛的城市卫生事业》，《江西社会科学》2009年第5期。

止脏物遗弃或飘出臭味。①

**(二)其他治理**

在集中力量开展防疫治理的同时,德国殖民当局对其他一些医疗卫生事务也有所关注,但基本是为在青外国人服务的,并未在整个胶澳地区铺开。

1900年,胶澳总督下令,西药房开业必须经过开业考试,领取营业执照,必须遵守德国药局法,接受总督府药师检查。同年,总督府还颁布实施《关于药剂师及药剂规则》,对药剂师资格、药房经营、药品营销等一系列事务进行了明确规定,以规范青岛市内药品行业从业人员的行为。②

取缔鸦片贸易和吸食鸦片习俗,是殖民当局持续开展的另一项与医疗卫生密切相关的治理活动。青岛开埠后,鸦片贸易和走私较为严重,吸食鸦片的风气也较为盛行,胶澳督署在1900年1月和9月先后颁布《鸦片输入取缔法》和《鸦片消费取缔规则》,试图从流通和消费环节遏制鸦片在青岛的流行。这种以法治为主要手段的治理活动随着德国殖民统治的稳固而越来越深入。1902年,胶澳督署颁布《关于禁止鸦片管理的法令》,全面禁止鸦片买卖。1911—1912年,胶澳总督又先后发布《裁撤烟馆告示》《鸦片管理规则》《土药章程》等一系列法律法规,重点遏制吸食之风。③

总之,在统治青岛的17年之间,德国殖民当局主要围绕防疫这一直接关系到殖民者生命健康和安全、殖民统治稳固与否和殖民地社会经济能否正常发展的事务展开了较为全面深入的医疗卫生治理活动。其他医疗卫生事务,如各级各类医务人员的管理、医疗机构的管理、医药行业的管理、乡村医疗卫生、居民医疗保健和个人卫生等,大多还没有进入殖民当局的视野。而殖民当局在防疫中主要运用的是与殖民统治相呼应的行政和法治手段,带有显著的殖民性和种族性。

## 二、以医疗慈善救助为中心:社会力量的医疗卫生治理

在殖民统治时期,虽然殖民当局控制着所有大权,但要让殖民地的人们认同殖民者的政权,开展卓有成效的社会治理,则离不开青岛本地社会力量的参与和博弈。20世纪初,随着商业、外贸的兴盛,青岛的社会力量有所发展,其中以中华商务公局的设立,教会、企业、会馆、商会等社会组织的孕育成长为代表,它们在青岛政治、经济、社会、文化发展过程中扮演着重要角色。不过,就医疗卫生治理而言,这些社会力量的作用微弱,只在一些与医疗卫生密切相关的慈善救济活动中发挥了重要作用,并未实际参与或影响各项法规的制定、政策的实施、机构的设立、人员的使用等。

德国殖民当局为了消弭中国人的反抗,将青岛建设成为远东军事基地和"模范殖民地",在进行社会治理时,注意利用华人力量,给予一些华人代表一定的政治参与权。1902年4月,胶澳总督颁布《中华商务公局章程》,设立华人议事会——中华商务公局,充

①　〔德〕谋乐《青岛全书》,青岛印书局1912年版,第47页;青岛市档案馆编《胶澳租借地经济与社会发展——1897—1914年档案史料选编》,中国文史出版社2004年版,第43页。

②　〔英〕拉尔夫·A·谢瑞姆《胶州的行政管理》,刘忠世译,刘善章、周荃主编《中德关系史译文集》,青岛出版社1992年版,第142页;赵洪玮《德占时期青岛城市发展研究》,山西大学2008年博士学位论文,第90页。

③　青岛市卫生志编委会编《青岛市卫生志(1891—1990)》,中国海洋大学出版社1993年版,第12~14页。

当殖民当局的顾问。该公局由 12 人组成,最初都是由胶澳总督任命,主要负责华人房屋、人口的登记造册以及调解华人之间的民商事纠纷等事务。① 这些华商代表以及他们背后的华商群体在不少公共事务上发挥了作用,维护了华人的切身利益②,不过,他们在医疗卫生治理特别是防疫事务上并没有发言权,也未见他们参与过当局的医疗卫生治理活动。

德占时期,德国、美国、瑞典等国的不少传教士来到青岛开展传教活动,他们建立了不同类型和规模的教会组织,如天主教圣言会,基督教新教柏林信义会、同善会、北美长老会等。这些教会的活动范围较广,除了青岛之外,还在青岛周边的即墨、胶州、高密等地活动;除了传教之外,还在城市建设、文化教育、医疗卫生、慈善救济等领域发挥着作用。就医疗卫生治理而言,教会组织在筹建医院,开展医疗慈善活动方面的作为较为突出。教会组织创建的较有代表性的医院主要包括 1901 年同善会在华人集中居住的鲍岛区建设的花之安医院,1904 年基督教新教会使团创办的台东镇医院(隶属于花之安医院),1905 年天主教传教会建设的天主教医院,1907 年同善会普通欧洲人医院协会出资筹建的福柏医院。

这些医院的医护人员基本都来自欧洲国家,医疗水平较高,而且除了专为欧洲人服务的福柏医院之外,其他医院很多时候都是免费为病人提供诊疗服务,因此,医院很受人们欢迎,特别是华人中的贫民群体。③ 德国统治时期,官办医疗机构有 7 处④,其中,殖民当局重点建设的医院只有两处,即 1898 年在市区开始兴建的胶澳督署医院(俗称总督府医院)和 1902 年在李村兴建的李村医院(在行政上隶属于胶澳督署医院);前者服务外国人,特别是德国驻军和各级官员,后者虽重点服务乡村居民,但规模不大,二者远不能满足整个胶澳地区的医疗需求。因此,教会主导建设和运营管理的多所医院及其分支机构大大缓解了这种紧张局面。从社会治理的角度来看,教会开展的医疗卫生活动为满足殖民地欧人和华人的医疗需求,特别是解决广大下层民众的医疗保健问题起到积极作用,客观上弥补了殖民当局治理的不足。

青岛开埠后,工商业发展迅速。1905 年,青岛商会正式成立,这一商会并非一个华人社团,而是一个以外国公司特别是德国企业为主要会员的社会组织。⑤ 在医疗卫生治理方面,青岛商会大多数时候是殖民当局各项政策的配合者和执行者,但在一些医疗救济活动中发挥了主体作用,体现出了自身的主动性和创造性。比如,1911 年,青岛爆发了瘟疫,青岛商会为防控疫情,组织成立了瘟疫委员会,该委员会一方面销售应对瘟疫的廉价食品,一方面筹集善款用于应灾,起到了较好的示范和引领作用,减少了瘟疫给生产和贸

① 〔德〕谋乐《青岛全书》,青岛印书局 1912 年版,第 7~10 页。

② 参见孙立新《德占时期青岛中国商人群体的形成》,《中共青岛市委党校·青岛行政学院学报》2008 年第 3 期;曲春梅《近代胶东商人与地方公共领域——以商会为主体的考察》,《东岳论丛》2009 年第 4 期。

③ 青岛市卫生志编委会编《青岛市卫生志(1891—1990)》,青岛海洋大学出版社 1993 年版,第 13~14 页;关于教会医院救治病人的工作及其反响,参见蔡勤禹、侯德彤《青岛开埠与慈善公益事业的兴起》,《史林》2010 年第 6 期;孙玉洁《德占时期青岛传教士活动研究》,青岛大学 2014 年硕士学位论文,第 14~17 页。

④ 青岛市史志办公室编《青岛市志·卫生志》,新华出版社 1994 年版,第 67~68 页。

⑤ 参见李烈、蔡勤禹《试论近代青岛商会及其慈善活动》,《中共青岛市委党校·青岛行政学院学报》2009 年第 12 期。

易带来的损失。[①]

值得一提的是，在公共卫生治理过程中，德国殖民当局在一些涉及面广、工作量大的事务上，采取了官督商办的方式，这使得一些企业也参与到了公共卫生治理中。比较有代表性的事例主要有两个。1902 年，殖民当局将污水排放和下水道铺设的工作承包给了一家德国公司，这家公司用了约 3 年时间建成了颇具规模的下水道系统，应用效果良好。在垃圾清运和粪秽处置事务中，巡捕局最初是雇用一些工人来做这项工作，后于 1902 年将它们承包给了一家欧籍企业，人称"倒粪公司"，巡捕局派人与企业管理人员一同监督相关业务。1908 年，当局又进一步做出调整，在欧人居住区实行粪便和垃圾分开清运，而在华人居住区仍由"倒粪公司"总揽。[②]

青岛开埠后，大量移民涌入，随着商贸活动的兴盛以及商人群体的壮大，一种颇富特色的社会团体——同乡组织诞生。齐燕会馆、广东会馆和三江会馆是 20 世纪初出现于青岛的三大同乡组织。它们的规模较大，存续时间长，对青岛近代社会经济、文化教育的发展影响显著。特别是 1910 年三大会馆联合成立青岛华商商务总会之后，华人的影响力进一步提升，在一些市政管理事务上有了发言权，在个别商业事务上甚至可以影响到德国殖民当局的决策。[③] 可以说，它们为维护华商的利益，解决华商之间的民商事纠纷，促进民族工商业发展，提升华人的地位做出过重要贡献。不过，就医疗卫生治理而言，这些同乡组织被动性地遵从占主要地位，主动性地参与基本仅限于与医疗相关的施医舍药、救济贫病、赈灾等慈善救济事务。[④] 这些事务事关很多华人的生命健康，但都是殖民当局在进行社会治理时所忽视的内容。因而从社会治理的角度来看，这些同乡组织的作为不仅推动了青岛医疗卫生事业和慈善事业的发展，而且为青岛社会秩序的稳定和社会经济的繁荣创造了条件。

总之，随着青岛城市建设的推进，医疗卫生治理的逐渐深入和社会经济的不断发展，由欧洲人主导的教会和企业以及中国人主导的会馆和商会，有限地参与到了青岛医疗卫生治理中。与殖民当局侧重城市防疫治理不同，这些社会力量主要活跃于医疗卫生类的慈善救济事务中，多是面向广大中下层民众，且参与方式灵活多样，这在一定程度上推动了青岛医疗卫生治理的社会化，弥补了殖民当局在一些覆盖面广、涉及人数多、持续时间长的治理工作中的不足。

## 三、德占时期青岛医疗卫生治理的特点、成效与不足

综合来看，德占时期青岛的医疗卫生治理具有显著的统制型特征。殖民当局几乎掌

---

① 青岛市档案馆编《胶澳租借地经济与社会发展——1897—1914 年档案史料选编》，中国文史出版社 2004 年版，第 166 页。

② 参见青岛市档案馆编《青岛通鉴》，中国文史出版社 2006 年版，第 114 页。

③ 参见〔德〕余凯思《在"模范殖民地"胶州湾的统治与抵抗——1897—1914 年中国与德国的相互作用》，第 185～192、199～202 页。

④ 关于各个会馆的成立、地位和作用以及从事的公益慈善活动，参见张树枫《近代青岛的三大会馆与青岛商会》，李长莉、左玉河编《近代中国的城市与乡村》，社会科学文献出版社 2006 年版，第 577～587 页；蔡勤禹、袁金旺《近代青岛的"同乡组织"探究》，《中共青岛市委党校·青岛行政学院学报》2011 年第 1 期；房兆灿《城市·移民·社会：青岛近代同乡组织研究》，中国海洋大学 2009 年硕士学位论文，第 12～20 页。

控所有治理权力和资源,自上而下采取多种行政措施和颁行多种法律法规,以防疫事务为中心,开展医疗卫生治理。社会力量的医疗卫生治理具有显著的公益性和服务性,但权力有限,范围狭窄,能够掌控和调动的资源不足,像教会、企业、会馆、商会、商人、工人等社会组织和社会团体,在医疗卫生治理的顶层设计中罕有发言权和参与权,在关乎诸多中下层民众生命健康的医疗慈善救济活动中切实发挥着积极作用,甚至扮演了主人翁的角色,但只能在相对小的范围内开展,比较分散,且面临资金、人力等方面的压力。因此,从医疗卫生治理主体之间的关系及其背后所反映的治理结构来看,二者看似各有分工,相互补充,但其实缺乏平等有效的沟通机制,并未形成良性互动的局面。

就实际成效而言,殖民当局集中人力、物力和财力,在较短时间内构建了较为完善的卫生防疫体系,使得青岛在防控传染病方面取得了相当的成绩。比如,一些疫病的感染率和死亡率在数年内出现了显著下降。[①] 又如 1902 年,东亚不少国家和地区发生猩红热和霍乱疫情,中国华北许多省市也受到影响,但得益于青岛的防疫机制,疫情造成的危害较小。[②] 对此,当时生活在青岛的德国人自夸道:"中国南方的港口城市深受鼠疫、霍乱之害,而我们的殖民地却通过采取理智的检疫措施,将瘟疫有效地拒之港外。检疫却几乎没有为来往贸易、交通增添麻烦。"[③]1907 年,中国和日本的许多港口又爆发霍乱疫情,青岛通过实施严格的检疫措施,使得霍乱没有传入青岛。[④] 这种较为牢靠的防疫体系被后来的日本和北洋政府继承,在防控疫情中起到重要作用。比如,北洋政府时期胶澳商埠局主持编纂的《胶澳志》中明确提道:"本埠对于船舶检疫、预防传染病以及防杜兽疫等项,均有专章,盖自德人相沿,迄今注重防疫,不遗余力","本埠卫生规则大都沿袭德人旧章,较之他埠堪称完备。"[⑤]

另外,从整个城市建设发展的角度来看,德占时期青岛的医疗卫生治理,特别是殖民当局在防疫治理中投入大量人力、物力和财力开展的公共卫生治理活动,改善了城市的市容环境,推动了新型医疗卫生观念的传播和居民医疗卫生习惯的形成。1914 年时就有人用"远东最美好、最现代、最卫生的城市"来宣传青岛,虽然其中不乏溢美成分,但可以想见,德占时期的医疗卫生治理为青岛在较短时间内成长为北方地区代表性的港口和旅游城市奠定了基础。[⑥]

当然,从整体来看,在统制型治理模式影响下,德占时期青岛的医疗卫生治理存在治理主体专业性不足、治理客体不平衡、区域不平衡、群体不平衡等缺陷。

首先,德占时期,在殖民当局的医疗卫生治理中担纲的人员大多是行政体系内的官员和警察,他们基本不具有医学或公共卫生学背景,在卫生行政中咨询或听取专业人员的事例也并不多见,这使得医疗卫生治理的专业性有所欠缺。

---

① 青岛市档案馆编《青岛开埠十七年——〈胶澳发展备忘录〉全译》,中国档案出版社 2007 年版,第 483~484 页。

② 青岛市档案馆编《青岛开埠十七年——〈胶澳发展备忘录〉全译》,中国档案出版社 2007 年版,第 200 页。

③ 转引自赵洪玮《德占时期青岛城市发展研究》,山西大学 2008 年博士学位论文,第 89 页。

④ 青岛市档案馆编译《青岛开埠十七年——〈胶澳发展备忘录〉全译》,中国档案出版社 2007 年版,第 525 页。

⑤ 赵琪修、袁荣叟纂《胶澳志》,青岛华昌大印刷局铅印本 1928 年版,第 66、616 页。

⑥ 参见杨发源《1898—1914 年间青岛的城市卫生事业》,《江西社会科学》2009 年第 5 期;赵洪玮《德占时期青岛城市发展研究》,山西大学 2008 年博士学位论文,第 133~140 页。

其次，治理客体以防疫为主，忽视其他事务。殖民当局最为关注的是殖民者的健康与安全以及殖民地的社会经济秩序，在制度设计和治理实践中并非力求人人享有基本的医疗服务，这在很大程度上导致医疗卫生治理成为殖民者扩张统治权力的途径，在提供常规性的公共服务上非常逊色。我们看到，广大中下民众日常的医疗保健难以得到保障，很多时候需要依靠社会力量的救助才能维护好健康。

再次，由于德国占据青岛后实行优先建设发展中心城区和港口的政策，乡村处于从属地位①，因此，我们从前述诸多治理举措可以看出，医疗卫生治理在不同区域是有显著差别的，其中，城市与乡村之间的不平衡最为突出，除了一些防止传染病从华人传染给欧人的防疫举措以及医疗慈善救助举措会直接顾及乡村外，绝大多数医疗卫生治理举措和法律法规都是优先在城区特别是欧人居住区实施的，直到殖民统治后期，一些带有服务属性的公共卫生治理活动（如用水卫生、垃圾管理、粪秽处置、街道清洁等）才在濒临城区的乡村地区有限展开。

最后，受种族歧视、"华洋分治"等观念和政策的影响，诸多防疫治理举措和法律法规都不同程度地带有歧视华人、限制华人的倾向，这在客观上导致医疗卫生治理的群体不平衡性。殖民统治者、驻军、欧洲人是最大受益者和最多参与者，而广大华人特别是普通的工人、农民、商贩等，非但没有参与权、发言权，反而还要遵从诸多不合理的规章制度。

## 四、结语

德国占领青岛后，面对多种传染病的侵袭和薄弱的医疗卫生基础，开展了以防疫为核心的多种医疗卫生治理实践，许多治理活动融入了青岛城市的整体规划和建设之中，在一定程度上形塑了青岛城市的面貌和格局。因此，医疗卫生治理是早期青岛城市形成和扩展的一种非常重要的推动力量。

在行政当局力量强大而社会力量弱小的"统制型"治理模式下，德国依靠强制性的行政和法治手段使得青岛在较短时间内建立起了较为完善的传染病防控机制，且在多次应对传染病危机中收到了较好的效果，巩固了德国的殖民统治，客观上也改善了青岛的医疗卫生状况。然而，这种治理模式长期疏于整体的医疗卫生服务体系的建设，忽视广大社会力量的地位和作用，且具有显著的殖民特征和种族歧视特征，从而也给青岛医疗卫生事业的健康发展带来了诸多矛盾和隐患。

---

① 有关德国在乡村的行政政策，参见〔英〕拉尔夫·A·诺瑞姆《胶州的行政管理》，刘忠世译，刘善章、周荃主编《中德关系史译文集》，青岛出版社 1992 年版，第 127 页；柳敏《德占青岛时期的乡村政策及其影响》，《中国农史》2009年第 3 期。

海外中国
文化研究

# 子产故事与朝鲜英祖时期的学术和政治

## ——以英祖十年《左传》讲筵召对为中心

马铁浩[*]

**摘　要**：子产故事在朝鲜半岛的传播，主要是通过《孟子》及《左传》的讲习展开的。朝鲜英祖多次将自己或近臣比作子产，且在讲筵中与儒臣深入讨论子产言行，尤其是英祖十年的《左传》召对，成为探索子产故事与英祖时期学术和政治之关系的重要入口。英祖为消弭士林朋党，施行荡平政策，君主与士人之间颇为疏离，《孟子》中记载子产见欺于校人，亦正是英祖自身心态的写照。朝鲜的讲筵传统，使朝鲜君臣有机会通过《左传》认识子产。朝鲜王朝宗奉《春秋》宋学，《左传》未获得经书地位，大体视其为史书，重视其文章，读《左传》多受性理学影响，且特重经世致用，与同时代清朝之学风异趣。朝鲜讲筵中子产故事的接受，正是从性理学和经世两个角度发挥《左传》大义，彰显出学术与政治的密切关系。

**关键词**：子产故事；朝鲜英祖；讲筵召对；朝鲜《左传》学；性理学

　　子产为春秋时期郑国执政，郑穆公之孙，姓公孙，名侨，是先秦著名的政治家、思想家。子产较孔子年长三十余岁[①]，其事迹主要见于《左传》襄公八年至昭公二十年（前565—前522），亦散见于《国语》《孟子》《韩非子》《吕氏春秋》《新序》等。他的政治思想近于法家，行政以严猛著称，孔子和孟子对他的评价是颇不相同的。孔子曾屡以"惠"字称许子产，《论语·公冶长》谓子产"其养民也惠"[②]，《宪问》云："或问子产。子曰：'惠人也。'"[③]《左传·昭公二十年》载："及子产卒，仲尼闻之，出涕，曰：古之遗爱也。"[④]所谓"古之遗爱"，说的也是个"惠"字。对于子产的"惠"民，孟子也是承认的，但他认为子产之"惠"只是小恩小惠，《孟子·离娄下》说"子产听郑国之政，以其乘舆济人于溱洧。孟子曰：'惠而不知为政。'"[⑤]儒家对子产的认知尽管有所差异，但作为中国历史上有名的政治家，子产确实成为历代执政者师法的楷模，其影响甚至波及朝鲜半岛。

　　子产无著述传世，在以书籍为纽带的东亚文化交流之中，他是如何被朝鲜半岛了解的呢？[⑥] 在以朱子学为宗主的朝鲜王朝，首先发生影响的，自然是《论语》《孟子》中对子产

---

　　* 马铁浩，文学博士，河南理工大学文法学院中文系副教授，主要从事中古文史文献研究。本文为国家社科基金冷门"绝学"和国别史等研究专项"中国历代使朝鲜录整理与研究"（19VJX040）的阶段性成果。

　　① 参见韩高年《子产年谱（上）》，《中国文学研究》第 27 辑，2016 年第 1 期，第 8 页。

　　② 《论语集注》卷三，（宋）朱熹《四书章句集注》，中华书局 1983 年版，第 79 页。

　　③ 《论语集注》卷七，（宋）朱熹《四书章句集注》，中华书局 1983 年版，第 150 页。

　　④ 杨伯峻《春秋左传注》，中华书局 1990 年版，第 1422 页。

　　⑤ 《孟子集注》卷八，（宋）朱熹《四书章句集注》，中华书局 1983 年版，第 289 页。

　　⑥ 正因为子产无著述，他在政治思想史的影响远不及和他齐名的管仲，如萧公权在《中国政治思想史》为管子撰写专章，而未据《左传》等文献勾勒子产的政治思想。

的零星评价,因为朱熹的《四书章句集注》是朝鲜王朝时期的经典教科书。其次,记载子产行迹最详的《左传》便是朝鲜君臣认识子产最为重要的途径了。《左传》是经还是史,是不是传《春秋》,自汉代今古文之争以降,一直是悬而难决的问题,再加上朱熹于五经中最少论及《春秋》,对今古文无所偏好,影响及于朝鲜王朝,《左传》并没有获得经书的地位,大体视其为史书,重视其文章,即便是《春秋》经,在朝鲜经学中亦是较为薄弱的。不过,在朝鲜王朝,相较一般的诸子、文集,《左传》的地位还是更高一些,这在其针对国王教育的讲筵(亦称书筵)中投入很多时间讲解《左传》便可得到证明。自从宋代确立了讲筵制度,元、明、清王朝及日本、朝鲜皆受其影响。尤其是朝鲜王朝,讲筵的贯彻较中国更为制度化和日常化,而且大体形成了经筵和召对两种形式。经筵讲解儒家经书,原则上每天都要进行(事实上难以做到,故停经筵之日居多),且据时间分为朝讲、昼讲、夕讲三种(一天之中很少有三种形式皆备者,一般只进行一种或两种);召对则讲解经书的传记以及古今史书、性理学著作及朝鲜学者经史著述等,是临时性的,参与人员与经筵同,在停经筵之时往往作为经筵的补充形式存在。① 朝鲜学者不以《左传》为经书,召对便成为君臣讲习讨论《左传》的重要形式。朝鲜君臣尤其是朝鲜国王对子产的认识,不少便来源于景福宫中的《左传》召对。

在朝鲜王朝《左传》召对以及子产接受的历史中,英祖国王李昑颇值得注意,因为他曾多次自比子产。他的子产之喻来自《孟子》,《左传》召对却赋予了他对子产更为全面的理解。英祖是朝鲜王朝历史上在位时间最长的君主(1724—1776 年在位,时当清雍正二年至乾隆四十一年),执政时期实行荡平策,不分党派录用人才,消除了朋党之积弊,但也削弱了两班阶层的政治力量。权力的集中使英祖疏离了士林,对大臣产生了强烈的信任危机,《孟子》中校人欺子产的故事,便成为他念念不忘的说辞。英祖十年(1734),《左传》召对在朝鲜王宫举行,持续了大约三个月,其中侍讲官对子产的讲解讨论,丰富了英祖对子产的认知,可借以探索英祖时期的学术风尚以及讲筵对英祖朝政治的启示。

## 一、从英祖的子产之喻谈起

在讲筵读《左传》之前,英祖对子产的认识主要来自《孟子》。《孟子·万章上》在讲述象欲杀舜的故事时,生动地记载了校人欺子产的寓言:

> 昔者有馈生鱼于郑子产,子产使校人畜之池。校人烹之,反命曰:"始舍之圉圉焉,少则洋洋焉,攸然而逝。"子产曰:"得其所哉! 得其所哉!"校人出,曰:"孰谓子产智? 予既烹而食之,曰:得其所哉,得其所哉。"故君子可欺以其方,难罔以非其道。②

末句意谓,对待君子可以用合乎情理的方式欺骗他,而很难用违反情理的诡诈欺罔他。朱熹注曰:"欺以其方,谓诳之以理之所有;罔以非其道,谓昧之以理之所无。"③作为国君,英祖处于国家权力的巅峰,但在其与两班士人的对峙之中,他时有被欺骗的忧虑,

① 今人往往将召对混同于经筵,如杨艳秋《〈皇明通纪辑要〉与朝鲜王朝的经筵进讲》(《南开学报》2016 年第 5 期),所论为召对而非经筵,实际上朝鲜王朝时期二者有明确的区分。
② 《孟子集注》卷九,(宋)朱熹《四书章句集注》,中华书局 1983 年版,第 304 页。
③ 《孟子集注》卷九,(宋)朱熹《四书章句集注》,中华书局 1983 年版,第 304 页。

尤其是在熟稔"方""道"的儒臣面前。

在《承政院日记》中，我们可以看到，朝议之时，英祖在大臣面前常常言及校人欺子产的故事，而且多次将自己及其近臣比作子产。这里，我们仅以经筵和召对为例，说明英祖如何将这一故事与当时的现实政治建立起联系。

先看一个英祖自比子产的例子。英祖十三年（1737）十月十八日昼讲，读胡安国《春秋传》，谈到春秋时"威命不专在于上"；经筵暂歇，英祖召当日上疏弹劾右议政的持平权缲入侍，称其弹劾右相乃出于挟憾构陷，曰：

> 予之所量者，殆近校人之欺子产，可欺以其方也。此事不先不后而发，昨日右相先溃腹心之说，果验于汝矣。①

英祖实行的荡平策旨在加强集权，消弭两班党论之习，《春秋》时天子威命不能行的局面，自然是他所警惕的。由此，这一政策便将其置于与儒臣敌对的形势之中，在他眼中，士人成了"可欺以其方"的校人。权缲之疏曰：

> 惟我殿下，深知党论之终必亡国，十年一心，调娱绳［弥］纶，期使一世之人，偕之大同之域，此诚消融党习、回斡世道之一大关。而行之十年，朝著日益泮涣、世道日益颓败者，独何故焉？唯殿下之所信任而自许，以主是论之大臣，为人猜忮，奇谲不正，其所藉手而事殿下者"荡平"二字，而观其操术，专是倾轧专擅。盖小人之情，一日无官则不能耐，一日无权则不能耐，一有地望，稍居己前者，必挤陷而夺其位而后已。②

荡平策在现实政治层面，带来的是儒臣之间为争夺权力的"倾轧专擅"。过度的集权政治导致虚伪欺诈横行，权缲上疏所言，即英祖忧虑被欺的原因，而这正是其实施的政策造成的。在朝鲜王朝的政治文化传统中，国王是儒家士大夫价值观念的最高体现者，王统与道统不可背离。英祖以子产被欺自比，显然是君主疏离士人的结果。经筵、召对中王统与道统的紧张，说明性理之学遭遇了现实政治的冲击。

再看一个英祖将吏曹判书比作子产之例，所论亦涉及荡平朋党问题。吏判职在铨选黜陟，英祖希望他能坚守公心，摒弃党私，不要像子产一样见欺于人。英祖二十年（1744）十一月七日《周礼》经筵昼讲，英祖与吏判李周镇有一段关于公私问题的对话：

> 上曰："周之冢宰与我朝虽异，《周礼》开讲之日，冢宰适入，以'公'字达之，予亦以'公'字勉之，上下交勉好矣。"周镇曰："天官冢宰之任，特异于臣，昼夜悚惕。今日登筵进讲此文，尤有感发之心，而圣上又以'公'字勉之，实多惶感。设官分职，即奉天位之意，而人心不古，世道日卑，'私'字圣人犹难克祛，今人岂无私意？然近来私胜公，立贤无方。惟才是用，即铨官之任，而自然左右牵制，或多不如意之事。铨任黜陟之权，亦国之权也。今日质誓于君父之前，决不牵动于党私，或未知将来何如？而质誓于君父，而出则不可欺国，其可欺心乎？"上曰："项日左相入侍时，已有谕矣。大概敏捷则不足，而质实则有余，凡人不透彻，则易见欺矣。"周镇曰："臣果钝滞，不欲见欺于人，而安知其不见欺乎？"上

---

① 《承政院日记》英祖十三年十月十八日，韩国国史编纂委员会 1974 年版，第 47 册。
② 《承政院日记》英祖十三年十月十八日，韩国国史编纂委员会 1974 年版，第 47 册。

曰:"子产见欺于渔者,质实之人易见欺,非谓卿欺予,虑卿之见欺于人也。"①

吏判通过铨官来执行英祖的荡平策,英祖以"公"字相勉,吏判便以"决不牵动于党私"质誓。次日,仍然是在《周礼》经筵之上,英祖又说:"今吏判曾以渐渐亡党为达,而昨日又质誓于予前。予以坚守工夫亦劝之,又以子产鱼者事喻之,或虑牵制于人而见欺也。"②英祖意在灭私而存公,即便已"渐渐亡党",仍不免"私胜公",否则怎会有"子产见欺"之虑呢?

还有一个英祖将东宫比作子产的例子。思悼世子被英祖饿死于米柜的次年,即英祖三十九年(1763),六月九日经筵昼讲《孟子》,新立的东宫讲"孝子之志莫大于尊亲"章,讲毕,英祖与东宫有一段对话:

上谓东宫曰:"汝所论如水渐渍者何也? 小人果如水乎?"对曰:"谗间之说,次次为之,至于必听而后已,此乃如水之渐渍矣。"上曰:"近似云者何也? 而以古人言之,则谁为见欺于近似之言乎?"对曰:"于《孟子》有之,郑子产见欺于围人者,以其言之近似矣。"上曰:"予之问者,正此语矣。所谓既逐贤人,则何以更得贤人云者何也?"对曰:"小人既逐贤人,则万无更用贤人之理矣。"上曰:"好矣。小人何以知之乎? 好言谀之者则犹可易知,而外似直言内怀巧谗者何以知之? 画虎难画骨,人心岂可易知乎?"对曰:"若欲知之,惟在自明矣。"上曰:"如鉴照物,在自明而已。"③

儒家性理学的君子小人论,是朝鲜经筵常常论及的话题。英祖以之告诫东宫,意在使其明辨君子和小人,以免被"外似直言内怀巧谗者"欺骗,因为子产正是为"近似之言"所欺的。显然,这是英祖在荡平策实施过程中积累的经验。

在朝鲜人熟知的古典故事中,有关欺骗者应当不少,英祖之所以重视校人欺子产故事,一是因为校人懂得"欺以其方",二是因为子产的"智"以及执政的严猛。所以,在擅长"欺以其方"的儒臣面前,英祖一方面从不放松警惕,另一方面对自己抵御欺骗的能力又足够自信。他以子产故事自警,并以其诫勉东宫及其亲信大臣。英祖不惧被欺,认为自己有鉴物之明,试观其以下诸语:

此等处,虽有可欺以其方者,亦不害于见欺,故又引子产事谕之矣。大抵人主公听并观之道,苟有为父鸣冤者,则辨察其父之冤枉与否:果是冤也,则因其子之言,而赦之无妨也;若是当死者,则虽奖其子之孝,而亦不可屈法也。④

予意亦如右相、儒臣之意,而领、左相之言亦有所见矣。皋陶曰可杀,帝曰可宥,王者所重,在于审慎,而虽以郑子产事言之,见欺于围人,庸何伤乎?⑤

(洪)启禧曰:"臣俄以镜喻仰达,而镜则只照前面,不照后面,若心则前后皆可照,此等处比喻之语,不能一一皆合矣。然子产之见欺于校人,亦如镜之不能照后也。"上曰:

① 《承政院日记》英祖二十年十一月七日,韩国国史编纂委员会 1974 年版,第 53 册。
② 《承政院日记》英祖二十年十一月八日,韩国国史编纂委员会 1974 年版,第 53 册。
③ 《承政院日记》英祖三十九年六月九日,韩国国史编纂委员会 1974 年版,第 68 册。
④ 《承政院日记》英祖十一年十二月十三日《通鉴纲目》召对,韩国国史编纂委员会 1974 年版,第 45 册。
⑤ 《承政院日记》英祖十八年六月十七日《资治通鉴》召对,韩国国史编纂委员会 1974 年版,第 51 册。

"此则不然。校人非不来照于镜前，而诈作此状，故镜之所照如此，此不可谓镜不能照后也。"①

最后一节的君臣对话中，大臣讲解《夙兴夜寐箴》"事应既已，我则如故"八字，以镜喻心，言子产被欺，犹如镜之不能照后；英祖则指出问题不在子产而在于校人之"诈作此状"，以己之明鉴识人之诈伪，他似乎相信自己具有超越子产的政治智慧。

## 二、英祖十年《左传》召对与朝鲜《春秋》经传论

对于子产事迹，《左传》的记载无疑是最为翔实的。在《孟子》校人欺子产寓言之外，英祖对子产更为全面的了解，自然是通过《左传》。由于《左传》在朝鲜不被视为经书，且未经朱子裁断，其影响是受到限制的。在探讨《左传》中子产故事对英祖时期学术和政治的影响之前，有必要考察一下当时朝鲜对《左传》的大概认识。

英祖十年（1734）六月至九月间，朝鲜王宫断续进行了三个月左右的《左传》讲筵。具体的时间安排根据政务随时更定，而篇目起讫则是预先大致划定的，讲解之前已有所谓"御览册"之类标明每次讲解内容的起讫。② 讲筵所用书册则是边印边讲，以致有"不足于进讲"之患③，可见朝鲜王宫所藏《左传》似乎颇为稀缺。本年的讲筵书目，经筵有《礼记》《诗经》等，召对有《近思录》《李忠定公奏议》《左传》等，《左传》召对与《诗经》经筵交替进行，召对与经筵一般不在同日。据《承政院日记》所载，当年的《左传》召对在熙政堂进行，其日程如下：

1. 六月九日辰时④，讲读《左传》序文至隐公四年。
2. 六月九日二更，讲读隐公五年至十一年。
3. 六月十六日酉时，讲读桓公元年至十八年。
4. 六月十八日酉时，讲读庄公元年至二十四年。
5. 六月十九日卯时，讲读庄公二十五年至闵公二年。
6. 六月二十一日酉时，讲读僖公元年至十年。
7. 六月二十二日巳时，讲读僖公十一年至二十六年。
8. 六月二十四日辰时，讲读僖公二十七年至三十三年。
9. 六月二十五日巳时，讲读文公元年至十年。
10. 六月二十六日辰时，讲读文公十一年至十八年。
11. 六月二十六日初更，讲读宣公元年至十一年。

---

① 《承政院日记》英祖二十四年九月十九日《夙兴夜寐箴》召对，韩国国史编纂委员会1974年版，第56册。

② 《承政院日记》英祖十年七月二十一日载："尚星读'晋侯济自泮'。上曰：'此与御览册自止有异矣。'""自止"即起讫。韩国奎章阁藏有高宗时期朝鲜侍讲院编《列圣朝继讲册子次第》写本，当即据此类"御览册"编成。韩国国史编纂委员会1974年版，第43册。

③ 《承政院日记》英祖十年四月十六日载参赞官李宗城曰："即为分付芸阁印出，而一二卷为先印出，次次印之，则可以连续进讲矣。"六月二十六日载侍讲官金尚星曰："《左传》印出尚未讫工，当此逐日进讲之时，恐有未及之患矣。"李宗城曰："户判之当初不当印云者，意以玉堂优有讲册之致，若知册件之不足于进讲，则初不必防塞矣。"韩国国史编纂委员会1974年版，第43册。

④ 此处所记时辰为召对开始时间，下同。有时讲筵会持续很久，譬如六月二十六日，自初更直至深夜四更始讫。

12. 七月一日辰时,讲读宣公十二年至十八年。

13. 七月三日申时,讲读成公元年至十年。

14. 七月四日巳时,讲读成公十一年至十六年。

15. 七月六日巳时,讲读成公十七年至襄公三年。

16. 七月九日申时,讲读襄公四年至九年。

17. 七月十二日巳时,讲读襄公十年至十三年。

18. 七月十三日巳时,讲读襄公十四年至十八年。

19. 七月十五日辰时,讲读襄公十九年至二十二年。

20. 七月十七日巳时,讲读襄公二十三年至二十五年。

21. 七月二十一日辰时,讲读襄公二十六年。

22. 七月二十二日午时,讲读襄公二十七年至二十八年。

23. 七月二十四日辰时,讲读襄公二十九年至同年"必思自免于难"。

24. 七月二十七日辰时,讲读襄公二十九年"秋九月"至襄公三十一年。

25. 七月二十八日巳时,讲读昭公元年至三年。

26. 八月四日未时,讲读昭公四年至七年。

27. 八月十六日申时,讲读昭公八年至十二年。

28. 八月二十一日酉时,讲读昭公十三年至十四年。

29. 八月二十二日申时,讲读昭公十五年至十七年。

30. 八月二十三日巳时,讲读昭公十八年至二十二年。

31. 九月二日申时,讲读昭公二十三年至二十六年。

32. 九月三日未时,讲读昭公二十七年至三十二年。

33. 九月四日申时,讲读定公元年至十五年。

34. 九月五日初更五点,讲读哀公(十五卷第一板至三十三板,具体篇目起讫不详)。

35. 九月七日,讲读哀公(三十三板至五十一板,下篇第一板至三十八板,第三十九板至四十二板以《四传春秋》代之),至此日《左传》毕讲。

与《诗经》经筵相比,《左传》的讲解时间短,节奏快,每次讲筵官虽能轮番读完经传原文,讲解时却只能选择部分段落来引申发挥,如当时儒臣所言曰:"虽召对之时,所讲若多,则不得领会,不如简其张数,而反复论难之为得矣。"①大体而言,较为重视道德说教性强的辞令,子产故事大多以辞令方式表现,因此,《左传》讲解的段落虽然不多,但关于子产的讨论还是颇为丰富的。

从经传关系来看,古文家认为《左传》为《春秋》之传,今文家则认为《左传》不传《春秋》。朝鲜《春秋》学很少涉及今古文问题,对《左传》的认识依违于今古文家之间,一方面认为《左传》是史书;一方面因为传本《左传》皆附《春秋》经文而行,亦有学者承认《左传》解《春秋》,认为其胜于《公羊》《穀梁》二传。所以,对此书讲筵以何种形式举行,最初是有所争论的。《承政院日记》载:

① 《承政院日记》英祖十年六月十一日,韩国国史编纂委员会1974年版,第43册。

上曰："《左传》几卷，而经筵所讲则乃《春秋》耶？"在鲁曰："他日当讲《春秋》，先讲《左传》宜矣。《公羊》《穀梁》，犹不如《左氏》矣。"①

知经筵金在鲁（时任吏曹判书）精于《左传》，他认为《左传》当在经筵中讲之，且应安排在《春秋》经之前。特进官李廷济则持不同意见，认为当以进讲《春秋》为急务，召对亦不必以《左传》为定：

廷济曰："召对册子必以《左传》为定者，臣意则不知其可矣。"上曰："无他可为故也。"廷济曰："《春秋》进讲，有胜于《左传》，小臣有中心藏之之意，故敢达。"②

在多数朝臣认为《左传》只能以召对进讲之后，侍读官金若鲁坚持认为《左传》当在经筵中讲解，因为《左传》传文与《春秋》经文同在一书，若召对讲解则置《春秋》经于何地？金若鲁说"《春秋》直经书，故召对时有不宜侠行经传之议"③，欲借《春秋》经以抬高《左传》的地位。最终，确定在召对中进讲《左传》，以《左传》为史一派取得了胜利。

出于对《左传》经史性质的矛盾认识，在《左传》召对期间，朝鲜君臣对《春秋》《左传》之特征及其优劣颇有讨论。朝鲜王朝的《春秋》学，大抵继承元、明立为官学的宋代《春秋》学传统，尊经贬传，融合经学与义理，以尊王为主旨，推重《春秋》微言大义，表现出明确的经世倾向。胡安国《春秋传》突出体现了这些特征，在明代影响逐渐胜过三传，乃至有弃经不读而代以胡《传》之势。朝鲜亦同此风，经筵讲胡安国《春秋传》。《左传》的地位不及胡《传》，便被降格在召对中进讲了。虽然《左传》被视为史书，但它毕竟有经书的特征，朝鲜君臣论《左传》，仍以《春秋》笔法为尚，对其史学价值不甚重之，认为正因其史学叙事之长才彰显了《春秋》的笔削褒贬之功。试观以下君臣之论：

（金）若鲁曰："逐经叙事，而或有无于经而有于传者矣。"（李）宗城曰："《公羊传》无异训诂矣。"上曰："传，但书事实，无统领矣。"宗城曰："未经朱子勘正矣。"上曰："胡《传》，朱子以为如何？"宗城曰："或以为是，或以为非矣。"若鲁曰："以其义理不足，利害甚明，为不足处矣。……"④

朝鲜经筵虽讲胡安国《春秋传》，其评价却仍以朱子为标准。朱熹对胡《传》的评价有抑有扬，云"胡氏《春秋传》有牵强处，然议论有开合精神"⑤，李宗城所谓"或以为是，或以为非"正指此。金若鲁言胡《传》"义理不足，利害甚明"，当指其特重攘夷而专以复仇为义，不及朱子义理之平允通达。朝鲜以朱子为标准批评胡《传》，并不是简单的扬朱而抑胡，只是因为朱子没有《春秋》注，才退而求其次尊胡《传》为经，故而不免以朱责胡。整体而言，胡《传》的经书地位在朝鲜王朝是未曾改变的。英祖时期继承仁祖以降的尊周思明政策，将其父王肃宗建立的崇祀明神宗的大报坛扩建为崇祀明朝三帝（明太祖、明神宗、

---

① 《承政院日记》英祖十年三月十四日，韩国国史编纂委员会 1974 年版，第 43 册。
② 《承政院日记》英祖十年五月十五日，韩国国史编纂委员会 1974 年版，第 43 册。
③ 《承政院日记》英祖十年六月二日，韩国国史编纂委员会 1974 年版，第 43 册。
④ 《承政院日记》英祖十年六月九日，韩国国史编纂委员会 1974 年版，第 43 册。
⑤ 《四库全书总目》卷二七经部春秋类胡安国《春秋传》提要引《朱子语录》语，中华书局 1965 年版，第 219 页。

崇祯帝),对清朝虽然在政治上臣服,但在文化上却持贬斥态度,视为夷狄。[①] 因此,英祖时期受清朝学风的影响是颇为有限的。与朝鲜不同,清朝的官学和私学都表现出明确的抑胡扬朱的倾向。由于胡《传》主张"攘夷"的缘故,清朝对此书颇为忌讳。康熙时期,官学有《钦定春秋传说汇纂》《日讲春秋解义》,私著有何其伟《春秋胡诤》、张自吾《春秋宗朱辨》,皆以朱熹之说为准的,对胡《传》大张挞伐;不宗朱而喜好指摘他人的毛奇龄,亦有《春秋传》专攻胡安国。同时,顾炎武提倡的求实征验的汉学学风在康熙时期亦开始发展,对《左传》的礼制、历史、地理、历法研究逐渐兴起。比较而言,英祖时期继承的仍是朝鲜前期宗奉程、朱的学风,虽偶有重视《左传》礼制者[②],但主流仍是以性理学的视角来阅读《左传》。

此外,朝鲜学者评价《左传》,常常推衍韩愈"《左氏》浮夸"之说,虽亦称其重视事实的史学成就,但多从文章可观的角度论之,对梦兆卜筮之类记载多致讥辞。所谓《左氏》浮夸,在朝鲜君臣看来,大致有二义:一是"以梦兆卜筮为先"[③],一是"文章则奇"[④]。史书而以文章见长,记实之书而有诞妄之弊,犹如老子所谓"美言不信"者,可知《左传》虽被视为史书,其史学价值并未得到朝鲜君臣的充分肯定。从文章的角度来看,《左传》长于叙事,同时亦擅长记言,载录了诸多行人应答和大夫辞令。唐刘知几推重其书,称"盖《左氏》为书,叙事之最"[⑤],是以叙事之长称许其书,今日谈文学史者亦以叙事作为《左传》最重要的文学成就;而朝鲜讲筵学者所言《左传》文章、文法之美,则多指记言而言,经筵讲官所谓"文章辞令多有可观处"[⑥]正可见之。

### 三、朝鲜君臣论子产及其性理学倾向

子产长于内政外交,其行事在《左传》中多以辞令形式表现。朝鲜讲筵既然重视《左传》之记言文字,其中对子产辞令的记载,便必然引起其注意,成为君臣讨论的对象。讲筵围绕君王而展开,侍讲官希望英祖从子产故事中获得什么呢? 如上文所论,朝鲜宗奉《春秋》宋学,读《左传》多受性理学影响,且特重经世致用,和同时代清朝的《左传》学风异趣。朝鲜讲筵中子产故事的接受,正是从性理学和经世两个角度发挥《左传》大义,彰显出学术与政治的密切关系。这两方面一则强调君王的个人道德,一则强调君王的治国方略。可见,内以成圣、外而成王的德化政治,是讲筵大臣对国君的最大期待。

朝鲜讲筵论子产的性理学倾向,大体可从三方面论之。其一,为学为政,强调"日夜思之,朝夕行之",推重"非知之难,将在行之"的力行之功。《左传·襄公二十五年》载:"子大叔问政于子产。子产曰:'政如农功,日夜思之,思其始而成其终,朝夕而行之。行

① 参见孙卫国《大明旗号与小中华意识——朝鲜王朝尊周思明问题研究,1637—1800》第二章"尊周思明与大报坛崇祀",商务印书馆 2007 年版,第 99 页。

② 如本年《左传》召对,侍读官南泰良曰:"《左传》异于他史,善恶鉴戒之外,周公典礼犹有可考者。其发凡而言例者,皆旧典礼经,而其曰礼也非礼也云者,皆依据周礼。且一时贤臣之说,直与《诗》《礼》相表里,皆可为稽古制事之本。"《承政院日记》英祖十年六月二十一日,韩国国史编纂委员会 1974 年版,第 43 册。

③ 《承政院日记》英祖十年六月九日,韩国国史编纂委员会 1974 年版,第 43 册。

④ 《承政院日记》英祖十年七月三日,韩国国史编纂委员会 1974 年版,第 43 册。

⑤ (唐)刘知几《史通·摸拟》,(清)浦起龙《史通通释》卷八,上海古籍出版社 2009 年版,第 206 页。

⑥ 《承政院日记》英祖十年八月四日,韩国国史编纂委员会 1974 年版,第 43 册。

无越思，如农之有畔，其过鲜矣。'"①《左传》召对读此，英祖与侍讲大臣有论曰：

> 　上曰："此下子产所谓'政如农功，其过鲜者'，好矣。"（金）尚星曰："'思其始而成其功〔终〕'云者，实为要道。'日夜而思之，朝夕而行之'，则此为悠久不息之诚也。不但治道为然，凡系操存之工，亦当如此。始终条理，可谓并举而不紊，此等之语，正宜反复体认也。"上曰："'先知后行，行无越思'云者，可见其力行不息之义，儒臣勉戒之言尽好矣，可不各别体念焉？"（郑）必宁曰："子产此言，非但有益于治道，凡学问之功亦然。思其始而后可以成其终，无处而不宜也。"（吴）瑗曰："知止止之，可与几也。知终终之，可与存义也。凡事必有不息之功，然后可以善始善终，此宜加意处也。"上曰："'日夜思之，朝夕行之'之文义最好矣。"瑗曰："自强不息，孜孜勤勉，此实为政为学之要，为人君者，所当着念处也。"②

　　宋代性理学重视对道体的体认，强调学问与治道合一，朝鲜君臣所言"反复体认""各别体念""力行""知止""存义"云云，正是性理学家提倡的修养工夫。《左传·昭公十年》载子产谏子皮以币吊晋平公丧，子皮不从，归自晋国，对子羽说："非知之实难，将在行之。夫子知之矣，我则不足。《书》曰'欲败度，纵败礼'，我之谓矣。夫子知度与礼矣。我实纵欲而不能自克也。"③《左传》召对读此节，所重者不在"度与礼"，而仍在"知"与"行"，侍读金若鲁曰"非知之实难，将在行之，子产之料事善矣。古今皆然，而行之实难矣"④，对"行"的重视一以贯之，这显然不是古文家的作风。

　　其二，推重"泛爱众而亲仁"的王道政治，主张治国当以"导德齐礼"为上，对子产行霸道表示不满，尤其强调君王的体行工夫。七月二十七日《左传》召对，讲"子产不毁乡校"故事，参赞官李德寿曰：

> 　圣人之泛爱众而亲仁之言，有可以譬谕于读书之处。今此《左传》列国之事，汗漫多可考处，此如泛爱之类，而其中最好处，不可不各别玩味，此则所谓亲仁之类也。如"毁乡校"一章，所宜不如他章之泛泛看过，而最可详览处也。且经书、《史记》之看读，犹医书中拈出方药而进服，若但讲说好处，而不思所以体行，则有书自书我自我之病，此所谓见医而已，而不服当药之类也。如子产之好处，所当玩味而见之其言，有以自熟于己，然后方可谓之读书之效矣。非但此《左传》为然，于圣经贤传，深味其旨意，必思所以服膺体验焉，则其为裨益之道不既大矣乎？⑤

　　然明以论执政之故，请毁乡校，子产则犹恐人不议己，可见其为国公平无私之心。子产所为固然合乎孔子所谓"泛爱众而亲仁"的政治理想，但若以性理学家推崇的孟子王道政治论之，则仍有所不足。其近于法家的一面不为朝鲜君臣认可，因为他们秉持的是孟子的政治标准。七月二十八《左传》召对，读子产使徐吾范妹择夫事，朝鲜君臣论曰：

---

①　杨伯峻《春秋左传注》，中华书局 1990 年版，第 1108 页。
②　《承政院日记》英祖十年七月二十一日，韩国国史编纂委员会 1974 年版，第 43 册。
③　杨伯峻《春秋左传注》，中华书局 1990 年版，第 1319 页。
④　《承政院日记》英祖十年八月十六日，韩国国史编纂委员会 1974 年版，第 43 册。
⑤　《承政院日记》英祖十年七月二十七日，韩国国史编纂委员会 1974 年版，第 43 册。

上曰:"子产既曰'惟所欲与',则此非子产使之欤?盖其所为,无非伯道矣。"(全)若鲁曰:"孟子尝非子产之事,盖过于惠,而多有苟且之举矣。"(吴)瑗曰:"法令若严重,则宁有子晳之事哉?初不能治其罪,而及其稔恶,乃缢而杀之,其政亦何免于颠倒乎?"①

昭公六年(前536)子产铸刑书,晋叔向诒书非之,朝鲜君臣读此,多以叔向之论为正:

(吴)瑗曰:"二十五板,郑人铸刑书章。大抵治国之道,太上导德齐礼,其下则导政齐刑。今子产专任于刑,则尤其下者也。叔向之论正矣,诲以忠,耸以行,及务、和、敬、强、刚,言不过七条,而治国大要尽在其中,此等处正宜留意玩绎矣。"……瑗曰:"下三条,专是庄敬断制之意,君人之道,此意思尤不可少,故以此三条为终矣。盖苟能此道,虽不任刑,而民自知畏矣。国将亡必多制云者,尤是不易之论也。然子产之意,亦非以叔向之言为非,盖出于不得已,亦孔明尚严之意也。"②

《论语·为政》:"子曰:'道之以政,齐之以刑,民免而无耻;道之以德,齐之以礼,有耻且格。'"朱熹《集注》:"政刑能使民远罪而已,德礼之效,则有以使民日迁善而不知。"③《左传·昭公六年》载叔向书曰"诲之以忠,耸之以行,教之以务,使之以和,临之以敬,莅之以强,断之以刚"④,侍读官吴瑗云"下三条,专是庄敬断制之意","庄敬""断制"也是理学家常说的话。

其三,在天人感应问题上,朝鲜君臣认同子产鬼与人皆当有所依归之说,论天道主张天人相感,天灾时虽不废祭祀祈祷,但更重人事之修德诚敬,与理学家之鬼神论相近。子产言"天道远人道迩"颇有人胜天之意,朝鲜英祖不以为然,但儒臣则多是之。譬如:

(李)德寿曰:"三十九板,子产之言,可谓深得鬼神之情状矣。凡鬼神,有所依则安静,无所依则必作变怪。后来邵康节之论鬼神,其说与程、朱稍有异同,而其曰'人谓鬼无知者吾不信'云者,颇近于子产之言矣。大抵王者为神人之主,故不但安其民而已,亦当安其神也。鬼与人皆有所依归,然后无灾孽,而时和岁丰。今殿下即神人之主,故敢以是仰达矣。"⑤

昭公七年(前535),子产聘于晋,晋平公梦黄熊入寝门而生疾,子产对曰:"昔尧殛鲧于羽山,其神化为黄熊,以入于羽渊,实为夏郊,三代祀之。晋为盟主,其或者未之祀也乎!"⑥所谓"子产之言,可谓深得鬼神之情状"正指此,他认为通过祭祀可以抚慰天地、山川、祖先的鬼灵。邵雍论鬼神有曰"人谓鬼无形而无知者,吾不信也",同时又说"天降之灾,禳之奚益,修德积善,君子常分"⑦,既重天又重人,朝鲜君臣持论近之。又如:

(李)德寿曰:"裨灶,精于术数者也,知郑之将有火灾,而求用瓘斝玉瓒以禳其灾。以

①　《承政院日记》英祖十年七月二十八日,韩国国史编纂委员会1974年版,第43册。
②　《承政院日记》英祖十年八月四日,韩国国史编纂委员会1974年版,第43册。
③　《论语集注》卷一,(宋)朱熹《四书章句集注》,中华书局1983年版,第54页。
④　杨伯峻《春秋左传注》,中华书局1990年版,第1274页。
⑤　《承政院日记》英祖十年八月四日,韩国国史编纂委员会1974年版,第43册。
⑥　杨伯峻《春秋左传注》,中华书局1990年版,第1290页。
⑦　(宋)邵雍《渔樵问对》,《伊川击壤集·伊川击壤集外诗文》,《邵雍全集》第四册,上海古籍出版社2016年版,第466、461页。

常情言之，则宜无不信，而子产不与，其贤于常人远矣。盖以为天灾流行者，非禳所弭，乌用是术数为哉？吾且为吾之所当为者而已。及郑之火，裨灶之言验矣。而益修政令，不为其所挠夺，不贤而能如是乎？此后世之所当法也。"①

（金）若鲁曰："十八年传，郑之将火，里析告子产迁国，而子产不许。此与不许圭瓒于裨灶意同，盖自天流行之灾，非祈禳所能弭也。天道远，人道迩，岂能相及哉？祈禳末也，人事本也，修之在我而已。子产不许祈祷迁国等说，而凡所以救灾者，自有条理，此可为后世法矣。"……（李）德寿曰："传二十一年日食事，梓慎谓二至二分日食不为灾，在他月则其灾水，盖阳不胜阴，而阴盛则为水故也。然而前日梓慎见日食，谓有水灾，昭子曰'旱阳受蔽而大发则旱矣'。明年昭子之言验，知此则天道之变，亦可揣测矣。大率在上者，修德以弭之而已。人事既尽，则有胜天之理，而天灾自然消弭，如子产之火不为灾是也。此人上之所当深念也。"上曰："人能胜天，古有其说，然言相感可也，言相胜则过矣。"②

子产以为人道可胜于天道，对术数家言不以为然，朝鲜儒臣是之而英祖非之，君臣的看法颇有分歧。本年朝鲜旱灾，英祖躬亲祈雨，欲以至诚孚感于上天，正表明其天道观。不过，整体来看，朝鲜君臣相信"天灾流行者，非禳所弭"，其鬼神观念以阴阳相感为限，不偏倚一方，表现出性理学的倾向。

## 四、子产故事对英祖经世的启示

自宋代确立的讲筵制度，与性理学原本即有密切的关系；其启沃君心的政治意图，亦使其一开始便具有强烈的经世致用倾向。在《左传》召对对子产故事的讲解中，朝鲜儒臣在选贤任能方面发挥最多，在事大之礼方面亦有讨论。士大夫欲以学术影响政治，在日常朝议难得的开诚布公氛围之下，古典教育彰显出明确的现实关切。

首先，国王作为一国之君，无须为具体的行政职事所役，选贤用人便成为最重要之务。英祖实施荡平政策，人事上的安排更是重中之重。在讲解子产故事时，无论其是否与用人之道有关，侍讲官往往从这一角度加以发挥。

如郑国大夫然明（鬷氏，名蔑，字然明）曾预言晋大夫程郑之死，襄公二十五年（前548）程郑卒，"子产始知然明，问为政焉"③，侍讲官以子产识然明故事，阐述"不仁者诛""无误贤邪"之意：

（金）尚星曰："三十一板，然明之言最好矣。当初程郑问其降级之义，而子挥不能对，然明以'贵而知惧，惧而思降，程郑其将不久'云矣。及今然明之果验，则子产所谓'曾见蔑之面，而今见蔑之心'云者，盖出于深服先见之意，而然明以'视民如子'等语答其为政之问，此可谓得其要矣。《康诰》曰'如保赤子'，此言王者之爱民，当如父母之爱子，而其顾复鞠育之道靡所不至。然不能祛其害民者，则实惠不能下究，故又以'不仁者诛'为言。殿下于视民如子，虽或未尽'若保'之义，平日圣心之爱恤恻伤，固不必更勉，而至于振厉奋迅，严惩害民之类，则诚亦有愧于如鹰逐雀之言。《书》云'威克厥爱允济'，此等处正好

---

① 《承政院日记》英祖十年八月二十二日，韩国国史编纂委员会1974年版，第43册。
② 《承政院日记》英祖十年八月二十三日，韩国国史编纂委员会1974年版，第43册。
③ 杨伯峻《春秋左传注》，中华书局1990年版，第1108页。

加勉矣。"（郑）必宁曰："子产见然明之貌寝，故不知其言之必中，而有所轻视矣。及其言之有验，始知然明之为人。人之不以貌取人，此可以见矣。"①

又如《左传·襄公三十年》载郑大夫子皮辞其位于子产，侍讲官借以批评时政，指出荡平策实施之后臣僚"不相和睦"的政治现实，希望朝鲜臣僚能够"推贤让能"而勿"妒贤嫉能"，乃至以用贤责勉于国王：

（李）德寿曰："……郑，列国之小国，而所以介秦、晋之间而不亡者，以子产之功居多，而子皮辞其位于子产之故。当时诸侯之不敢加兵于郑者，专由于其国臣僚之和睦。子产虽贤，子皮若不知贤而让位，则子产何以为政乎？此其推贤让能，共相寅协之致。以此观之，今日臣僚之间，不相和睦，已成痼弊，唯以忌克为事，妒贤嫉能之习，举皆滔滔。若使我国处于春秋列国之间，则其不被邻国之所侵侮而仅仅支持者几希矣。孟子曰'天时不如地利，地利不如人和'，大抵为国之道，人和为上。诚宜有以警饬臣僚，俾思所以共相和协，而后方可以做国事矣。"上曰："所达诚好，可不留意焉？"（金）尚星曰："郑得一子产，而犹能保其国息其民，都承旨俄以不能和睦归咎于臣僚，而臣则专欲责勉于上躬。殿下有尧舜之资质，苟能加意于诚正修齐之工，推之以及于朝廷，则不难致都俞吁咈之美，而济济贤才可以布列于朝矣，岂特一子产而止也哉？"②

《左传·襄公三十一年》载子皮欲使属臣尹何治理封邑，子产以为不可，认为尹何年少而无行政经验，云："今吾子爱人则以政，犹未能操刀而使割也，其伤实多。子之爱人，伤之而已，其谁敢求爱于子？"③侍讲官金尚星以自己为反例，指出朝堂用人当使其"经历事变，谙炼治体"方可：

（金）尚星曰："子皮欲使尹何为邑，子产曰'少未知可否'，此与'子使漆雕开仕，对曰吾斯之未能信'、'子路使子羔为费宰，子曰贼夫人之子'两章文义恰似，即今用人之道亦如是焉。如臣不才，早窃科第，未经事变，而历试内外，实犯子羔之戒，居常愧惧矣。今因文义，尤有所不自安者矣。臣既犯此戒，不暇论及他人。而近来早登科第，以门阀骤进，自三司至于庙堂者，不知其几人。此宜使之经历事变，谙炼治体，而后方可合于庙堂之任矣。"④

《左传·襄公三十年》载子产执政严猛，能虑始虑终，舆人作诵，始怨之，终念之。侍讲官在称许子产为政坚确不移之后，将话题转至君王委任贤人之上，援引前朝世宗任用金宗瑞"委任专一不挠众议"一事，指出英祖"不欲委任臣僚"：

上曰："……子产为政之初，郑人皆怨曰'孰杀子产'，三年而后，民又诵之曰'子产而死，谁其嗣之'。此可见作事谋始，不可不用一切之规，而亦可知子产为政之要矣。"（金）尚星曰："为政之道，所宜虑始而虑终。子产始不避舆人之怨谤，而终能成其治效，此不但子产治法之可观，亦可见其时人君之任之不贰矣。"上曰："舆人皆有欲杀之心，其怨咨可

① 《承政院日记》英祖十年七月二十一日，韩国国史编纂委员会 1974 年版，第 43 册。
② 《承政院日记》英祖十年七月二十七日，韩国国史编纂委员会 1974 年版，第 43 册。
③ 杨伯峻《春秋左传注》，中华书局 1990 年版，第 1192 页。
④ 《承政院日记》英祖十年七月二十七日，韩国国史编纂委员会 1974 年版，第 43 册。

想矣。郑君虽不杀,而必因民怨而去之,而三年从政,治体有成,亦可谓难矣。"(金)若鲁曰:"虽有子产之贤,其君若不委任,则无所施其治法。盖为政之道,专在于委任之如何。金宗瑞开拓六镇,亦由于世宗朝委任专一不挠众议之致。其时毁宗瑞者非不多矣,而一意委畀,终能成功,此宜今日之所取法者也。"上曰:"予意岂不欲委任臣僚,而近来廉隅太胜之故,每因小事为嫌,而辞避纷纭,虽欲委任,而有不可得矣。"①

与此相类,《左传·昭公四年》载子产作丘赋而国人谤之,子产坚持不改政令,朝鲜侍讲官借以批评英祖行政"有始无终,未尝坚定",援引孝宗任用金堉作大同法之事,从"主事者之坚确不变",转论"君上委任责成"之重要:

(吴)瑗曰:"第十板,子产丘赋,意在聚敛,则固非矣,而其言则是矣。盖谋国之道,民不可与虑始而可与乐成,故古人则任谤为国,期于成效,而后人则不然,至我国尤甚。人心素善挠动,不欲任怨作事,今日朝廷,孰有担当国事之人乎?其视'礼义不愆,何恤人言'之道,诚有愧矣。此亦在于圣上知人善任,委畀责成,然后有才有志者可得展布矣。"上曰:"儒臣所达是矣。在古亦有谤书之盈篋,互相诋毁,非特后世之患,而此在君上导之之道矣。然即今则廉隅太胜,一有人言,辄皆引入,期于必递其职而后已,此诚难矣。"(尹)汲曰:"丘赋,是加赋之政,非良法也,国人谤之固也,而亦可见子产不恤人言为深诚矣。凡作事之初,勿论良法与否,必有浮议。以我朝事言之,故相臣金堉,作大同法,三南之人,怨谤朋兴,朝议亦多矛盾,而堉终始不挠,孝庙亦委任笃信,克行其法,至今有赖。大抵成就事功,不但在主事者之坚确不变也,亦在于君上委任责成之如何矣。"上曰:"其言好矣。"瑗曰:"殿下作事,亦不免于令出而惟反,有始无终,未尝坚定,臣下之悠泛作辍于国事,无足怪矣。"上曰:"俄者下教,亦知自己病处,而欲自反故也。"②

在以上二段对话中,英祖皆以"廉隅太胜"形容当时士风,一云"每因小事为嫌,而辞避纷纭",一云"一有人言,辄皆引入,期于必递其职而后已",士林迭相攻讦,儒臣进退无恒,正是荡平策之下政治生态的反映。

其次,朝鲜王朝作为明清的藩邦,虽然对明清政权的政治态度有所变化,但"事大"一直是其保存自身的基本外交策略。③子产作为郑国执政,娴于外交,在郑国处于晋、楚等大国夹缝之中的情势之下,能够折冲樽俎,展现出卓越的外交才能。朝鲜之于清朝,犹如郑国之于晋、楚。讲筵之中,朝鲜君臣论及子产,在"事大"之礼方面多有讨论,正因其对朝鲜和清朝的外交具有借鉴意义。与侍奉中原王朝的"事大"不同,朝鲜和日本等邻国的交往则称为"交邻"。英祖时期尊周思明,不似王朝前期以"慕华"思想为本,而将"事大"与"交邻"等而视之,乃至混而不分,以二词并用来形容朝鲜对清朝的外交观念。

———————————

①　《承政院日记》英祖十年七月二十七日,韩国国史编纂委员会1974年版,第43册。
②　《承政院日记》英祖十年八月四日,韩国国史编纂委员会1974年版,第43册。
③　"事大"一词产生于春秋战国时期。《周礼·夏官·大司马》:"比小事大以和邦国。"《左传·哀公七年》:"小所以事大,信也;大所以保小,仁也。"《孟子·梁惠王下》则申论最详:"齐宣王问曰:'交邻国有道乎?'孟子对曰:'有。惟仁者为能以大事小,是故汤事葛,文王事昆夷。惟智者为能以小事大,故大王事獯鬻,句践事吴。以大事小者,乐天者也;以小事大者,畏天者也。乐天者保天下,畏天者保其国。《诗》云:畏天之威,于时保之。'"朝鲜高宗二十一年(1884),朝鲜开化党发动甲申政变,日本思想家福泽谕吉以"事大主义"描述当时朝鲜当局的外交政策,后来"事大"逐渐用于描述整个朝鲜王朝对待明清的态度。

《左传·昭公元年》载楚公子围聘郑,欲托婚姻以袭郑,子产知其谋,请其在埠听命。朝鲜侍讲官借以阐明"为国之道,唯信为大"的道理:

(全)若鲁曰:"楚公子围聘郑事:婚姻,人之大礼,而列国风习,犹以权谋行之,外托婚姻,而有袭郑之意。故子产先知其谋,请埠听命,而子围亦知有备,垂櫜以入,莫非谲诈之事,无可道者矣。……盖为国之道,唯信为大矣。"……若鲁曰:"交邻之道,亦不可无信,而列国专尚权诈,不知信义,朝盟夕渝,战伐相加。其时以信为言者,只空言而已,不知其践其言而行其实矣。"(吴)瑷曰:"交邻国之道,无过于信。而人君接下之方,使民之道,亦不出于信之一字。无信则上下不相孚感,而祸乱必随而至。然必须诚意充积于中,自燕闲幽独之中,以至发言出令,无一毫不实,然后方可谓有信矣。此等处,伏乞深加省察而体念焉。"①

交邻以信,事大以礼,是朝鲜王朝处理外交关系的基本原则。侍讲官以"交邻"形容郑、楚关系,自然以"信"为重。英祖时期尊周思明思想的发展,刺激了东亚华夷观念的转变。以"交邻"之道论"事大"关系,说明朝鲜对宗主国的"事大"观念逐渐受到了冲击。

《左传·昭公十六年》载晋大夫韩起(韩宣子)聘郑,求玉环于郑商,子产以礼拒之,其言曰:"侨闻为国非不能事大、字小之难,无礼以定其位之患。夫大国之人令于小国,而皆获其求,将何以给? 一共一否,为罪滋大。大国之求,无礼以斥之,何厌之有?"②侍讲官读此,以朝鲜与清朝之关系来比拟郑、晋之关系:

(李)德寿曰:"韩宣子,晋大夫之贤者也,而欲玉环之在郑商者,谒诸郑伯而子产弗与。以我国言之,北人之壑欲,异于宣子之贤,假有玉环在而彼将欲之,谒之于我国,则其有能不许如子产者乎? 子产相区区之郑,而处大国之间,能以礼自强,不受侵侮于强邻,一环再请,抑何难副,而终正韩子之失,坐致玉马之觐,岂不贤哉? 我之于彼则不然。彼使之入我国,十求十与,惴惴焉惟恐逢彼之怒。国有一子产,则必不如是矣,不亦可羞之甚耶? 臣以为交邻事大之礼,国人宜讲求而知之也。"上曰:"彼国之人,虽不比韩宣子可以礼责,然忠信可行于蛮貊也。顾不接之以忠信,而反以智诈相欺,此我国之羞也。"③

所谓"北人"即指清人,"彼使之入我国,十求十与,惴惴焉惟恐逢彼之怒",反映的正是朝鲜在宗主国盘剥之下的窘迫心态。仁祖十五年(1637),清太宗皇太极兵临朝鲜,强迫朝鲜向清廷进贡方物,以备军事之需;此后自顺治至雍正时期,为巩固宗藩关系,逐渐裁减朝鲜岁贡,至雍正六年(英祖四年,1728)最后一次减免,岁贡数量已不到最初的十分之一。④ 但在朝鲜人看来,这是惠而不是恩,何况清朝使臣在出使朝鲜之时,对朝鲜时有非分之求,令朝鲜对"北人之壑欲"应接不暇。侍讲官以"交邻""事大"并言,可见在当时朝鲜人心目中,清朝亦是一邻国。英祖更将清朝与晋国相比,称清为"蛮貊",认为其尚不及晋国知礼,"不比韩宣子可以礼责",只能行之以"忠信"之道。事大以"礼",交邻以

---

① 《承政院日记》英祖十年七月二十八日,韩国国史编纂委员会1974年版,第43册。
② 杨伯峻《春秋左传注》,中华书局1990年版,第1379页。
③ 《承政院日记》英祖十年八月二十二日,韩国国史编纂委员会1974年版,第43册。
④ 参见刘为《清代中朝使者往来研究》第六章"贡品礼物与回赐加赏",黑龙江教育出版社2002年版。

"信"，英祖显然亦是以"交邻"的原则来对待清朝的。若如其所言，"顾不接之以忠信，而反以智诈相欺"，则朝鲜对清朝的态度，连"交邻"之道亦有所不足了。

在《左传》召对中，朝鲜侍讲官充分阐述了子产故事的现实政治意义，对英祖行政颇有启迪。针对英祖实施荡平策造成的非常政治生态，侍讲官在讲述子产为政故事时，往往将话题转至君王委任责成之上，强调选贤用人的重要，希望英祖施政能像子产一样坚确不移。针对英祖尊周思明导致的对清"事大"外交的松弛，侍讲官以"交邻"取代"事大"，以交邻以信取代事大以礼，或将二者等视，混而不分，表现出务实自主的外交观念。

## 五、结语

在以朱子学为宗主的朝鲜王朝，子产故事最初主要通过《孟子》得以传播，英祖多次将自己或近臣比作子产，便源自《孟子》中校人欺子产的故事。英祖为消弭士林朋党，施行荡平策，这使其在与两班士人对峙的过程中，时有被欺之忧。子产故事中，校人的"欺以其方"，子产的"智"及执政的严猛，使英祖一面对儒臣保持警惕，一面坚信自己具有超越子产的政治智慧。

朝鲜的讲筵传统，使英祖有机会通过《左传》来认识子产。对子产事迹的记载，《左传》无疑最为翔实。遗憾的是，由于宋学传统及元、明官学的影响，朝鲜以胡安国《春秋传》为经，对《左传》是否为经书颇有疑义。因此，《左传》未能在经筵中取得一席之地，只能在临时性的召对中讲习讨论。英祖十年，在景福宫熙政堂断续进行了三个月左右的《左传》召对。出于对《左传》经史性质的矛盾认识，朝鲜君臣对《春秋》《左传》之特征及其优劣颇有讨论，大体视《左传》为史书，重视其文章，但它毕竟有经书的特征，故论其叙事之长仍以《春秋》笔法为尚。

在性理学的影响下，朝鲜君臣读《左传》，特重经世致用，和同时代清朝的《左传》学风不同。《左传》召对中子产故事的接受，正是从性理学和经世两个角度发挥《左传》大义，彰显出学术与政治的密切关系。宋代性理学强调学问与治道合一，重视对道体的体认，朝鲜讲筵论子产，其性理学倾向大体表现为三个方面：其一，为学为政，推重力行之功；其二，主张治国当以"导德齐礼"为上，对子产行霸道表示不满，推重"泛爱众而亲仁"的王道政治；其三，论天道主张天人相感，尤重人事之修德诚敬，与理学家之鬼神论相近。讲筵原本以启沃君心为目的，在《左传》召对对子产故事的讲解中，朝鲜儒臣以学术影响政治，通过古典教育彰显出明确的现实关切。针对英祖实施荡平策造成的非常政治生态，侍讲官往往将话题转移至君王委任责成之上，强调选贤用人的重要；针对英祖尊周思明导致的对清"事大"外交的松弛，侍讲官以"交邻"取代"事大"，或将二者等视，混而不分，其务实自主的外交心态体现了朝鲜君臣明确的"小中华"观念。由此，春秋时期郑子产的政治故事，穿越二千多年的岁月，在异国朝鲜激起了深沉有力的历史回声。

硕博论坛

# 刘勰《文心雕龙·知音》
# 对葛洪《抱朴子》鉴赏观的审美接受

袁俊伟*

摘　要：葛洪《抱朴子》中蕴含着丰富的审美鉴赏理论，而刘勰《文心雕龙·知音》更是一部具有中国特色的审美鉴赏论。文章鉴赏的审美活动重在"作者、作品、读者"之间的全面协调与对话，形成一个循环往复的过程。这两部著作相隔不远，作者又是同邑之人，探讨二者之间的源流关系，可以更好地把握魏晋文论的发展面貌。进而可以由此认识到，刘勰《文心雕龙·知音》是对葛洪《抱朴子》中鉴赏理论的全面总结和升华。

关键词：刘勰；葛洪；文心雕龙知音；抱朴子；美学接受

葛洪（283—363），字稚川，号抱朴子，丹阳句容（今镇江句容）人。所著子书《抱朴子》内篇属道家，外篇属儒家，包含丰富的文论与美学思想，"表现了晋代以来美学思想的新倾向，有着值得注意的理论意义"①。刘勰（约 465—521），字彦和，东莞莒（山东莒县）人，世居京口（今江苏镇江）。所著《文心雕龙》是中国文论史上的集大成之作，融儒、释道、三家精神为一体，体大思精，震古烁今。葛洪算是刘勰时期的近世之人，二人所处时间相距不远，又同是镇江本土人，刘勰不太可能对于本地乡贤充耳不闻。况且与刘勰同时代同地区的陶弘景（456—536），字通明，南朝梁时丹阳秣陵（今镇江一带）人，终生崇拜葛洪，自言十岁读葛洪《神仙传》，昼夜研寻，从此立下了养生之志。然而刘勰《文心雕龙》对葛洪及其《抱朴子》只字未提，这于常理而言不太相称。然而正是刘勰的疏漏，给文论史留下了一定的阐释空间，我们可以就"知音"的审美鉴赏论，溯源二者的接受关系，从而更广维度地溯源魏晋文论的历史语境与文论发展过程。

## 一、刘勰疏漏葛洪之臆测

魏晋"人的主题"和"文的自觉"，造就了中国古典文论的大发展。刘勰《文心雕龙·序志》将魏晋时期的文论作品一一列举，为这一时期的文论发展做了一个整体综述：

详观近代之论文者多矣：至如魏文述典，陈思序书，应玚文论，陆机《文赋》，仲治《流别》，弘范《翰林》，各照隅隙，鲜观衢路，或臧否当时之才，或铨品前修之文，或泛举雅俗之旨，或撮题篇章之意。魏典密而不周，陈书辩而无当，应论华而疏略，陆赋巧而碎乱，《流别》精而少功，《翰林》浅而寡要。又君山、公干之徒，吉甫、士龙之辈，泛议文意，往往间

＊　袁俊伟，东南大学人文学院哲学博士生，主要研究方向为文艺美学。本文为国家社科重点项目"文以载道"观的发生、嬗变与当代价值研究（批准号：18AZW001），国家社科重大项目明清小说戏曲图像学研究（批准号：19ZDA256）的阶段性成果。

①　李泽厚、刘纲纪《中国美学史》（魏晋南北朝编），安徽文艺出版社 1999 年版，第 294 页。

出,并未能振叶以寻根,观澜而索源。不述先哲之诰,无益后生之虑。①

　　然而,这一综述却不尽完整,于文学创作而言,遗漏了陶渊明,而于文论而言,疏漏了葛洪。故而,我们可先就其疏漏的原因做出一番揣测。

　　第一,或因葛洪与刘勰的文艺价值观存在偏差,葛洪重子书轻辞赋,文艺价值论尚停留于汉人之实用观。刘勰重视诸多文体形式,文艺价值论已经进入魏晋之审美观,文章审美获得独立的本体地位。东晋葛洪重子书文章,他的文论和美学思想更是针对子书而言的。葛洪提出了"文德观"的文艺价值论,文章与德行并举。"且夫文章之与德行,犹十尺之与一丈,谓之余事,未之前闻……则文章虽为德行之弟,未可呼为余事也。"②葛洪沿袭的是汉代文章助教的实用主义,他视子书文章为经书源流:"正经为道义之渊海,子书为增深之川流。"③相对于子书文章,他对于诗赋等文艺文章常抱轻视态度,所以,他对今人爱诗赋不爱子书而感到惋惜和可悲:"或贵爱诗赋浅近之细文,忽薄深美富博之子书,以磋切之至言为骏拙,以虚华之小辩为妍巧,真伪颠倒,玉石混淆。"④"惑诗赋琐碎之文,而忽子论深美之言,真伪颠倒,玉石混淆。"⑤在他看来,诗赋是近世浅切浮靡的文体,或有刘勰所言之浮诡风气。"而去圣久远,文体解散,辞人爱奇,言贵浮诡,饰羽尚画,文绣鞶帨,离本弥甚,将遂讹滥。"⑥所以,他更视诗赋等文艺文章为细碎小文。"洪年二十余,乃计作细碎小文,妨弃功日,未若立一家之言,乃草创子书。"⑦其实,葛洪是站在匡正世运诗风的实用立场来看待古今诗赋的,当他觉得今诗浮靡,失去助教功用时,他就褒奖古诗,"古诗刺过失,故有益而贵;今诗纯虚誉,故有损而贱也。"⑧当他觉得今诗文采华丽,又具有一定助教作用时,他又提出古不如今的文学进化论。"今诗与古诗,俱有义理,而盈于差美。"⑨

　　齐梁时期,刘勰的文章观获得了审美独立,或者可以说是一种文艺审美观。《文心雕龙》以文学之道立言、立功、立德,文学立言具有了与立德均等的独立地位。"文之为德也大矣,与天地并生者何哉?"⑩他所谓之"文",拥有了本体地位,即道文,含括了天文与地文,而人文更是自然之道的体现。在此之前,曹丕提出"文章经国之大业,不朽之盛世"⑪的观点,将文章与立功并列,不过他关注的不是文章本身,而是文章背后的功名。葛洪则将文章与立德喻为一丈与十尺的关系,他的文章观是子书观,文章的审美层面还是一种归于功用的附属。刘勰的文章价值偏向于文艺审美,相对于前任而言,无疑是一种"文之自觉"上的进步。《文心雕龙》更是一部纯粹的文论和美学著作,故而与葛洪重子书轻辞

---

①　(梁)刘勰著,王运熙译注《文心雕龙》,上海古籍出版社 2012 年版,第 343 页。
②　(东晋)葛洪著,张松辉、张景译注《抱朴子外篇》,中华书局 2013 年版,第 643 页。
③　(东晋)葛洪著,张松辉、张景译注《抱朴子外篇》,中华书局 2013 年版,第 944 页。
④　(东晋)葛洪著,张松辉、张景译注《抱朴子外篇》,中华书局 2013 年版,第 639 页。
⑤　(东晋)葛洪著,张松辉、张景译注《抱朴子外篇》,中华书局 2013 年版,第 947 页。
⑥　(梁)刘勰著,王运熙译注《文心雕龙》,上海古籍出版社 2012 年版,第 342 页。
⑦　(东晋)葛洪著,张松辉、张景译注《抱朴子外篇》,中华书局 2013 年版,第 1138 页。
⑧　(东晋)葛洪著,张松辉、张景译注《抱朴子外篇》,中华书局 2013 年版,第 913 页。
⑨　(东晋)葛洪著,张松辉、张景译注《抱朴子外篇》,中华书局 2013 年版,第 617 页。
⑩　(梁)刘勰著,王运熙译注《文心雕龙》,上海古籍出版社 2012 年版,第 1 页。
⑪　郭绍虞主编《中国历代文论选》(一),上海古籍出版社 2001 年版,第 158 页。

赋不同，他尤为推崇辞赋，甚至立屈骚为六经外又一传统：

自《风》《雅》寝声，莫或抽绪，奇文郁起，其《离骚》哉。

固知《楚辞》者，体宪于三代，而风杂于战国，乃《雅》、《颂》之博徒，而词赋之英杰也。观其骨鲠所树，肌肤所附，虽取熔《经》旨，亦自铸伟辞。①

《明诗》以下二十多篇，详叙各类文体，不分贵贱，英华弥缛，万代永耽。那么《文心雕龙》之诗赋就不再是扬雄所说的"壮夫不为"的"童子雕虫篆刻"，更非用来指代裴子野所批评的"于是天下向风，人自藻饰，雕虫之艺，盛于时矣"②的浮靡文风。倘若说，葛洪的文艺价值论偏向于在经世致用的文章实用观，那么刘勰则更具有文体独立意义上的文艺审美观。而且有一点很明确，刘勰《文心雕龙·序志》所选取的是历代文论作品，并对其进行综述，这些大多数是文论之专论。而葛洪《抱朴子》则是一部子书著作，且在《自叙》中极力贬低辞赋之细碎小文，刘勰就此略过，也有合理之处。

第二，或因葛洪、刘勰二人佛道相斥的缘故。葛洪《抱朴子》中文艺观的思想渊源是道教立场上的援儒入道、道本儒末传统，而刘勰《文心雕龙》中文艺观的思想渊源传统除了儒道互补外，又有佛教空论之逻辑色彩。佛道相争自东汉之后是一个历史话题，汤用彤做过分析。"东晋佛道门户之见不深，无大抵触。实尤因当时名士好玄学重清谈，认佛法玄妙之极，而名僧风度又常领袖群伦也。"到了南北朝就更明显了。"南朝佛道之争，纯用笔舌，以义理较长短。北朝则于其开始即用威力，作宗教之斗争。"③东晋葛洪是神仙道教的理论奠基人，对于玄学清谈不甚兴趣，《抱朴子》绝少谈及佛家和浮屠字眼，即便因表述需要出现零星的材料，也是持贬低态度。《抱朴子》中曾经批评当时妇女抛头露面有违礼教，提到了佛寺。"或宿于他门，或冒夜而反，游戏佛寺，观视渔畋，登高临水，出境庆吊。"④佛寺在他眼中只是游戏之所，不入大雅之堂，更非礼教所正。总而言之，葛洪对于佛教与佛学，所持的更多是回避态度。葛洪回避佛教的同时，力图弘扬道教正法，当以金丹为重，对于民间很多假借道教之名的方士们的邪门歪道，则嗤之以鼻，力加批判。比如，他尖锐地批判了房中术可成仙的邪说，"此皆巫书妖妄过差之言，由于好事增加润色，至令失实。或亦奸伪造作虚妄，以欺诳世人，隐藏端绪，以求奉事，招集弟子，以规世利耳。"⑤

刘勰是南朝佛教徒，《文心雕龙》的文艺思想主要是儒家文论，所证之圣为孔子，所崇之经为六经，然而逻辑论证却有佛教因明的痕迹。《文心雕龙》中很少谈到道教，但是有一篇《灭惑论》却是佛道相争的产物，针对当时道教徒攻击佛教的《三破论》而来。刘勰在《灭惑论》中将道家和道教进行了分类整理和品评，提出"道家三品论"，褒扬道家无为思想，而对道教迷信之事大为攻击。"案道家立法，厥品有三：上标老子，次述神仙，下袭张陵。"葛洪所提倡的神仙道教在他看来则是："若乃神仙小道，名为五通。福极生天，体尽

---

① （梁）刘勰著，王运熙译注《文心雕龙》，上海古籍出版社 2012 年版，第 23 页。

② （梁）裴子野《雕虫论》，穆克宏主编《魏晋南北朝文论全编》，上海远东出版社 2012 年版，第 449 页。

③ 汤用彤《汉魏两晋南北朝佛教史》，中华书局 1983 年版，第 132 页。

④ （东晋）葛洪著，张松辉、张景译注《抱朴子外篇》，中华书局 2013 年版，第 540 页。

⑤ （东晋）葛洪著，张松辉、张景译注《抱朴子内篇》，中华书局 2011 年版，第 220 页。

飞腾；神通未免有福，寿远而不能无终；功非饵药，德沿业修。是愚狡方士，伪托遂滋。"①此处，刘勰是以佛教"五通""生天"等概念来演化道教，将神仙道教视为小道。而葛洪的从祖葛玄，更被刘勰视作"道家下品"，多有谩骂之词。"张陵米贼，述记升天；葛玄野竖，著传仙公；愚斯惑矣，智可罔欤？"当然，刘勰所推崇的老子之大道"理归静一，化本虚柔"，可与佛教相化通："至道宗极，理归乎一；妙法真境，本固无二。"②但是，葛洪《抱朴子》站在神仙道教立场上，却对老子有所轻贬，他认为老子没有提出具体的得道成仙的实践方法。"又五千文虽出老子，然皆泛论较略耳。其中了不肯首尾全举其事，有可承按者也。但暗诵此经，而不得要道，直为徒劳耳。"③从佛道相争的角度来看，刘勰不提葛洪，也和他身为佛教徒的文化立场有关。《文心雕龙》的文论思想崇尚"事信而不诞"④，这同葛洪《抱朴子》中修炼成仙之道相冲突，修仙之道对刘勰而言便是一种下品迷信。除此文学观点与佛道相争二点外，重古轻今的思想积习也值得关注。文人相轻的袭导在所难免，文人学者大多有一个癖性，越是接受了谁的思想影响，为免于抄袭之嫌，便顾左右而言他。虽然刘勰《文心雕龙·知音》篇批判了"贵古贱今""崇己抑人""信伪迷真"的接受偏见，自己也未尝能免俗，实则是一桩遗憾。

## 二、希冀知音的审美诉求

刘勰《文心雕龙·知音》是一篇公认的融文学鉴赏论和文学批评论为一体的理论文章，邓新华将其定义为中国古代的"文学接受论"："刘勰的这篇《知音》蕴含着极为丰富、极有价值的文学接受思想，它可以说是中国文学理论批评史上第一篇系统阐述读者及其文学接受问题的专论。"⑤关于葛洪《抱朴子》，他也认为："包含了一些极有价值的文学接受思想，这既是魏晋文学接受理论自觉的一个标志，也是魏晋文学接受理论从曹丕《典论·论文》到刘勰《文心雕龙》和钟嵘《诗品》之间的一个中间环节。"⑥接下来围绕"知音"的鉴赏观，谈一谈刘勰对于葛洪《抱朴子》中鉴赏理论对后世文论所施加影响的接受问题。

第一，知音难求的审美难题。"知音其难哉！音实难知，知实难逢，逢其知音，千载其一乎。"⑦刘勰站在作者的立场渴求"知音"，这里的"知音"颇似西方接受美学中的"潜在读者"的概念："潜在读者相对于现实读者而言，它是过去某些或某一类读者的一个典范，但它又可能在对未来作品的阅读中出现，他不是西方接受美学批评家心目中理想的或有知识的读者，而是活在作家心目中总是缠绕并干预、参与作者创作的读者。"⑧刘勰此处表达的意思是感叹音难知，知音难逢。中国古典美学中的"知音"范畴出自《列子·汤问》中"高山流水"的典故，而《列子》或是魏晋人所托言，多有魏晋时期的思想。西汉时的《礼

① （梁）刘勰《灭惑论》，刘立夫、魏建中、胡勇译注《弘明集》，中华书局 2013 年版，第 549 页。
② （梁）刘勰《灭惑论》，刘立夫、魏建中、胡勇译注《弘明集》，中华书局 2013 年版，第 549 页。
③ （东晋）葛洪著，张松辉、张景译注《抱朴子内篇》，中华书局 2011 年版，第 258 页。
④ （梁）刘勰著，王运熙等译注《文心雕龙》，上海古籍出版社 2012 年版，第 11 页。
⑤ 邓新华《中国古代接受诗学史》，上海人民出版社 2012 年版，第 104 页。
⑥ 邓新华《中国古代接受诗学史》，上海人民出版社 2012 年版，第 88 页。
⑦ （梁）刘勰著，王运熙译注《文心雕龙》，上海古籍出版社 2012 年版，第 327 页。
⑧ 朱立元《接受美学导论》，安徽教育出版社 2004 年版，第 268 页。

记》载："是故不知声者不可与言音，不知音者不可与言乐，知乐则几于礼矣。"①如此，"知音"算是一个儒家礼教的范畴。葛洪《抱朴子外篇》以谈儒为主，常说知音，甚至于葛洪鉴赏观可以概括为"知音"和"品味"两大范畴。试就"知音"列举：

> 以六经训俗士，以方术授知音，欲少留则且止而佐时，欲升腾则凌霄而轻举者，上士也。②
> 世人以人所尤长，众所不及者，便谓之圣……子野延州，知音之圣也。③
> 援琴者至众，而夔、襄专知音之难。④
> 然不忍违情曲笔，错滥真伪，欲令心口相契，顾不愧景，冀知音之在后也。⑤
> 音为知者珍，书为识者传，瞽旷之调钟，未必求解于同世；格言高文，岂患莫赏而减之哉！⑥

可见，葛洪对于知音也是抱着"知音之难"而与"知音难求"的态度，并且正是因为世人不能理解自己，葛洪往往将知音唯冀于后世。不同的是，葛洪所渴求的知音，可能更偏向于道教的神仙方士之流，从而传承其金丹大药的仙道仙法。

刘勰列举了"知音难求"的三大病源，即文人相轻、信伪迷真与贵古贱今。"故鉴照洞明，而贵古贱今者，二主是也；才实鸿懿，而崇己抑人者，班、曹是也；学不逮文，而信伪迷真者，楼护是也。"⑦这三大病源中，各有典故出处。其一，楼护"信伪迷真"或不可考。李详《文心雕龙补注》据《史记·太史公自序索隐》做出推测："'桓谭云：迁所著书，以示东方朔，朔皆署曰《太史公》。'此史迁著书咨东方朔之证。惟彦和指此为君卿所称，而谭嗤之。不识谭此言上下抑有诋君卿之说否？"⑧葛洪《抱朴子》对"信伪迷真"亦有所批判，虽所言"仁"与"明"，意义似乎更显明。"夫体不忍之仁，无臧否之明，则心惑伪真，神乱朱紫，思算不分，邪正不识。"⑨其二，班固、曹植崇己抑人的"文人相轻"，引自曹丕《典论·论文》。葛洪《抱朴子》实则也对"文人相轻"有所批判。"盖偏长之一致，非兼通之才也。暗于自料，强欲兼之，违才易务，故不免嗤也。"⑩其三，秦始皇和汉武帝"贵古贱今"之典其实出自《抱朴子》，此点最为明显，可做详较：

> 昔《储说》始出，《子虚》初成，秦皇汉武，恨不同时；既同时矣，则韩囚而马轻，岂不明鉴同时之贱哉！⑪
> 贵远而贱近者，常人之用情也；信耳而疑目者，古今之所患也。是以秦王叹息于韩非

---

①　王文锦译解《礼记译解》，中华书局 2016 年版，第 473 页。
②　（东晋）葛洪著，张松辉、张景译注《抱朴子内篇》，中华书局 2011 年版，第 248 页。
③　（东晋）葛洪著，张松辉、张景译注《抱朴子内篇》，中华书局 2011 年版，第 389 页。
④　（东晋）葛洪著，张松辉、张景译注《抱朴子外篇》，中华书局 2013 年版，第 645 页。
⑤　（东晋）葛洪著，张松辉、张景译注《抱朴子外篇》，中华书局 2013 年版，第 926 页。
⑥　（东晋）葛洪著，张松辉、张景译注《抱朴子外篇》，中华书局 2013 年版，第 939 页。
⑦　（梁）刘勰著，王运熙译注《文心雕龙》，上海古籍出版社 2012 年版，第 327 页。
⑧　郭绍虞主编《中国历代文论选》（一），上海古籍出版社 2001 年版，第 301 页。
⑨　（东晋）葛洪著，张松辉、张景译注《抱朴子外篇》，中华书局 2013 年版，第 734 页。
⑩　（东晋）葛洪著，张松辉、张景译注《抱朴子外篇》，中华书局 2013 年版，第 911 页。
⑪　（梁）刘勰著，王运熙译注《文心雕龙》，上海古籍出版社 2012 年版，第 327 页。

之书而想其为人,汉武慷慨于相如之文而情不同世;及既得之,终不能拔。或纳谮而诛之,或放之乎冗散。①

所以,李详在《文心雕龙补注》中比较二者后说:"彦和之论本此。"②葛洪文论之文学发展观更是推崇"今胜于古",而反对"贵古贱今"。

葛洪《抱朴子》论知音难求,除了以上三大原因外,还可从作品、作者、读者三大角度来看。一则,文章作品精细,难以厘清。"其悬绝也,虽天外毫内,不足以喻其辽邈;其相倾也,虽三光熠耀,不足以方其巨细。龙渊铅铤,未足譬其锐钝;鸿羽积金,未足比其轻重。"③二则,文章作者才气各异,清浊难辨。"清浊参差,所禀有主,朗昧不同科,强弱各殊气。"④三则,读者品味偏嗜,难以一定。"是偏嗜酸甜者,莫能赏其味也。"⑤知音之难,由此可见。所以,葛洪说:"斯伯牙所以永思钟子,郢人所以格斤不运也。"⑥此外,刘勰又以麟凤珠玉做喻,说明文章鉴识之难。"形器易征,谬乃若是;文情难鉴,谁曰易分?"⑦葛洪《抱朴子》亦有由人伦鉴识谈及文章识鉴之难的直言慨叹。"尼父远得崇替于未兆,近失澹台于形骸。延州审清浊于千载之外,而蔽奇士于咫尺之内。知人之难,如此其甚。"⑧他同样又以宝珠等做譬,鉴识之能如鉴珠玉。"且夫所贵,贵乎见俊才于无名之中,料逸足乎吴坂之间,掇怀珠之蚌于九渊之底,指含光之珍于积石之中。"⑨如此可见,葛洪和刘勰关于"知音难求"的论述可谓藕断丝连,别有渊源。

第二,品味偏好的审美差异。这种审美差异如果站在读者鉴赏的角度来看,也可以看作审美主体的审美趣味不同,而正是审美趣味导致的审美差异,在很大程度上造成了"知音实难"的难题。刘勰曾就"知音实难"的现实,站在鉴赏者的审美主体立场,谈及审美差异的问题。"夫篇章杂沓,质文交加,知多偏好,人莫圆该。"⑩鉴赏者的知多偏好,耦合了接受美学中"期待视野",因为审美主体的前结构,往往决定了审美主体的审美趣味偏向,所以"慷慨者逆声而击节,酝藉者见密而高蹈;浮慧者观绮而跃心,爱奇者闻诡而惊听"⑪。但是,审美主体往往也需要一个"合理偏见",不能仅因自己的喜好而任意褒贬,毕竟审美活动也具有作者和作品的相对确定性,还具有读者的审美同约性。刘勰批评了那些只在乎读者感受,而罔顾作者和文本实质的做法。"会己则嗟讽,异我则沮弃,各执一偶之解,欲拟万端之变,所谓'东向而望,不见西墙'也。"⑫审美的差异性与同约性是一对相生共存的命题,不能厚此薄彼。同时,关于审美差异性的问题,葛洪也认为不能因自己

---

① (东晋)葛洪著,张松辉、张景译注《抱朴子外篇》,中华书局 2013 年版,第 865 页。
② 郭绍虞主编《中国历代文论选》(一),上海古籍出版社 2001 年版,第 301 页。
③ (东晋)葛洪著,张松辉、张景译注《抱朴子外篇》,中华书局 2013 年版,第 643 页。
④ (东晋)葛洪著,张松辉、张景译注《抱朴子外篇》,中华书局 2013 年版,第 641 页。
⑤ (东晋)葛洪著,张松辉、张景译注《抱朴子外篇》,中华书局 2013 年版,第 945 页。
⑥ (东晋)葛洪著,张松辉、张景译注《抱朴子外篇》,中华书局 2013 年版,第 644 页。
⑦ (梁)刘勰著,张松辉译注《文心雕龙》,上海古籍出版社 2012 年版,第 327 页。
⑧ (东晋)葛洪著,张松辉、张景译注《抱朴子外篇》,中华书局 2013 年版,第 426 页。
⑨ (东晋)葛洪著,张松辉、张景译注《抱朴子外篇》,中华书局 2013 年版,第 428 页。
⑩ (梁)刘勰著,王运熙译注《文心雕龙》,上海古籍出版社 2012 年版,第 329 页。
⑪ (梁)刘勰著,王运熙译注《文心雕龙》,上海古籍出版社 2012 年版,第 329 页。
⑫ (梁)刘勰著,王运熙译注《文心雕龙》,上海古籍出版社 2012 年版,第 329 页。

的主观好恶而任意品评,既要知道盐梅之酸,也要知道大羹之致。"所谓考盐梅之咸酸,不知大羹之不致;明飘摇之细巧,蔽于沈深之弘邃也。"①不然的话,无法知其味,得其神。"是以偏嗜酸咸者,莫能知其味,用思有限者,不能得其神也。"②此外,刘勰《知音》中的"会己则嗟讽,异我则沮弃"在《抱朴子》中也有几句脱胎:

> 同乎己者,未必可用;异于我者,未必可忽也。③
> 夫赏其快者必誉之以好,而不得晓者,必毁之以恶,自然之理也。于是以其所不解者为虚诞,偻诚以为尔,未必违情以伤物也。④

葛洪在此处对于审美差异的理解似乎更为全面,认为赏快毁恶的审美习惯是一种"自然之理","未必违情伤物",这就肯定了审美偏见的真实客观性。杨明照先生穷毕生心力注《文心雕龙》与《抱朴子》二书,有时采取二书互证法,他曾在此句下以《文心雕龙·定势》互注。"桓谭称:'文家各有所慕,或好浮华而不知实核,或美众多而不见要约'。陈思亦云:'世之作者,或好烦文博采,深沉其旨者;或好离言辨白,分毫析厘者;所习不同,所务各异'。言势殊也。"⑤为此更多一例证。总而言之,葛洪和刘勰希冀知音的审美诉求是一致的,他们尊重审美差异性的同时,又照顾审美的同约性,囊括了作者、作品、读者的三个维度,同时都不约而同地发出了"知音难求"的慨叹。

### 三、鉴赏活动的审美相契

文章的鉴赏活动可以看作一个审美活动过程,在这个审美过程中,审美主体自然是作为读者的鉴赏者,而审美客体则是文章,或是作者之意在文章中的呈现。倘若以中国古代文论中的"知音"观来贯彻,那么也就是读者和作者在审美活动中互为寻觅知音,互为成就彼此知音的一个审美活动过程。文章鉴赏的主体自然是读者立场,这一场以读者为审美主体的审美活动是具体的,而非抽象的,必然涉及很多文章鉴赏审美活动的命题,诸如鉴赏活动中的的审美理想、审美方法、审美过程、审美感受等。

第一,文章鉴赏的审美理想。"审美趣味从微观层面具体地规定主体对于对象的选择和评价,审美理想从宏观方面规范审美活动的范围和趋向。"⑥刘勰鉴赏文章的审美理想在于审美主客体之间互相沟通理解。"无私于轻重,不偏于憎爱,然后能平理若衡,照辞如镜矣。"⑦其实,在文章的审美鉴赏方面,西方现象学还原式的搁置偏见方法无法实现,只能借助于审美态度的宽容,更不是王充科学实证主义式的完全求真。这里的"照辞如镜",自然是读者之心映照作者之心,镜中互通而不隔。然而西方镜像论可能更偏向于主客二分的摹仿论。同时,葛洪也提出了"文贵丰赡"之说,这种包容式的审美鉴赏理想也就是提倡审美的多样性。

---

① （东晋）葛洪著,张松辉、张景译注《抱朴子外篇》,中华书局 2013 年版,第 912 页。
② （东晋）葛洪著,张松辉、张景译注《抱朴子外篇》,中华书局 2013 年版,第 649 页。
③ （东晋）葛洪著,张松辉、张景译注《抱朴子外篇》,中华书局 2013 年版,第 416 页。
④ （东晋）葛洪著,张松辉、张景译注《抱朴子外篇》,中华书局 2013 年版,第 651 页。
⑤ （梁）刘勰著,王运熙译注《文心雕龙》,上海古籍出版社 2012 年版,第 205 页。
⑥ 朱立元《接受美学导论》,安徽教育出版社 2004 年版,第 97 页。
⑦ （梁）刘勰著,王运熙等译注《文心雕龙》,上海古籍出版社 2012 年版,第 329 页。

五味舛而并甘，众色乖而皆丽。近人之情，爱同憎异，贵乎合己，贱于殊途。……其英异宏逸者，则网罗乎玄黄之表；其拘束龌龊者，则羁绁於笔罩之内。……文贵丰赡，何必称善如一口乎！①

刘勰为了实现"平理若衡，照辞镜矣"的审美理想，提出了博观的审美能力培养方案："凡操千曲而后晓声，观千剑而后识器。故圆照之象，务先博观。阅乔岳以形培塿，酌沧波以喻畎浍。"②刘勰好用"乔岳培塿"之正句式例证，葛洪则偏好用反句式来论辩，同出一辙，"不睹琼琨之熠烁，则不觉瓦砾之可贱；不觌虎豹之或蔚，则不知犬羊之质漫。聆白雪之九成，然后悟巴人之极鄙；识儒雅之汪濊，尔乃悲不学之固陋。"③与此同时，葛洪《抱朴子外篇·尚博》讨论的更是同样的"圆照"问题，反面而论"尚博"的重要性，"若夫驰骤于诗论之中，周旋于传记之间，而以常情览巨异，以褊量测无涯，以至粗求至精，以甚浅揣甚深，虽始自髫龀，讫于振素，犹不得也。"④倘若要求得文章的巨异、无涯、至精、甚深，就要告别常情、褊量、至粗、甚浅，即是呼吁英逸之才的出现，"华章藻蔚，非蒙瞍所玩；英逸之才，非浅短所识。"⑤

第二，文章鉴赏的审美方法。刘勰从鉴赏批评的角度提出了"六观"的鉴赏方法，"是以将阅文情，先标六观：一观位体，二观置辞，三观通变，四观奇正，五观事义，六观宫商。斯术既行，则优劣见矣。"⑥正好对应了他在《宗经》中提出的"六义"标准："一则情深而不诡，二则风清而不杂，三则事信而不诞，四则义贞而不回，五则体约而不芜，六则文丽而不淫。"⑦葛洪在《抱朴子》中对刘勰的"六观"都有涉及，可作对照。"位体"是体制风格问题，如"夫文章之体，尤难详赏，苟以入耳为佳，适心为快。"⑧"置辞"是文辞运用问题，如"摛锐藻以立言，辞炳蔚而清允者，文人也。"⑨"通变"是继承创新问题，如"故藏器者珍于变通随时，英逸者贵于吐奇拨乱。"⑩"奇正"是内容形式的表现手法问题，如"文贵剪裁，不尚拖沓"以及"文应自然，骈散杂厕"等辞意手法问题。"属笔之家，亦各有病，其深者则患乎譬烦言冗，申诫广喻，欲弃而惜，不觉成烦也。"⑪"事义"是用典和匀问题，如"未若游神典文，吐故纳新。"⑫"宫商"是声律音韵问题，如"虽目分百寻之秋毫，耳精八音之清浊。"⑬总括而言，刘勰《文心雕龙》的"先标六观"之鉴赏方法是对葛洪《抱朴子》中观点的提炼和概括，即"若夫翰迹韵略之宏促，属辞比事之疏密，源流至到之修短，蕴藉汲引之深浅。"⑭陈良运

①　（东晋）葛洪著，张松辉、张景译注《抱朴子外篇》，中华书局 2013 年版，第 912 页。

②　（梁）刘勰著，王运熙译注《文心雕龙》，上海古籍出版社 2012 年版，第 329 页。

③　（东晋）葛洪著，张松辉、张景译注《抱朴子外篇》，中华书局 2013 年版，第 844 页。

④　（东晋）葛洪著，张松辉、张景译注《抱朴子外篇》，中华书局 2013 年版，第 651 页。

⑤　（东晋）葛洪著，张松辉、张景译注《抱朴子外篇》，中华书局 2013 年版，第 357 页。

⑥　（梁）刘勰著，王运熙译注《文心雕龙》，上海古籍出版社 2012 年版，第 330 页。

⑦　（梁）刘勰著，王运熙译注《文心雕龙》，上海古籍出版社 2012 年版，第 11 页。

⑧　（东晋）葛洪著，张松辉、张景译注《抱朴子外篇》，中华书局 2013 年版，第 912 页。

⑨　（东晋）葛洪著，张松辉、张景译注《抱朴子外篇》，中华书局 2013 年版，第 437 页。

⑩　（东晋）葛洪著，张松辉、张景译注《抱朴子外篇》，中华书局 2013 年版，第 13 页。

⑪　（东晋）葛洪著，张松辉、张景译注《抱朴子外篇》，中华书局 2013 年版，第 914 页。

⑫　（东晋）葛洪著，张松辉、张景译注《抱朴子外篇》，中华书局 2013 年版，第 77 页。

⑬　（东晋）葛洪著，张松辉、张景译注《抱朴子外篇》，中华书局 2013 年版，第 164 页。

⑭　（东晋）葛洪著，张松辉、张景译注《抱朴子外篇》，中华书局 2013 年版，第 644 页。

曾就"六观"做过总结："六观应是评论者在'披文以入情'后，有异于一般读者的感情鉴赏，他从作品中跳出来再做理性的思考，对一篇作品的思想价值与审美价值，作出全面的不失公允的判断和评价，这样的评论者就不尽是某位作家、某类作品的知音，而是整个文学界的知音。"①

　　第三，文章鉴赏的审美过程。刘勰《知音》有一个"作者—作品—读者"间双向维度的审美过程论："夫缀文者情动而辞发，观文者披文以入情，沿波讨源，虽幽必显。"只有作者缀文寄情于文辞候读者，读者观文辞解作者之情，作者通过文辞给读者以情感影响，读者又通过文辞反馈给作者以制约，这样才能构成一个完整的审美过程。这样一来，审美接受者不仅能知音，还能知心。"世远莫见其面，觇文辄见其心。"②葛洪《抱朴子》亦有对照。"盖往古之士，匪鬼匪神，其形器虽冶铄于畴曩，然其精神，布在乎方策。情见乎辞，指归可得。"③读者和作者的中介便是作品本身，自然寄托了作者之情，或名为精神，读者也在作品中感受到了作者之情，这同样也形成了一个读者和作者之间的双向过程。葛洪在此基础上又发掘出作品本身"深远高妙"以及"变化不滞、旁通不凝"的特点，"或有汪濊玄旷，合契作者，内辟不测之深源，外播不匮之远流，其所祖宗也高，其所绅绎也妙，变化不系滞于规矩之方圆，旁通不凝阂于一途之逼促。"④刘勰继而又从作者和读者两个角度来谈创作和鉴赏。"夫志在山水，琴表其情，况形之笔端，理将焉匿？故心之照理，譬目之照形，目了则形无不分，心敏则理无不达。"⑤刘勰创作与鉴赏的审美活动贵在一个"心"字。同时，葛洪《抱朴子》也以一"心"字贯彻于胸心到翰墨的创作及鉴赏审美活动过程。"怀逸藻于胸心，不寄意于翰素，则未知其有别于庸猥。"⑥此外，刘勰用宋玉《白雪》之典来讽刺世俗鉴赏者。"然而俗监之迷者，深废浅售，此庄周所以笑《折扬》，宋玉所以伤《白雪》也。"⑦此亦与葛洪《抱朴子》中相关论述相耦合。"聆白雪之九成，然后悟巴人之极鄙；识儒雅之汪濊，尔乃悲不学之固陋。"⑧

　　第四，文章鉴赏的审美感受。刘勰还在《知音》中提出了一个鉴赏活动中"玩绎方美"的命题，将感性体悟和理性探究相结合，可谓中国独具的美学接受范式。刘勰面对"隐秀"的文学特征，通过"玩绎"的审美方式，从而达到"玩之者无穷，味之者不厌"的审美效果。"隐秀"之"隐"具有意在言外、触类旁通之特点，"夫隐之为体，义生文外，秘响旁通，伏采潜发，譬爻象之变互体，川渎之韫珠玉也。"⑨这正好暗合《抱朴子》中精妙文章的概述特点，"变化不系滞于规矩之方圆，旁通不凝阂于一途之逼促。"⑩并且，刘勰通过"玩绎"的审美方式，最终获得一种深层次的审美愉悦，这种审美愉悦是针对审美主体潜能而言的

---

①　陈良运《中国诗学批评史》，江西人民出版社 2007 年版，第 146 页。

②　（梁）刘勰著，王运熙译注《文心雕龙》，上海古籍出版社 2012 年版，第 330 页。

③　（东晋）葛洪著，张松辉、张景译注《抱朴子外篇》，中华书局 2013 年版，第 616 页。

④　（东晋）葛洪著，张松辉、张景译注《抱朴子外篇》，中华书局 2013 年版，第 949 页。

⑤　（梁）刘勰著，王运熙等译注《文心雕龙》，上海古籍出版社 2012 年版，第 330 页。

⑥　（东晋）葛洪著，张松辉、张景译注《抱朴子外篇》，中华书局 2013 年版，第 774 页。

⑦　（梁）刘勰著，王运熙等译注《文心雕龙》，上海古籍出版社 2012 年版，第 330 页。

⑧　（东晋）葛洪著，张松辉、张景译注《抱朴子外篇》，中华书局 2013 年版，第 844 页。

⑨　（梁）刘勰著，王运熙等译注《文心雕龙》，上海古籍出版社 2012 年版，第 266 页。

⑩　（东晋）葛洪著，张松辉、张景译注《抱朴子外篇》，中华书局 2013 年版，第 949 页。

一种审美形态,或者称为生命美感。"夫唯深识鉴奥,必欢然内怿,譬春台之熙众人,乐饵之止过客。"①"玩""绎"作为审美方式,皆在葛洪《抱朴子》中有所涉及。"玩"即赏玩,"华章藻蔚,非蒙瞍所玩;英逸之才,非浅短所识。"②"玩图籍于绝迹之薮,括藻丽乎鸟兽之群。"③ "绎"即寻绎,"虽欲博涉,然宜详择其善者,而后留意,至于不要之道书,不足寻绎也。"④所谓寻求"知音",便也是从耳到心,达到"知音悦耳,冶姿娱心"的审美目的或审美效果,这也是葛洪所说的"心悦艺文"了。或者可以这么说,读者在鉴赏活动中从知音到娱心的过程中,体现了审美活动的主客体之间的间性特征,鉴赏审美主体在审美活动中,沟通了作者和作品的审美客体,最终获得一种审美愉悦的生命美感,这也暗合姚斯后期所提出的"娱物中自娱自乐"的审美愉悦观。

## 四、总结

李泽厚和刘纲纪曾经提出过葛洪《抱朴子》与刘勰《文心雕龙》的源流关系。二人之处自南北朝开始,文艺的鉴赏批评基础正是葛洪。"葛洪关于文艺的鉴赏批评的理论,是从曹丕的《典论·论文》到刘勰的《文心雕龙》、钟嵘的《诗品》、谢赫的《古画品录》之间的一个重要环节。"⑤综上所述,《文心雕龙·知音》对于葛洪《抱朴子》鉴赏观的美学接受是全面深入而系统升华的,前者更将后者的许多细碎的文论观点进行了系统性的概括与提炼。而且,中国古代文论中的"知音"鉴赏论是一个兼顾作者、作品、读者的整体性概念,三维之间,各有角度,却取共识,更可见"知音"鉴赏观尤为尊重审美的差异性,同时兼顾审美的同约性。所以,葛洪既说:"人各有意,安可求此以同彼乎?"⑥"文贵丰赡,何必称善如一口乎!"⑦同时,他也会说:"妍姿媚貌,形色不齐,而悦情可均;丝竹金石,五声诡韵,而快耳不异……出处殊途,而所贵一致。"⑧"故八音形器异而钟律同,黼黻文物殊而五色均。徒闲涩有主宾,妍媸有步骤。是则总章无常曲,大庖无定味。"⑨正因为鉴赏审美活动既有差异性又有同约性,难度颇大,才需要"知音"的出现。刘勰因此总结:"洪钟万钧,夔旷所定。良书盈箧,妙鉴乃订。流郑淫人,无或失听。独有此律,不谬蹊径。"⑩

① (梁)刘勰著,王运熙等译注《文心雕龙》,上海古籍出版社 2012 年版,第 330 页。
② (东晋)葛洪著,张松辉、张景译注《抱朴子外篇》,中华书局 2013 年版,第 357 页。
③ (东晋)葛洪著,张松辉、张景译注《抱朴子外篇》,中华书局 2013 年版,第 6 页。
④ (东晋)葛洪著,张松辉、张景译注《抱朴子内篇》,中华书局 2011 年版,第 258 页。
⑤ 李泽厚、刘纲纪《中国美学史》(魏晋南北朝编),安徽文艺出版社 1999 年版,第 313 页。
⑥ (东晋)葛洪著,张松辉、张景译注《抱朴子内篇》,中华书局 2011 年版,第 406 页。
⑦ (东晋)葛洪著,张松辉、张景译注《抱朴子外篇》,中华书局 2013 年版,第 912 页。
⑧ (东晋)葛洪著,张松辉、张景译注《抱朴子外篇》,中华书局 2013 年版,第 802 页。
⑨ (东晋)葛洪著,张松辉、张景译注《抱朴子外篇》,中华书局 2013 年版,第 910 页。
⑩ (梁)刘勰著,王运熙等译注《文心雕龙》,上海古籍出版社 2012 年版,第 332 页。

# 程康庄八载镇江文学交游考论

郭 超*

**摘 要:**程康庄,清初山右著名文人,他的文学创作与其仕宦经历密切相关。其中,镇江八载不仅是其政治生涯的一段重要历程,更是其取得突出文学成就的重要一环。他"朝决政务,夕撰文词","与诸生赋诗论文无虚日"。文章通过梳理镇江八载中程康庄及其友人的交往,勾勒出其文学创作轨迹与活动状态,这有利于进一步深入认识程康庄,进而确定其在清初文坛的地位。

**关键词:**程康庄;镇江;文学活动;交游

程康庄(1613—1679),字坦如,一字昆仑,山西武乡人,清初山右著名文人,著有《自课堂集》《衍愚词》。程康庄少时即以文学知名,为时辈所重,"陈大士、罗文止、杨子常胥称之"①,后在官场亦不废吟咏。王崧《程昆仑别传》记载:"昆仑宦不列显要,而所交游皆当代名流。诗文集成,序之者吴太仓伟业、龚合肥鼎孳、杜黄冈浚,世称太仓梅村先生、合肥芝麓先生、黄冈茶村先生,而昆仑之号并著。"②镇江为官期间,程康庄交友广泛,参与文坛盛事,受到王士禛、吴伟业、龚鼎孳、钱谦益等文坛大家的赏识援引,对其自身的文学创作也产生了重要的影响。

关于程康庄任镇江通判的时间界限,据《郡斋杂咏序》云:"丁未之岁,余量移皖城。十一月朔三日,将晡抵江口,距五里,惊飚蹶动,冲波竣急。"③可知,程康庄于康熙六年(1667)十一月初到达皖城,任安庆府同知。又据《江上草序》中"润州当江南山水之胜""余来八年,于此欲尽得而揽之"④诸句可知,程康庄在镇江任通判前后共八年,由康熙六年上推,则顺治十六年(1659)为其任镇江通判之始。

## 一、程康庄与王士禛

王士禛(1634—1711),字贻上,号阮亭,山东新城人。顺治十二年(1655)进士,《香祖笔记》卷十一载:"予以顺治十二年乙未科登第,甫弱冠。"⑤十六年(1659)授扬州推官,十七年(1660)三月到任。康熙四年(1665),王士禛离扬州,内迁礼部主客司主事,累迁刑部尚书。

---

* 郭超,文学博士,潍坊学院文学院教师,扬州大学中国语言文学流动站博士后、助理研究员,研究方向为明清文学文献学。

① 王轩等《山西通志》,《中国省志汇编》之一三,华文书局 1969 年版,第 2694 页。
② (清)王崧《王崧诗文选注》,云南大学出版社 2008 年版,第 159 页。
③ (清)程康庄著,李雪梅、李豫点校《程昆仑先生诗文集》,三晋出版社 2008 年版,第 127 页。
④ (清)程康庄著,李雪梅、李豫点校《程昆仑先生诗文集》,三晋出版社 2008 年版,第 135 页。
⑤ (清)王士禛撰,湛之点校《香祖笔记》,上海古籍出版社 1982 年版,第 218 页。

　　程康庄与王士禛相识于何时何地呢？据程康庄《王贻上诗序》记载："往岁，谒选京师，以两家籍谊，公尝不弃予，进而教之。肱其装，得公生平撰著最多，皆伯氏、西樵、礼吉、子侧诸公所呕称者，其足以导扬风雅，鼓吹一代无疑。"①程康庄"谒选京师"为何时？据王崧记载，程康庄"顺治中应隐逸徵"②，《刺史程昆仑先生事略》亦云："清顺治甲午诏举隐逸，抚军以先生应试高等，用通判。"③

　　由上述可知，顺治十一年(1654)，程康庄应隐逸徵入京，王士禛则是在顺治十二年(1655)入京参加会试，未参加殿试，寓京半年即归。可见，两人结识应在顺治十二年(1655)间。相识后不久，程康庄便受教于王士禛，对此他曾说："公尝不弃予，进而教之，得反复读。"④当时的王士禛刚二十岁出头，但其诗名早已显著。程康庄虽年长其二十岁，也不得不心有折服，赞其"足以导扬风雅，鼓吹一代无疑"。可以说，京城的这次相遇相识，为这对忘年交之后的交往埋下了重要的伏笔。

　　顺治十五年(1658)，王士禛科补殿试三甲，十六年(1659)授扬州推官。同年，程康庄"由贡任镇江府判官"⑤。镇江与扬州，相隔不远，两人各自到任后，偶有会面，倡和不断。据《程昆仑别传》记载，程康庄"官镇江时，王渔洋为扬州推官，两人夹江而治，诗简往来不绝，大江南北倚之为大宗，集中所存赠答诸诗，非阿非泛，盖相得在性情之际焉。"⑥因性情相近，意气相投，两人遂再续"前缘"，并造就了诗坛佳话，获得了"上下江诗伯"之美誉。程康庄有《赠王贻上司理》三首，详细描述自己与王士禛之间的情谊，如其一云："春风来清江，吹彼泽中兰。芳草日堪把，相望隔长澜。我岂无舟楫，欲往良独难。瘝瘝袭芳菲，独立以长叹。"⑦两人夹处一江，虽然诗简往来不绝但会面维艰，其中"瘝瘝""长叹"诸语概括地表达出不能时常见面的憾恨之情。又其三云："大鹏抟风起，万里何逍遥。藐尔深林中，一枚寄鷦鷯。界栖以俟时，翻飞愿一朝。自顾终菲薄，焉敢希扶摇。"⑧全幅用比体，以"大鹏"比王士禛，以"鷦鷯"自比，其意自现。

　　《渔洋山人自撰年谱》顺治十七年(1660)载："十一月，山人病初起，有事南兰陵，与京口别驾程昆仑同游金焦、北固及鹤林、招隐、竹林寺、海岳庵诸名胜，得游记六、题名七、古近体四十，编为一集。"⑨该集即《过江集》。程康庄《王贻上诗序》记载："公偕余凭眺金焦、麟冢、龙洞诸胜，感时吊古，发为声歌，皆穷态极妍，高响翔于天，幽光可以潜于渊，几于康乐《游山》、少陵《岳阳楼》、秦州《何氏园》诸篇"⑩，亦当指此游。检程康庄今存《金山寺》《焦山》《甘露寺》《万岁楼》《鹤林寺》等诗文，盖为其时所作。

　　顺治十八年(1661)三月，王士禛有事至金陵，馆于布衣丁胤家。其间，丁胤为其缕述

　　①　(清)程康庄著，李雪梅、李豫点校《程昆仑先生诗文集》，三晋出版社 2008 年版，第 164 页。
　　②　《程昆仑别传》，(清)王崧《王崧诗文选注》，云南大学出版社 2008 年版，第 158 页。
　　③　常赞春《山西献徵》卷六《文学》，山西省文献委员会 1936 年。
　　④　(清)程康庄著，李雪梅、李豫点校《程昆仑先生诗文集》，三晋出版社 2008 年版，第 166 页。
　　⑤　白鹤《武乡县志》乾隆五五年刻本，国图藏本，索取号：地 160.45/34。
　　⑥　(清)王崧《王崧诗文选注》，云南大学出版社 2008 年版，第 159 页。
　　⑦　(清)程康庄著，李雪梅、李豫点校《程昆仑先生诗文集》，三晋出版社 2008 年版，第 83 页。
　　⑧　(清)程康庄著，李雪梅、李豫点校《程昆仑先生诗文集》，三晋出版社 2008 年版，第 84 页。
　　⑨　(清)惠栋《渔洋山人自撰年谱注补》惠氏红豆斋刻本，国图藏本，善本书号 04671，第 18 页。
　　⑩　(清)程康庄著，李雪梅、李豫点校《程昆仑先生诗文集》，三晋出版社 2008 年版，第 165 页。

秦淮南曲旧事，王士禛遂"掇拾其语入《秦淮杂诗》中……又嘱好手画《青溪遗事》一册，阳羡陈其年（维崧）为题诗。山人复成小词八阕，摹画坊曲琐事，尽态极妍，诸名士和者甚众。"①时人多有为《青溪遗事画册》题咏，如吴绮、毛奇龄、陈维崧、邹祗谟等。程康庄亦在其中，今存《菩萨蛮·咏青溪遗事画册和阮亭程村作》（八阕）、《海棠春·闺词同阮亭程村作》（四阕）诸词。康熙四年（1665），扬州举行了著名的"平山雅集"活动，参与者众多。王士禛作《朝中措·和欧公原韵》云："平山堂外又东风。寒食柳濛濛。欲访欧公行处，寒烟暮霭连空。仙翁已远，髯公复去，文笔谁工？南望金焦两点，江天依旧飞鸿。"②程康庄和作《朝中措·平山堂同阮亭次欧公原韵》云："千山晴色绘秋空，云影大江中。昔日遗踪何处？只余白草悲风。踟蹰四顾，荒城落照，破寺疏钟，风物向南差胜，江湖却羡渔翁。"③表达出一种深切的怀古悲情。此次集会不久，王士禛在扬州任满，于七月初入都任礼部主客司主事，两人的交谊遂告一段落。

综上所述，程康庄与王士禛的交往集中于王士禛任扬州推官期间。应该说，两人的交往深刻地影响了程康庄的文学书写。从创作风格来说，与王士禛交往期间，正是程康庄文风发生转变之时。程康庄对王士禛诗曾评价道："以余观近代诗道寝降，公独蔚然以古秀典则为诗家矩矱，后先所撰著，莫不尽其能而专美。"④"古秀典则"恰切地道出王士禛突出的诗风特征，而这正是王士禛其人其诗所彰显的诗坛新风向。从创作内容来说，镇江期间，程康庄诗歌题材大多是咏物写景纪游之作，"无意中将人们的目光从改朝换代的残酷现实引向远距离社会的自然美景，这就更加显示出一种盛世元音的局度，客观上起着歌舞升平的作用"⑤。的确，程康庄在镇江期间所作山水题材的诗文往往充满着隐逸之风与风尘俗吏的闲暇从容之乐，与王士禛所提倡的神韵说之清远特质相得益彰，渐趋温柔敦厚的盛世品格。⑥

除诗文唱和影响外，王士禛对程康庄声名的揄扬有着极为重要的作用。王士禛不仅自己高赞程康庄，而且将其诗文引荐给当时的大家。比如吴伟业就是在王士禛的推举下读了程康庄的文集，"乃贻上盛推程公昆仑不置"，并为其作序："昆仑力耆事，克振奋于功名之途，吏治文章皆精强，少年争能而度智。吾闻山右风完气密，人材之挺生者坚良廉悍，譬之比山治异材，冀野之上驷，严霜零不易其柯，修坂骋不失其步，若程公者真其人乎。"⑦再如钱塘陆圻也是因为王士禛而注目程康庄，他说："山左王贻上先生有才子之望，颇与先生齐名，而推之为今之空同，且云：'古文匠心，于周、秦及唐、宋大家无所不合。'"⑧可见，由王士禛延及吴伟业、陆圻等人的提携援引，是程康庄成名的必备条件。

---

① （清）惠栋《渔洋山人自撰年谱注补》惠氏红豆斋刻本，国图藏本，善本书号04671，第20页。
② （清）王士禛《衍波词》，孙默编《十五家词》卷二七，文渊阁《四库全书》第1494册，第380页。
③ （清）程康庄著，李雪梅、李豫点校《程昆仑先生诗文集》，三晋出版社2008年版，第109页。
④ （清）程康庄著，李雪梅、李豫点校《程昆仑先生诗文集》，三晋出版社2008年版，第165页。
⑤ 朱则杰《清诗史》，江苏古籍出版社1992年版，第20页。
⑥ 关于王士禛神韵诗所彰显的"温柔敦厚"品格，陈维崧特为推举，其《王阮亭诗集序》云："新城王阮亭先生，性情柔淡，被服典茂，其为诗歌也，温而能丽，娴雅而多则；览其义者，冲融懿美，如在成周极盛之时焉。"程康庄"古秀典则"之诗风体认与此特为契合，其自身的诗文创作亦浸染其深。
⑦ 《程昆仑文集序》，（清）吴伟业《吴梅村全集》，上海古籍出版社1990年版，第683页。
⑧ （清）陆圻《自课堂集序》，《自课堂集》卷首，"民国"山右丛书初编本。

## 二、程康庄与陈维崧

乾隆五十五年《武乡县志》卷四《文苑》"程康庄"记载："陈其年订明及今诗古文,批阅不下数千百卷,而诗仅得十家,古文四家,读者咸推确评,康庄两入其选。"①陈其年,即陈维崧,江苏宜兴人,阳羡词派宗主,诗文亦著名。康熙五年(1666)清明节,程康庄邀请陈维崧至其镇江官署,方文、邹祗谟、孙枝蔚已先在,诸人遂联臂话旧。陈维崧《满江红·舟次润城谒程昆仑别驾》下阕云："天上月,波心漾。隔江笛,楼头唱。叹江山如此,可消官酿。侧帽高张临水宴,掀髯勇策登山杖。踞寒崖、拂藓剔残碑,猿猱状。"②在此前后,陈维崧的古文选本《四大家文选》已编选完成,其中占最大比重者正是程康庄,而且他的诗词皆有入选。前引"康庄两入其选"即指此。就在同年,由陈维崧与钱谦益共同选编的《自课堂集》也刊刻完成,钱谦益为其作序;而程康庄的词选集《衍愚词》已由陈维崧与王士禄于上年刊刻完成。

康熙六年(1667)五月初五日,程康庄招同谈允谦、何凛、何契、程世英至金山观竞渡,陈维崧为作《贺新郎·丁未五日程昆仑别驾招同谈长益、何雍南、石崖、程千一金山看竞渡》;十四日,程康庄生日,陈维崧有词贺之,《迦陵词全集》卷二十六《贺新郎·贺程昆仑生日,并送其之任皖城》云："迁官况在悬弧后。看他日、郡庭一望,匡庐溢口。"③不久,程康庄即赴皖城任。而此次分别后,两人联系未断。康熙九年(1670),程康庄曾自都门寄书陈维崧,感念平生。康熙十三年(1674),陈维崧家居阳羡,作词怀之,《沁园春·怀程昆仑》下阕云："一麾出守孤城,又重向咸阳道上行。叹地名祋祤,黄沙飒沓;天空蜃屋,红树纵横。落照穷边,壮年薄宦,手板将迎岁月更。骊山顶,望并汾秋色,一片乡情。"④由己度人,表达一片思乡之情。

综上所述,程康庄现存诗文词作的结集,仰仗陈维崧之力颇多。陈维崧曾言："先生每为余言,生平著书十失其九,今兹所锼,悉系仅存。"⑤在文集选评过程中,陈维崧对程康庄的文学成就有着极高的赞誉,他认为："今之规模大家者,优孟衣冠,索然气尽矣。先生雄奇变幻,不可以一家名之,每出一语,川流山峙,决然不可澌灭,起衰振懦,信属第一手笔。"⑥这一段可谓是树帜之评。程康庄为文以真气贯穿其间,情意流畅,变幻莫测,具有振兴文风的导扬之功。陈维崧以魏贞柏写给程康庄的书信加以强调说明,其中云："窃以为古文之废久矣,三代而后自当以马、班为宗,韩、欧为嫡派,二苏笔舌妙天下而失之泛滥,程朱理学入堂奥而诗文有逊焉。明季一代,濂溪正学弇州而外,寥寥也,岂不难哉?大作于流衍之中而洁以法式,于奔放之余而达以精彩。"⑦又引《与彭士报书》云："今之为文者,病于浮诡散漫,无有式度。其知式度者,又病于枯索,藻彩之不露,是之谓瘦。惟昌

① 白鹤《武乡县志》乾隆五十五年刻本,国图藏本,索取号:地160.45/34。
② (清)陈维崧著,陈振鹏标点,李学颖校补《陈维崧集》,上海古籍出版社2010年版,第1197页。
③ (清)陈维崧著,陈振鹏标点,李学颖校补《陈维崧集》,上海古籍出版社2010年版,第1529页。
④ (清)陈维崧著,陈振鹏标点,李学颖校补《陈维崧集》,上海古籍出版社2010年版,第1509页。
⑤ (清)程康庄著,李雪梅、李豫点校《程昆仑先生诗文集》,三晋出版社2008年版,第156页。
⑥ (清)程康庄著,李雪梅、李豫点校《程昆仑先生诗文集》,三晋出版社2008年版,第139页。
⑦ (清)程康庄著,李雪梅、李豫点校《程昆仑先生诗文集》,三晋出版社2008年版,第146页。

黎公无此失,虽眉山父子亦未尽祛此也。程昆仑好讲程式,此得作古文之准绳矣。而时发为光彩,露为锋锷,木之豫章,刃之干将也,吾是以叹赏不置焉。"①足见,程康庄文的振起处在于能"洁以法式",承韩、欧、苏而来,得其真意,言之有物而富于文采,内容与形式相契合,避免了枯索之弊。在陈维崧看来,"今古量才惟一石,公也文章不朽"②的美誉实至名归。而且经陈维崧引介,龚鼎孳在扬州读到程康庄的文集后,也为其作序,将其比之于陈维崧:"至其干局英达,意气磊落,凡诸懿绩,笔不能书,即如陈子其年,天下才也。"③王士禄甚而称之:"吾闻大江以南之尸祝昆仑也,于其文合某某四家而奉之为大家,于其诗合某某十家而奉之为名家,出其余为词,又为专家独诣之,所不能过如此。"④赞誉亦颇高。经此众人推举,程康庄文名渐著。

### 三、程康庄与袁骏

袁骏(1612—约 1684),字重其,江南长洲人,因《霜哺编》而称名于时。《霜哺编》原是袁骏为感念其母寡居贞节、悉心养育之恩所辑,其征求历时五十余年,共汇集 6000 多人的创作。康熙二年(1663)前后,袁骏奔走于扬州、镇江之间。伴随着袁母八十寿诞的来临,征集活动形成又一高峰,众人皆有同一主题之诗词完成。对此,杜桂萍指出:"地域的独特性及目的的一致性,应是他们与袁骏交往的基本前提,而其所禀之'孝'的人格表征则是媒质和粘合剂。"⑤的确,以程康庄为例,其《袁处士重其》诗云:"垂老风霜无别丁,海东曾子雪千茎。任他贫贱长如此,不敢簪蒿怨目耕。"⑥即突出赞赏袁骏的孝子品质。值得一提的是,程康庄特将此次袁骏所征集作品刊为一集,并为其作序,《江行赠言序》记载:

平江袁子重其之母,二十九岁而寡,抚育屏嗣,尚在提抱。今重其童然秃且老矣,食贫负薪,以养其母,母亦行年八秩,而贤母孝子,节操益坚。至于饥寒困苦而不变,故重其随其所之。士大夫皆乐与之交,既从其游,旋纪其事,诗歌之众,累然充栋,其于南徐广陵,大江南北,旬日之内,得诗四十余首,虽逆旅者亦及焉。夫重其非显贵于时,而二郡又非其里党,何道而臻此贞行感人。呜呼! 可谓盛也已!⑦

宋曹评语云:"若无《霜哺全编》,寓内谁知有袁氏之母,亦复谁知有袁氏之子哉! 武乡程昆仑先生,既许孝子之有母,更许节母之有子,尽收重其《江行赠章》,付之梨枣,复为弁言,以纪其盛。是寓内诸君子,皆有藉于先生之一言以为不朽,而袁氏之节孝更有其具矣。"⑧由此可知,此序系程康庄为袁骏刊行的《江行赠章》所撰序文,而《江行赠章》实为《霜哺编》的一部分,共得诗四十余首。康熙六年(1667)春末,程康庄与袁骏同舟而行,又

---

① (清)程康庄著,李雪梅、李豫点校《程昆仑先生诗文集》,三晋出版社 2008 年版,第 146 页。
② (清)陈维崧《贺程昆仑生日并送其之任皖城》,《陈维崧集》,第 1529 页。
③ 《自课堂集叙》,(清)龚鼎孳《定山堂文集补遗》卷上《龚鼎孳全集》,人民文学出版社 2014 年版,第 2133 页。
④ (清)王士禄《自课堂集序》,《自课堂集》卷首,"民国"山右丛书初编本。
⑤ 杜桂萍《袁骏〈霜哺篇〉与清初文学生态》,《文学评论》2010 年第 5 期,第 98 页。
⑥ (清)程康庄著,李雪梅、李豫点校《程昆仑先生诗文集》,三晋出版社 2008 年版,第 16 页。
⑦ (清)程康庄著,李雪梅、李豫点校《程昆仑先生诗文集》,三晋出版社 2008 年版,第 176 页。
⑧ (清)程康庄著,李雪梅、李豫点校《程昆仑先生诗文集》,三晋出版社 2008 年版,第 177 页。

为其《睪城唱和诗》作序,云:"袁子重其既以《江行赠言》恳恳请予为序,丁未春杪,与予同舟,复以《睪城唱和诗》使予一续其事,而笔之于言。"①按,袁骏今存诗文集不查,但从程康庄的这两篇序文可窥其实,而袁骏对程康庄的倚重亦可见一斑。

除"霜哺"主题外,袁骏所征作品还有《侍母弄孙图》题咏、《侍母看画图》题咏等系列。程康庄皆有题作,如《卜算子·题袁重其侍母弄孙图》云:"大孝古来难,谁与袁生伍,堂上萱亲八十龄,犹作斑衣舞。善事吉祥来,春暖慈颜喜。拟使佳儿习父风,老大能如此。"②《题袁母寒香晚节图》诗云:"拂牖筼筜木榻穿,寒花如雪雨田田。不知白发缘何尽?霜哺于今八十年。"③由"堂上萱亲八十龄""霜哺于今八十年"的叙述可知,两者皆作于同时。

由上述可见,在大型文坛题咏活动中,程康庄不仅与征集者关系密切,而且充分展示了自己的创作才华,为诸家注目,比如何絜言:"昆仑先生耸坛坫,淋漓翰墨如川流。"④值得一提的是,与袁骏征集《霜哺编》几乎同时,清初江南文坛尚有送孙默归黄山的文字题咏,程康庄亦参与其中。孙默当时寓居扬州,不断以回家乡黄山为由,遍请当时文人题咏,"诗歌之属凡千,文若序凡百数十",结果"十年而未行"⑤,最终客死于扬州。就像李云川所言:"《送无言归黄山序》多矣,而无言卒未归,则知其托于文章以有传耳。"⑥这种刻意如此的世俗意义,也就构成了当时江南文坛的一种别样文化生态。引起我们注意的是,在近千篇序文中,程康庄题作《孙无言归黄山序》以立意新奇胜,获得高赞。文章以身在朝市而志在山林的大隐之人比况身在广陵而欲归黄山的孙默,最后落脚点在赞其人、明其志:"诚能居静以御动,取彼以励此,使黄山之志久与相洽,惟吾之所得为,则何必忧怀慑处,栖跼嶢陿,然后乃为归哉?今以广陵之丽,行所无事,以制其躁妄而有以自止,则天下更无不可居之地,即荧荧羁守广陵终其身,无蹑天都剑石之墟,聚庐而托处焉,又胡不可也!"⑦对此,陈维崧评价云:"《送归黄山序》盈千,余最爱三篇,王于一以呜咽胜,孙介夫以含蓄胜,若夫风驰霆击,地负海涵,则昆仑先生以雄奇胜。先生诚文中之昆仑也,他文悉培塿也。"⑧能够在千篇文章中脱颖而出,足证程康庄的文才功力。

程康庄性喜山水,对大自然有着出于本怀的亲近与热爱之情。为官期间,公事之暇,他的足迹踏遍镇江的佳山胜水,并于其间搜求古人碑帖。康熙四年(1665)暮春,程康庄与张南溟、程苍孚、袁骏游访甘露寺山,遂"捐赀勒石",重摹"天下第一江山",将其嵌在甘露寺山坡的廊墙之上。他在《天下第一江山记》中详细记载了"捐资勒石"的情形:"今门榜六字,乃宋淮东路总管延陵吴琚所书……董文敏称六字为江以南第一名榜,虽克所愿,而风掣雨蚀,木书有暗,余俾人挈置其下,就如松铅意戢势珍,复见旧时之所贵,仍揭之楣。时宋君射陵寓润,工书法,遂乘原字双钩惊鸾之美,视昔有加,余捐资勒石、去高安坪

① (清)程康庄著,李雪梅、李豫点校《程昆仑先生诗文集》,三晋出版社2008年版,第134页。
② (清)程康庄著,李雪梅、李豫点校《程昆仑先生诗文集》,三晋出版社2008年版,第108页。
③ (清)程康庄著,李雪梅、李豫点校《程昆仑先生诗文集》,三晋出版社2008年版,第64页。
④ (清)何絜《晴江阁集》卷三《袁孝子歌》,《清代诗文集汇编》,上海古籍出版社2010年版,第72册,第66页。
⑤ 金天翮《孙默传》,钱仲联编《广清碑传集》卷一,苏州大学出版社1999年版,第68页。
⑥ (清)程康庄著,李雪梅、李豫点校《程昆仑先生诗文集》,三晋出版社2008年版,第131页。
⑦ (清)程康庄著,李雪梅、李豫点校《程昆仑先生诗文集》,三晋出版社2008年版,第131页。
⑧ (清)程康庄著,李雪梅、李豫点校《程昆仑先生诗文集》,三晋出版社2008年版,第132页。

路,相速与游人往来会,呜呼!"①这块"天下第一江山"石碑长约二米,高近一米,笔势雄劲。程康庄的翰墨厚蕴自然也凝结在其中,被保存了下来。②袁骏在镇江期间,众人还曾同游无锡秦园、大石山等,程康庄皆有诗词记之。袁骏离开镇江前还专门乘舟拜访程康庄,程康庄作诗赠别,《袁重其轻舟过访》云:"急雨临花在,春心亦自添。帆轻冲驿至,烟晓得风占。见友时分惠,为官俸独廉。皋桥他日往,访客下丹襜。"③可知,袁骏此去目的地是苏州。至此,两人的镇江交游告一段落。

## 四、程康庄与江南其他文人

陈济生(1618—1664),字皇士,号定斋,江苏长洲人,官太仆寺丞,明亡不仕,有《再生纪略》《忠义录》等;编有《天启崇祯两朝遗诗初集》10卷、《小传》不分卷、《明诗赏奇》4册。程康庄为其作《陈皇士太君七秩诗》。

程棅,字杓石,江南长洲人,与施谞辑《鼓吹新编》十四卷。据程康庄《家文学杓石》记载:"杓石刻《闲情集》。"④可知,程棅著有《闲情集》。

杜浚(1611—1687),字于皇,号茶村,湖北黄冈人。明崇祯副贡生,入清后隐居金陵,著有《变雅堂文集》《变雅堂诗集》。

陈大成(1614—?),字集生,江苏无锡人,陈维崧门人,工诗词,著有《陈集生诗集》《影树楼词》。杜浚、陈大成曾一同拜访程康庄,程康庄作《杜于皇、陈集生同饮署斋》。

顾有孝(1619—1689),字茂伦,江苏吴县人,明诸生,入清后闭门著书。尝与宋实颖、尤侗结慎交社,又入惊隐诗社。康熙十七年(1678)荐博学鸿词,以病辞。程康庄《顾徵君茂伦》云:"笠泽风寒作雨声,麻衣履影闭柴荆。吴江最鲈有鱼贱,不忍行春绝送迎。"诗后自注:"徵君闭门著书,时惠予鲈鱼"。⑤从中可见两人情谊。

顾宸,字修远,清初无锡人,明崇祯举人,藏书甚富。康熙二年(1663)刻印过自撰《辟疆园杜诗注解》。顾宸曾为程康庄《自课堂集》作序,称"两人订交最先,读其诗文最久"⑥。

何垠(1620—1696),字雍南,江苏丹徒人。因家有晴江阁,人称晴江先生。何垠少有异才,得到当时文坛领袖黄道周等人的器重。他交游甚广,诗文名重一时,与程世英并称为"京口二家"。著有《晴江阁集》。镇江期间,何垠与程康庄来往较多,时常参加由程康庄招集的聚会,颇慕其文名。如康熙五年(1666)在宴别陈维崧的诗作中云:"江南此日多戎马,一代文章归草野。主持赖有武乡公,公余倒屣论风雅。"⑦为袁骏作《袁孝子歌》中称赞:"昆仑先生耸坛坫,淋漓翰墨如川流。"康熙六年(1667)送别程康庄时,何垠作《送程昆仑明府之任皖城》,其二云:"南国多名士,惟公领众英。书传叔向宅,禄重季和情。绛幔

---

①　(清)程康庄著,李雪梅、李豫点校《程昆仑先生诗文集》,三晋出版社2008年版,第202~203页。

②　《丹徒县志》记载:"天下第一江山'刻石为南朝梁武帝所书,后为宋代淮东总管延陵吴琚重书,至清代康熙乙巳(公元1665年)镇江府通判武乡程康庄勒石。"

③　(清)程康庄著,李雪梅、李豫点校《程昆仑先生诗文集》,三晋出版社2008年版,第91页。

④　(清)程康庄著,李雪梅、李豫点校《程昆仑先生诗文集》,三晋出版社2008年版,第17页。

⑤　(清)程康庄著,李雪梅、李豫点校《程昆仑先生诗文集》,三晋出版社2008年版,第15页。

⑥　(清)程康庄著,李雪梅、李豫点校《程昆仑先生诗文集》,三晋出版社2008年版,第29页。

⑦　《程昆仑明府招同长益、尔止、豹人、其年、訏士、千一暨辛子良集城南园亭,即席分赋》,(清)何垠《晴江阁集》卷三,上海古籍出版社2010年版,第65页。

临风暖，苍行待月鸣。一从开北府，又复羡筹兵。"①何㸅今存《答程昆仑明府》一书，开篇有"辱下问韦秋山本末"②云云，可知两人分别后，曾有书信往来。

程世英，生卒年不详，字千一，江南丹徒人，有《晓山诗集》。镇江期间，程康庄曾为何㸅与程世英共同编选的《文概》作序，《文概序》云："是选也，断自洪武，以明知文未论定也，迄康熙丙午，从王也，盛方始也，又体无不备，故人各以其类也。"③在这篇文章里，程康庄集中表达了自己对今人宗学唐宋八家的得失评价：

> 今之人知尚八家矣，吾知其无有异也。然后之致论者，以韩、柳之才，不克为史，永叔和雅，时乏英气，荆公文深而暗，南丰负质峻洁，失之宽缓，三苏之文，沛若有余，微伤于巧。彼八家之于文，可谓盛矣，而汲汲以穷年者，非其不及，义实相妨，又何论其材之下焉者乎？④

今人作文虽崇尚八家，却徒以柔曼缭绕者当之，学古而未得其真。程康庄独具慧眼，于此进行指摘，并称扬何、程二子辑选当世之文，突显二子之选足概天下之文的当下意义，以期引起世人的注目。诚如陈维崧所讲，程康庄此举可谓"润色鸿业，扬厉本朝"，意义重大。其辩则由古及今，开阖有度，论说有力，"文气横奥"，堪称"识坚而笔悍"之所得。所谓"文如其人"，程氏当之无愧。

蒋超，字虎臣，号绥庵，又号华阳山人，金坛人，顺治三年以进士高第第三人及第，官修撰。少耽佛典，喜游山水。晚告病，买舟直入峨嵋。康熙十二年（1673），卒于山之伏虎寺，年四十九。康熙元年（1662）三月，程康庄为蒋超诗集作序，今存《绥庵诗集序》云："公气质高迈，情思刻深，而又遭世早遇，加以学问，故风雅之作，波属云委，使非少陵，不足以期之。"⑤另有诗《赠蒋虎臣太史》。

姜宸英，字西溟（一作铭），浙江慈溪人，孝廉史官纂修。诗古文词俱工，尤精书法。两人在镇江有过往，程康庄为其作《姜茂才西铭》。

林古度（1582—1666），字茂之，号那子，福建福清人，流寓金陵，以遗民终。林古度与钟、谭友善，万历间即以诗名，至清初，为文坛耆宿。但以贫故，无力梓其诗作。在镇江期间，程康庄与王士禛曾合刻其诗集。王士禛先是写信给程康庄，嘱其留意林氏之作，《尺牍新钞》载其《与程昆仑》云："林茂之先生今年八十有三，文苑尊宿，此为硕果，亦岿然老灵光矣。顷相见，询及平生著述，皆藏溧水之乳山中。诗自万历甲辰，未付枣梨。茂翁贫且甚，不能自谋板行，行恐尽沦烟草。今人黄口，才学号嘎，连篇累帙，便布通都。此老负盛名七十年，至不能传一字，于后世可惜。弟意先检点其近作，约好事者人任一卷，积石为山，集翠成裘。大是佳话，顾同志寥寥耳。"⑥程康庄《酬林茂之将同赀上刻其诗集》诗记载："别录集中两三卷，纵观天地久低昂。乾坤倾洞寻干戈，文士精灵恃不磨。四方上

———————
① （清）何㸅《晴江阁集》卷三，上海古籍出版社2010年版，第78页。
② （清）何㸅《晴江阁集》卷三〇，上海古籍出版社2010年版，第290页。
③ （清）程康庄著，李雪梅、李豫点校《程昆仑先生诗文集》，三晋出版社2008年版，第151页。
④ （清）程康庄著，李雪梅、李豫点校《程昆仑先生诗文集》，三晋出版社2008年版，第151页。
⑤ （清）程康庄著，李雪梅、李豫点校《程昆仑先生诗文集》，三晋出版社2008年版，第171页。
⑥ （清）周亮工辑，米田点校《尺牍新钞》，岳麓书社2016年版，第30页。

下觅钟期，藏诗无过乃翁多。敢谢官微禄米薄，国门忍废琳珪作。请翁强饭当春风，况与王公同一诺。"①

刘昆麓，武阳人。两人曾一同为官，交情颇深。程康庄《刘昆麓诗序》记载："顺治己亥，余与昆麓刘君同谒选京师，十月探竹，予得倅润州，君为司理，庚子春，又肩随莅事。"②

李逊之，字肤公，江阴北涸赤岸人，东林党人李应升的独生子。受父罹凶害赴狱之命，草有"寄语儿童焚笔砚，好将犁秨听黄鹂"之句。李逊之读书二十余年，坚守之志不忘。甲申（1644）国变后，他更感泣抚肤，绝意仕进，筑听鹂轩，赋诗见志，以终其身。著有《三朝野纪》七卷、《李忠毅公年谱》一卷。程康庄《赠李肤公》云："悬舆晏息历艰辛，流涕时看谏草新。行砥必无惭柱史，数奇终自属遗民。春申涧道游踪密，绮季山根筑凿频。谁谓商瞿兰梦晚，丈夫五子更嶙峋。"③

钱肃润（1619—1699），字季霖，号础日，又号十峰主人，江苏无锡人，有才名，与董以宁、邹祇谟、陈维崧为一时所称。曾补博士弟子员，鼎革后弃去，隐居教授，著有《十峰草堂诗集》《十峰草堂诗余》。程康庄为其作《十峰堂集序》。

宋琬（1614—1673），字玉叔，号荔裳，山东莱阳人，顺治四年进士，官浙江按察使，因事下狱，晚年授四川按察使。宋琬诗学杜甫、韩愈、陆游，才气充沛，雄健磊落，与施闰章并称"南施北宋"。著有《安雅堂集》。顺治十六年（1659），宋琬自永平观察至绍兴任，《嵇石二生倡和诗序》记载："往岁庚子，遇嵇留山（嵇永仁）于吴门。"④可知，顺治十六年宋琬曾在苏州一带停留。期间，曾与程康庄过往，程康庄有《宋荔裳观察吴门举子索题四首》《宋观察荔裳》为证。康熙四年（1665）冬至前八日，程康庄为宋琬文集作序，《宋荔裳先生文集序》有云："公所遇虽穷，其文屡变而益工，烦省险易，皆见其长。呜呼！古文之传绝久矣，赖公而彰之，以振啙窳之病，庶几其有瘳乎！"⑤对宋琬述古扬新的古文做法赞赏有加。

宋曹（1620—1701），字彬臣、邻臣，号射陵、耕海潜夫，盐城人，流寓扬州，清初明遗民，著名书法家。著有《书法约言》、木刻双钩《草书千字文》《杜诗解》《会秋堂诗文集》等。程康庄为其诗集作序，今存《宋射陵诗序》，赞其"才清气沛""其诗深而利，博而有法，指事怀人，归诸本实"⑥。

吴兴祚（1632—1698），字伯成，号留村，浙江山阴人。著有《留村诗钞》一卷。程康庄有《吴伯成明府重筑慧山二泉亭》《寄赠梁溪吴伯成明府》诸诗。

王士禄（1626—1673），字子底，号西樵山人，顺治十二年（1655）进士，选莱州教授，迁国子监助教，擢吏部主事。康熙四年（1665）二月初，王士禄游镇江，《王考功年谱》康熙四年（1665）载："二月，自广陵渡江往京口，登三山，访鹤林诸寺。"⑦两人盖于此时过从，并互

① （清）程康庄著，李雪梅、李豫点校《程昆仑先生诗文集》，三晋出版社 2008 年版，第 73 页。
② （清）程康庄著，李雪梅、李豫点校《程昆仑先生诗文集》，三晋出版社 2008 年版，第 153 页。
③ （清）程康庄著，李雪梅、李豫点校《程昆仑先生诗文集》，三晋出版社 2008 年版，第 7 页。
④ （清）宋琬《安雅堂全集》，上海古籍出版社 2007 年版，第 403 页。
⑤ （清）程康庄著，李雪梅、李豫点校《程昆仑先生诗文集》，三晋出版社 2008 年版，第 187 页。
⑥ （清）程康庄著，李雪梅、李豫点校《程昆仑先生诗文集》，三晋出版社 2008 年版，第 185 页。
⑦ 孟鸿声编著《齐庋》，中国戏剧出版社 2010 年版，第 157 页。

有赠序,称扬对方。王士禄《衍愚词序》云:"昆仑以文章名海内,乃点笔为诗,诗工;倚声为词,词又工,其《衍愚词》四十余篇具在,试取而读之,纵复专家独诣能远过乎?"①程康庄《王司勋五种集序》云:"惟西樵王公之诗,体物备善,其所裒集,自壬辰以至丙午,诗凡二十二卷,诗余二卷,篇章既众,淹通纂贯,随方以合其节。当其得意疾书,虽刻烛授简,未若其迅,而贞纯丽秀,得之十年惨淡者,无异与仪部贻上,兄弟竞爽,号为杞梓,名闻于天下。"②

王锡琯,宇玉叔,号友教,永嘉人,维爨第三子,顺治九年(1652)进士,旋丁父忧,服除,授漳州司李。顺治十七年(1660),福建乡试同考官,改镇江司李。康熙二年(1663),以缺裁改溧阳知县,四年,迁礼部主事。卒年八十左右。有《王玉叔诗选》传世。程康庄为其作《留别王玉叔司李二首》《江上草序》。

王翰孺,待考。邹祗谟尝刻其文稿,请程康庄为其作序,《王翰孺稿序》记载:"平舆王君翰孺,顺治十五年举进士,尽心于八股间,清迥俊发,学有专家,几失而复得者再矣",又"予与翰孺同官南徐"。③ 据此可知,王翰孺为河南平舆人,顺治十五年(1658)举进士,曾与程康庄曾同在镇江任职。程康庄另有诗《答王翰孺》。

王揆(1619—1696),字端士,一字芝痴,江苏太仓人,画家王时敏子,顺治进士,康熙中荐试鸿博不就。工诗,与黄与坚等称"娄东十子"。著有《芝厩集》。程康庄为其作《王端士七言绝句诗跋》。

王昊(1627—1679),字惟夏,号硕园,江南太仓人,王世懋曾孙。诗为钱谦益、吴伟业等人所推重,为"太仓十子"之一。因"奏销案"破家,自是不复进取,筑当恕轩,与门人弟子讲道论艺其中。清康熙十七年(1678)荐试博学鸿词,以疾笃特授内阁中书,未受命已卒。著有《硕园诗稿》《硕园词稿》。王昊曾为程康庄文集作序。

邹祗谟(1627—1670),字讦士,号程村,江南武进人,顺治十五年(1658)进士,与陈维崧、董以宁、黄永称"毗陵四子"。工词,著有《程村文选》《邹讦士诗选》《丽农词》,与王士禛合选《倚声初集》。该集后附刻邹祗谟《远志斋词衷》一卷,于词韵辨识颇精。

朱一是,字近修,号欠庵,浙江海宁人,崇祯十五年举人。以诗文雄视一世。乱后披缁衣,授徒自给。康熙中卒,年六十二。朱一是曾为程康庄《自课堂集》作序,标举"性情",认为"昆仑之诗,昆仑性情为之耳",其诗"丽而则,质而多风""人读之,铿铿乎,若附金石,非《邶》、《鄘》以下可拟"④。

---

① (清)王士禄《自课堂集序》,《自课堂集》卷首,"民国"山右丛书初编本。
② (清)程康庄著,李雪梅、李豫点校《程昆仑先生诗文集》,三晋出版社 2008 年版,第 123 页。
③ (清)程康庄著,李雪梅、李豫点校《程昆仑先生诗文集》,三晋出版社 2008 年版,第 179 页。
④ (清)程康庄著,李雪梅、李豫点校《程昆仑先生诗文集》,三晋出版社 2008 年版,第 29 页。

# 征稿启事

《中国传统文化研究》是中国海洋大学中国传统文化研究中心主办的学术集刊,由中国海洋大学出版社出版。常设栏目有经学研究、思想史研究、齐鲁文化研究、古代各体文学与文化研究、民俗文化研究、海洋文化研究、医疗与文学研究、硕博论坛等,鼓励、支持前沿性专题研究和交叉研究。

**一、基本要求**

来稿字数不限,一般以1万~2万字为宜,最长不超过3万字;来稿文章应包含中文摘要,关键词,作者简介(姓名、性别、学位、职称及通讯地址、邮编、手机号码等);来稿正文五号宋体,注释采用页下注,标序使用①②③等依次排列,每页重新编号,页下注文字为小五号宋体,具体要求见后附"注释格式"。稿件出版后,敬奉薄酬,并寄样书2册。

**二、注释格式**

1. 关于专著

注明作者、书名、出版社、出版时间、页码,如:汤用彤《汉魏两晋南北朝佛教史》,中华书局1983年版,第341页。

2. 关于古籍

(1)一般古籍注明:朝代、作者、书名、卷数、篇名、出版社、出版时间、页码,如:(唐)姚思廉《梁书》卷五四《诸夷列传》,中华书局1973年版,第794页。

(2)现在尚未出版的古籍注明:朝代、作者、书名、卷数、篇名、出处、页码。如:(宋)罗泌《路史》卷三十二云《国名记·杂国下》,上海古籍出版社1987年影印文渊阁《四库全书》,第383册,第405页。

(3)若古籍有著者、注释者,需要逐次注明,如:(梁)萧绎著,许逸民笺《金楼子校笺》,中华书局2011年版,第325页。

3. 关于译著

注明国别、作者、译者、书名、出版社、出版时间、页码,如:〔德〕黑格尔著,朱光潜译《美学》,商务印书馆1979年版,第130~135页。

4. 关于外文原著

注明作者,书名(斜体,主体词首位字母大写),出版地点及出版机构,出版时间,页码(英文采用Times New Roman字体)。如:G.E.Mingay, *A Social History of the English Countryside*, New York and London: Routledge Publish Press, 1990: 92-93.

5. 关于中外文期刊论文

标明著者、文章名、期刊名、年期卷数、页码,如:①何龄修《读顾城〈南明史〉》,《中国史研究》1998年第3期,第69页。

②Heath B.Chamberlain, *On the Search for Civil Society in China*, Modern China, Vol. 19, No. 2 (April 1993): 199-215.

**三、投稿邮箱**

经学研究、齐鲁文化研究:mafanghm@163.com

思想史研究、海洋文化研究:hxj@ouc.edu.cn

中国古代诗文研究:juyan2011@126.com

中国古代小说、戏曲研究:qingdaoes@sina.com

民俗文化研究:zhuoxia2020@163.com

医疗与文学研究:775872661@qq.com

域外汉学研究:yuxun_ding@163.com

硕博论坛:3134579812@qq.com

与传统文化相关的其他文章,亦可寄到上述邮箱。本书将根据实际来稿情况,确定是否新增栏目。